> UM GOL CONSIDERADO SIMPLES, DE PÊNALTI. MAS QUE, NAQUELE MOMENTO, ERA O MESMO QUE CARREGAR UMA NAÇÃO INTEIRA NAS COSTAS.

EVAIR

PATROCÍNIO

Proseftur
Assessoria em
Comércio Exterior

ACADEMIA store
A LOJA OFICIAL DO PALMEIRAS

APOIO CULTURAL

HERSIL
Administração

LAC
EMPREENDIMENTOS E
PARTICIPAÇÕES

EVAIR
O MATADOR

onze CULTURAL

zinerama

1a Edição

SÃO PAULO
2017

Agradeço a Deus.
Aos meus pais, José Paulino e Teresa Maria da Silva Paulino.
Aos meus avós, João Paulino, Manuel Cesário,
Irene Coldibelli Paulino e Maria Piedade da Silva.
Aos meus irmãos.
À minha esposa Gisele e aos meus filhos, Victória e Guilherme.
A todos os demais familiares.
Ao Batista, meu primeiro treinador.
À Rui Palomo, Lazinho, Nê Barbeiro, Riva, Zezão, Zé do Pai e José Luis Leite
(Boizão), amigos de Crisólia e Ouro Fino.
À Clóvis Cabrino, Pupo Gimenez, Macalé, Lori Sandri, Sérgio Clérice,
Franco Previtalli, Otacílio Gonçalves, Vanderlei Luxemburgo,
Suzy Fleury e Dr. Fernando Leopoldino.
A todos os jogadores e treinadores com os quais tive a
honra de trabalhar durante toda a minha trajetória no futebol.
Ao apoio fundamental das empresas que acreditaram nesse projeto: Proseftur,
Rede Academia Store, Hersil e LAC Empreendimentos.
À Renato de Sá, John Kage e Marco Piovan, realizadores dessa obra.

EVAIR

Aos meus pais, Agostinho de Sá (*in memorian*) e Adriana Caldas de Sá.
À Angela Oskar, que ao me proporcionar o primeiro contato com o Matador, no
já longínquo ano de 2005, deu origem a este projeto.
À toda a turma do Instituto Brasileiro Arte e Cultura (IBAC), pela força
constante, em especial Maria Bob, Alessandra de Jesus,
Thaís de Mello, Fabrício Barboza e Rogério Lima – meu parceiro no
projeto "Futebol Imaginário", que um dia também há de sair.
Ao meu irmão Samuel de Sá, palestrino da mais pura cepa,
pelo companheirismo durante todo o processo de feitura deste livro.
Ao Nelsão (Nelson Carvalho Correia), pelas trocas de ideias tão produtivas.
A John Kage, elo de ligação fundamental durante essa longa caminhada.
Ao Marco Piovan, que acreditou no potencial da obra.
À Fe (Fernanda Pereira), responsável por tantas transformações em minha vida.
À Pretinha, pela capacidade de iluminar o universo com um simples olhar.
E, obviamente, ao Evair pela paciência e confiança durante o longo processo de
confecção desta obra. E, principalmente, por ter me
proporcionado a maior alegria da minha vida.
Obrigado, Deus!

RENATO DE SÁ

Eu adoro acordar cedinho e tomar café na padaria. Num domingo, lá em Ouro Fino, passou um cara na rua e quando me viu, ficou assustado, meio paralisado. Ficou olhando... olhando... entrou... comprou pão. E me olhando, o tempo inteiro. Saiu... chegou até a rua e não aguentou... voltou. Aproximou-se e me disse, profundamente emocionado:

– Desculpe atrapalhar o seu café, mas eu não poderia ir embora sem te dizer uma coisa: muito obrigado!

Era um palmeirense.
Quer gratificação maior que essa?

EVAIR

TERROR É NÃO TER MAIS EVAIR

Mais que querido, todo profissional precisa ser respeitado. No futebol — paixão amadora que vira avassalador ofício profissional —, mais que respeitado, o jogador precisa ser temido.

Evair é assim. Faz temer por não tremer. Impõe respeito pela presença. Cobra pênaltis e exige entrega por saber fazer a hora. Por saber definir um lance, uma partida, um campeonato. Tão exigente que é chato em campo. Tão perfeccionista que acaba sendo perfeito para quem teve o privilégio de torcer por ele. Tão qualificado e tão profissional que tem portas abertas de vestiários e de arquibancadas por onde passou. Tão preciso e respeitado que não há torcedor adversário de Guarani, Atalanta, Palmeiras, Yokohama Flügels, Atlético Mineiro, Vasco, Portuguesa, São Paulo, Goiás, Coritiba e Figueirense que não o queria com a nove. Batendo na bola como um 10. Enxergando o jogo pelos 11. Batendo o pênalti decisivo pelos 22. Batendo no peito com orgulho e responsabilidade por milhões que vestem a mesma camisa que ele suou com sabedoria e competência. Centroavante que merecia ser tetra pelo Brasil, em 1994. Futebol brasileiro que precisa de artilheiros que sabem também ser solidários como Evair. Goleador e líder de passes para gols dos companheiros.

Evair é raríssimo caso de ídolo de muitas torcidas. Foi campeão por quase todas elas. Foi profissional com espírito amador por todas elas. Já vi muitos corintianos vítimas dele em tantas conquistas palmeirenses dizendo que ele só teve um defeito: não jogar pelo clube do coração deles com a mesma técnica apurada, faro de gol, presença de área e pé calibrado e frio com que ele ergueu a nossa cabeça e tantos canecos.

Sou testemunha ocular e coronária de grandes conquistas dele. E mesmo de poucas derrotas em que ele parecia ser o último dos mortais. Embora, para quem teve o privilégio de gritar *"EÔ, EÔ, EVAIR É UM TERROR"*, ele seja dos poucos imortais.

Não só tive o privilégio de perder o fôlego ou a voz de gritar por ele e com ele pelo meu time. Tive a honra de puxar o primeiro grito de que ele é um *"terror"* no Allianz Parque, em 2014, no primeiro evento do estádio, a exibição do meu primeiro documentário: *"12 de Junho de 1993 - O Dia da Paixão Palmeirense"*. Filme que parece coisa de cinema. E só é tudo realidade por ele ter tido uma crônica de superação que parece ficção. História de herói. Antologia de Evair. O primeiro nome gritado pelos alviverdes na reabertura do Palestra. Nome eterno no panteão palmeirense.

Nove dos sonhos de várias cores e credos. Trajetória que Renato de Sá conta com maestria e precisão, com muitos fatos inéditos, desconhecidos e emocionantes. Como um jogo de futebol. Ainda melhor e maior com um personagem como Evair. O autor coloca muito bem os fatos e questões como se fosse o biografado quando estava a 11 metros da meta, batendo um pênalti. Leitor de um lado, a bola do outro, a explosão de alegria e emoção que Renato dá ao leitor do primeiro toque de classe ao último toque de craque.

Toques de Evair. Bastam.

MAURO BETING

PROJETO EDITORIAL
Zinerama | Onze Cultural

AUTORES
Evair Paulino e Renato de Sá

EDITOR
Marco Piovan

PRODUÇÃO EXECUTIVA
Fellipe Rocha

PESQUISA
Renato de Sá e IBAC - Instituto Brasileiro Arte e Cultura

ILUSTRAÇÕES
Angela Oskar e Maria Bob

REVISÃO
Aléxia Raine e Alessandra de Jesus

PROJETO GRÁFICO E EDITORAÇÃO
Diego Henrique Luiz Braz (Zinerama)

ASSESSORIA DE IMPRENSA
Futpress

DADOS INTERNACIONAIS DE CATALOGAÇÃO NA PUBLICAÇÃO - CIP

R788K

Sá, Renato de

    Evair: O Matador
        Renato de Sá – São Paulo – 2017 - Editora Zinnerama
        328p.
        Biografia

        ISBN 9788592770037

        1. Futebol. 2. Evair 3. Biografia 4.Palmeiras
            I. Paulino, Evair II. Título

                CDU - 655:014

NOTA DA EDIÇÃO

Aqui na edição somos praticamente da mesma geração: aquela que ouvia, em amplitudes moduladas, os comentaristas esportivos favoritos de nossos pais enquanto assistia às imagens geradas ao vivo pela TV.

Crescemos um pouco mais para ver o rádio ser ouvido em computadores, e o poder do *"replay"* ficou a um click do YouTube ou do Broadcast à sua escolha. Na tela de sua preferência. Conteúdo livre, acessível, digital e imediato.

Isso nos inspirou a pensar e desenvolver conteúdos híbridos. Conteúdos que possam convergir entre plataformas diferentes, com diversos recursos e possibilidades.

Nesta edição, exercitamos o conceito básico de hyperlink. Ao longo de todo texto, marcadores digitais te conectarão com imagens de matérias e coberturas televisivas da época dos jogos.

Um verdadeiro clipping audiovisual esportivo acessível via celulares ou tablets capazes de ler QR Codes e devidamente conectados à internet.

É um imenso prazer dedicar essas páginas, pensadas para entreter e informar em uma experiência híbrida.

Acomode-se em um lugar com wi-fi, baixe um leitor gratuito de QR Code e aproveite a viagem entre as emoções dos gols e os detalhes da história de um dos maiores craques do futebol brasileiro.

Boa leitura!
Boa experiência!

OS EDITORES

Onde encontrar este símbolo ao longo da história, acione o seu leitor de QR Code.

ÍNDICE

11	POR QUE EVAIR?
12	A ÁGUA QUE LAVA O OURO
14	O DESTINO NA BEIRA DO RIO
17	DE CHARRETE OU DE FUBECA?
20	A PRAÇA DA PAZ CELESTIAL DE CRISÓLIA
24	A PROFECIA
29	O MOÇO DE CRISÓLIA
32	SONHO E RENÚNCIA
36	UMA TRAVESSURA NO CAMINHO
39	CARECA... EDMAR... EVAIR
47	O OURO QUE LAVA A ALMA
52	A HORA DA PARTIDA
59	POR DEBAIXO DOS PANOS
66	COMPASSO DE ESPERA
72	AGONIA...
81	...TRANSIÇÃO...
89	...E GLÓRIA
93	PRIMEIRO ROUND
97	SEGUNDO ROUND
102	O DIA DE LAVAR A ALMA
110	DE CAMISA AMARELA
115	TURBULÊNCIA...
120	A TERCEIRA ACADEMIA
124	...E TORMENTA
132	VIDA QUE SEGUE
139	VALSA DO ADEUS
148	HORA DE ENSINAR

171	A VERDADE... DOA A QUEM DOER
177	O GARÇOM
185	A TERCEIRA ESTRELA
191	O ÚNICO TANGO EM SÃO PAULO
200	O CANTO DO CISNE?
206	IL BUON FIGLIO RITORNA A CASA
211	UMA VELHA CANTIGA DE RODA
219	ERA UMA VEZ NA AMÉRICA
225	A ESTRELA MAIOR
233	BYE, BYE BRASIL
240	UN FINE INDESIDERATO
247	O OUTRO LADO DO MURO
254	VERDE QUE TE QUERO VERDE
259	VERDE QUE TE QUERO MAIS
263	UMA OVAÇÃO PARA POUCOS
267	A NOBRE ARTE DO PERDÃO
273	A MAIS DIFÍCIL DAS DECISÕES
278	CADEIRA CATIVA
286	UM DIA DE FÚRIA
293	REENCONTROS
299	POR OUTROS CAMPOS
301	CASOS E CAUSOS
305	PARA TODA A ETERNIDADE
308	SOBRE EVAIR
314	TÍTULOS CONQUISTADOS / ARTILHARIAS
315	GOL A GOL
324	NÚMEROS E CURIOSIDADES

POR QUE EVAIR?

Escolher uma personalidade, recolher depoimentos dela e sobre ela, organizá-los em ordem cronológica: eis a receita para escrever uma biografia. Mas uma biografia deve ser mais do que a narrativa de fatos sucessivos. Deve esmiuçar os traços característicos da personagem retratada, avançar sobre os elementos que dão forma ao mito e ao ser humano, sem cair no lugar comum da invasão da intimidade, tão em voga nos tempos atuais. Mais ainda, uma biografia deve, obrigatoriamente, registrar a história, compondo, a partir da personagem central, um panorama que se estenda pelos fatos que a circundam, contextualizando toda uma época, com os padrões e valores que a caracterizam.

Surge, então, a pergunta: por que Evair? Para responder caberia, em princípio, uma simples argumentação: por se tratar de um dos maiores atacantes brasileiros de todos os tempos, cujo estilo clássico e senso tático criam uma ponte entre a época de ouro e os tempos modernos do futebol jogado por estas terras.

Mas Evair é também um dos mais completos exemplos de sua geração, uma extensa safra de atletas que soube, como nunca até então em nosso país, investir na valorização profissional do jogador de futebol. Profissionalização essa que não subtraiu ao craque, ainda que ídolo de várias torcidas, a identificação maior com uma determinada camisa. Fato que prova a absoluta ineficácia do atual processo de "mercantilização" que vivenciamos no esporte.

Foi ainda um dos mais qualificados jogadores de que se têm notícia diante de momentos decisivos, protagonizando conquistas históricas, que marcaram profundamente em milhões de torcedores. Sua trajetória vencedora – aliada à capacidade de fazer gols e, também, de servir aos companheiros – fez dele um ídolo reverenciado e respeitado por atletas, dirigentes, jornalistas e, principalmente, torcedores, em todos os clubes por onde passou.

Figura de primeira grandeza numa geração de grandes craques brasileiros, o "Matador" – apelido cunhado pela fanática torcida esmeraldina – é presença marcante também fora das quatro linhas. Ali, nunca deixou de manifestar um respeito profundo por suas origens, exaltando sempre a Crisólia natal e a estreita convivência com os familiares e amigos que cultiva e acumula desde a infância. Um amor tão declarado, que nos levou a escrever um capítulo inicial onde contamos, resumidamente, a história da região em que o craque nasceu. Provavelmente resida aí o traço principal de uma personalidade que fez dele, mineiramente, um dos mais estimados profissionais do universo da bola. E, fora dele, uma figura humana ímpar, daquelas que não se deixa contaminar pela soberba que afeta nove em cada dez "celebridades".

Faltou-lhe uma Copa do Mundo, é verdade. Embora participando de todas as convocações da desacreditada Seleção Brasileira durante as eliminatórias para o Mundial de 1994, não chegou à fase final, nos Estados Unidos. Azar dos mundiais!

RENATO DE SÁ

A ÁGUA QUE LAVA O OURO

As últimas décadas do século XVIII exaltaram a crescente incompatibilidade entre os interesses de Portugal e do Brasil. Nas Minas Gerais, centro financeiro da colônia, a situação fervia desde que Dona Maria I, a Louca, assumira o trono português. O auge da insatisfação viria com a deflagração da Inconfidência Mineira – e o enforcamento, em 1792, do alferes Joaquim José da Silva Xavier, o Tiradentes. Uma série de rebeliões populares por todo o Brasil, aliadas ao bloqueio imposto à Inglaterra pela França de Napoleão Bonaparte, traria para cá a Família Real portuguesa, em 1808.

Mas nenhum desses fatos pareceu afetar a rotina da localidade situada a 7 km do distrito de Ouro Fino, um bairro populoso onde residiam os mineradores mais abastados que garimpavam ao longo do ribeirão São Pedro. A abundância de pedras preciosas na região exigia uma fiscalização mais efetiva das tropas imperiais. Fundou-se, então, por volta de 1819, o quartel do Capitão Bento José Tavares – edificação posteriormente conhecida como Guarda Velha, a partir da decadência do garimpo.

Longe dali, a Revolução Constitucionalista do Porto exigiu o retorno de Dom João VI a Portugal. Seu filho, Pedro, ficou por aqui, na condição de príncipe regente – e declarou, posteriormente, o Brasil independente de Portugal. Mas o fato relevante ocorrido tempos depois em Guarda Velha passava longe das instabilidades da política internacional. Em 14 de agosto de 1850, cansada das viagens diárias ao ribeirão, dona Ana Justina de Jesus resolveu contratar os serviços de Chico Poceiro. No princípio da tarde, ele e seu ajudante encontraram uma pequena imagem e entregaram à dona Ana, que viu se tratar da escultura de Nossa Senhora da Piedade.

Feita a confirmação pelo padre Joaquim Firmino Gonçalves Curimbaba, vigário local, não tardou para a notícia se espalhar, levando uma grande quantidade de pessoas à humilde casa de dona Ana. Como o número de devotos crescia dia a dia, instalou-se no local um oratório com a imagem, fincado no terreiro da casa, sobre o tronco de uma árvore. Foi assim que teve início, há mais de um século e meio, o culto à imagem de Nossa Senhora da Piedade.

Seis anos depois, o bispo Dom Antonio Joaquim de Melo manifestou contrariedade ao culto em casa particular, sugerindo que a imagem fosse encaminhada à Igreja Matriz de Ouro Fino. Insatisfeitos, moradores da região se mobilizaram pela construção de uma capela na própria localidade. A obra começaria quase vinte anos depois. Os registros inaugurais remetem a 1877, durante aquela que seria a primeira festa da Padroeira, em 15 de agosto.

Desde então, ano a ano, essas celebrações se tornariam mais grandiosas. Durante o período de festas, a maior parte da população de Ouro Fino se deslocava para o agora denominado distrito de Piedade, oficializado em 1911: famílias inteiras apinhadas em carros de bois, grupos de romeiros a pé e artistas populares, munidos de seus violões e sanfonas. Famílias de posse construíram casas no povoado para usufruir de perto a festança. Já os de pouca condição disputavam acirradamente um canto qualquer para o pernoite.

Em 1917, Dom Otávio Chagas de Miranda fixou oficialmente a data da Festa de Nossa Senhora da Piedade em 15 de setembro, o que persiste até hoje. E cobrou dos fiéis o retorno às origens religiosas da celebração, com o fim dos folguedos e jogatinas que atraíam forasteiros de caráter duvidoso, expondo a população local a um ambiente de vícios e degradações.

Da primeira edição da festa da Piedade até a oficialização definitiva de sua data, o Brasil veria seus escravos libertos e decretaria a República. Mas o fato histórico mais importante desse período, pelo menos para nossa história, seria o retorno ao país de um jovem estudante paulistano, filho de ingleses. Ao pisar o solo brasileiro, em 18 de fevereiro de 1894, ele trazia na bagagem duas bolas usadas, uma bomba para enchê-las, um par de chuteiras e um livro contendo as regras do futebol. Com certeza, o jovem Charles Miller não tinha ideia da profunda transformação que causaria na sociedade brasileira. Nos anos seguintes, milhões de pessoas seriam arrebatadas pela paixão recém-introduzida por ele.

Em 22 de setembro de 1921, o distrito de Piedade teve seu nome mudado para Crisólia. Em que pese a nova denominação ser uma homenagem ao ouro abundante na região do ribeirão São Pedro, a mudança promovida pela administração central de Ouro Fino não seria bem absorvida pelos moradores do distrito. A fé, maior que a tradição histórica, pedia a continuidade do nome criado em devoção à santa. Segundo relatos dos moradores à época, determinados nomes jamais deveriam ser modificados, e Piedade era o principal deles. Iniciava-se ali uma rivalidade entre Crisólia e Ouro Fino que permanece até os dias de hoje. E, nos anos seguintes, o futebol trataria de elevar ainda mais tal animosidade.

Segundo pesquisa realizada pelo professor Dr. Silveira Bueno, catedrático de Filologia Portuguesa da Universidade de São Paulo, o nome Crisólia é derivado do latim Chrysolia, também grafado Chrysoles – que agrupa os elementos gregos khrysos (ouro) e lysis (solução), fazendo alusão a uma "água que dissolvia o ouro", ou melhor, a água que lavava as pepitas retirando-lhes os resíduos.

Em agosto de 1925, a demolição da velha capela deu início à construção da nova Igreja Matriz, denominada Nossa Senhora da Piedade de Crisólia, inaugurada um ano depois. Com a demolição da capela antiga, foi-se apagando, aos poucos, a lembrança de Ana Justina de Jesus. A pequena imagem encontrada em suas terras foi substituída por outra maior, no altar principal da igreja atual. Até 1980, no local da antiga residência de dona Ana, uma grande cruz de madeira ainda servia de testemunha ocular da História.

O DESTINO NA BEIRA DO RIO

Independente de toda a controvérsia em torno da mudança de nome, o fato é que a pequena localidade continuaria distrito do arraial de Ouro Fino. E viveria envolta em permanente turbulência: a descoberta do ouro, pelos bandeirantes, tornara o local atrativo pela promessa de riqueza fácil, iniciando uma acirrada disputa que duraria longos anos entre paulistas e mineiros pela posse da região.

Ao que tudo indica, o ato executado pelo cônego Lourenço Leite Penteado, elevando Ouro Fino de capela à paróquia, objetivava garantir a posse das minas ali descobertas para a capitania de São Paulo. A intenção seria frustrada pela habilidade do governador mineiro Gomes Freire de Andrade, que, contando com o apoio da Coroa Portuguesa, conseguiu a posse das terras para a capitania de Minas, em 19 de setembro de 1749: Ouro Fino pertenceria, então, ao chamado Sul das Gerais.

Ignorando a nova ordem, os paulistas continuaram a exploração das minas. Em junho de 1750, governantes mineiros tomaram posse definitiva do arraial. Em apenas uma década, a ganância dos exploradores esgotaria quase todas as lavras. Por conta do giro do general Luiz Diogo da Silva, foi criado o Registro de Ouro Fino, repartição que cuidava dos extravios do ouro em toda a região. A criação contribuiu para a estabilização do arraial, impedindo que fosse totalmente abandonado.

O fim do ciclo do ouro forçava o deslocamento para o Oeste, em busca de terras para a pecuária e a agricultura. Ainda assim, Ouro Fino prosperava. Tanto que, em 4 de novembro de 1880, foi alçado à condição de município, através da Lei Provincial que anexava ainda as freguesias de Jacutinga, Campo Místico (atual Bueno Brandão) e Monte Sião.

Nessa mesma época ocorreu a fixação de grande quantidade de imigrantes italianos, que, acostumados ao árduo trabalho na lavoura, contribuíram definitivamente para o desenvolvimento da região. Na época da colheita, as fazendas ficavam repletas de homens e mulheres, seguindo a tradição trazida pelos europeus. Eram os chamados retireiros, cuja função era apanhar o fruto diretamente do pé, em especial o café, principal produto da economia brasileira à época.

A sombra dos cafezais aproximava, naturalmente, jovens trabalhadores de ambos os sexos, que começavam a definir seu futuro. E foi numa dessas colheitas, no distrito do Taboão, que João Paulino, natural de Piedade, e a italiana Irene Coldibelli se conheceram. Tempos depois, construíram uma história que renderia os filhos João, Sidney, Sebastião (o Bastiãozinho), Divino, Cida (a Tata), Zélia, Maria Helena, Dulce, Sandra, Lu e José Paulino.

Eram tantas as pessoas na família do lavrador Manuel Antônio da Silva, que até hoje não se sabe ao certo se, inclusos os que morreram, eram vinte e dois ou vinte e quatro irmãos – o que fazia parecer pequena a família da dona de casa Maria Piedade da Silva, com "apenas" oito irmãos.

Mas certo é que, juntos – e para não fugir às tradições da época –, constituíram uma família que contava doze filhos: Maria de Lourdes, Maria Aparecida, Célia, Maria do Carmo, Benedito de Paula, Célio, Osmar, Osmir e Homero. Hélio morrera com oito anos de idade, e Zélia, com somente três meses de vida. E tinha ainda Tereza Maria, que futuramente se tornaria conhecida como Dona Zica.

Uma cidade com apenas dois casarões, um armazém e dois bares. Umas trinta casas, não mais. Povo da roça, gente simples, desenvolvimento muito lento. Essa é a imagem de Crisólia guardada na memória de José Paulino, nascido em 2 de fevereiro de 1939, em Itapira-SP, cidade próxima à divisa com o Sul de Minas Gerais.

Registrado somente ao completar um ano, em Ouro Fino, onde trabalhava o pai, João Paulino, teve uma infância muito sofrida. Estudou apenas o básico. Era um tempo em que muitas crianças não podiam ir à escola, às vezes até por imposição dos próprios pais. Ao lado do irmão João, dirigia-se à casa da professora da região, voluntária no auxílio aos que estavam à margem do ensino oficial.

Começou a trabalhar bem garoto: "Chegava na hora de ir pra escola, tinha que puxar o carrinho pro pai. Tirar leite de manhã, buscar um cavalo no pasto e até mesmo capinar. Tempo de brincar só no recreio. Tinha a escola aonde ia a maior parte da molecada, e tinha a gente. Às vezes, combinava de juntar a turma toda. Era onde dava pra fazer um pouco de bagunça".

Teresa Maria da Silva nasceu em 4 de maio de 1944, em plena roça de Ouro Fino, numa localidade conhecida como Capinzal. Como em quase todos os lugares da região, as ruas eram de terra e as casas, separadas por cercas de taquara. Da infância, lembra que tudo girava exclusivamente em torno do café e do leite. Nenhuma atividade industrial. O comércio se resumia às mercearias, chamadas de vendas naqueles tempos. Guarda a lembrança da barbearia, espécie de centro social e de comunicação, onde circulavam as notícias em primeira mão.

O que marcou profundamente suas memórias de criança foram as festas religiosas, por ocasião das celebrações à Nossa Senhora da Piedade, São José, Sta. Edwiges, São Pedro e ao Perpétuo Socorro. As barracas coloridas nas ruas e as montagens dos parques de diversão e das lonas dos circos constroem a imagem mais viva que carrega daqueles tempos.

A mudança para Crisólia aconteceu aos oito anos de idade. Ali, teve a oportunidade de frequentar o antigo curso primário, único estudo possível à época. Como não havia uma sede que abrigasse a escola, um professor era deslocado de Ouro Fino – e a cada semana, as aulas se davam num lugar diferente: "Tinha que pedir algum espaço às pessoas pra que a gente tivesse aula. Um barracão, um quintal, o cômodo de alguma casa. Era assim que funcionava". A jornada escolar, iniciada em pleno meio-dia, era precedida por outra bem menos agradável: deixar todas as coisas da casa em ordem. Auxiliando na criação dos onze irmãos, era natural que a infância passasse longe das brincadeiras de criança.

O jovem José Paulino exerceu quase todas as funções inerentes a um trabalhador rural, do apanho da fruta no pé à ordenha das vacas. Trabalhou por aproximadamente três anos como oleiro, o que talvez tenha influenciado a profissão que abraçaria no futuro.

Por volta dos dezessete anos, foi cuidar do bar de seu pai: "Meu pai trocou uma casinha que a gente tinha lá embaixo por um barzinho recém-construído, sem acabamento. Fez um rolo: voltou umas leitoas, voltou porco, ficou devendo um tanto. Comprou o bar e me pôs pra trabalhar lá. Eu, com pouco estudo e sem nada, entrei no bar e lá fiquei". Também com o pai aprendeu o ofício de pedreiro, que exercia antes de tocar o bar.

A juventude de Teresa Maria da Silva não foi muito diferente da infância: encerradas as atividades na lavoura, fixou-se como empregada doméstica, aperfeiçoando-se no ofício de passadeira.

O comportamento de seu pai, conhecido por todos como Mané Cesário, trouxe muitas adversidades à família: "Ele tinha herança, tinha tudo, mas ficou sem nada. Bebia e, por conta disso, perdeu o cafezal e a propriedade. A gente morava a cada hora numa casa diferente".

Os mais velhos da prole eram todas mulheres, o que, numa sociedade patriarcal, impossibilitava qualquer atitude em relação ao comportamento do pai que evitasse o declínio. Restaria a Mané Cesário continuar trabalhando como lavrador em propriedades alheias.

A maior paixão na vida do velho João Paulino era pescar. Pescava quase todos os dias. Era tamanha a paixão que cultivava o sonho de morrer na beira do rio. Certo dia, armados os apetrechos da pescaria, parou na beira do rio... E o coração parou junto. Cumprira seu destino tal e qual sonhara. Como também cumpriria outro integrante da família Paulino tempos depois.

DE CHARRETE OU DE FUBECA?

O velho Mané Cesário, como todo bom brasileiro, adorava jogar futebol. Costumava voltar para casa tarde da noite, às vezes alta madrugada, geralmente embriagado por conta das longas confraternizações após os embates travados nos campos de várzea de Crisólia.

A filha Teresa Maria guarda nítidas lembranças da turma se juntando, a cavalo, antes das partidas. À época de sua infância, ainda não havia os ônibus e os caminhões que se tornariam comuns no futuro e levariam para as mais distantes localidades os boleiros e suas bagagens cheias de sonhos.

O jovem José Paulino também foi boleiro – e dos bons. Pena que no seu tempo de jogador amador, no fim dos anos 1950, não houvesse na região olheiros de clubes ou alguém que levasse jogadores de maior destaque para os times profissionais. Era a fase em que não se dava valor para quem jogasse futebol, ambiente considerado de malandros e desocupados.
Para se ter ideia do pouco prestígio do qual gozava o esporte na Crisólia desses tempos, o time profissional mais badalado da época era a Ponte Preta, que, com todo o respeito que merece, apenas ocasionalmente figurava entre os maiores esquadrões brasileiros. Era onde todos os boleiros da região queriam jogar.

Muitos diziam que seu José, médio-volante de estilo clássico, daria bom profissional se tivesse seguido adiante: "Nunca tive intenção de me profissionalizar. No meu tempo, nem se pensava nisso". Lembra que jogou no América, de Crisólia, e no time da cidade de Ouro Fino: "Quando tinha algum jogo duro, eles vinham buscar a gente pra jogar".

Impossível esquecer a grande rivalidade com Ouro Fino. Nos memoráveis embates entre os times das duas localidades, garante que Crisólia levava ampla vantagem na sua época. Descreve com grande satisfação e ligeira ironia: "Treinávamos durante a semana toda. Depois, a gente dava um couro neles. Eles tinham um time melhor, mas ganhávamos quase sempre, inclusive contra o bom time de Inconfidentes".

Marcantes também as eternas reclamações de "garfo" da juizada – diga-se de passagem, feitas por ambos os lados –, fruto de uma rivalidade que, para ele, se resumia única e exclusivamente ao futebol, sem implicações de outra ordem. Parece que, já durante sua juventude, os dissabores causados pela mudança de nome do Distrito da Piedade tinham se tornado apenas parte do inconsciente coletivo local.

Em cidade pequena todo mundo se conhece, ainda que de vista. Essa é a lembrança que José Paulino guarda de Teresa Maria dos tempos de garoto. Conhecê-la mesmo, só por volta de seus dezesseis anos, no dia em que foram de ônibus a uma festa no Taboão. No trajeto de volta, ela teria pedido a um amigo que o convidasse para se sentar a seu lado. Era o início de um longo e conturbado período, em que alternariam dias de namoro com outros de separação. Nesse vai e vem, foram quase seis anos, até a coisa firmar de vez.

A versão é contestada por ela, que afirma ter conhecido José nos costumeiros passeios que os jovens de então faziam no entorno da igreja, única forma de socialização que permitia algum contato entre moças e rapazes, segundo os rígidos padrões morais da época. Mas o fato é que, versões à parte, casaram-se quando ela tinha dezenove anos. Tornara-se então a senhora Teresa Maria da Silva Paulino.

O serviço no bar do pai durou aproximadamente cinco anos. Após o casamento, José Paulino permaneceu pouco tempo no estabelecimento: deixou o irmão João em seu lugar e foi tentar a vida como pedreiro: "Aí veio a fase mais difícil da vida. E nesse ofício eu fiquei uns trinta e tantos anos, até me aposentar".

Restava apenas manter a paixão pelo futebol longe dos gramados, acompanhando os campeonatos profissionais do Rio de Janeiro e de São Paulo, nas transmissões trazidas cheias de ruídos pelas ondas curtas do velho rádio.

Tornou-se corintiano de coração a partir da conquista do título do IV Centenário da Cidade de São Paulo, no empate por 1 a 1 com o Palmeiras, em jogo realizado no dia 6 de fevereiro de 1955, no estádio do Pacaembu, pela final do Campeonato Paulista do ano anterior.

O que ele jamais poderia imaginar, naquele momento, é que seriam necessários 23 longos anos para sentir novamente o gosto de uma conquista. Menos ainda que, 38 anos depois, estaria novamente envolvido emocionalmente por um Dérbi que decidiria o título paulista. E que, desta vez, teria que dividir seu coração de torcedor.

Não demorou muito para que Teresa Maria, agora chamada por todos de dona Zica, ficasse grávida. A expectativa pela vinda do primeiro filho era enorme, já que se tratava também do primeiro neto para ambos os clãs, Paulino e Silva. Futuros pais e avós, todos ansiavam pela chegada do novo integrante, que uniria definitivamente as duas famílias.

José Paulino dirigiu-se ao bar no horário de sempre. Nem chuva, nem sol a pino. Era apenas mais uma jornada de trabalho, um dia comum, como todos os que se sucediam vagarosamente na rotina de Crisólia.

Exceto para dona Zica, que naquele 21 de fevereiro de 1965 já contabilizava três dias de sofrimento silencioso. As dores eram tão intensas que chegou a temer pelo pior: que pudesse perder a criança ou até mesmo morrer. Foi necessário chamar seu José no bar, que imediatamente acionou a parteira local, dona Teresa Costa.

Feitos todos os procedimentos de praxe, Teresa não obteve sucesso: a posição do bebê era complicada, e ela não conseguiu realizar o parto. Nova correria, dessa vez feita pelo avô, João Paulino, que foi até Ouro Fino em busca do Dr. Geraldo. O tempo corrido e o aumento significativo das dores faziam com que muitos temessem por uma tragédia.

Com a chegada do médico, seu José manteve o jeito pacato habitual. Mas, na parte de fora da casa, isolado em um canto, temia pela perda iminente de seu primogênito. Lá dentro, o sofrimento de dona Zica prosseguia: o parto foi feito à força, e a criança, como se dizia na época, tirada a ferro, sem anestesia ou cesariana. Final feliz: próximo à hora do almoço – embora seu José insista em afirmar que foi de madrugada – nascia, depois de muita luta, Evair Aparecido Paulino, nome dado em homenagem a Ivair, o Príncipe, craque que brilhou na Portuguesa e no Corinthians – e que muitos consideravam o sucessor de Pelé.

Em meio a tantas divergências políticas que o país enfrentava por conta do recente golpe militar – a chamada Revolução Redentora, de 31 de março de 1964 –, a maior discordância do casal em relação ao nascimento do primeiro filho passava longe do horário em que o rebento veio ao mundo. Seu José garante que a viagem de seu pai até Ouro Fino foi feita de charrete: "Para agilizar o socorro, voltaram com o carro do médico".

Dona Zica contesta, com absoluta segurança: "Não é nada disso. Foram buscar o médico com um carrinho antigo, uma 'fubeca veia' que tinha aí".

A PRAÇA DA PAZ CELESTIAL DE CRISÓLIA

Passado o susto da chegada do pequeno Evair, era hora de tocar a vida adiante. O surgimento do novo membro do clã exigia maiores recursos, e seu José tinha de buscá-los: "Aí teve um ano em que, preocupado com a dificuldade de pagar o aluguel, fui trabalhar numa firma muito grande, a Araújo, lá em Pouso Alegre. Ali fiquei quase dois anos".

Pode-se imaginar as dificuldades de adaptação que teria uma pessoa criada na roça, vivendo num ambiente urbano, em meio àquela "multidão" de gente: "Eram uns trezentos trabalhadores. Chegava lá, picava o cartão e aguardava ordens pra fazer alguma coisa. Era muito diferente da vida que eu tinha antes, e comecei a gostar daquilo. Me juntava com a turma, fosse pro trabalho ou pra bagunça, que firma tem dessas coisas. Mas sempre levando a sério, porque o salário era bom, o trabalho fácil e eu não podia perder aquela boca. E quando saí, ainda recebi uns trocados pelo tempo de serviço".

Foi esse "dinheirinho" que permitiu a José Paulino construir uma casa modesta no terreno do sogro: "Ele disse que dava o terreno, e eu tinha que me virar com o material da construção". Nessa época, a família já havia sido completada pela chegada dos filhos Heloísa e Odair. Só não conseguiu levantar o imóvel de uma vez: "Trabalhava a semana inteira pros outros, sábado e domingo emendava e fazia aqui. Era muito apertado, mas já escapei do aluguel".

Evair passou a infância toda em Crisólia. Sua família era um exemplo típico da simplicidade em que vivia a maior parte dos cidadãos crisolienses. O pai abraçara em definitivo o ofício de pedreiro, e dona Zica agora se dedicava exclusivamente à criação dos filhos e à administração do lar.
Embora as dificuldades financeiras fossem inúmeras, conseguiam sobreviver com certa tranquilidade. Na infância repleta de privações, a fome jamais adentrou o lar dos Paulino: a vivência próxima aos avós maternos e paternos contribuía decisivamente no auxílio ao jovem casal.

Sempre junto à mãe, Evair já dava mostras da saúde atlética que gozaria no futuro. Não teve nenhuma das doenças comuns às crianças de então: sarampo, catapora, caxumba, etc. Vez por outra, um probleminha de garganta.

Uma das lembranças mais remotas sobre Evair é fruto da memória de Juvenal Nogueira da Silva, o Nê Barbeiro – que, diga-se de passagem, nunca foi barbeiro e herdou o apelido em função do ofício do pai. Parceiro de trabalho de Mané Cesário em várias obras, ele recorda a época da novela O Direito de Nascer, um dos maiores sucessos da televisão brasileira de todos os tempos, exibido pela extinta TV Tupi de São Paulo: "O avô do Evair possuía um dos poucos aparelhos de TV de Crisólia, então era lá que nossa turma se juntava pra assistir à novela". Ainda bebê, Evair geralmente terminava o capítulo em sono profundo, embalado pelos braços de Nê.

Todos já davam como certo o futuro do garoto. Na casa da avó Irene havia uma escada, que se tornou o cantinho preferido de Evair. Sentado ali, ele agraciava os familiares com uma cantoria ininterrupta, desfilando todos os clássicos do nosso cancioneiro infantil e folclórico. E ainda atendia aos pedidos, soltando a voz em tudo o que lhe fosse solicitado. A família, orgulhosa, se preparava: era apenas questão de tempo para o surgimento de um novo "cantor das multidões".

A infância numa cidade pequena como Crisólia resumia-se a nadar em rio, pescar, caçar passarinhos e, principalmente, jogar bola todos os dias. Evair relembra: "Tão diferente da vida que os meus filhos levam hoje, trancados em casa, com o dia certo pra jogar bola, pra passear. Se eles tivessem metade da liberdade que tive quando criança, certamente estariam mais preparados para enfrentar a vida. Acho, inclusive, que isso me fez escolher o futebol: eu estava preparado para esse desafio".

Impossível afastar das lembranças as adversidades vividas nessa época: "A situação da família era de limites mesmo. Não ter aniversário, não poder comemorar, nunca ganhar presentes... Graças a Deus, nunca passamos fome, o que já era um grande alívio, porque essa era uma situação comum para outras famílias da cidade. Mas teve o lado bom, aprendi a dar valor a tudo, e isso fez com que, no momento em que passei a ter melhores condições, soubesse usufruir da melhor maneira".

A personalidade reservada e retraída é característica de Evair desde a infância, particularmente em família: extrair dele um riso mais entusiasmado era missão quase impossível. Precoce também sua capacidade de acumular amigos. Com eles, costumava se soltar mais. Simples e verdadeiro, Evair os cultivou por toda a vida: "Os meus melhores amigos continuam em Crisólia. O Zé Luís 'Boizão', o Riva, Zé Alberto, Valdeci, Zezão – o Zé do Pai –, todas essas pessoas que me viram crescer no futebol a partir dos 11 anos".

Ao lado deles, superou um trauma de infância para o qual poucos devem ter atentado: "Eu venho de uma família que tem doze filhos de um lado e onze do outro. E sou o neto primogênito de ambos. E quando você é o primeiro, acaba ficando meio de lado à medida que os outros vão aparecendo. E uma criança sente isso, mas aos poucos vai superando. Isso fez com que eu me aproximasse mais dos amigos, criasse laços sólidos, de modo que mesmo tendo saído, ficado tanto tempo distante, as lembranças permanecessem as mesmas. Convivo com eles até hoje, e não abro mão de passar as férias lá, de que os meus filhos convivam com os filhos deles".

Boizão, infelizmente, não veria o lançamento em livro da história do amigo de infância. Antes da finalização desta obra, os descuidos com o diabetes crônico lhe causaram um mal súbito, resultando em óbito. Desejo de muitos boleiros, morreu dentro de campo, durante uma das tantas partidas que disputou pelas várzeas do Sul das Gerais. E, dessa vez, sem o grande parceiro de outrora.

As comemorações em homenagem a Nossa Senhora da Piedade permanecem vivas na memória de Evair. Era a ocasião perfeita para o então engraxate faturar uns trocados a mais: "Lembro muito das festas da padroeira, em setembro. Como o meu avô tinha o bar, eu levava certa vantagem, porque todo mundo que entrava era abordado por ele e pelos meus tios, que já iam dizendo: 'Quer engraxar?'. A melhor clientela era a minha. No período da festa, o meu avô matava uma leitoa. Era uma das raras ocasiões em que a gente tinha oportunidade de comer algo assim. Ah, era bom demais!".

A "pamonhada" na casa do avô merece lugar especial nas memórias de infância de Evair: "O dia que juntava a família pra fazer pamonha na casa dele era muito bom. E aparecia todo mundo: onze irmãos, um monte de netos, os casais que iam chegando e trazendo mais pessoas. O bar na frente, e a gente fazendo pamonha lá atrás. E juntava gente... juntava gente... Atravessava o dia todo. Inesquecível!".

Outra lembrança marcante é a da égua Estrela, que o avô João Paulino deixava pastando próxima ao córrego. Cabia ao neto mais velho a tarefa de buscá-la na parte baixa da cidade, ocasião em que aproveitava para curtir um de seus maiores prazeres: "Ficava ansioso esperando a passagem do carro de boi, só pra subir nele e ter o prazer de sentir o vento batendo no rosto, ouvir aquele barulho da roda rangendo".

Numa dessas tarefas, o susto: "Fazia esse trajeto com a égua, ficava olhando as casas todas com cercas de bambu. Gostava de soltá-la no galope e, muitas vezes, nem segurava a rédea". Até o dia em que Estrela fez a curva fechada demais e quase atropelou uma senhora!

Mas susto de verdade ocorreu por volta de seus doze anos, na casa do avô João Paulino, em plena ladeira na entrada de Ouro Fino – pouco abaixo da famosa estátua do Menino da Porteira: "Meu avô estava sentado na cadeirinha, e eu, na varanda. De repente, um caminhão desce a ladeira, totalmente desgovernado. Pra não entrar na casa da mãe do Gera – Geraldo Magela, amigo de Evair –, que era na reta da descida, o cara que estava no assento do passageiro puxou o volante bem na nossa direção. O caminhão bateu exatamente na pilastra onde estava o meu avô e quase entrou na casa. Tinha um cano que passava ali, espalhou água pra todo lado. Até hoje, não sei como ele conseguiu juntar a cadeira tão rápido e correr lá pra dentro. Ficou pálido, branco como cera! E eu mal conseguia me mover. Lembrando hoje é engraçado, mas o susto foi terrível".

Estudar não estava entre as predileções de Evair. A tia Lu, professora em Crisólia, diz que o sobrinho não era muito afeito às carteiras escolares, mas costumava ir bem nos estudos. Versão que confere com a de dona Zica, em que pese uma forte ressalva: "Teve uma época em que, em vez de ir pra escola, ele pegava o bornal feito pela avó materna e ia lá pros fundos da cidade, no sítio do seu Nelson. Marcava o horário do final do turno escolar e retornava pra casa, como se tivesse ido estudar".

A "esperteza" do garoto fez com que dona Zica demorasse a descobrir a malandragem: tempos depois, num encontro casual com a professora, esta se disse preocupada com o excesso de faltas do menino. O couro comeu. E o próprio Evair confirma: "Algumas das minhas tias lecionavam. A tia Lu, a tia Sandra. Minha professora era a dona Célia (Maria Célia Assis dos Santos). Eu tinha muito medo delas! Tinha medo de ir pra escola, aquilo pra mim era uma prisão. Eu queria ficar com meus amigos, brincar, jogar bola. Aquele era meu maior prazer".

No geral, foi uma criança tranquila. As maiores "artes" eram roubar manga no pé de dona Nêga e sair escondido para aprender a nadar no rio, o mesmo que, séculos antes, lavara o ouro abundante de toda a região.

Evair cursou até a 5ª série na Escola Estadual Ernesto Barbosa, única formação disponível na Crisólia daqueles tempos. A continuidade nos estudos dependia do deslocamento até Ouro Fino, e a família não possuía recursos para tal empreitada: "Meu pai não tinha dinheiro pra me colocar dentro de uma condução. Eu achava que poderia estudar mais, mas não tínhamos condições pra isso. Então tive que parar cedo, e a necessidade fez com que direcionasse meu caminho para o futebol. Minha única saída, ali, era jogar bola".

No terreno onde a escola se situa atualmente, viveu a cena mais marcante de sua infância: "Passei ali um dos dias mais tristes da minha vida. O antigo campo de Crisólia ficava na parte alta da cidade, bem no centro. Era ruim, de terra batida, mas juntava muita gente pra assistir aos jogos. Até que compraram um terreno para construir um campo novo, na parte baixa da cidade. No lugar do campo antigo seria erguido o novo prédio da escola. Foi a primeira vez que senti revolta! Embora fosse por uma causa nobre, que hoje serve a tanta gente, não queria que tirassem o campo dali. Fiquei muito chateado, magoado mesmo, até porque lá embaixo não juntava tanta gente pra nos assistir".

A revolta foi tanta, que os mais velhos tiveram de intervir: Evair queria, a todo custo, se colocar à frente dos tratores e impedir o começo das obras – antecipando o gesto de outro jovem contestador, em plena Praça da Paz Celestial, em Pequim.

Ainda na parte de cima da cidade, Evair e o amigo Zé Marco cismaram de dar uma "geral" no campo. Tirar um matinho aqui, nivelar uma irregularidade acolá. Enxadas à mão, lá se foram dar início à "reforma" do terreno. Logo no começo da empreita, o inusitado: ao erguer a ferramenta sobre a cabeça, Evair não percebeu a presença do amigo imediatamente atrás. O golpe foi certeiro, bem no meio da testa, arremessando o corpo ao chão. Vendo o amigo estatelado, teve a certeza, por um momento, de que estava morto. Mas foi só um susto: por pouco, Evair não ganhava ali, muitos anos antes, o apelido que o consagraria futuramente no futebol. Mesma sorte não teve o amigo, conhecido desde então pela alcunha de Zé Marco do Enxadão.

A PROFECIA

Uma das melhores lembranças da paixão do menino Evair pela bola está fortemente marcada na memória de Lázaro Antônio da Silva, o Lazinho, amigo de longa data da família Paulino: "Quando garoto, ele chegava até a passar fome por causa de bola. Geralmente almoçava ligeiro, pra dar tempo de fazer um 'rachão' com os pedreiros que construíam a escola". Uma vez frustrada a tentativa de interrupção da obra, o jeito era juntar-se à nova turma e tirar o melhor proveito da situação.

E a história não terminava aí: "Ele trabalhava de servente de pedreiro com o pai. Depois da jornada dura, ainda ia treinar. Vira e mexe o seu José vinha atrás dele no campo, no fim da tarde, pra ele jantar. E ele batendo bola. Lembro dele sempre com a bola embaixo do braço". E prossegue, com indisfarçável orgulho: "Até fui eu que o coloquei no time de futebol aqui de Crisólia. Era um molequinho bom de bola, mas a turma parece que não acreditava muito nele. Eu o via brincando e resolvi apostar. Então, fui o primeiro a lançá-lo num time, o do América. E deu certo, né? Ele chegou aonde chegou, muito merecido. E não mudou nada, manteve as raízes dele aqui, sempre do mesmo jeito".

Quando da mudança para a casa construída no terreno do avô, em frente ao campo, a coisa complicou para Evair. O craque conta: "Antigamente não havia casas do outro lado da rua. Eram só uma casa muito velha aqui e algumas outras ali. O restante era todo aberto, o que permitia à minha mãe me ver jogando bola, de lá. Era escurecer e começava a me chamar pra tomar banho e jantar, porque ela queria lavar a louça e descansar das tarefas da casa. Chegava certo horário, eu não aparecia, ela ia ficando brava... No dia seguinte, ficava mais brava ainda... No terceiro dia, mandava meu pai me buscar. Ele vinha sempre pelo lado de lá. No que apontava na esquina, os amigos avisavam: era a deixa pra eu sair correndo pelo outro lado. Ele, não me vendo, ia pro bar, bater papo com os amigos, jogar um baralho. Era o tempo que eu precisava pra tomar banho, jantar e ir pra cama, bem rapidinho. Quando ele chegava já encontrava as coisas em ordem... E eu fingindo que estava dormindo. Caso resolvido: pai nenhum acorda o filho pra dar uma surra, né? No outro dia, ele esquecia e começava tudo de novo, até o terceiro dia".

Evair contava entre 8 e 9 anos de idade quando começou a disputar as peladas em Crisólia. Início natural de todo garoto, ainda mais numa cidade com apenas três mil habitantes. Quando tinha dinheiro para entrar em campo vestindo alguma coisa, gostava de usar camisas com o número 10 às costas, homenagem confessa ao ídolo do time de coração. Mas nunca realizou o sonho de disputar peladas envergando a camisa do Santos de Pelé. O orçamento da família era curto demais para a compra do uniforme: "Apesar de ter um pai corintiano, me tornei santista na infância por influência dos meus tios, que tinham crescido na era Pelé, vendo o Santos acumular títulos. Não vivenciei aquilo, acabei indo na direção que o vento soprava. Na verdade escolheram pra mim, mas não durou muito tempo. Aos 14 anos já fui pro Guarani e segui carreira profissional. Então, esqueci que havia sido santista um dia".

A visão do craque sobre o ambiente das peladas é emblemática, sobretudo para compreender o triste momento atual do futebol brasileiro: "É ali que você aprende a dominar uma bola, ter precisão no passe, etc. Aos 8, 9 anos, você tem mais liberdade. Pode errar que não fica tão exposto, tentar um lance diferente, um drible mais curto, essas coisas que se tornam mais difíceis quando você já é profissional. Um bom professor é importante, mas na pelada você aprende na prática, no dia a dia. A irregularidade do campo ajuda a formar o craque. Quanto mais faltarem esses campos, menos jogadores a gente vai ver, até porque nesses lugares distantes a necessidade gera o sonho, a necessidade nos obriga a dar saltos na vida. Hoje a gente vê jogadores com um alto padrão social e já imagina que os seus filhos não serão jogadores também, exatamente por que não têm essa mesma ambição".

A fase das peladas disputadas no campo de Crisólia, ainda na parte de cima da cidade, pode ser considerada o início da trajetória de Evair no futebol. Ali, a forte rivalidade entre as duas equipes da cidade começava a prepará-lo para o ambiente que encontraria nas equipes profissionais: "Quando se encontravam os times de baixo e de cima, era um jogo especial, valia pra todos como se fosse um título. Eu sempre joguei pelo time de cima, que, na verdade, foi o que mais perdeu. Mas era um time brigador, que nunca se rendia. Desde essa época aprendi a ganhar e a perder, mas sem desistir da luta".

Essa grande rivalidade foi, sem dúvida, determinante para a formação da personalidade do futuro profissional da bola: "Cresci dessa maneira, tendo que superar os adversários da minha própria comunidade. Todo mundo aprende a ter essa rivalidade desde criança, e comigo não foi diferente. Perdemos mais vezes porque o time de baixo tinha jogadores melhores, então ganhávamos uma ou outra. Não era do jeito que a gente queria, nunca conseguimos chegar perto de vencer mais que eles, estavam sempre duas ou três vitórias à nossa frente. E eu, aos 11, 12 anos, já não aceitava isso. Então queríamos marcar jogos contra eles sempre, porque tínhamos a convicção de que ganharíamos na próxima. Pelo menos uma vez por mês havia jogo. E muitas brigas, discussões. Coisa de garoto, mas que fez com que estivesse preparado na hora de fazer um teste numa equipe profissional".

E cada embate valia uma tacinha, daquelas compradas em bares, brindes que acompanhavam algum doce. E todo moleque que passou por isso sabe que o peso era o de uma final de Copa do Mundo. A pegada forte, todo mundo se entregando ao máximo. Triste era o dia seguinte: quem perdia nem saía de casa, tamanha a gozação. Dava muita briga, mas dois, três dias depois, todos eram amigos inseparáveis novamente.

Seu primo Riva (Silvio Rivelino Coldibelli) acompanhou alguns "clássicos" entre os times de baixo e de cima. A divisa geográfica entre as duas regiões de Crisólia era o pavilhão da Igreja Matriz. Mais jovem que Evair, enquanto ficava de canto com a molecadinha, lembra do craque batendo bola no terrão e participando dos jogos com os mais velhos. E da paixão do primo pelas peladas de Crisólia, mesmo já profissional: "Quando vinha de férias, a gente sempre o convidava para um joguinho aqui, e ele nunca recusou".

O interessante é que, por falta de times mais organizados em Crisólia, a molecada buscava melhores oportunidades jogando pelos times de Ouro Fino. Juntos, encaravam o trajeto de seis quilômetros de pedaladas. O "pátio" que servia de estacionamento para as bicicletas era a casa da avó Irene, situada próxima ao estádio municipal: "Na primeira vez que fomos convidados a disputar campeonato por um time de Ouro Fino, o Madureira, saímos pedalando de Crisólia pra jogar. São seis quilômetros e tem uma subida muito forte, dois quilômetros depois da saída da cidade. Éramos cinco convocados a disputar esse campeonato: eu, Boizão, Turdinho, Valdeci e Zé Roberto. Não ganhamos a taça, até porque quando chegamos, todo mundo já estava morto de cansaço. Pedalar seis quilômetros, deixar as bicicletas na casa da minha avó e caminhar até o estádio, por mais que fosse próximo, era muito desgastante. Imagine ainda ter que jogar futebol depois disso".

Mas a coisa piorava muito no retorno: "Na primeira subida de volta a Crisólia, a câimbra pegava todo mundo. Era dor pra todo lado. Me lembro que regressávamos por volta do meio-dia. Saíamos às sete e meia do domingo, e o jogo era às nove da manhã. Quando chegava na descida da cidade, eu nem acreditava, porque a fome e o cansaço eram tantos! Sentia dor até nos olhos! Não tínhamos a menor noção do que era preparo físico, mas gostávamos dessa dificuldade. E foi uma experiência muito gratificante, porque aprendi a ganhar força física, resistência muscular. Tudo serviu para que eu fizesse o teste no Guarani num limite muito bom".

Diante dessas dificuldades é que se resolveu formar um time unificado de Crisólia. Com ele, Evair vivenciaria a segunda grande rivalidade de sua trajetória no futebol: os embates memoráveis contra as equipes da vizinha Ouro Fino. Segundo o craque, a primeira empreitada mais organizada nesse sentido foi a fundação do Esporte, equipe amadora formada por amigos mais próximos, todos por volta dos 11 anos de idade.

Mas o começo mesmo, de verdade, deu-se quando Batista – dono do bar mais próximo à residência da família Paulino – resolveu montar e inscrever um time de Crisólia para a disputa do campeonato amador realizado em Ouro Fino. O limite de idade era 15 anos e não havia um número suficiente de jogadores para formar a equipe. A solução foi "importar" jogadores de distritos vizinhos, como Taboão e São José.

Nascia o Atlético Mineiro de Crisólia, representante da cidade no campeonato que incluía equipes de toda a região. O fato de ser disputado em Ouro Fino era um estímulo a mais para a garotada crisoliense. E o título veio de primeira: "Fomos campeões. Na final, contra o Botafogo, ganhamos de 2 a 0 e eu marquei o primeiro gol. Após esse título, começaram os comentários de que eu teria condições de me profissionalizar. Toda hora diziam que alguém me levaria pra fazer teste num time profissional". Algo pouco sedutor para o garoto que, diferente dos demais, nunca teve aspirações de sair de Crisólia: importava-lhe apenas ajudar o pai na tarefa de manter o bem-estar da família.

Curioso era o fato de que o time contava com exatamente onze jogadores, nada de banco de reservas: "Ninguém queria sair, então tinha que ser a conta exata. Vez por outra vinha um garoto de algum bairro vizinho pra ficar no banco. Só entrava se machucasse alguém. Caso contrário, participava um pouco já no final da partida. Era a regra".

Só entende o profundo processo de socialização que gera uma iniciativa desse tipo quem dela participou algum dia: "Fizemos uma 'vaquinha' pra comprar as camisas. Depois, tinha que arrumar alguém pra lavar o uniforme do time. Nessa época eu atuava como meia-esquerda, mas curiosamente, após o término do campeonato, na hora de cada um levar sua camisa pra casa, acabei ficando com a 9. Já era o prenúncio de que eu seria centroavante um dia".

Passada a competição, quase não se marcavam jogos para o time de Crisólia, de modo que Evair atuou muito pouco pela cidade natal. Acabou convidado para defender uma equipe de Ouro Fino: "Vinham me buscar pra jogar lá, no time do seu Luis do Nico. Eu tinha uns 14 anos, e me lembro que, antes do jogo, ele nos dava um pão com uma coxa de frango dentro. Não tinha jeito de morder, vinha com osso e tudo. Era difícil de comer, mas a gente se divertia com aquilo. O Boizão, que era mais atirado, entrava na casa do homem pra almoçar. Eu, mais tímido, ficava do lado de fora, esperando o lanche exótico". Ali, jogando nos cantos mais afastados, nas subidas além de Crisólia – Campestrinho, Taboão, Taguá –, o craque iria se deparar com a verdadeira "pegada" da várzea, todos correndo atrás de um sonho. E esse aprendizado seria decisivo.

Como todo craque tem berço, mencionam em família que Seu Divino – tio de seu José – teria sido um grande jogador, iniciando assim a saga dos Paulino em campo. O pai e os tios também foram jogadores respeitados na várzea de Crisólia: "Sempre tem essas histórias. Diziam que o meu pai era melhor que eu. Pra todo mundo, meu tio Sidnei era, disparado, o melhor da família. E ele realmente era muito bom jogador, só que bem mais velho, então não conseguiu me ensinar quase nada. Mas devo ter aprendido alguma coisa vendo-o jogar".

As lembranças da várzea estão entre as melhores que Evair carrega até hoje: "Na várzea não tem treinador. Tem aquele cara que cuida do time, marca os jogos, leva as camisas pra lavar e diz quem joga. Mas quando aparece outro, joga também. Joga todo mundo, tem entendimento. Todos esperando o domingo pra jogar. É o divertimento do pessoal".

"Nunca me imaginei fora do futebol, não sei o que eu seria. Talvez um grande mestre de obra, um engenheiro. E acho que seria dos bons, porque tudo o que eu faço procuro fazer bem. Acredito que esse foi o fator que me fez ter sucesso na profissão: a minha dedicação em tempo integral. Mas quando você faz o que gosta, fica muito mais fácil".

A afirmação de Evair encontra eco em uma das mais emocionadas declarações de seu pai: "Eu queria que ele fosse jogador, mas nunca falei pra ele: – 'Vai, que vai dar certo'. Mas eu queria, porque sabia que ia dar certo qualquer coisa que ele fizesse. Porque ele era fora de série mesmo, desde moleque, como jogador e como homem".

Paralelamente à bola, a vida seguia. E enquanto a oportunidade para um teste não chegava, o jeito era dar duro em outros ofícios: "Trabalhava com o meu avô somente na época da 'apanha' do café, que era quando se ganhava mais dinheiro. Nessa tarefa, é necessário alguém para varrer os grãos embaixo dos pés de café. Como eu era pequeno e bem magrinho, essa era a minha função. Ele ficava feliz. Foi uma convivência muito gostosa".

Entre os empregadores mais constantes da dupla estava o fazendeiro Zé Olaia, um dos maiores produtores de café na região de Ouro Fino. Durante uma colheita numa de suas fazendas, aconteceria um dos fatos mais marcantes da vida de Evair. Ávido por treinar, o menino era liberado pelo avô sempre antes do fim do expediente. Certo dia, o questionamento do fazendeiro veio seco, direto: "Mas por que o seu neto pode ir embora antes dos outros"? A resposta do velho saiu firme, incisiva: "Ele pode ir embora antes, porque um dia vai jogar na Seleção Brasileira".

A lembrança dessa convivência vem acompanhada de profunda emoção: "Minha primeira grande perda foi o meu avô Mané Cesário. Eu nunca imaginei que aquilo fosse se concretizar, que um dia iria jogar na Seleção Brasileira. Eu nem sabia dessa história do meu avô. Esse fazendeiro continua muito rico até hoje e sempre chora quando conta essa passagem. Então, uma das minhas maiores tristezas é o meu avô não ter me visto jogar na Seleção. Aliás, mal me viu chegar ao Guarani. Mas deixou uma história que, quando me lembro, até hoje não consigo esconder a emoção".

O MOÇO DE CRISÓLIA

A várzea de Ouro Fino sempre foi considerada um celeiro de jogadores. Os mais antigos recordam com saudade o grande time do Sete de Setembro, tricampeão sul mineiro na categoria amadora, cuja linha de frente é lembrada até hoje: Airton, Lair, Layrton, Wilsinho e Tite. Um ataque arrasador!

A paixão pelo futebol na região saltava aos olhos. No campo de Ouro Fino era comum se encontrar dois times treinando e mais um ou dois do lado de fora, aguardando para jogar. Havia uma competitividade enorme, onde, além do Sete de Setembro, destacava-se também o Fluminense.

O ponto alto dessa fase foi a presença na cidade da equipe do Milionários, time formado por ex-craques profissionais. Contra a equipe de Ouro Fino, a linha foi formada por Paulo Borges, César Maluco, Ademar Pantera e Garrincha. O incumbido do time local para a difícil missão de marcar um já decadente Mané foi o zagueiro Rui Palomo, personagem de importância decisiva para a carreira de Evair.

Rui Palomo, zagueiro voluntarioso, de recursos técnicos pouco refinados, percebendo que a carreira profissional seria uma possibilidade longínqua, passou a dedicar-se aos futuros craques de Ouro Fino e região. Já era veterano quando conheceu Evair, na época com 12 anos de idade: "Ele vinha jogar no meio da gente. Os campeonatos raramente eram organizados por categoria, então os times eram montados misturando todas as faixas etárias".

Descreve com satisfação a visão que tinha do futuro craque: "Pra mim, pelo que jogava na época de amador, ele seria uma reedição do Ademir da Guia. Um armador de estilo clássico, que distribuía o jogo de cabeça erguida. Ele era diferente, tinha muita calma, jogaria em qualquer época. Em termos de inteligência, pra mim, só é comparável ao Sócrates e ao Ademir. Aquele jogador que parece lento, mas que dita o ritmo, faz o jogo andar. Um desses caras que torna tudo mais fácil. Ele dominava e batia bem com as duas, saía pros dois lados, cabeceava bem. Era perfeito e tinha tranquilidade. Se você estivesse mais bem posicionado, ele rolava a bola até você. Já era 'garçom' desde aquela época".

Dezoito jogadores formavam o elenco do Atlético Mineiro de Crisólia, que conquistou o título de campeão amador em Ouro Fino, no final dos anos 1970. Além de Evair, destacavam-se Valdeci, Wanderley, Zé Luís "Boizão" e Pedrinho, o craque do time, que, de tão bom de bola, merecia a honra de ter uma perua exclusiva para buscá-lo em Taboão, paga pelo próprio Batista.

Numa disputa que contava com as oito melhores equipes da região, em sistema todos contra todos, marcou o fato da conquista crisoliense ter se dado de forma invicta. Assim, apesar da forte rivalidade, era inevitável o assédio das equipes de Ouro Fino sobre os jogadores de Crisólia. Particularmente sobre o então meia-armador, que vez por outra se aventurava na função de centroavante.

Evair acabou aceitando o convite para jogar no Rasga, de Pinhalzinho. De Crisólia, também foram Zé Luís "Boizão", Zé Alberto e Wanderley. Seria a primeira oportunidade de jogar junto com o zagueiro Rui Palomo. A montagem da equipe se deu em função da disputa do Campeonato Regional, sediado em Bueno Brandão e que contava com times de toda a região. E o desafio era grande: campo de terra batida, muita torcida adversária e apenas uma corda ao redor da cancha para separá-la dos jogadores. O chamado local difícil de jogar, com uma pressão enorme e, inevitavelmente, brigas. Na torcida e dentro de campo. E sagraram-se campeões!

Para ter ideia da importância do feito, essa conquista é comentada ainda hoje. No final dos anos 2000, foi lançada uma série comemorativa das camisas rubro-negras com as quais o Rasga foi campeão. Evair jamais esqueceu a final: "Jogar nesse time foi um aprendizado muito grande. Só tinha aquela cordinha separando torcedores e jogadores, então, quando você fazia um gol, eles invadiam. Eu tinha apenas 14 anos, era muito magro e jogávamos com times muito fortes. Na decisão, marquei o segundo gol e fui ao encontro da nossa torcida. Quando vi toda aquela gente vindo na minha direção, a poeira levantando, me deu um desespero tão grande que saí correndo pro lado da torcida adversária".

Novo título, outro placar de 2 a 0 sobre o maior rival local e mais um gol decisivo. Era o que bastava para aumentar a fama de Evair na região. E fazer com que sonhasse voos mais altos: "Pinhalzinho dos Góis é muito pequeno, bem menor que Crisólia. E ainda tinha dois times! Então a rivalidade era muito maior. Por isso tudo, eu já estava bem treinado em termos de rivalidade quando fui fazer testes no Guarani".

O parceiro Rui Palomo relembra e entrega o amigo: "Na época do Pinhalzinho era gostoso. O pessoal da roça valorizava demais a gente. Vinha carro buscar e trazer de volta. Faziam uma festa enorme pra nós, pagavam tudo no bar. Mas se não tivesse almoço e jantar, o Evair não ia. Esse era o cachê dele".

Na sequência veio a convocação para a seleção de Ouro Fino, fundamental para a definição dos rumos de Evair: "Mais pessoas começaram a ver e a acreditar no meu futebol. A prova é que, nessa época, o Rui Palomo me indicou para o Guarani, e fiz teste lá pela segunda vez".

Antes de ingressar nas categorias de base do Guarani de Campinas, aos 13 anos de idade, Evair já havia feito testes no Espírito Santo do Pinhal. Depois, passou pelo São Paulo e pelo próprio Guarani, em 1981, sem sucesso. Apesar da paixão por jogar futebol, o desejo de profissionalizar-se aflorou apenas quando do primeiro teste realizado no Bugre: "Ali eu percebi que tinha de aproveitar o dom que Deus me deu. Fiz um teste no Tricolor, mas acabei recusado na peneira. Não pude jogar no Morumbi e não me abalei. Meu clube de coração não era o São Paulo".

Teve ainda uma rápida passagem por uma equipe da segunda divisão, em São João da Boa Vista, imediatamente após a conquista do campeonato pelo time de Pinhalzinho dos Góis, em Bueno Brandão.

A extensa dimensão geográfica das Minas Gerais cria algumas situações inusitadas em relação ao futebol. Diferente dos demais estados, há regiões ali em que não se costuma torcer pelos grandes times locais: América, Atlético e Cruzeiro.

Até pela proximidade com a divisa paulista, no Sul de Minas costuma-se acompanhar mais atentamente os clubes de São Paulo. O rádio e a televisão sempre transmitiram jogos dos grandes times paulistas, tornando natural a torcida dos moradores dessa região pelas equipes do estado vizinho.

Daí a probabilidade maior dos aspirantes a profissional tentarem a sorte em Campinas, situada a 130 quilômetros de Crisólia e contando com duas equipes expressivas no cenário futebolístico nacional: Guarani e Ponte Preta. Belo Horizonte, a capital das Gerais, distante 580 quilômetros, era realmente uma realidade pouco presente na vida do povo de Ouro Fino e região.

O marco decisivo na transição da fase amadora para uma equipe profissional foi a partida realizada pela equipe de Ouro Fino em Inconfidentes, quando Evair marcou três gols na final. Ídolo na várzea local, seu futebol começava a se tornar grande demais para a pequena Crisólia.

Rui Palomo decidiu ser mais incisivo. Procurou o cunhado, Clóvis Cabrino, então diretor do Guarani, com o seguinte discurso: "Tem um garoto lá em Crisólia que sabe tudo de bola, é um craque! Não quero nenhum tipo de apadrinhamento, só que olhem pra ele com mais atenção".

Já havia esquecido o pedido quando, três meses depois, o telefone tocou e a resposta para o teste era positiva. Eufórico, foi até a casa de Evair transmitir a boa nova: "Olha, o pessoal do Guarani atendeu ao meu pedido". A resposta do garoto foi surpreendentemente desestimulante: "Estou trabalhando de servente com o meu pai. Pegamos um serviço muito grande agora e eu não posso deixá-lo na mão". Rui rebateu de forma contundente: "Não pode o quê, rapaz?! Chance na vida é uma só". E foi ter uma conversa direta com seu José Paulino: "De início, o velho ficou bastante contrariado, mas logo concordou. No fundo, era o que ele mais queria".

E lá se foi o garoto, sozinho, para Campinas. No primeiro treino, marcou dois gols, consolidando a possibilidade de jogar pelo Bugre. Evair descreve, emocionado, a conversa que teve com o pai antes da viagem: "Ele me disse pra ir, porque em Crisólia seria aquilo a vida inteira. Lá em Campinas eu teria chance de crescer. Foi um dos grandes conselhos que ele me deu na vida. Mas a lembrança maior que eu tenho dessa época é a sensação ruim de estar deixando ele na mão. Não era medo de encarar o desafio, é que eu sabia que ele precisava demais de mim no trabalho dele".

SONHO E RENÚNCIA

O fato mais marcante ocorrido durante o período de testes no Guarani foi a emocionada conversa que Evair teve com dona Zica. A sós, no quarto da mãe, a consultou sobre os rumos a tomar. Embora sofrendo muito com a separação iminente, ela argumentou que a decisão caberia somente a ele. Temia ser cobrada no futuro por uma eventual desilusão do filho.

E sua situação era realmente delicada: se dissesse para ir, podia dar a impressão de que não sentiria sua falta; se pedisse para ficar, como queria o coração, poderia interferir diretamente – e talvez de forma desastrosa – no futuro do filho. Optou pelo elementar: "Se ficar por aqui, você sabe muito bem qual é a nossa condição". A frase, simples e direta, foi vital para a decisão de Evair. Ajudou-o, sobretudo, na questão do enorme senso de responsabilidade que tinha em relação à família, por ser o filho mais velho. Longe de Crisólia, teria a chance de fazer muito mais por eles.

O início no Guarani gerou uma situação tocante e inesquecível cada vez que Evair ia para casa durante as folgas. No dia de retornar a Campinas, saía de Crisólia por volta das 4h30 da madrugada. Dona Zica acompanhava o filho de 16 anos até a estrada de saída da cidade, e ficava ali, próxima ao muro do cemitério, vendo o rapaz sumir na escuridão: "Nunca impus resistência ao fato dele jogar futebol. Mas ninguém imagina o tamanho da dor de ver um filho pegar a malinha e ir embora. Só sentindo na pele. Pensar que ele está distante... você não sabe se bem alimentado... essas coisas. É muito difícil! Ainda mais quando vai pra bem longe. Só eu sei o que passei. E pra ele também. Tanto que até hoje é assim: ele diz que vai embora, entra no carro e tchau. Nem pra dar um adeus. Só de longe. Ficou duro na queda".

Ossos do ofício, segundo o jogador: "A vida no futebol é sacrificada. É pura renúncia. Ter que sair de casa, abandonar tudo. Por isso, é necessária tanta força de vontade... e muita fé. É sonho e renúncia: sem isso não se vence no futebol".

Curioso é o fato de que dona Zica jamais conseguiu assistir a um jogo do filho: "Nunca consegui vê-lo jogar pela televisão. Ficava tão nervosa que saía de perto da turma. E me perguntava sempre: 'Meu Deus, será que um dia vou conseguir ver o Evair jogar'? Não conseguia parar sentada, preferia ouvir pelo rádio, enquanto fazia alguma tarefa do lar".

A determinação sempre foi característica acentuada em Evair. Após a desilusão com a reprovação nos primeiros testes, era chegado o momento de buscar um algo a mais: "Sempre digo que utilizei os testes que fiz anteriormente como preparação para o momento decisivo. Nas tentativas anteriores, percebi que minha desvantagem estava no condicionamento físico: os outros garotos eram mais fortes e passavam por cima. Eu tinha que fazer alguma coisa diferente. Passei a levantar às 7 horas da manhã e correr. Todos os dias, das 7h30 até as 8h30. O pessoal em Crisólia pensava que eu estava ficando louco. Imagina, em 1982, um cara correndo cedo por aquelas estradas. Eu não sabia se estava fazendo do jeito certo, mas sabia que tinha de fazer alguma coisa. Não tinha a menor noção do que era um fortalecimento, fazer peso. Na verdade, só o que eu sabia é que tinha um sonho a realizar. Não sabia onde ia chegar, mas que tinha que pôr o pé na estrada. A estrada estava passando, e eu não me importava se ela era longa ou não".

Após a correria, a dura jornada de trabalho com o pai. E ainda sobrava disposição para o bate-bola do final de tarde: "Fiquei esperando esse teste no Guarani por umas três semanas. Quando chegou, eu sentia que estava preparado. E foi um dia marcante: fiz dois gols naquele dia. Um de perna esquerda, bati de fora da área e a bola entrou no ângulo. Embora tentasse, nunca mais fiz um gol igual àquele. O segundo, de cabeça, numa cobrança de escanteio. Fiz mais dois treinos e, depois de uma semana, tomei coragem e perguntei para o seu Pupo Gimenez – treinador da base do Guarani à época – se iria continuar. Ele disse: 'Pode voltar pra sua cidade e avisar a família que você vai ficar por aqui'. Aquilo me deu um frio na barriga, eu nem sabia o que fazer. Tinha consciência de que havia ido bem nos coletivos, mas não imaginava que numa conversa despretensiosa, receberia uma resposta tão definitiva, que mudaria tudo. Meu sonho começava ali".

Antônio Maria Pupo Gimenez nasceu no dia 31 de agosto de 1931, em Presidente Alves, região de Marília, interior de São Paulo. Começou na várzea local treinando a equipe juvenil da Associação Atlética São Bento, nos anos 1950. Ao iniciar sua trajetória, jamais imaginou que se tornaria um dos maiores descobridores de talentos do futebol brasileiro, vocação iniciada em 1973, nas categorias de base do Marília. Foi para o Guarani em 1982, onde conquistaria a Taça São Paulo de Juniores (atual Copa São Paulo de Futebol Júnior). No Corinthians, venceu mais uma Taça São Paulo, em 1995 – conquista que lhe rendeu o convite para dirigir a Seleção Brasileira sub-20 nos Jogos Pan-Americanos daquele mesmo ano, em Mar del Plata, na Argentina. Pouco conhecido do público, foi um dos mais respeitados profissionais dos bastidores do futebol, trabalhando ao lado de Vanderlei Luxemburgo, Carlos Alberto Silva, Cilinho e Ênio Andrade, entre outros. Defensor da disciplina e do rígido trabalho nos fundamentos, revelou nomes como Jorginho – ídolo do Palmeiras nos anos 1980 –, João Paulo, Mauro Silva, Cafu e Antônio Carlos Zago, entre tantos outros.

O momento tão sonhado chegara. De volta a Crisólia, Evair preparava-se para a primeira das muitas despedidas: "Chegando em casa, meu pai perguntou quanto iam me pagar. Na época, a ajuda de custo do Guarani era inferior a um salário mínimo. Trabalhando com meu pai eu ganhava mais que isso. Então ele apenas repetiu o melhor conselho que me deu: 'aqui você vai ganhar isso a vida inteira'. Se dissesse outra coisa, talvez eu tivesse ficado por lá".

Rui Palomo trabalhava com tratores nessa época. Tinha um jipe velho, no qual foi buscar Evair em casa. Deixou-o na rodoviária de Ouro Fino, com uma mala e as devidas recomendações ao cunhado, Clóvis Cabrino. Agora era definitivo. Ali, naquela plataforma de embarque, começava uma das mais brilhantes trajetórias do futebol brasileiro.

Na base do Guarani, Evair atuava como meia-armador, mesma posição dos tempos da várzea. Mas a vida de aspirante a jogador de futebol não era nada fácil naqueles tempos. Deixar a família para viver embaixo das arquibancadas do Brinco de Ouro da Princesa era uma brusca mudança de hábitos. Por vezes, dura demais: "No começo é muito difícil, com apenas 14, 15 anos. Apesar de saber que aquilo era o melhor pra mim, sentia muita saudade de casa, da comida da mãe. Fazia frio demais no alojamento".

As dificuldades aumentaram ainda mais quando o Guarani reduziu a ajuda de custo às categorias inferiores: "Um dia a direção cortou o lanche da noite. Era um pão com manteiga e um copo de leite com chocolate pra todo mundo. Tinha o jantar, mas depois de treinar o dia inteiro, você está morrendo de fome por volta das dez horas. A ajuda de custo não era suficiente sequer pra comer um lanche. Aquilo pra mim já era motivo suficiente pra ir embora pra casa, tamanha a vulnerabilidade que a gente fica".

Sobre o craque que ajudou a revelar, Pupo Gimenez faria a seguinte declaração, alguns meses antes de falecer: "Depois de um período treinando no Guarani, surpreendentemente o Evair resolveu ir embora! Mas, felizmente, acabou retornando. Nessa época, ele atuava como meia. Era bem retraído, ficava sempre no canto dele. Mas dentro de campo se transformava: um atleta atento, inteligente e de muita movimentação. Quando ele vinha jogar em Campinas por algum outro clube, eu fazia questão de visitá-lo no vestiário. O que ele construiu no futebol fala por si. O Evair merece tudo o que conquistou".

Os alojamentos para a garotada da base, situados embaixo das arquibancadas do Brinco de Ouro, eram bastante precários. Essa era a primeira das dificuldades. A outra, a enorme competição, já que o Guarani tinha aproximadamente 50 jogadores em treinamento naquela época – um dos maiores celeiros de craques do Brasil.

Ali, Evair conheceu dois colegas que brilhariam nos campos posteriormente: o volante Tosin, que jogou em todas as seleções brasileiras de base, e o ponta-esquerda João Paulo, de carreira marcante no próprio Bugre e com passagens pela seleção principal. Tornaram-se seus principais companheiros.

Andando pelas instalações bugrinas, era natural pensar na quantidade de jogadores consagrados que haviam passado por ali, gente como o zagueiro Julio César e o centroavante Careca. Era o combustível necessário para alimentar a esperança de que o sucesso aconteceria: "Entre amador e profissional, foram seis anos de Guarani. Sempre morando embaixo das arquibancadas. A diferença é que, no profissional, o alojamento fica do outro lado, e os quartos são individuais. Não é mais aquele salão grande com todo mundo dentro".

Após sua chegada ao Guarani, Evair pôde dar continuidade aos estudos: "Em três anos nas categorias de base aprendi bastante. O Guarani sempre revelou muitos jogadores, tinha boa estrutura e condições pra isso. Além do estudo, havia um bom acompanhamento com os familiares. Eles ficavam tranquilos em relação aos cuidados que tinham conosco.

Ainda assim, não tive tempo de avançar muito, chegou um momento que não dava pra mim. Não tinha mais aquela aspiração de continuar a estudar, fazer uma faculdade. Me cansava demais nos treinos, faltava disposição pra ir à escola de noite. Fui até onde deu mesmo. No limite, concluí o primeiro grau".

Pouco após a chegada de Evair às categorias de base do Guarani, outro boleiro ourofinense tentaria a sorte por lá: até então, Humberto conhecia Evair apenas de vista. Ao fazer testes no Bugre, passou a ter contato efetivo com o craque. Nascia ali uma grande amizade, reforçada nas inúmeras viagens de ônibus que compartilhariam entre Campinas e Ouro Fino.

Dessa fase, Humberto recorda a grave contusão que ameaçou tirar Evair de uma Taça São Paulo de Juniores, além da eterna dificuldade financeira que o impedia, muitas vezes, de visitar os pais durante as folgas: "Quando cheguei lá, percebi sua enorme evolução, só pelo jeito dele bater na bola. Era o capitão do time e já gozava de prestígio entre os diretores. Tanto que um deles costumava me questionar se eu seria igual ao Evair".

Evair passou pouco mais de três anos na base do Guarani. Ao final da segunda temporada nos juniores, era treinado por Macalé (Antonio José Carvalho Salomão), lateral que atuou por Guarani, Uberlândia e no grande Botafogo de Ribeirão Preto dos anos 1970, ao lado de Sócrates e Lorico. Se Pupo Gimenez foi o responsável pelo ingresso de Evair no mundo do futebol, Macalé foi sua principal referência no início da carreira. Foi ele quem trabalhou os fundamentos e aprimorou seu estilo de jogo, orientando-o em todos os detalhes.

Era uma época bastante produtiva para o surgimento de novos jogadores, com a disputa de um Campeonato Paulista regular nas categorias infantil, juvenil e júnior, durante praticamente o ano inteiro, além da Copa Federações e da Taça São Paulo de Juniores, até hoje a maior vitrine para a molecada que quer se projetar em direção ao profissional.

Papa-títulos na várzea, Evair começaria a sentir o incômodo da escassez de conquistas na nova fase: "Fui vencedor em todas as equipes amadoras. Quando cheguei ao Guarani, não consegui ganhar nenhum título na base. Pra mim era muito frustrante, ainda mais sendo artilheiro em quase todas as competições". Na base bugrina, vivenciaria a primeira grande decepção da carreira.

UMA TRAVESSURA NO CAMINHO

O Guarani Futebol Clube foi fundado nas várzeas das Palmeiras Imperiais, em Campinas-SP, no dia 1º de abril de 1911. Reza a lenda que, para evitar gozações devido à comemoração do Dia da Mentira, seus associados resolveram registrar a data oficial da fundação como 2 de abril.

A criação do novo clube – cujas cores foram escolhidas em homenagem ao parque da Praça Carlos Gomes, local da reunião de fundação – se deu por iniciativa de Pompeo De Vito, Hernani Filippo Matallo e Vicente Matallo, que seria o primeiro presidente da agremiação. O nome é uma homenagem à ópera "O Guarani" – baseada no romance homônimo de José de Alencar –, obra mais conhecida do maestro e compositor Antonio Carlos Gomes, um dos maiores cidadãos campineiros.

A trajetória nos campos, iniciada em 18 de junho de 1911, na derrota por 3 a 0 para o Sport Club 15 de Novembro, se consolidaria como uma das mais tradicionais do futebol brasileiro. O auge ocorreu em 13 de agosto de 1978: ao bater o Palmeiras por 1 a 0, gol de Careca, pela primeira e única vez na história uma equipe do interior conquistava o Brasil. A escalação daquele time, treinado por Carlos Alberto Silva, ainda hoje é lembrada pelos verdadeiros amantes do futebol: Neneca; Mauro, Gomes, Édson e Miranda; Zé Carlos, Renato e Zenon; Capitão, Careca e Bozó.

A 3ª colocação na Copa Libertadores da América de 1979, o título de campeão brasileiro da Taça de Prata, em 1981, e o vice-campeonato do Torneio dos Campeões, em 1982, deixaram o torcedor bugrino mal acostumado. Além de se firmar e chegar ao time profissional, os jogadores da base teriam que manter o padrão de conquistas ao qual estava acostumado o exigente torcedor bugrino.

Desde a chegada a Campinas até sua efetivação na equipe principal, Evair disputou todas as edições do Campeonato Paulista. O Bugre chegou próximo às decisões em todas elas. A pedra no caminho, via de regra, era o Botafogo de Ribeirão Preto, bicho-papão das categorias de base naqueles tempos.

Na principal vitrine, a Taça São Paulo de Juniores, a participação do Guarani seria desastrosa no ano de 1984. O regulamento previa oito grupos de apenas três clubes, o chamado tiro rápido. A derrota na estreia, por 1 a 0 diante do Santo André, praticamente eliminava a equipe da competição. A confirmação veio após o empate em 1 a 1 com o Flamengo – o resultado faria o Bugre amargar a lanterna da chave.

Ainda nas categorias de base do Guarani, Evair teria a oportunidade de saborear o gosto de jogar pela equipe principal. Sua estreia ocorreu na Copa Rayovac, em 1984, competição organizada pela famosa fábrica de pilhas, agrupando treze equipes paulistas que não atingiram índices para as fases finais do Campeonato Brasileiro daquele ano.

No grupo A, ao lado de XV de Piracicaba (que seria o campeão), Juventus, Inter de Limeira, Taubaté, XV de Jaú e São Bento, o Bugre praticamente abriu mão da competição ao escalar um mistão a partir da quarta rodada. A equipe principal – treinada por Zé Carlos e contando com nomes do porte de Julio César, Wilson Gottardo, Zé Mário e Rubens Feijão – direcionaria suas atenções à disputa da Taça Heleno Nunes, outro caça-níqueis para times que não obtiveram classificação às finais do Brasileirão. Com Pupo Gimenez à frente da equipe B, seria a vez da garotada mostrar serviço.

Na quinta rodada, nos 2 a 1 sobre o XV de Piracicaba, na casa do adversário, Evair atuaria alguns minutos substituindo o atacante Simões. Era o dia 18 de abril, uma noite de quarta-feira. A dose seria repetida no sábado seguinte, na derrota, em casa, por 1 a 0 diante do Taubaté. A hora de começar jogando parecia próxima.

E ela chegou na abertura do returno: no domingo, 29 de abril, o Guarani entrou em campo com Wilson; Paulinho Pereira, Alex, Wilson Gottardo e Gilberto; Toninho, Evair e Naldo; Maurício, Marquinhos e Rômulo. As 366 "testemunhas" presentes ao estádio Décio Vitta, em Americana, presenciariam a vitória do São Bento de Sorocaba por 1 a 0. E, de quebra, o surgimento de uma das maiores estrelas do futebol brasileiro em todos os tempos.

5 de maio de 1984 é a data lembrada pelo próprio Evair como sua estreia oficial no futebol. Pela nona rodada da Copa Rayovac, o Guarani bateu a Inter de Limeira, fora de casa, por 3 a 1, formando com Wilson; Paulinho Pereira, Alex, Everaldo e Gilberto; Toninho, Naldo e Rubens Feijão; Maurício, Marquinhos e Evair.

O Bugre volta do intervalo vencendo a partida por 2 a 1. Logo aos 4 minutos, Evair recebe pela esquerda, no bico da grande área, corta o zagueiro para o lado de dentro e bate firme, rasteiro, no canto direito do goleiro Serginho, dando números finais ao escore. Era o primeiro dos inúmeros gols que o craque faria desfilando pelos gramados de todo o planeta.

O ano de 1985 seria crucial para a carreira de Evair. Ao completar vinte anos de idade, todo atleta estava automaticamente afastado das categorias de base. Era o momento limite para a afirmação de um aspirante. E a data estava próxima.

A campanha do Guarani na Copa São Paulo seria muito diferente da do ano anterior: no grupo F, o Bugre carimbou o passaporte às oitavas de final apenas na última rodada, vencendo o Atlético-MG por 2 a 0, após dois empates sem gols com Portuguesa-SP e Internacional de Santa Maria-RS.

A convincente vitória por 2 a 0 sobre o Corinthians não garantia apenas a equipe entre os oito melhores da competição. Mostrava também a força da base bugrina e o talento do jovem meia-armador, cujo toque refinado começava chamar a atenção dos olhares mais atentos.

Os 2 a 1 novamente sobre o Inter de Santa Maria garantiam vaga nas semifinais, onde o Guarani atropelou a Internacional de Limeira, impondo uma sonora goleada por 5 a 2, com direito a gol de pênalti de Evair. A primeira conquista dessa etapa de sua carreira nunca estivera tão próxima.

O adversário da final seria o Juventus da Mooca, que após fechar a primeira fase na liderança do grupo D, passearia nas etapas seguintes: 2 a 0 sobre o Vasco da Gama, 2 a 0 sobre o Nacional – tradicional rival paulistano – e 3 a 1 diante do Santos. Campanhas similares que apontavam equilíbrio na decisão.

E foi o que ocorreu: num jogo parelho, o placar apertado pela contagem mínima deu o título à equipe da capital paulista. Evair conheceria de perto as peripécias do Moleque Travesso: "Perdemos a Taça São Paulo pro Juventus, aqui no Pacaembu. Foi a primeira grande decepção que vivi no futebol".

É verdade que a boa participação na competição lhe renderia a promoção à equipe principal já naquele ano. Mas a fase vitoriosa dos tempos de várzea ficara para trás. A ausência de títulos começava a incomodar. O emergente craque talvez nem tivesse consciência disso à época, mas a conquista do título de campeão paulista de juniores em 1986, pelo Bugre, apenas um ano após sua saída da base, seguramente seria um fator a mais a alimentar esse incômodo.

CARECA... EDMAR... EVAIR

O ano de 1979 ficou marcado pelo início do processo de abertura política no Brasil. Enquanto inúmeros exilados retornavam, o sistema bipartidário sustentado por Arena e MDB começava a ruir. A reforma iniciada no princípio de 1980 abriria espaço para a formação de novos partidos políticos. Essas transformações culminariam nas eleições diretas para governadores e integrantes do Legislativo, em 1982.

Em 2 de março de 1983, o deputado federal Dante de Oliveira apresentou ao Congresso Nacional uma Proposta de Emenda Constitucional prevendo eleições diretas para presidente, já na sucessão do general João Batista Figueiredo. Um mês depois, começava a ganhar corpo o movimento que entraria para a história com o nome de Diretas Já!

A primeira manifestação relevante pelas Diretas ocorreria em São Paulo, em 27 de novembro de 1983: uma festa-comício juntou aproximadamente quinze mil pessoas. O futebol estava lá representado: a Democracia Corintiana, capitaneada por Sócrates e Casagrande, marcou presença, ao lado do jornalista Juca Kfouri e do "Pai da Matéria", Osmar Santos, apresentador oficial do evento. E o local não poderia ser mais apropriado: a Praça Charles Miller, em frente ao estádio do Pacaembu.

A efervescência só aumentaria até a reprovação da emenda Dante de Oliveira, em 25 de abril de 1984, e a eleição indireta de Tancredo Neves – primeiro presidente civil em vinte anos –, em 15 de janeiro de 1985, no Colégio Eleitoral. O Brasil caminhava em busca de seu rumo. Tal e qual o jovem Evair.

Após o vice-campeonato na Copa São Paulo de Juniores, Evair foi promovido à equipe principal do Guarani pelo treinador Lori Sandri. A temporada iniciaria pelo Campeonato Brasileiro, novamente sério candidato ao mais confuso e injusto de todos os tempos. Para se ter uma ideia, o Coritiba, campeão daquela edição, terminou a competição com 31 pontos em 29 jogos – cada vitória somava dois pontos – e saldo negativo de dois gols: dezessete pontos atrás do vice-campeão Bangu! Para piorar o quadro, todas as equipes classificadas entre a terceira e a oitava posições, somaram mais pontos no geral que o campeão!

O Bugre preparou-se para o certame montando um elenco de altíssimo nível. A formação da estreia, no Brinco de Ouro, diante do Cruzeiro, dava mostras da força do time: Waldir Perez; Ricardo Rocha, Júlio César, Wilson Gottardo e Zé Mario; Nei, Rubens Feijão e Barbieri; Niquinha, Edmar e Gerson Sodré. E ainda havia as jovens promessas João Paulo e Neto, que atuavam esporadicamente. Apesar disso, terminou a competição amargando a 15ª colocação, atrás de equipes de pouca expressão, como Brasil de Pelotas-RS, Joinville-SC, CSA-AL e Mixto-MT. Sem ser relacionado, Evair acompanhou a campanha pelo rádio. E viu o companheiro de clube Edmar tornar-se artilheiro da competição, com 20 gols.

Como no Brasil tudo é possível, o Campeonato Paulista de 1985 teve início com o Brasileirão em pleno andamento. E a confusão na competição estadual não seria menor, com direito a disputa de vaga na semifinal – entre Corinthians e Ferroviária – decidida pelo Superior Tribunal de Justiça Desportiva (STJD), após 11 dias de paralisação do certame.

Com a mesma equipe, agora treinada por Candinho, o Bugre estreou na competição batendo o Paulista de Jundiaí por 1 a 0, fora de casa. Ainda no primeiro turno, após um período instável, a derrota para o Corinthians por 2 a 0, em pleno Brinco de Ouro, derrubou o treinador. O preparador físico Hélio Maffia assumiria interinamente até o retorno de Lori Sandri, fato que aumentava consideravelmente as chances de Evair firmar-se na equipe.

No dia 27 de julho de 1985, um sábado à tarde, o Guarani enfrentou o Juventus, na Rua Javari, jogo válido pelo 1º turno do Paulistão. Ao final da primeira etapa, já vencia por 2 a 1, dois gols do artilheiro Edmar. No segundo tempo, Evair substituiu Neto, e João Paulo entrou no lugar de Gerson Sodré. Além da euforia pela nova oportunidade, Evair viveria a emoção de atuar ao lado do velho parceiro da base – e, também, a sensação de dividir a responsabilidade dos gols com o ídolo Edmar, a quem ansiava suceder.

Foram mais seis atuações parciais até que Evair sentisse novamente o gosto de jogar uma partida inteira. E duas saborosas recordações: a vitória por 2 a 1 sobre a Ponte Preta, em pleno Moysés Lucarelli, e o triunfo por 1 a 0 sobre o Botafogo, em 3 de novembro, no Estádio Santa Cruz, quando marcou o gol da vitória, seu único em toda a temporada. Nas duas ocasiões, substituiu Edmar.

Esteve o tempo todo em campo no empate sem gols com o XV de Jaú, resultado que garantiu antecipadamente ao Bugre a vaga nas semifinais, como uma das duas equipes de melhor campanha ao longo da competição. Atuaria ainda nas duas partidas decisivas contra o São Paulo – 1 a 1 em Campinas, e 3 a 0 para o Tricolor, no Morumbi –, sendo substituído em ambas por João Paulo. Evair encerrava a temporada de 1985 sem disputar uma final e contabilizando apenas dois gols com a camisa alviverde.

O amistoso que abriu a temporada de 1986 para o Guarani ficaria marcado na memória de Evair: na derrota para o XV de Novembro por 1 a 0, no dia 2 de fevereiro, em Piracicaba, iniciou como titular, formando o ataque ao lado de João Paulo Uberaba e João Paulo. Seria substituído no segundo tempo por Wanderley, velho companheiro das peladas em Crisólia.

A mudança de posição do atleta era uma das apostas do técnico Lori Sandri. Seu novo destino seria a camisa 9: a estatura de 1,84m, aliada a 82 kg de peso e um vigor físico invejável, pareciam apontar claramente nessa direção. O treinador mostrava-se convicto em sua escolha: "Este ano vamos lançar um garoto e ele vai ser parecido com o Careca e com o Edmar. Vai fazer os gols que o Guarani precisa".

Evair tinha receio de não corresponder às expectativas da exigente torcida bugrina: "No início, achei que seria uma responsabilidade muito grande, porque o Edmar tinha sido artilheiro do Campeonato Brasileiro, e o Guarani tinha revelado o Careca, grandes atacantes. E, no meu primeiro ano, já me jogaram a responsabilidade de ser o cara que vai fazer os gols. Como meia-esquerda, eu não tinha essa responsabilidade, tinha de armar as jogadas, até fazer gols, sim, mas como quem vem de trás". Iniciar o ano com a possibilidade de tornar-se titular e jogar ao lado do amigo de infância: era o sonho que começava a se materializar.

A temporada 1986 teria o calendário novamente invertido, começando pelo Paulistão e concluindo com o Campeonato Brasileiro. Diante do Novorizontino, em 23 de fevereiro, fora de casa, o Guarani iniciou sua trajetória no estadual com Wilson; Giba, Ricardo Rocha, Wilson Gottardo e Zé Mário; Nei, Tosin e Paulo Sérgio; João Paulo Uberaba, Evair e Tite: venceu por 1 a 0.

Já a partir da 2ª rodada, Wanderley entraria mais constantemente no decorrer das partidas, reeditando a dupla de sucesso da várzea de Crisólia. Na frente, Chiquinho Carioca ganhou a vaga de João Paulo Uberaba: o time começava a tomar corpo e a boa campanha da temporada anterior enchia a torcida de esperanças.

Mas o Bugre entraria em declínio: derrapando durante quase toda a competição, só escapou do rebaixamento à 2ª divisão nas últimas rodadas. Ao término do certame, a imprensa campineira tachava a linha bugrina, formada por Chiquinho Carioca, Evair e João Paulo, como "ataque de riso": "Lembro bem disso, são coisas que marcam a gente. A importância de não desistir, ir em frente, saber ouvir e digerir uma crítica. Saber que o que falam de você, não significa que seja aquilo. Ou você dá uma resposta, ou abaixa a cabeça e segue a vida toda como um derrotado. E ela veio no Brasileirão, onde fui considerado a revelação do campeonato. O final da temporada seria totalmente diferente daquilo que as pessoas imaginavam."

Se é fato que o Bugre não foi bem no Paulistão 86, é fato também que Evair não foi tão mal assim: dos 38 jogos realizados pelo Guarani na competição, participou de 28, marcando 13 gols, um belo retrospecto para um centroavante recém-iniciado na posição. O primeiro, como titular, foi assinalado contra o São Bento, em 2 de março, no Brinco de Ouro.

Seriam mais três, até a histórica data de 30 de março de 1986, quando anotou, pela primeira vez na carreira, três gols em uma única partida, nos 3 a 3 contra o XV de Piracicaba, em casa. Seriam mais seis – três de penalidade máxima – até o fim da competição. Números insuficientes para garantir-lhe a condição de titular no início do Brasileirão: por 1,7 milhões de cruzados, os cartolas bugrinos contrataram o centroavante Wagner junto ao Joinville. Restaria a Evair amargar novamente a reserva.

E o pior ainda estava por vir. A poucos dias da estreia no Campeonato Brasileiro, Evair sofreria um grave acidente: "Fomos liberados após o treino de sábado. Eu tinha comprado um carro, mas, quando íamos a Crisólia, era o Wanderley quem dirigia. Na segunda cedinho voltávamos a Campinas, com a esposa e o filho deles, ainda bebê, no banco de trás. Um caminhão de boias-frias parou na estrada, o que vinha atrás, pra não bater, desviou e pegou a gente de frente, na contramão. Fomos arremessados num barranco, o carro capotou uma vez, não lembro. Eu bati a testa e fui jogado pra fora do veículo, fraturando uma costela.

Fiquei estirado no mato, inconsciente por poucos segundos, o sangue escorrendo pela minha testa. Os boias-frias desceram pra ajudar. Quando acordei, ajudei a socorrer os outros: o Wanderley e a esposa ficaram presos nas ferragens, e o bebê ficou no chão do carro. Depois, fomos levados para o hospital de Itapira. E o bebê, graças a Deus, hoje tem quase dois metros de altura e joga no gol".

O Guarani estrearia no sábado seguinte contra o Cruzeiro, no Brinco de Ouro, e Evair não estaria lá: "Minha recuperação durou umas três semanas. O Wanderley só retornaria aos gramados no ano seguinte". E o momento não podia ser mais inoportuno. A campanha ruim no Paulistão levara a diretoria do Bugre à contratação de novos jogadores: "Eu já sabia que iria começar no banco de reservas, devido à contratação do Wagner Lopes. Com o campeonato já iniciado, tive de fazer todo um trabalho de recuperação, física e psicológica. Demorei muito pra me recompor daquilo tudo. Era um amigo de infância que estava sofrendo! Ele, a mulher e o bebê tiveram que fazer várias cirurgias".

Evair teria que administrar o problema durante a competição. Na segunda rodada, atuou por poucos minutos contra o Vasco, em São Januário. Jogaria desde o início somente na quarta rodada, em Goiânia, na derrota por 1 a 0 para o Atlético, novamente no meio-campo – ao lado de Tite, atual treinador da Seleção Brasileira. Wagner seguia como titular absoluto no comando do ataque.

Na quinta rodada, ainda no meio-campo, marcou o gol da vitória sobre o Náutico, em Campinas: "Era uma quarta-feira e chovia muito. Teve um cruzamento na área e, no bate-rebate, a bola sobrou pra mim. Ganhamos de 1 a 0. Ali, surgiu a oportunidade de retornar à equipe titular". Seria o primeiro de uma longa e consagradora série.

Denominado Copa Brasil, o Campeonato Brasileiro de 1986 foi tão confuso que motivaria a criação da Copa União no ano seguinte. Com a junção das Taças de Ouro, Prata e Bronze, a competição teria nada menos do que 80 participantes. Na primeira fase, 44 equipes foram divididas em quatro grupos (A a D), dos quais os seis primeiros de cada chave se classificariam à fase seguinte. Os grupos de E a H abrigariam nove equipes, cada. Era o chamado Torneio Paralelo, espécie de Séries B e C.

Alheio à confusão, o Bugre seguia atropelando adversários no grupo C. E Evair começava a marcar seus gols. Após substituir Wagner no decorrer das partidas contra Santos e Bahia, repetiria a dose contra o Operário-MT, em Campinas, dessa vez com maior sucesso: aos 33 minutos do segundo tempo, inaugurou o placar, abrindo caminho para a vitória de 2 a 0, em uma partida que se anunciava complicada para o Guarani.

Na 9ª rodada, contra o Piauí, sentiria novamente o gosto de iniciar uma partida. E recorda a preleção do treinador Gainete, dirigindo-se ao avante Wagner: "Hoje nós vamos com o Evair. Dessa vez ele vai cansar os zagueiros pra você entrar depois". O técnico talvez não contasse que, já aos 39 segundos, Evair abriria o placar. E aos 4 minutos, ampliaria. Ao final do primeiro tempo, o Guarani já vencia por 4 a 0. O craque ainda anotaria mais um, aos 42 da segunda etapa, subindo para cinco gols na caminhada pela artilharia. Placar final: Guarani 8x2 Piauí. E Evair não sairia mais da equipe.

A primeira fase ainda reservaria a Evair a possibilidade de ampliar o número de gols marcados, entrando de vez na luta pela artilharia da competição após os três anotados nas goleadas sobre Tuna Luso-PA (4 a 1) e Atlético-GO (3 a 0).

O Vasco da Gama não se classificou à segunda fase e recorreu à Justiça comum, exigindo a anulação do parecer do STJD que dava dois pontos ao Joinville no empate contra o Sergipe, por conta de doping comprovado na equipe adversária. A retirada dos pontos daria a vaga aos cariocas. Como cada clube venceu em sua instância judicial, a CBF optou pelo mais conveniente: classificar ambos.

Pra variar, sobrou para a Portuguesa, eliminada da fase seguinte pela CBF devido a uma questão que envolvia venda de ingressos. Os clubes paulistas ameaçaram abandonar a competição em apoio à Lusa, levando a CBF a "puxar" mais três equipes do Torneio Paralelo: Santa Cruz, Sobradinho-DF e Náutico. Dividida em 4 grupos, com 9 equipes, cada, a segunda fase da competição, disputada em turno e returno, previa quatro classificados por chave.

A nova etapa aparentemente traria maiores dificuldades, com o Guarani integrando o grupo J ao lado de Fluminense, Flamengo, Grêmio, Goiás, Santa Cruz, Atlético Goianiense, Vitória-BA e Central de Caruaru.

A vitória convincente sobre o forte Grêmio de Renato Gaúcho e Valdo, no Brinco de Ouro, logo na estreia, tratou de mostrar que o Bugre tinha talentos de sobra para tornar a caminhada mais suave. Evair deixou o dele e, de quebra, viveu uma de suas maiores jornadas com a camisa alviverde. Lazinho guarda viva a memória dessa partida: "Lembro muito de um jogo dele contra o Grêmio, numa quarta-feira (22 de outubro de 1986). Ele acabou com o jogo e fez um golaço. Recebeu todos os prêmios de melhor em campo. Esse foi o marco: a partir daí, a carreira dele deslanchou".

Até o final da segunda fase, Evair marcaria gols em quase todas as partidas. Nas ocasiões em que não deixou sua marca, o ataque bugrino passou em branco. A exceção seria a vitória por 2 a 1 sobre o Fluminense, no Rio, com gols de Tosin e João Paulo. O Guarani encerrou essa etapa da competição no topo da tabela, com 25 pontos – três a mais que o Fluminense. Evair contabilizava 18 gols na briga pela artilharia. E a linha de frente, formada por Chiquinho Carioca, Evair e João Paulo, o mesmo do Paulistão, era agora o "ataque do choro"... dos adversários.

Daí em diante, o Bugre seria demolidor. Nas oitavas de final, disputadas já no início de 1987, atropelou o Vasco da Gama: 3 a 0 no Rio, 2 a 0 em Campinas. O empate por 2 a 2 na Fonte Nova e a vitória por 1 a 0 em Campinas deixariam o Bahia de Zanata, Bobô e Claudio Adão pelo caminho. Evair marcara em todos os jogos e contabilizava agora 23 gols, sendo apontado como a grande revelação da competição pela mídia esportiva nacional.

EVAIR: O MATADOR

O treinador Carlos Gainete, em declaração à revista Placar, no final de 1986, explicitava a receita do sucesso de seu plantel: "O grupo foi reunido doze dias antes do começo da competição. Dessa maneira, fui bastante claro: quem deveria aparecer era o Guarani, não alguém em especial".

Não deu outra: a jovem equipe-base – formada por Sérgio Néri; Marco Antônio, Ricardo Rocha, Fernando e Zé Mário; Tosin, Tite e Marco Antônio Boiadeiro; Chiquinho Carioca, Evair e João Paulo – emplacou, tornando inevitáveis as comparações com o esquadrão de 1978. E o ápice dessa comparação estava na camisa 9: muitos viam em Evair uma reedição de Careca, artilheiro bugrino naquela ocasião.

Evair não marcou nas semifinais, quando o Guarani despachou o Atlético Mineiro de Nelinho, Luizinho, Elzo, Paulo Isidoro e Zenon – 0 a 0 em Minas, 2 a 1 em Campinas. O São Paulo seria a última barreira bugrina para a conquista do bicampeonato nacional. E a decisão ganharia um duelo à parte: Careca e Evair disputavam gol a gol a artilharia da competição. O ex-comandante do ataque alviverde – titular da Seleção Brasileira na Copa do México – conquistara projeção internacional. Quis a ironia do destino que, herói oito temporadas antes, Careca fosse agora o mais temível adversário do Guarani.

Use o app e veja a capa da Revista Placar, edição 873, de 23 de fevereiro de 1987.

Evair, por sua vez, apenas começava a sonhar voos maiores. O sucesso na temporada renderia ao jovem atleta sua primeira capa da Revista Placar na carreira (edição 873, de 23 de fevereiro de 1987). A convite da publicação, os artilheiros encontraram-se para conhecer o Troféu Bola de Ouro, que apenas um deles arrebataria. E o poder de fogo da dupla era realmente devastador: na época da matéria, somavam 44 gols, mais do que todos os gols marcados por cada um dos outros semifinalistas (o América-RJ tinha 28, e o Atlético-MG, 35).

Evair e Careca chegaram às finais empatados em 23 gols. A primeira partida da decisão foi disputada no domingo, 22 de fevereiro de 1987, às 17 horas, no Morumbi. Era o duelo do melhor ataque da competição (São Paulo, 58 gols) contra a melhor defesa (Guarani, apenas 14 sofridos).

Quando o árbitro Romualdo Arppi Filhou autorizou o início da partida, o que se viu foi um jogo arduamente disputado. Marcado por ninguém menos que Darío Pereyra, Evair subiu de cabeça para abrir o placar a favor do Bugre aos 15 minutos do segundo tempo. O 24º gol do craque calava a maioria das arquibancadas. Mal houve tempo de comemorar: Careca empatou três minutos depois. O São Paulo ainda acertaria por três vezes as traves defendidas por Sérgio Néri. Empatados em 24 gols, Careca e Evair aguardavam pelo último e decisivo round.

Às vésperas da decisão, a diretoria bugrina protestou veementemente contra a escalação de José de Assis Aragão, afirmando que o árbitro costumava prejudicar os times de Campinas. Para apimentar ainda mais o clima, mencionaria a força do São Paulo nos bastidores – referindo-se, inclusive, à presença do então governador Laudo Natel no banco de reservas tricolor, durante a decisão do Paulistão de 1971, contra o Palmeiras.

Na verdade, era apenas a continuidade de um clima que vinha ruim desde a primeira partida. Na noite anterior ao jogo, Romualdo Arppi Filho fora flagrado em plena folia pré-carnavalesca, desfilando animadíssimo pelo salão do Ilha Porchat Clube, em São Vicente-SP, no tradicional baile "Uma Noite nos Mares do Sul". Muitos atribuíam à farra sua contestada atuação na primeira partida da decisão.

25 de fevereiro de 1987: num Brinco de Ouro abarrotado por 37.370 pagantes, a maioria espera pela reedição da façanha de 1978. O Guarani, que pode chegar ao bicampeonato brasileiro, entra em campo com Sérgio Néri; Marco Antônio, Ricardo Rocha, Valdir Carioca e Zé Mário; Tosin, Tite e Marco Antônio Boiadeiro; Catatau, Evair e João Paulo. O São Paulo forma com Gilmar; Fonseca, Wagner Basílio, Darío Pereyra e Nelsinho; Bernardo, Silas e Pita; Müller, Careca e Sidney.

A decisão é considerada por muitos, ainda hoje, a mais emocionante de todos os tempos. A menos de 2 minutos, a bola resvala em Nelsinho e entra. Gol contra: 1 a 0 Guarani. A comemoração é curta: Bernardo empata aos 9 minutos. No fim da primeira etapa, Muller acerta a trave: a sorte caminha ao lado do Bugre.

A poucos minutos do final da partida, Aragão não marca um pênalti escandaloso de Wagner Basílio sobre João Paulo, prejudicando claramente o Guarani – e mostrando que a "sorte" no futebol depende, muitas vezes, de fatores bem mais concretos. Evair lamenta ainda hoje: "Aquele jogo não teria prorrogação. Eu iria bater o pênalti e faria o gol. Fomos prejudicados".

Primeiro minuto da prorrogação: Pita vira o placar para o Tricolor. É a vez do Guarani esfriar rapidamente a comemoração são-paulina: Marco Antônio Boiadeiro deixa tudo igual, novamente, aos 7 minutos. Após tolerar jogadas mais duras durante todo o jogo, José de Assis Aragão quase causa um tumulto generalizado ao expulsar o atacante Wagner, por reclamação.

Iniciando a segunda etapa com um jogador a menos, Gainete recua Evair para a função de armador. A estratégia é eficaz, e a massa bugrina explode novamente aos 3 minutos, numa arrancada pela esquerda de João Paulo: 3 a 2. Nova virada, Brinco de Ouro em festa e a taça a poucos minutos da sala de troféus do Bugre.

Vendo aproximar-se o final do jogo, a torcida alviverde começa a comemorar o bi. O inconsolável zagueiro Wagner Basílio, que falhara no gol de João Paulo, não cansava de lastimar-se: "Azarei o trabalho de um ano inteiro!". Ao que o goleiro Gilmar rebateu em tom consolador: "Tem que dar a bola pro Careca, que ele resolve". Premonitório: a menos de um minuto do fim, Aragão já consulta o cronômetro quando Careca, herói do primeiro título campineiro, bate forte de canhota: a bola entra no ângulo esquerdo de Sérgio Néri. Silêncio de morte no Brinco de Ouro... e a decisão vai para as penalidades máximas.

Marco Antônio perde a primeira cobrança. É a vez de Careca: Sérgio Neri defende, reacendendo as esperanças alviverdes. Tosin converte, Darío Pereyra empata. João Paulo desperdiça e abre a possibilidade de vantagem são-paulina, confirmada na conversão de Rômulo. Valdir Carioca e Fonseca marcam, mantendo a vantagem tricolor: 3 a 2.

Responsável pela última cobrança, Evair pode dar o título ao São Paulo se errar. Pela primeira vez diante dos olhares de todo o país, demonstra uma de suas maiores virtudes: a frieza. Empata a disputa e transfere a responsabilidade para Wagner Basílio... que converte, dando o título de campeão brasileiro ao Tricolor.

Apesar de possuir maior quantidade de pontos, melhor aproveitamento, maior número de vitórias, menor de derrotas, defesa menos vazada e melhor saldo de gols, o Guarani amarga o vice-campeonato. E Evair vê mais distante o último título conquistado, ainda nos tempos de amador.

Use o app e veja os lances da decisão contra o São Paulo.

Restava ao Bugre o consolo de, novamente, ter revelado uma safra de astros de primeira grandeza para o futebol brasileiro. Além do título, Evair perdeu a artilharia do campeonato para Careca, por apenas um gol – o pênalti convertido na disputa final não é computado: "Só entrei pra valer na equipe a partir da oitava rodada, quando outros jogadores já começavam a despontar. Isso foi determinante para a artilharia. Ainda assim, aquele campeonato foi todo marcante: era o meu primeiro Brasileiro e já começou com um acidente. E ainda tinha a desconfiança da torcida em relação ao Campeonato Paulista...".

E a luta pela artilharia poderia ter sido bem diferente, não fosse outra interferência direta da arbitragem: nos 2 a 2 com o Bahia, na Fonte Nova, pelas quartas de final, José Roberto Wright mandou voltar o pênalti convertido por Evair, alegando invasão de área – diga-se de passagem cometida por um jogador do Bahia. Na repetição da cobrança, o goleiro Rogério defendeu: absurdamente adiantado e com nova invasão de área por parte do time baiano. Dessa vez, valeu!

Tancredo Neves deveria assumir a presidência da República em 15 de março de 1985. Acometido de grave enfermidade, então divulgada como diverticulite, foi internado na véspera da posse. O vice, José Sarney, antigo aliado dos partidários do regime de exceção, assumiu temporariamente. Com a morte de Tancredo, em 21 de abril, ocuparia definitivamente a cadeira da presidência.

Nas semifinais do Paulistão 1986, o Palmeiras eliminou o Corinthians impondo uma histórica goleada por 3 a 0 – com direito a gol olímpico de Éder –, após derrota na partida de ida por 1 a 0. Nas finais, o Verdão perderia o título para a Internacional de Limeira: pela primeira vez na história, um time do interior conquistava o torneio estadual. O Palmeiras entrava na décima temporada sem a conquista de um título, a chamada "fila". E Evair, mesmo sem a menor consciência disso, tinha uma relação direta e estreita com o fato.

O OURO QUE LAVA A ALMA

No início de 1987, ainda se podia sentir o clima de comoção que o torcedor brasileiro carregava desde a Copa do México. A segunda derrota sofrida pela mágica geração de craques da era Telê Santana insistia em machucar nosso imaginário coletivo.

A novela para a escolha do técnico da Seleção Brasileira Olímpica se arrastou até o início de março. Segundo a imprensa da época, Cilinho, Jair Pereira e Pepe recusaram o cargo para dirigir a equipe que representaria o Brasil no Torneio Pré-Olímpico, na Bolívia, e nos Jogos Pan-Americanos de Indianápolis: queriam também a seleção principal.

Carlos Alberto Silva e Gainete constavam na lista de preferências da CBF. O primeiro, embora com a mesma exigência dos demais, aceitou assumir a equipe. Outro fator considerado pelos treinadores seria uma possível ingerência da confederação sobre a lista dos convocados. Havia o boato de uma relação pré-determinada pelos cartolas da entidade, fato rechaçado com rigor pelo novo treinador.

A busca pelo até então inédito ouro olímpico recomeçava com a convocação da Seleção Brasileira que disputaria o Pré-Olímpico, entre 18 de abril e 3 de maio. Apenas campeão e vice carimbariam passaporte para a Olimpíada de 1988, em Seul. E Carlos Alberto Silva apresentava um projeto ambicioso: revelar jogadores para a Copa América do mesmo ano e começar a formação da base para a Copa de 1990. Era a estratégia para manter-se à frente do comando também na seleção principal.

O critério de não prejudicar os clubes nos torneios estaduais, convocando no máximo dois jogadores por equipe, abria exceção apenas ao Guarani. 20 jogadores foram chamados: os goleiros Zé Carlos, Paulo Vítor e Régis; os laterais Zanata, Eduardo e Nelsinho; os zagueiros Geraldão, Pinga, Denílson e Ricardo Rocha; os volantes Bernardo e Douglas; os armadores Edu Marangon, Bebeto e Valdo; os pontas Sérgio Araújo, Maurício e João Paulo; e os centroavantes Mirandinha e Evair.

O primeiro desafio era vencer o fantasma da altitude em La Paz. Dos trinta e dois dias de preparação, os primeiros dezessete seriam passados na Granja Comary, em Teresópolis. O médico Ricardo Vivácqua considerava quinze dias como o ideal para a adaptação aos 3.658 metros da capital boliviana. O complicador para essa adaptação era o fato de que os quatro primeiros jogos da Seleção Brasileira seriam disputados em Santa Cruz de la Sierra, numa altitude média de 416 metros.

A Seleção realizou quatro amistosos antes da estréia no Pré-Olímpico, contra Uruguai (1 a 0), Bahia (0 a 0), Bolívia (2 a 2) e The Strongest-BOL (3 a 2). E os dois gols marcados, nas duas partidas contra os bolivianos, garantiram a Evair a condição de titular na estreia do torneio.

Integrando o Grupo A da competição, ao lado de Paraguai, Colômbia, Uruguai e Peru, o Brasil iniciou sua caminhada no Pré-Olímpico contra a Seleção Paraguaia, em 18 de abril. Na vitória por 3 a 1, Evair teve atuação discreta, sendo substituido por Mirandinha. E assistiu ao centroavante do Palmeiras selar a vitória, aos 33 minutos do segundo tempo.

A situação se repetiu na derrota por 2 a 0 para a Colômbia, levando Carlos Alberto Silva a optar por Mirandinha na partida contra o Uruguai. O empate por 1 a 1, gol do avante palmeirense, confirmava a perda de posição de Evair. O Brasil se despediria da fase classificatória com novo empate, 1 a 1 diante do Peru, no qual Evair atuou pouco tempo. Foi o suficiente para assegurar a segunda posição no grupo e a vaga na fase decisiva.

A derrota por 2 a 0 para a Argentina, na abertura do quadrangular final, foi a única partida em que Evair não atuou no torneio. O resultado comprometia seriamente as chances de título do Escrete Canarinho. Um dos destaques do time portenho, o atacante Caniggia, seria algoz do Brasil na Copa da Itália, três anos depois.

Nos 2 a 1 sobre a Colômbia, Evair atuaria novamente alguns minutos no lugar de Mirandinha, o suficiente para recuperar a condição de titular na partida decisiva, contra o time da casa.

Ao adentrar o Estádio Olímpico de La Paz, em 3 de maio de 1987, a Seleção Brasileira alimentava esperanças de conquistar o Pré-Olímpico. A vitória sobre a Colômbia na segunda rodada, somada ao empate entre Argentina e Bolívia, deixavam a equipe em segundo lugar na fase decisiva. Uma vitória sobre os donos da casa acrescida de um tropeço argentino diante dos colombianos daria o título ao Brasil.

Na preliminar, a Colômbia bateu a Argentina por 1 a 0. Restava ao Brasil fazer a sua parte. Formando com Zé Carlos; Jorginho, Geraldo, Denílson e Nelsinho; Bernardo, Edu e Bebeto; Sérgio Araújo, Evair e Valdo, o Brasil venceu por 2 a 1, conquistando a taça e carimbando o passaporte para Seul. O gol do título foi marcado por Mirandinha, aos 13 do segundo tempo.

A primeira conquista de Evair como profissional chegava com a camisa da Seleção Brasileira. Alegria que nem a irregularidade e nem o fato de ter passado a competição sem marcar gols conseguiam ofuscar.

Menos de um mês após a conquista do Pré-Olímpico, a Seleção Brasileira seria convocada para uma excursão à Europa, que incluía a disputa da Taça Stanley Rous, torneio triangular contra Escócia e Inglaterra. Evair não foi chamado: Carlos Alberto Silva optou pelos centroavantes Mirandinha e Romário.

O bom desempenho da equipe, com três vitórias, um empate e uma derrota – para a Irlanda –, criaram grande euforia, tanto na torcida quanto na mídia esportiva: a decepção causada pelas perdas de duas copas consecutivas era o combustível motivador. A ponto do treinador brasileiro superdimensionar a conquista da Rous Cup: "Ela é uma pequena Copa do Mundo".

A carência de títulos fazia com que as duas conquistas consecutivas do nosso selecionado atingissem proporções superestimadas, gerando fortes expectativas para a disputa da Copa América, em junho, na Argentina. E os bons desempenhos de Mirandinha e Romário durante a excursão excluiriam Evair dessa disputa.

O desempenho da Seleção Brasileira durante a Copa América seria fundamental para a avaliação do trabalho de Carlos Alberto Silva à frente da equipe. Na estreia contra a Venezuela, em 28 de junho, em Córdoba, o Brasil goleou por 5 a 0. Cinco dias depois, foi goleado pelo Chile (4 a 0). Além de constituir um dos maiores vexames da história da nossa Seleção até então, o resultado eliminava o time da disputa e colocava em xeque os métodos do treinador.

Pelas bandas de Campinas, a fase do Guarani não era das melhores: o time chegou a amargar cinco jogos sem vitórias e sem marcar gols! Sobrou para Gainete. O preparador físico Pedro Pires de Toledo Filho assumiu interinamente. Pouco depois, o velho Zé Duarte seria contratado, estreando com vitória em pleno Dérbi, pelo returno do Paulistão.

Evair retornaria ao Guarani no empate por 0 a 0 contra o Colo-Colo, em Campinas, pela primeira fase da Copa Libertadores da América. Na segunda partida, fez o gol do 1 a 1 contra a Inter de Limeira, pelo Paulistão. Levaria quase um mês para marcar novamente, contra o São Paulo: 2 a 2, no Morumbi, pela competição sulamericana. Tarde demais: o calendário curto criara um regulamento em que apenas o campeão de cada grupo avançaria às semifinais da Libertadores. E o alviverde campineiro não estava entre eles.

Evair voltaria a marcar mais de um mês depois, contra o São Paulo, em novo empate por 2 a 2, dessa vez pelo Paulistão. Faria apenas mais um gol na competição e veria, à distância, o Guarani encerrar sua participação no estadual amargando a 12ª colocação.

Ainda no comando, Carlos Alberto Silva iria em busca do ouro pan-americano com os goleiros Taffarel, Zé Carlos e Régis; os laterais Jorginho, Nelsinho e Mazinho; os zagueiros Geraldão, Ricardo Rocha e Ricardo Gomes; os meio-campistas Douglas, Edu Marangon, Raí e Pita; e os atacantes Valdo, Mirandinha, Romário, João Paulo e Evair.

Flamengo e Vasco optaram por não ceder seus jogadores, obrigando a CBF a fazer um pedido especial ao comitê organizador dos jogos, no sentido de liberar novas convocações para a Seleção Brasileira. O aguardo da confirmação dessa possibilidade gerava forte expectativa em todo o grupo. Autorização dada, foram convocados Careca (Cruzeiro), Ademir, André Cruz, Washington e Luís Carlos.

Por opção tática do treinador, Evair voltaria a atuar no meio-campo. Na estreia, em 10 de agosto, no Soccer and Sports Center de Indianápolis, o Brasil goleou o Canadá por 4 a 1. Na preparação para essa partida, a falta de estrutura oferecida pela CBF foi tamanha, que o time brasileiro chegou a treinar contra uma seleção de hóquei sobre patins!

A estreia nos Jogos Pan-Americanos ficaria marcada por uma polêmica que persegue Evair ainda hoje: no primeiro gol da Seleção, o atacante e o zagueiro Ricardo Gomes subiram juntos para o cabeceio, após cobrança de escanteio de João Paulo. A súmula oficial credita o gol a Ricardo Gomes, em quem a bola apenas resvalara. Todos foram abraçar o zagueiro, que correu para o meio-campo apontando nitidamente para Evair. A imagem, captada à distância, pouco esclarece. Mas o gesto de Ricardo – e a memória do centroavante – deixa clara a autoria do gol. Infelizmente, não registrado nas estatísticas oficiais da Confederação Brasileira de Futebol.

Na segunda partida, 3 a 1 sobre Cuba, Evair não atuou. No 0 a 0 contra o Chile, jogaria como ponta-direita, sendo substituído por Valdo. As discretas participações nos jogos iniciais o levariam novamente ao banco de reservas.

A partida semifinal, contra o México, foi o jogo mais violento da competição, com direito a emboscada durante o intervalo, descrita em detalhes pelo treinador brasileiro: "Quando estávamos passando em frente ao vestiário mexicano, eles fecharam os portões de entrada e de passagem. Ficamos eu, Ricardo Gomes, Valdo e Careca, contra todo mundo deles. Ninguém podia entrar, nem o nosso pessoal que estava do outro lado da passagem. Quando eu cheguei, o Valdo já estava no chão, todo ensangüentado, porque eles deram nele à vontade. O Ricardo tomou tanto pontapé que saiu dali direto pro hospital, cheio de hematomas. Nem jogou a final. A nossa sorte foi que o Careca brigava muito e bateu em vários deles".

Tempos depois, em entrevista ao programa Esporte Espetacular, Carlos Alberto Silva contaria o motivo de tanta selvageria: "O auxiliar técnico do México era um cara maravilhoso, estava sempre no nosso alojamento, trocando ideias. No dia seguinte, foi até lá pedir desculpas. E disse que, na preleção, o treinador deles – Maria Velarde – passou aos jogadores que eu teria dito que desejava outro terremoto no México, como aquele de 1985. Então, imagina como ficou a cabeça do pessoal". Absurdos do submundo da bola!

Na volta para a segunda etapa, apesar da expulsão de Ademir, logo a 4 minutos, o Brasil continua melhor em campo. Carlos Alberto Silva substitui Luís Carlos por Evair. Aos 3 minutos do segundo tempo da prorrogação, Valdo faz grande jogada pela direita e cruza para o meio da área, Evair cabeceia certeiro, com a precisão que se tornaria uma de suas marcas: 1 a 0 e Brasil na final do Pan.

Em 21 de agosto de 1987, a Seleção Brasileira - formada por Taffarel; Ricardo Rocha, Geraldão, André Cruz e Nelsinho; Edu Marangon, Pita e Careca; Valdo, Evair e João Paulo - adentrou o gramado de Indianápolis almejando igualar as façanhas de 1952, 1956, 1963, 1975 e 1979: a conquista do ouro pan-americano. Do outro lado o Chile, engasgado na garganta do torcedor brasileiro desde a Copa América.

João Paulo marca logo no início, mas o gol é anulado em função de um suposto toque de mão do jogador. Na prorrogação, Carlos Alberto Silva tenta Washington como homem de referência na área, em lugar de João Paulo: o centroavante do Fluminense abre o placar no último minuto da primeira etapa.

O ouro, que já reluz, é sacramentado aos 10 minutos do segundo tempo: Valdo toca curto para Washington, que faz o corta-luz. A bola sobra para Evair, que domina e, sobre a linha da grande área, bate rasteiro, no canto esquerdo: 2 a 0. A medalha de ouro é do Brasil; Evair é o herói da conquista; e a nossa Seleção, desde então, não repetiria a façanha de ser campeã panamericana novamente.

Use o app e veja os gols da final do Pan-Americano.

No dia 23 de agosto, durante os Jogos Pan-Americanos de Indianápolis, o esporte brasileiro viveu um de seus maiores momentos de todos os tempos. Sob regência de Oscar Schmidt (46 pontos na partida final) e Marcel (31 pontos), a Seleção Brasileira de Basquete conquistou a medalha de ouro, batendo os Estados Unidos por 120 a 115, após derrota parcial por 68 a 54 no final do primeiro tempo.

O fato de astros consagrados da liga profissional norte-americana (NBA) – como Michael Jordan, Magic Johnson e Larry Bird – não disputarem a competição, em nada tira o brilho da vitória brasileira, como muitos insistem em argumentar. Nunca uma seleção norte-americana de basquete, universitária ou profissional, fora derrotada em casa.

Evair descreve a cena, marcada até hoje em sua memória: "Presenciei o momento em que eles deixaram a Vila Olímpica rumo ao ginásio. Parecia um grupo de ovelhas indo pro abate. O contraste da volta foi incrível: aqueles homens gigantes rolando pelo chão feito crianças! Um dia que eu nunca mais esquecerei. Sinto-me honrado em ter presenciado aquele momento histórico memorável. Vê-los retornar com aquela alegria, contrastando com o ambiente da ida pro jogo, me fez sentir um imenso orgulho de ser brasileiro. Como é bom ganhar uma medalha pelo Brasil!".

O episódio doeu tanto, que abalou a conhecida auto-suficiência estadunidense: desde então, somente astros da liga representariam o país em competições de grande vulto. E o choro convulsivo de Oscar, deitado na quadra com os punhos cerrados sobre o rosto, constitui, sem a menor sombra de dúvida, uma das mais belas passagens de toda a história brasileira.

A HORA DA PARTIDA

Uma amostra da total desorganização do nosso futebol foi a realização do Campeonato Brasileiro de Seleções Estaduais, em pleno ano de 1987. A outrora mais importante competição nacional não era disputada desde 1963! E viria para complicar ainda mais o combalido calendário futebolístico do país.

O presidente da CBF, Otávio Pinto Guimarães, já admitira a falta de recursos da entidade para arcar com as despesas do Brasileirão. A resposta dos grandes clubes foi imediata: os presidentes de Palmeiras, Santos, Corinthians, São Paulo, Botafogo, Vasco, Flamengo, Fluminense, Grêmio, Internacional-RS, Cruzeiro, Atlético e Bahia fundaram a União dos Grandes Clubes de Futebol, o chamado Clube dos 13.

A nova entidade bateu o pé e realizou um Brasileirão à sua moda: a Copa União, com dezesseis participantes – foram acrescentados Coritiba, Goiás e Santa Cruz. A controvérsia dura ainda hoje e muitos consideram essa competição o autêntico Campeonato Brasileiro daquele ano. No entanto, a CBF acabou realizando o Brasileirão de 1987 com atraso, contando com os seguintes participantes: Guarani, Sport, Bangu, Atlético-PR, Vitória, Criciúma, Portuguesa, Inter de Limeira, Treze-PB, Atlético-GO, Rio Branco-ES, Ceará, Náutico, Joinville e CSA-AL.

O impasse estava na elaboração de um regulamento que acolhesse os interesses de ambos os lados. A CBF dividiu a competição em dois módulos, o Verde (Troféu João Havelange) e o Amarelo (Troféu Roberto Gomes Pedrosa). Segundo nota divulgada pela entidade em 4 de setembro, campeões e vices de ambos jogariam um quadrangular final. Em princípio, essa disputa serviria apenas para definir os representantes brasileiros na Libertadores, e seria realizada no início de 1988.

Para complicar a situação, se respeitado o regulamento do ano anterior, Botafogo e Coritiba deveriam ser rebaixados. Não havendo critérios claros para a escolha dos outros três participantes do Módulo Verde, Guarani e América-RJ, semifinalistas em 1986, ficaram fora da elite. Fato consumado, a equipe carioca se recusou a disputar o Módulo Amarelo, considerado uma espécie de 2ª divisão, reduzindo a disputa a 15 equipes.

O problema é que ainda não existia um sistema padrão de rebaixamento, adotado por determinação da Fifa somente a partir da Copa União de 1988. Até então, o critério utilizado para o acesso ao campeonato nacional da primeira divisão era a obtenção das primeiras colocações nos campeonatos estaduais, o que poderia impossibilitar até ao campeão de uma temporada o acesso à 1ª divisão no ano seguinte.

Integrando o Grupo A do Módulo Amarelo, o Guarani estreou no Brasileirão 1987 sob comando de Zé Duarte: 1 a 0 sobre o CSA, em Maceió. Na segunda rodada, contra o Treze, em Campina Grande, Evair marcou dois dos três gols bugrinos, iniciando nova corrida pela artilharia da competição. Mas uma inesperada estiagem acometeu o craque, que ficaria sem marcar por seis partidas.

Encerrando a 1ª fase empatados na liderança, com 11 pontos, Guarani e Atlético-PR tiveram que disputar uma partida extra para definir o campeão da chave, que garantiria classificação automática para as semifinais. A derrota por 2 a 0, em pleno Brinco de Ouro, custou a vaga antecipada e o emprego do treinador.

Evair voltaria a anotar dois tentos mais de um mês depois, na vitória sobre a Portuguesa pela abertura do returno, já sob comando do interino Paulo Leão. Pedro Rocha, contratado na rodada seguinte, levaria o Guarani à conquista da segunda fase. E Evair ainda deixaria sua marca contra Joinville, Criciúma e Rio Branco-ES, chegando à fase decisiva com a boa marca de 7 gols anotados em 13 partidas.

O excelente trabalho realizado no Guarani rendeu a Carlos Gainete o convite para dirigir a Seleção da Arábia Saudita. E o treinador tratou de convidar o Bugre para a realização de dois amistosos contra seus comandados. Além do acréscimo de alguns petrodólares à conta, tratava-se de grande oportunidade para dar maior experiência internacional ao time campineiro. Nos dois empates sem gols, Evair desfilou seu futebol pelas bandas do Oriente Médio pela primeira vez na carreira.

Após a breve excursão, chegara o momento das partidas decisivas do Campeonato Brasileiro. Nas semifinais, o adversário do Guarani seria novamente o Atlético-PR. Na ida, disputada no Couto Pereira, 0 a 0, com direito a pênalti defendido por Sérgio Néri na cobrança de Pedrinho Maradona. Na volta, a vitória pela contagem mínima, gol de Marco Antônio Boiadeiro, dava ao Guarani uma nova chance de brigar pelo título nacional.

A decisão do Módulo Amarelo seria contra o Sport Recife, treinado por Émerson Leão – contratado como jogador, o goleiro encerrou a carreira durante a competição, assumindo o comando técnico da equipe após acumular as duas funções por um breve período.

Em 6 de dezembro de 1987, o Guarani adentrou o gramado do Brinco de Ouro com Sérgio Néri; Giba, Ricardo Rocha, Gilson Jáder e Édson; Paulo Isidoro, João Carlos Maringá e Marco Antônio Boiadeiro; Catatau, Evair e João Paulo. Evair marcou os dois gols da vitória por 2 a 0, confirmando a fama de jogador decisivo. A marca de nove gols lhe garantia a artilharia da competição até aquele momento – e praticamente assegurava a conquista bugrina. O terceiro título da temporada, primeiro por um clube profissional, parecia irreversível.

Seguramente, nem o mais pessimista dos bugrinos contava com o revés da volta. Sem Boiadeiro, articulador do time, suspenso pelo terceiro cartão amarelo, o Guarani foi visivelmente prejudicado pela arbitragem na Ilha do Retiro. Em 13 de dezembro de 1987, uma sucessão de lances polêmicos, somada à violência da equipe local, levaria ao placar de 3 a 0 para o Sport no tempo normal, forçando a disputa da prorrogação. Evair é enfático: "Foi uma das piores arbitragens que presenciei ao longo da carreira".

Após o empate por 0 a 0, o campeão do Módulo Amarelo seria conhecido na cobrança de penalidades máximas. Mas Evair, substituído por Mário Maguila, não faria parte da série. Os 16.674 torcedores presentes ao estádio Adhelmar da Costa Carvalho, tiveram o "privilégio" de assistir a uma das mais insólitas decisões de todos os tempos. Na série de cinco, cada equipe converteu quatro. Nas cobranças alternadas, mais sete atletas de cada lado marcaram, inclusos os goleiros Sérgio Néri e Flávio. Pouco antes, o arqueiro bugrino defendera a penalidade que daria o título ao Guarani. Mas o árbitro, erroneamente, mandou repetir a cobrança, gerando uma tentativa de agressão por quase todo o elenco bugrino, contida com truculência e ameaças dos policiais.

Após vinte e quatro penalidades e o absurdo placar de 11 a 11, dirigentes de ambos os lados resolveram intervir. Homero Lacerda, presidente do Sport, sentenciou: "Ninguém merece perder". Ao que se seguiu a sugestão do colega Leonel Martins: "Então vamos dividir o título". Selado o acordo, coube ao maranhense Josenildo Santos, árbitro da final, encerrar a partida e acompanhar a volta olímpica das duas equipes! Final melancólico para um campeonato que começara conturbado e tivera, ainda na semana do duelo decisivo, diversas liminares, agressões a dirigentes e interpretações contraditórias sobre seu regulamento. Coisas do futebol brasileiro!

Na verdade, a CBF começou a ver sua funcionalidade questionada pelos times. E o gigantesco sucesso comercial do campeonato organizado pelo Clube dos 13 confirmava essa tese. Percebendo o erro cometido, correu atrás do tempo perdido e tratou de tentar se apoderar, ainda que parcialmente, da nova realidade. Com a disputa em pleno andamento, se utilizou do fato de ser a entidade oficial do futebol brasileiro para mudar as regras do jogo: o quadrangular do início de 1988 serviria também para definir o campeão nacional de 1987, ideia rejeitada de imediato pelos clubes do Módulo Verde e pelo Conselho Nacional de Desportos (CND), cuja nova resolução proibia que os campeonatos avançassem até o ano seguinte.

Tempos depois, a CBF declararia o Sport campeão do Módulo Amarelo, por conta da melhor campanha ao longo da competição. E a conquista do Brasileirão deveria ser ratificada na disputa do quadrangular final contra Flamengo e Internacional-RS, campeão e vice da Copa União (Módulo Verde). O que regulamento nenhum poderia mudar era a conquista pessoal de Evair, artilheiro do Campeonato Brasileiro de 1987 (Módulo Amarelo), com 9 gols.

Em Campinas, todos acreditavam que o ano de 1988 também seria marcante para o Guarani. No intuito de manter o alto nível das temporadas anteriores, a base foi mantida e três jogadores de destaque no futebol paranaense foram contratados: o meia Pedrinho Maradona e o zagueiro Marcão, do Atlético, e o lateral esquerdo Hélcio, do Coritiba. Para o comando da equipe, José Luiz Carbone.

O fortalecimento da equipe visava a disputa do quadrangular decisivo do Brasileirão, prevista para o final do mês de janeiro. Surpreendentemente, Evair não foi relacionado para o início da competição: "Uma noite, o presidente mandou me chamar no quarto para negociar a renovação do contrato. Ele com o copo de uísque, já meio vermelho, e eu, quase dormindo. Fiz uma pedida que ele achou muito alta. Era o que eu considerava justo, não tinha ninguém pra me orientar nessas coisas. No dia seguinte, o Carbone bateu na minha porta dizendo que tinham me mandado embora. Fiquei um tempo fora, os gols da equipe sumiram e fui chamado pra renegociar".

O fato é que Flamengo e Internacional-RS não se apresentaram nas datas definidas para a disputa, sendo eliminados por W.O. Sport e Guarani fariam a final novamente, em dois jogos. Mário Maguila não correspondeu e Evair só seria relacionado para a última partida, quando o Sport, mais organizado dentro e fora de campo, ratificaria o título de campeão brasileiro de 1987.

Apenas duas semanas depois da decisão contra o Sport, o Guarani entrava em campo contra o Rio Branco de Americana. O amistoso, no Brinco de Ouro, servia para apresentar a equipe-base que disputaria o Paulistão de 1988: Sérgio Neri; Marquinhos, Marcão, Cassus e Hélcio; Paulo Isidoro, Barbieri e Marco Antônio Boiadeiro; Pedrinho Maradona, Evair e João Paulo. Dos considerados titulares de Carbone, apenas Ricardo Rocha ficou de fora. Neto e Careca Bianchesi eram, até então, apenas boas opções para o treinador. Definitivamente reintegrado ao elenco, Evair marcou o gol da vitória por 1 a 0. Três dias depois, a derrota por 1 a 0 para o Taubaté, fora de casa, encerraria a pré-temporada.

O regulamento do Campeonato Paulista de 1988 era bastante simples, fato pouco comum naqueles tempos. Vinte equipes divididas em dois grupos de dez, jogando todos contra todos – dentro e fora de seus grupos – em turno único. Após dezenove partidas, os quatro primeiros de cada chave passariam à fase seguinte.

Já na segunda rodada, nos 5 a 0 contra o Botafogo, Evair marcou três vezes. Confirmando a boa fase, repetiria a dose nos 3 a 0 sobre o São Paulo, em pleno Morumbi, e faria os dois gols da vitória por 2 a 0 sobre o Santos.

Contra o Tricolor, iniciou uma série na qual marcaria por seis partidas consecutivas. De quebra, começava a apresentar grande eficiência nas bolas paradas, fruto do árduo trabalho individual após os treinos. Marcou três novamente no encerramento da fase classificatória – 5 a 1 sobre o Santo André –, disparando na artilharia da competição com 18 gols.

Use o app e veja os três gols de Evair na vitória por 3x0 sobre o São Paulo.

O Guarani classificou-se na segunda colocação do Grupo B, com os mesmos 26 pontos de Corinthians e São José, mas duas vitórias a menos que o time de Parque São Jorge e melhor saldo de gols que a Águia do Vale.

A segunda fase determinava que os oito classificados fossem divididos em dois grupos de quatro equipes. No início da competição, ninguém poderia prever a ironia do regulamento: o Grupo C seria formado por Inter de Limeira, XV de Jaú, Guarani e São José, o chamado "Grupo do Interior". Os quatro grandes do Estado se digladiariam no Grupo D, o "Grupo da Morte". Apenas os campeões de cada chave avançariam à decisão.

Na arrancada da fase decisiva, o Bugre foi derrotado pelo São José (2 a 0), fora de casa. Uma contusão tiraria Evair das duas partidas seguintes: vitórias sobre XV de Jaú (2 a 0) e Internacional de Limeira (2 a 1).

De volta à equipe nos 2 a 0 contra a Inter, em Campinas, pela abertura do returno, Evair atuou ainda contra o XV de Novembro, em Jaú (0 a 0), e marcou na vitória por 1 a 0 sobre o São José, no Brinco de Ouro. O 19º gol do artilheiro da competição carimbava o passaporte do Bugre à decisão do Paulistão, contra o Corinthians. E levava o craque à marca de 74 gols marcados com a camisa do Guarani.

Paralelamente à disputa do quadrangular final do Paulistão, o Bugre iniciou sua trajetória na disputa da Copa Libertadores da América. Evair atuou nas três primeiras partidas, todas disputadas fora de casa: 1 a 0 sobre o Sport, a derrota por 2 a 1 contra o Alianza e o empate em 1 gol com o Universitário, ambos do Peru. Participou ativamente do encaminhamento à classificação para a fase seguinte. Mas não jogaria mais a competição sul-americana naquela temporada.

Um fato inusitado marcou a última rodada do "Grupo da Morte": São Paulo e Corinthians chegaram à partida decisiva em condições de classificação à grande final. O Alvinegro precisava derrotar o Santos, no Pacaembu, e dependia de uma vitória do Palmeiras sobre o São Paulo, no Morumbi, para chegar à decisão do estadual.

O Verdão jogava por sua honra: em caso de derrota o Tricolor iria às finais. Apesar do amplo domínio são-paulino, a extraordinária atuação do arqueiro alviverde Zetti garantia o empate sem gols, até os minutos finais da partida. Aos 44 do segundo tempo, Gérson Caçapa marcou o gol que afastava o Tricolor da decisão.

No outro jogo, Corinthians 2 a 0 no Santos. Curioso foi a torcida corintiana torcer pelo maior rival durante todo o segundo tempo da partida. E o dia 17 de julho de 1988 entraria para a história como a única data em que a fiel torcida, de ouvidos grudados no rádio de pilha, entoou em coro o surpreendente grito: "Palmeiras, Palmeiras, Palmeiras...".

Guarani e Corinthians chegaram à decisão do Paulistão tendo feito as duas melhores campanhas da competição. Na primeira partida, em 24 de julho, no Morumbi, o Bugre formou com Sérgio Neri; Marquinhos, Vagner Bacharel, Ricardo Rocha e Albéris; Paulo Isidoro, Tosin e Marco Antônio Boiadeiro; Neto, Evair e Careca. O Corinthians foi a campo com Ronaldo; Édson, Marcelo, Denílson e Dida; Biro-Biro, Márcio e Edmundo; Wilson Mano, Everton e João Paulo.

Com um título e dois vice-campeonatos nacionais no currículo, o Guarani chegava à sua primeira final estadual. Após o atraso pela confusão causada no início da partida pelo beijoqueiro José Moura, que a todo custo queria beijar Biro-Biro, o primeiro tempo transcorreu tenso, como em toda decisão. No último minuto, Neto marcou um antológico gol de bicicleta, colocando o Guarani à frente do placar.

Logo a 6 minutos da etapa complementar, o lateral direito Édson empatou a partida, levando a decisão em igualdade para o Brinco de Ouro. O Bugre dependeria de dois empates, no tempo normal e na prorrogação, para sacramentar seu primeiro título paulista.

Com o nome já gravado na galeria dos heróis bugrinos, Evair adentrou o Brinco de Ouro da Princesa, em 31 de julho de 1988, em busca de seu primeiro título por um clube profissional. Após o 0 a 0 no tempo regulamentar, restava apenas meia hora para que o Guarani mantivesse o resultado e sacramentasse a conquista.

Aos quatro minutos do início da prorrogação, Wilson Mano bate cruzado para o meio da grande área. O chute, despretensioso, encontra pelo caminho o pé canhoto do novato centroavante Viola. No desvio, o endereço é certo: Corinthians 1 a 0.

Aos quatro da segunda etapa, Evair recebe livre no meio da área, mata no peito e conclui em gol. A bola passa à direita da meta corintiana. Seria a melhor chance do Guarani na partida. E a última do craque com a camisa 9 do Bugre. O empate não vem. O título é Alvinegro.

Mais uma final perdida bateu fundo em Evair: "Em 1988, cheguei a pensar em parar de jogar. Perder uma final pro Corinthians não, né!? Briguei até com a minha avó. Ela me disse que torceu pra eu fazer um gol, mas pro Corinthians ganhar. Era corintiana roxa! Mas não tinha a menor noção do que é você perseguir um objetivo por seis meses e perder tudo na final, da forma como perdemos. Fui entendê-la depois, mas fiquei um bom tempo sem voltar à casa dela, só de pirraça. E foi muito triste, jogando pelo empate, perdemos na prorrogação. Além da tristeza, iniciou aquela conversa de não ganhar títulos. Você começa a ficar marcado... dizem que não vai ganhar nunca. Aquilo começava a me incomodar".

Frustrações à parte, os vínculos de Evair com a terra natal continuavam mais sólidos que nunca: "Uma semana após a perda do título pro Corinthians, tinha a decisão do campeonato local. Quando cheguei em Crisólia, a cidade estava alvoroçada; nosso time tinha chegado à final, contra a equipe de Ouro Fino, e me escalaram pra jogar. O zagueiro adversário era o Rui Palomo. Cada um defendendo sua terra".

Rui descreve o resultado da partida com uma ponta de chateação: "Éramos dois zagueiros voluntariosos e não sobrava espaço pro Evair, porque a botina cantava. Mas no segundo tempo, ele recuou, voltou a jogar de meia-armador e desequilibrou, deixando os outros na cara do gol. Até hoje me lembro com raiva de um lance: um jogador deles chegou à linha de fundo e bateu com tudo pra dentro da área. Eu estava com a mão colada no corpo, a bola tocou involuntariamente e o juiz marcou pênalti. Ele foi bater... já viu, né? Ganhávamos por 1 a 0, e eles empataram. A decisão foi por pênaltis, e saíram vitoriosos".

Evair relembra: "Mesmo profissional, todo jogador continua peladeiro. Se eu não jogo aquele dia por Crisólia, o povo da cidade ficaria magoado comigo. Ter me visto jogar uma final contra o Corinthians era muito bom... mas tinha que ser campeão aqui, pelo nosso time. Depois desse título, mudaram o regulamento dos campeonatos disputados em Ouro Fino. Nenhum profissional poderia mais disputar as competições. Você nasce num lugar e cresce com aquelas pessoas. Daí sai pro mundo e quando volta, não é mais de lá? Não deixo meus amigos de infância magoados de jeito nenhum. Tudo bem que Crisólia pertença a Ouro Fino, mas meu lugar é lá. Ainda mais que eu nem nasci no hospital de Ouro Fino, nasci em casa. Hoje é diferente, tenho amigos em Ouro Fino. As pessoas de lá aprenderam a me respeitar".

> Durante o período em que Evair esteve no Guarani, o Brasil passou de um regime ditatorial militar para um governo civil, indiretamente eleito. Consolidou ainda um novo sistema político partidário, baseado no pluralismo, e estava às portas de promulgar sua nova Constituição. Mas as sofridas perdas de duas Copas do Mundo nos tirariam, paulatinamente, grande parte da arte que regeu o futebol brasileiro durante décadas.

Tempos depois, Evair faria um relato sobre a impressionante cultura do futebol campineiro: "Vocês não têm ideia do que é a rivalidade em Campinas. Quando chega a semana do Dérbi, torcedores rivais se transformam. Eles se odeiam naquele momento! Ainda que sejam os melhores amigos, um vizinho vira a cara pro outro. Depois do clássico, passados alguns dias, voltam a conversar, como se nada tivesse acontecido. Até o próximo jogo... Um não quer apenas ser melhor que o outro, a coisa vai além: ele quer ver o outro destruído! É impressionante, não dá pra entender!".

Até os anos 1950 havia uma total imprecisão no controle das súmulas de jogos, fato que interfere substancialmente nas estatísticas do futebol brasileiro. Reza a lenda que Zuza, ídolo entre as décadas de 1930 e 1940, marcou mais de 200 gols pelo Guarani – os números oficiais apontam 149 e o colocam no topo da lista dos maiores artilheiros bugrinos. Nenê, que veio logo depois – entre os anos 1950 e 1960 –, marcou 120 gols, teve vários outros não computados e ocupa a 2ª posição.

Careca foi às redes 118 vezes; Jorge Mendonça, 88; Zenon e Fumagalli, 81 tentos devidamente documentados; sobre os números de China (77 gols) e Augusto (75), pairam incertezas; sobre os de Evair não: os 73 gols marcados com a camisa alviverde o colocam na posição de 9º maior artilheiro do Guarani de todos os tempos. Se computássemos as categorias de base, como fazem alguns atletas, Evair seria seríssimo candidato a maior artilheiro da história do Guarani.

Antes de Evair, apenas Jorge Mendonça havia sido artilheiro do Paulistão com a camisa bugrina: 38 gols, em 1981 – marca histórica, superada apenas por Feitiço (1931) e Pelé (1958/59/61/65), ambos do Santos. Mas nem a artilharia isolada da competição, com 19 gols, faria o craque animar-se por completo. Seis anos, mais de 160 partidas e três vice-campeonatos depois, o ciclo estava encerrado. Campinas ficara pequena para seu futebol: "Em termos de artilharia, meu melhor momento foi no Guarani. Ali eu só ficava fazendo gols. O time era muito forte. Só não conquistei títulos".

Mas o fato é que, desde a conversa sobre a renovação de contrato, no início da temporada, ficara uma sensação de mal-estar entre clube e jogador: "Foi um final de relação que poderia ter sido melhor".

A cidade e os torcedores de Bérgamo o aguardavam de braços abertos.

POR DEBAIXO DOS PANOS

O primeiro semestre de 1988 foi de grande apreensão no meio futebolístico brasileiro. Vivia-se a expectativa pela convocação da Seleção que disputaria a Olimpíada de Seul. A conquista do inédito ouro olímpico poderia significar a redenção definitiva do Escrete Canarinho. Havia grandes esperanças na safra de atletas que se formava.

Carlos Alberto Silva continuou no comando, apesar do desastre na Copa América. As conquistas do Pré-Olímpico e do Pan-Americano o credenciavam. Nos dias que antecederam à convocação, foi obrigado a abusar da diplomacia: convocar vários jogadores de um mesmo clube, na reta final dos estaduais, certamente causaria insinuações sobre favorecimentos.

Pressionado por "indicações" da CBF e pelo bairrismo entre paulistas e cariocas, ainda em voga, tentou agradar a todos e acabou alvo de muitas críticas, particularmente em relação à ausência de alguns jogadores. Entre eles, Evair. Ao justificar-se no caso do centroavante, o técnico ficaria em situação bastante desconfortável, alegando a venda do craque ao Atalanta, da Itália, como motivo por não tê-lo chamado. Além do mal-estar causado pelo fato da transação ainda não ter sido consumada, sua retórica demonstrava incoerência: Valdo, negociado com o Benfica de Portugal, estava entre os convocados.

O vistoso futebol apresentado pela Seleção Brasileira na era Telê Santana acendeu a cobiça dos clubes europeus. A década de 1980 marcou o início da saída de jogadores brasileiros para o exterior em larga escala. O destino quase sempre era a Itália. Junior já passara pelo Torino; Sócrates e Zico, por Fiorentina e Udinese, respectivamente; e Falcão entrara para a posteridade como o "Rei de Roma".

O histórico recente de artilharias em campeonatos de grande expressão colocava Evair na alça de mira dos dirigentes do Calcio. Após várias especulações, a transação com a Atalanta se confirmou: em meados de setembro, era anunciada sua transferência para a Itália, por 800 mil dólares. Recém-promovida à primeira divisão, a equipe bergamasca começava a montar um dos melhores times de sua história.

Evair relembra: "Determinado dia, fui chamado pra ir à casa do presidente. Ali, fui comunicado que tinha chegado uma proposta muito boa pro Guarani. O clube precisava fazer caixa, e era uma época em que o jogador não tinha nenhum direito: o passe era deles, portanto, podiam tomar qualquer decisão sem comunicar ninguém. Já estava tudo combinado: valor do passe, tempo de contrato, salários, etc. Se você não concordasse, seria colocado pra treinar em separado, como já havia acontecido comigo por não ter aceitado a primeira proposta salarial. E o pior é que, naquela época, o jogador que saía pro exterior era considerado mercenário. Hoje a situação é muito diferente. O Guarani queria mudar, sair da condição de ser apenas um time revelador e transformar-se também em um time contratador. Só esqueceram que o que fazia do Guarani um dos times mais fortes do Brasil era, justamente, o talento de vários atletas que saíam das categorias de base".

A transferência se deu graças à intermediação do técnico e ex-jogador Sergio Clerice, atacante revelado pela Ferroviária de Araraquara e que fez sucesso no futebol italiano durante as décadas de 1960 e 1970. Atuando por Lecce, Bologna, Verona, Atalanta, Fiorentina, Napoli e Lazio, se consolidou entre os dez principais goleadores estrangeiros da história do futebol italiano.

A ida de Evair para a Itália levaria um bom tempo para ser absorvida pela família Paulino. Se, por um lado, o sucesso do craque era motivo de orgulho e alegria generalizados, por outro, um distanciamento assim tão grande não tinha como ser assimilado facilmente. Todos sentiriam profundamente essa ausência. Dona Zica recorda-se, sob forte emoção: "Quando ele foi pra Itália, me aprontou uma que você nem imagina! Fez tudo por baixo dos panos. Ele não conta as coisas, deixa pra dizer quando já está certo. Sabia que ele talvez saísse, mas não imaginava que fosse pra tão longe! Fiquei muito brava! E o golpe foi duplo: minha filha casou no dia 10 de setembro. Quatro dias depois, ele foi embora. Saíram os dois de casa, de uma vez!"

Difícil imaginar as angústias e aflições de um coração materno num momento desses: "Sabe o que é deitar e levantar todo dia com aquilo na cabeça, sem nem saber em que pensar? Não tínhamos telefone. De vez em quando, ele ligava no bar e mandava me chamar. Foi difícil, mas hoje agradeço a Deus por ele ter corrido o mundo e conquistado tudo o que tem... Por cuidar da gente. Tudo o que temos foi ele quem deu. Quando saiu da minha casa, tinha uma calça no corpo e outra na mochila".

A irmã Heloísa engrossa o coro: "Quando voltei da lua de mel, ele já tinha ido pra Itália. Depois disse que não deu pra me avisar. Na verdade, ele não tinha intenção de se despedir de todo mundo. Somente quando já estava instalado por lá é que ligou pra comunicar. Ele sempre me marcou pela humildade e pela superação. Todos os momentos difíceis da carreira ele soube superar. E não tinha recebido toda essa estrutura em Crisólia. Foi se estruturando com o que viveu lá fora. E tudo o que aprendeu trouxe pra dentro da nossa família... Toda nossa estrutura foi ele quem deu. Devemos muito a ele".

Seu José tenta não demonstrar, mas sentiu demais a falta do "garoto": "O mundo foi fazendo dele um andante. Primeiro, foi embora pra Itália, assim, meio de supetão. Recordo que ele me dizia que passava fome lá, mesmo com dinheiro no bolso, porque não entendia o idioma. Claro que é bom ver o filho nas alturas, mas, para um pai, às vezes isso não é nada engraçado. Mesmo sabendo que está tudo bem. Nem sempre tinha notícias, é complicado! Chegava na hora do almoço batia aquela falta... O pensamento ia longe. E eu sempre pensava o que ele estaria fazendo naquele momento".

Fundada em 1907, a Atalanta Bergamasca Calcio seria reconhecida pela Federação Italiana de Futebol (FIGC – Federazione Italiana Giuco Calcio) somente sete anos depois. Suas cores atuais, camisas com listras verticais pretas e azuis (neroazzurri), foram definidas após a fusão com a Bergamasca, outra equipe de Bérgamo, em 1920: como a antiga Atalanta usava preto e branco, optou-se pela junção com as cores da rival (azul e branco) no novo uniforme. Seu nome é uma homenagem à personagem da Mitologia Grega conhecida por sua agilidade e destreza na caça.

Equipe de médio porte, sua melhor colocação no Campeonato Italiano foi o 5º lugar, obtido na temporada 1947/1948. Campeã da Série B nos anos de 1940, 1959, 1984 e 2006, conquistou a Copa da Itália 1962/1963, quando bateu o Torino por 3 a 1, no dia 2 de junho, em Milão. Manda seus jogos no Estádio Atleti Azzurri d'Italia, com capacidade para pouco mais de 26 mil torcedores. O novo palco onde o goleador Evair exibiria seu futebol.

Evair desembarcou em Bérgamo em 17 de setembro de 1988: "Era um dia frio e chuvoso, e tinham aproximadamente três mil pessoas me esperando, apenas pra presenciar a assinatura do contrato. Tive que ir até a janela e acenar pros torcedores. Tomei um susto com aquela festa toda! Não imaginava encontrar tanto fanatismo na Itália".

As diferenças em relação ao desorganizado futebol brasileiro ficariam nítidas de cara: no Velho Mundo, seriam apenas duas competições por ano, o Campeonato Italiano e a Copa da Itália. Em caso de bom desempenho na disputa nacional viriam as copas continentais. E, pela primeira vez na carreira, viveria a experiência de uma pré-temporada de verdade: a caminhada da Atalanta no campeonato 1988/1989 iniciaria somente em 9 de outubro, contra o Napoli, fora de casa.

Então apontado como o melhor campeonato de futebol do planeta, o Italiano 1988/1989 contava com a presença de uma autêntica Seleção Brasileira em campo, os chamados brasiliani. O mais "brasileiro" dos times era o Pescara, que tinha Júnior, Edmar e Tita. Quatro equipes incluíam dois atletas tupiniquins em seu elenco: Napoli (Careca e Alemão), Torino (Edu Marangon e Müller), Como (Milton e André Cruz) e Roma (Andrade e Renato Gaúcho). Completavam a debandada Dunga (Fiorentina), Toninho Cerezzo (Sampdoria), Casagrande (Ascoli) e Evair.

Motivados pelo retorno à Série A, os diretores da Atalanta não pouparam esforços para reforçar a equipe, que já contava com Glenn Stromberg, meia sueco cuja habilidade levara o modesto IFK Göteborg à conquista da Copa da Uefa, em 1982. Outro ponto de destaque era a defesa, formada por Contratto e Renzo.

Tímido e retraído fora das quatro linhas, Evair encontrou dificuldades na nova casa. Sérgio Clerice acabou tornando-se também uma espécie de cicerone do craque em Bérgamo, auxiliando-o nessa adaptação. Mas dentro de campo, o estilo falante e extrovertido faria de Evair, rapidamente, um dos jogadores mais aclamados pela torcida.

Use o app e veja o primeiro gol de Evair pela Atalanta, no empate por 2 a 2 contra o Verona.

A estreia do craque na Atalanta ocorreu em 9 de outubro de 1988, na abertura do Campeonato Italiano: 1 a 0 para o Napoli de Careca e Maradona, fora de casa. Uma semana depois, deixaria sua primeira marca, abrindo o placar nos 2 a 2 contra o Verona, em Bérgamo.

Ao marcar na vitória por 2 a 0 contra o Bologna, pela quarta rodada, começaria a ganhar a simpatia do torcedor Bergamasco, feliz ao ver a equipe figurando entre os primeiros colocados. Mas seriam os únicos gols no ano: Evair só voltaria a balançar as redes no 2 a 0 sobre a Lazio, pela Copa da Itália, em 4 de janeiro do ano seguinte.

Na 12ª rodada do Italiano, iniciou uma sequência rara em um campeonato tão competitivo – ainda mais para um jogador em fase de adaptação –, marcando por quatro jogos seguidos e anotando todos os gols da Atalanta (1 a 1 Sampdoria, 1 a 0 Ascoli, 1 a 0 Juventus e 1 a 1 Internazionale). Até o final da competição iria às redes mais quatro vezes, contra Roma (2 a 2), Bologna (1 a 1) e Cesena (5 a 1), quando fez dois, fechando a temporada com a marca de 10 gols.

Encabeçando a lista de artilheiros estavam Serena, da campeã Internazionale, com 22; Van Basten (Milan) – segundo Evair, o maior centroavante que viu jogar – e Careca (Napoli) com 19; e Roberto Baggio (Fiorentina), com 16. Abaixo de Evair, com 9 gols, um certo Diego Armando Maradona. A sexta colocação no campeonato nacional garantiu à Atalanta o ingresso na Copa da Uefa na temporada seguinte. Fato conseguido pela primeira vez na história do clube – e comemorado pela fanática torcida bergamasca como a conquista de um título.

A Atalanta chegou longe na primeira Copa da Itália disputada por Evair. Após concluir a fase inicial na terceira colocação do grupo 4, atrás de Juventus e Verona, a equipe ingressou na fase seguinte integrando a chave que contava com Sampdoria, Bari e Monza. Derrotada pela Sampdoria por 1 a 0, fora de casa, bateu Monza (2 a 1) e Bari (3 a 1), encerrando essa etapa da competição no 2º lugar do grupo.

Nas quartas de final, contra a Lazio, vitória por 2 a 0 e derrota por 3 a 2 garantiram a passagem às semifinais pelo melhor saldo. Evair teve papel decisivo nesse embate: foi dele o segundo gol da vitória em Bérgamo, que ampliou a vantagem da Atalanta, dando maior tranquilidade para administrar o jogo da volta, em Roma.

Use o app e veja o gol de Evair na vitória da Atalanta contra a Lazio.

O torcedor bergamasco começava a sonhar com a reedição da vitoriosa campanha de 1962/1963. Mas as duas derrotas para a Sampdoria – que sagrar-se-ia campeã com uma fragorosa goleada por 4 a 0 sobre o Napoli – na fase seguinte colocariam fim ao sonho. E manteriam o craque sem títulos por um clube profissional, por mais uma temporada.

Melhor adaptado à realidade do futebol italiano, Evair preparava-se para o biênio 1989/1990 gozando de prestígio junto à torcida e aos dirigentes de Bérgamo. Os resultados da primeira temporada foram satisfatórios, justificando o investimento no craque. A Atalanta começava a ambicionar voos mais altos.

Por outro lado, o sucesso da equipe levou à perda de jogadores importantes para times de maior expressão: Fortunato, Prytz e Espósito deixaram Bérgamo. A diretoria tratou de buscar reforços. No pacote de contratações chegaram Bordin, Bortolazzi e um grande astro internacional: o argentino Claudio Paul Caniggia. Juntos, formariam um ataque que o torcedor bergamasco jamais esqueceria.

Mas as coisas não transcorreram de acordo com o planejado: uma grave contusão no maléolo tiraria Evair de quase toda a temporada. Até então, o craque havia sofrido apenas uma lesão de menisco no início da carreira, da qual se recuperara rapidamente. Pior: havia uma sondagem concreta da Roma pelo atacante, que foi encerrada por conta dessa contusão.

Na Copa da Itália, a Atalanta atropelou o Torres (4 a 0) na primeira fase. Na etapa seguinte, 1 a 0 sobre o Bari. As quartas de final seriam disputadas por doze equipes, divididas em quatro grupos: o empate por 0 a 0 diante do fraco Messina deixou a equipe bergamasca pelo caminho. Na tão esperada Copa da Uefa, a trajetória foi ainda pior: a Atalanta não passou da primeira fase, após empate (0 a 0) e derrota por 2 a 0 diante do Spartak de Moscou.

O Campeonato Italiano traria a redenção. Mesmo atuando poucas partidas, Evair ajudou a equipe a conquistar a 7ª colocação, garantindo vaga novamente para a Copa da Uefa 1990/1991. Fez apenas 5 gols na competição: os dois primeiros na vitória por 2 a 1 sobre a Lazio, na 11ª rodada; depois, marcou contra Internazionale (2 a 1), Ascoli (1 a 1) e Fiorentina (4 a 1 para os adversários), já pela última rodada do certame, que teria o Napoli campeão, e Van Basten, do Milan, artilheiro, com 19 gols. Apenas na primeira temporada como profissional, ainda na reserva do Guarani, havia tido números inferiores.

Recuperado da lesão, Evair se preparava para a temporada 1990/1991 com a queixa de sempre: "A pré-temporada era muito puxada! O frio lá é bem maior que aqui, e eu sofria mais com as dores. O alívio vinha durante a competição, quando treinávamos em um período só". O torcedor bergamasco sonhava com uma trajetória de glórias, já que a Atalanta montara um incrível quarteto ofensivo para a disputa das três competições: Perrone, Stromberg, Caniggia e Evair.

Na estreia pela Copa da Itália, em 5 de setembro, contra o Pescara, em casa, Evair marcou os dois gols da vitória por 2 a 0. Seriam os únicos. Na fase seguinte, a Atalanta tropeçou no Bari (3 a 0) e deixou a competição – o velho companheiro João Paulo marcou dois gols nessa partida.

Na estreia do Campeonato Italiano, Evair deu o troco, deixando sua marca em cobrança de pênalti: 2 a 0. Seria o primeiro de uma série de 10 gols que faria na competição. O parceiro Caniggia anotou a mesma quantidade, mas os números seriam insuficientes para impedir o modesto décimo lugar da equipe na classificação final.

Sobre o atacante argentino, com quem formou uma dupla antológica, Evair descreve a seguinte passagem: "O pior, pra mim, é que ele chegou à Atalanta e, logo depois, fez aquele gol que tirou o Brasil da Copa de 1990. Então, ele já chegava ao treino gritando, de longe: 'Os brasileiros choravam tanto!'. E eu tinha que ficar quieto, né, porque ele estava com a razão. Mas fazia questão de lembrá-lo que, três anos antes, ambos estávamos em campo durante a disputa do Torneio Pré-Olímpico. E levamos a melhor: o campeão foi o Brasil".

O retorno do investimento feito pela diretoria bergamasca viria na Copa da Uefa, onde a Atalanta realizou a maior campanha de sua história em competições internacionais. A vítima da primeira fase foi o Dínamo de Zagreb: Evair, de pênalti, marcou o gol do empate por 1 a 1, garantindo a passagem da equipe à próxima etapa. Ao cobrar a penalidade, estava construindo sua primeira grande marca: tratava-se do 100º gol do craque na carreira.

Na fase seguinte, diante do Fenerbahçe, da Turquia, a Atalanta avançaria com duas vitórias: 1 a 0, fora, e 4 a 1, em Bérgamo – Evair abriu o escore do massacre logo aos dois minutos de jogo. O embate na terceira fase seria contra o Colônia, da Alemanha. No jogo de ida, fora de

Use o app e veja o gol de Evair no empate com o Dínamo de Zagreb.

casa, o time bergamasco jogou com o regulamento e arrancou o 1 a 1. Na volta, em Bérgamo, Nicolini marcou, aos 16 do primeiro tempo, o gol que colocava o neroazzuri pela primeira vez entre os oito melhores de uma competição continental.

Mas a poderosa Internazionale de Milão tornaria o caminho espinhoso nas quartas de final. No primeiro jogo, firme taticamente, a Atalanta garantiu o equilíbrio em casa: 0 a 0. Na volta, em Milão, no dia 20 de março de 1991, deu a lógica: Inter 2 a 0 e fim do sonho. Seria uma das últimas jornadas de Evair com a camisa neroazzurra.

Ainda na Itália, Evair acrescentaria três gols à sua cota de artilharia no jogo de despedida do craque Altobelli – campeão mundial de 1982 pela Seleção Italiana –, em 16 de abril de 1991, quando o Brasil All Stars, time de brasileiros radicados na Velha Bota, formado especialmente para a ocasião, goleou a equipe de masters da Internazionale de Milão por 8 a 1.

O período em que Evair atuou na Itália coincide com um extraordinário momento da história do Campeonato Italiano, que agrupava uma das maiores constelações de craques já vista de todos os tempos. O poderoso Milan, treinado por Arrigo Sacchi, bicampeão da Liga dos Campeões, tinha os selecionáveis Baresi, Paulo Maldini, Ancelotti e Donadoni, além do fantástico trio holandês formado por Rijkaard, Gullit e Van Basten.

A Internazionale, de Giovanni Trapattoni, não deixava por menos: além dos selecionáveis Zenga, Bergomi e Serena, tinha também o seu trio internacional, com os alemães Brehme, Klinsmann e Lothar Matthäus. Havia ainda o Napoli, de Maradona e Careca; e a Sampdoria, de Toninho Cerezzo, Pagliuca, Vialli e Mancini. Ainda assim, em meio a esse cenário e ao lado de Caniggia e Stromberg, Evair ajudou a projetar o nome da Atalanta Bergamasca Calcio no cenário do futebol mundial.

Evair escreveu seu nome na galeria dos imortais de Bérgamo. Ali, viveria uma das mais gratificantes situações de sua vida, durante uma curta passagem pela cidade em 2006: "Estive lá exatamente no dia da festa pela conquista da Série B. Tinha ido fazer um trabalho na Itália e resolvi passar por Bérgamo. Fiquei hospedado no mesmo hotel de sempre e acabei encontrando um diretor da Atalanta".

O convite para que permanecesse na cidade durante a semana de comemorações do título foi inevitável. Trocada a data da passagem de retorno ao Brasil, restava aproveitar o evento: "Depois de quinze anos, eu não esperava uma recepção daquelas. Toda a torcida presente ao estádio me aplaudiu de pé. Eu me senti como se estivesse voltando a jogar. Foi uma grande surpresa! Tive que vestir a camisa da Atalanta e dar a volta olímpica, porque a torcida queria me aplaudir uma vez mais. Foi inesquecível!".

Use o app e veja o gol de Evair na vitória sobre a Juventus.

Dois anos depois, convidado para a festa do clube, recebeu a placa de homenagem da Atalanta aos seus ídolos eternos. E teve que desfilar ao lado de Caniggia em um tanque de guerra, tamanha a multidão que queria reverenciá-los: "Meu grande feito na Atalanta foi ter jogado duas Copas da Uefa. Ainda mais fazendo o gol da vitória por 1 a 0 sobre a Juventus, em Turim, que garantiu uma das classificações. Para eles, até hoje, esse jogo significa a conquista de um título".

Durante o período em que esteve na Itália, Evair acompanhou à distância profundas transformações ocorridas no Brasil. Em 5 de outubro de 1988, dias após sua apresentação em Bérgamo, a Assembleia Nacional Constituinte aprovaria o texto da Nova Constituição Brasileira – a chamada Constituição Cidadã.

Em 15 de novembro do ano seguinte, seriam realizadas as primeiras eleições diretas para presidente da República desde a escolha de Jânio Quadros, em 1960. No dia seguinte, Fernando Collor de Mello e Luiz Inácio Lula da Silva foram confirmados no segundo turno. Eleito, Collor tomou posse em 15 de março de 1990, como o 32º e mais jovem presidente da história do Brasil. Inúmeras ocorrências levariam ao seu *impeachment*, frustrando as esperanças de mudanças da sociedade brasileira.

A gratidão de Evair à Atalanta é eterna: "O aprendizado lá me ajudou muito. No Guarani, eu era basicamente um finalizador. De repente, me transferi para um time aonde a bola chegava muito pouco. Então tive que aprender a dominar, a segurar os zagueiros, a proteger a bola. E isso me deu experiência pra voltar. Quando retornei, já sabia que as dificuldades que passei lá, eu teria um pouco menos aqui. Aquela coisa de grupo, de ter que jogar por uma bola, foi ali que eu aprendi. No Brasil, quando não fazia gol, eu ficava chateado. Na Itália, não: se conseguisse prender a bola lá na frente e ajudar a equipe, já era bem visto pelo grupo, pela torcida. Aprendi que podia ser importante para o meu time de várias maneiras. E isso me ajudou a crescer como profissional".

Uma experiência que vai muito além do campo de jogo e contribuiu decisivamente para formar a visão de mundo de Evair: "A diferença começa na maneira como as pessoas te tratam. E vai caminhando por tudo: cultura, sociedade, política. Aprendi muita coisa que utilizei pelo restante da vida". E ele faz questão de enfatizar o modo como se dá a relação profissional entre clube e jogadores no Velho Continente: "O respeito que tive dos dirigentes até na hora de vir embora, mesmo tendo ainda mais um ano de contrato, diz tudo. Foi respeitada a minha vontade. Obrigado, ATALANTA! Obrigado, BÉRGAMO!".

E o amor é recíproco. Em Bérgamo, Evair ganhou o apelido de *Il Bomber Triste* (O Bombardeiro Triste), por causa da permanente seriedade, transmitida até durante a comemoração de seus gols. O torcedor bergamasco o coloca no patamar dos maiores ídolos de toda a história da Atalanta, ao lado de nomes como Christian Vieri, Germán Denis, Donadoni, Scirea, Caniggia, Angelo Domenghini, Cristiano Doni – maior artilheiro atalantino, com 112 gols – e Strömberg.

O aprendizado tático, pouco visto por aqui, o tornaria um jogador mais completo, impulsionando sua carreira. Glórias à parte, o momento de outra despedida se aproximava. Três temporadas e 30 gols depois, Evair deixou Bérgamo, ainda sem títulos por um clube, mas com 111 gols no currículo. Um novo ambiente italiano, bem brasileiro e próximo de casa, o aguardava ansiosamente. Verde de esperanças!

COMPASSO DE ESPERA

Ademir da Guia, o Divino, maior ídolo da história do Palmeiras, despediu-se do futebol no dia 18 de setembro de 1977. Quis uma dessas ironias do destino que fosse numa derrota por 2 a 0 diante do maior rival, o Corinthians, resultado que eliminou o Palmeiras do Campeonato Paulista. Nada que pudesse manchar uma trajetória de 901 jogos, 153 gols e 11 títulos em campeonatos de primeiro escalão. E um dado ainda mais saboroso para o torcedor palmeirense: nos dezesseis anos em que desfilou seu futebol refinado pela equipe de Palestra Itália, o arquirrival alvinegro jamais comemorou uma conquista. Mas quiseram os deuses do futebol que a despedida de Ademir marcasse o final de um ciclo de glórias. E o gigante alviverde iniciou um dos períodos mais tristes de sua história.

Detentor, até então, de 18 Campeonatos Paulistas, 3 Torneios Rio-São Paulo, 6 Campeonatos Brasileiros (sendo 2 Taças Brasil e 2 Torneios Roberto Gomes Pedrosa) e do título de campeão mundial de 1951, o Palmeiras marcara seu nome como um dos gigantes do futebol mundial. Mais que isso, se consolidara como um dos raros times que criaram uma escola própria na prática do esporte, um estilo de jogo cujo requinte e elegância renderam-lhe a alcunha de Academia, nos anos 1960 e 1970.

A conquista do Campeonato Paulista de 1976, o vice-campeonato brasileiro em 1978 e o belíssimo futebol apresentado pela jovem equipe montada por Telê Santana, em 1979, pareciam apontar para a imutabilidade desse panorama. Mas as coisas se transformariam a partir de 1980: quase rebaixado no Paulistão, pela primeira vez na história, o Alviverde disputaria a Taça de Prata em 1981 – espécie de Série B do Campeonato Brasileiro –, fato que se repetiria no ano seguinte.

Entre uma ou outra grande temporada – como em 1984 e 1989, onde as chances de conquistar um título foram reais –, o Palmeiras acumularia vexames, como a eliminação no Campeonato Paulista de 1985, na derrota por 3 a 2 para o XV de Jaú, num Parque Antártica abarrotado; a perda do título paulista para a Internacional de Limeira, em pleno Morumbi, no ano de 1986; a desclassificação contra o Bragantino, em 1989, na derrota por 3 a 0, única em todo o campeonato e que custou um título que parecia ganho; e o mais recente deles: o empate por 0 a 0 contra a Ferroviária de Araraquara, no Pacaembu, em 18 de agosto de 1990.

Dependendo de uma vitória simples para chegar à decisão do Paulistão, o time de Telê Santana não saiu do zero no placar, ficando pelo caminho. A bola na trave, chutada pelo zagueiro uruguaio Aguirregaray no final da partida, alimentava a superstição dos que acreditavam ser o Palmeiras vítima de uma espécie de maldição, criando um clima ainda maior de pessimismo entre os torcedores.

Transtornados diante de mais um fracasso, membros de torcidas organizadas protagonizaram uma das mais tristes páginas da vida palmeirense, invadindo a sede da Rua Turiassú e destruindo a sala de troféus do clube. Sem conquistas no presente, o Palmeiras assistia à destruição material de parte do seu glorioso passado. Um quadro aterrador, que criava fortes restrições à vinda de jogadores consagrados para as alamedas do Palestra Itália.

Apesar do desastre no Paulistão, Telê iniciou o Campeonato Brasileiro de 1990 como treinador do Palmeiras. Resistiria apenas às cinco rodadas iniciais: após derrotas consecutivas para Corinthians, Bahia e Atlético-MG, achou melhor colocar o cargo à disposição, e foi prontamente atendido pela diretoria.

O bom e velho Dudu, fiel escudeiro do Divino e um dos maiores ídolos palmeirenses de todos os tempos, assumiu a equipe com a difícil missão de levar o Palmeiras à conquista de um título há tanto perseguido. O fato de ter sido o treinador na conquista do Campeonato Paulista de 1976, último antes da "fila", criava uma mística positiva em torno dele.

O elenco do Verdão não era dos mais badalados, mas possuía bons valores, como o goleiro Velloso, os selecionáveis Dida (lateral esquerdo) e Elzo (volante da Seleção na Copa de 1986), e o ponta-direita Jorginho. Além de Careca Bianchesi, vivendo sua melhor fase no clube. Mas pouco para devolver a alegria ao torcedor palestrino.

O atacante Careca Bianchesi foi parceiro de Evair no Guarani. Durante a campanha do vice-paulista de 1988, seria um dos reservas mais utilizados por Carbone. As boas atuações pelo Bugre despertaram a atenção dos dirigentes palestrinos, e o jogador aportou no Parque Antártica ao término daquele certame. Embora não fosse excepcional, viveu uma boa fase no clube em 1991, que lhe rendeu a convocação para a Seleção Brasileira que disputou a Copa América.

Não se sagrou campeão pelo Verdão, engrossando a lista dos que fracassaram no período de jejum de títulos. Mas apresentou o suficiente para despertar o interesse dos dirigentes da Atalanta, que propuseram trocá-lo por Evair, insatisfeito na Itália: "Minha vontade era voltar. Cheguei ao diretor da Atalanta, Franco Previtalli, e disse que não queria mais ficar. Fui prontamente atendido. Mais ou menos um mês depois, ele me propôs a negociação, encaminhada e já aceita pelo Palmeiras, e eu topei. Voltei ao Brasil pra ganhar muito menos do que eu ganhava lá".

No acordo, fechado em 9 de junho de 1991, o time bergamasco ainda daria uma compensação financeira de 700 mil dólares ao Palmeiras. Proposta irrecusável! E uma das mais acertadas da história do time esmeraldino.

O bom trabalho do ano anterior credenciou Dudu a manter-se no comando da equipe. E o Palmeiras iniciou a temporada 1991 conquistando o título da Copa Euro-América, quadrangular internacional disputado contra Corinthians, Stuttgart e Hamburgo. Após duas vitórias por 2 a 0 sobre as equipes alemãs, o Verdão levou a taça beneficiado pela derrota alvinegra diante do Stuttgart. Se vencer o torneio não tirava o time da fila, ao menos aumentava a autoconfiança do elenco. E a carência era tanta, que os jogadores deram até volta olímpica no estádio Ronaldo Junqueira, em Poços de Caldas, local da final.

Depois, o retorno à velha rotina: Dudu não resistiu ao início do Campeonato Brasileiro e deu lugar a Paulo César Carpeggiani, que teria uma das mais curtas passagens de que se tem notícia no comando alviverde – doze jogos, em apenas dois meses. Para ocupar sua vaga, a diretoria apostaria todas as fichas em Nelsinho Baptista – comandante corintiano na inédita conquista do Brasileirão –, que, ao desembarcar no clube, acompanhado do preparador físico Flávio Trevisan, afirmou categoricamente que o Palmeiras seria campeão paulista naquele mesmo ano. Tempo para preparar a equipe ele teria, já que o Verdão, precocemente desclassificado no Brasileirão, iniciaria uma longa intertemporada.

Um técnico badalado à frente de uma equipe mediana, com uma sequência invicta de oito jogos em amistosos contra adversários de pouquíssima expressão. E quinze anos sem uma grande conquista. Eis o quadro nada animador enfrentado por Evair quando de sua chegada ao Palmeiras.

Evair foi apresentado ao torcedor palmeirense no dia 11 de junho, como o principal reforço para o Campeonato Paulista de 1991. O episódio da sala de troféus ainda marcava a coletividade palestrina. E dois fatores pesavam contra sua contratação: uma hérnia de disco e o fato de jamais ter sido campeão pelos clubes onde passou: "Ocorre que, quando saí do Guarani, o presidente à época declarou que eu tinha hérnia de disco. Quando voltei ao Brasil, a primeira coisa que ouvi dizer foi que o Palmeiras tinha contratado um jogador bichado. E eu só fiz a cirurgia de hérnia em 2001! Tinha o problema sim, não havia como negar. Sofria muito com as dores, mas aquilo não me atrapalhava durante os jogos. O máximo que ocorria era ser preservado em um ou outro treinamento".

Pouco antes de sua chegada, alguns jogadores haviam sido ameaçados de morte por membros de torcidas organizadas. O ambiente era extremamente desfavorável: "Cheguei na época 'boa', em que você nem podia sair de casa. Mas com grandes esperanças de conquistar algo. Saí do Brasil duas vezes vice-campeão por um time de médio porte, que muitos consideram pequeno. Fui para uma equipe que, até então, ninguém dava nada na Itália, e disputei duas Copas da Uefa. Eu voltava mais experiente e com uma bagagem muito grande". Conquistas pessoais importantes, sem dúvida, infelizmente pouco valorizadas em um país acostumado a apreciar números, única e exclusivamente.

Se havia desconfiança, era unilateral. Ao vestir pela primeira vez o manto alviverde, no dia de sua apresentação, Evair afirmou categoricamente que seria campeão pelo Palmeiras. Impossível impedir que aos ouvidos do desconfiado torcedor esmeraldino a promessa soasse como mero exercício de retórica. Quantos antes dele...

Depois de concretizada sua negociação com o Palmeiras, Evair fez questão de visitar seu tio Elizeu, dono de um bar em Ouro Fino e palmeirense fanático. Próximo de adentrar o estabelecimento, se pôs a imaginar a extrema felicidade com que seria recepcionado. A reação foi totalmente adversa, deixando-o perplexo: "Tanto time por aí, e você vai me jogar logo no Palmeiras, um time que não ganha nada e destrói todos os atacantes que passam por lá. Logo, logo, sua carreira está acabada". Mais uma, dentre as inúmeras situações que enfrentou com sua habitual frieza e determinação: "Cada fato desses alimentava minha vontade. E aumentava a convicção de que seria campeão no Palmeiras".

O time de Nelsinho Baptista iniciou sua preparação para o Paulistão 1991 com duas vitórias – sobre Francana e a seleção de Bocaina –, ainda sob comando do interino João Paulo Medina. Já sob a batuta do comandante em chefe, seriam mais seis amistosos até o dia 7 de julho de 1991: na ocasião, o Palmeiras adentrou o estádio Wilson Fernandes de Barros, em Mogi-Mirim, para um amistoso contra o time local formando com Velloso; Galeano, Toninho, Eduardo e Biro; Júnior, Betinho e Vladimir; Jorginho, Evair e Márcio. E Evair tratou de mostrar a que veio logo na estreia, marcando de pênalti, aos 13 minutos do segundo tempo, seu primeiro gol com a camisa do Verdão. A lamentar, apenas o placar final: 4 a 2 para o Mogi. Primeira derrota da fase de preparação, o que deixava ainda mais preocupada a ressabiada torcida alviverde.

O Palmeiras faria ainda três amistosos antes da estreia no Paulistão: 1 a 0 no Grêmio Catanduvense, 1 a 0 no Londrina e 0 a 0 contra o Grêmio Maringá. Evair atuou como titular nos dois últimos e não foi às redes nenhuma vez.

No dia 20 de julho de 1991, no estádio do Pacaembu, durante a disputa do Torneio Início do Campeonato Paulista, foi apresentado à torcida o time-base do Palmeiras para a competição: Ivan; Marques, Toninho, Luís Eduardo e Andrei; Júnior, Galeano e Betinho; Lima, Evair e Márcio. Na primeira partida, o Palmeiras bateu a Inter de Limeira por 1 a 0, gol de Evair. No jogo seguinte, 0 a 0 contra o Botafogo de Ribeirão Preto, deixando o torneio pelo menor número de escanteios conquistados.

Os titulares César Sampaio, Edu Marangon, Jorginho e Edivaldo (ponta-esquerda habilidoso, de passagens marcantes por São Paulo e Atlético-MG, que morreu em um acidente de carro em 1993), estreariam somente com a competição em andamento. Uma equipe bem montada, capaz de reacender as esperanças do torcedor palmeirense.

Sobre o ex-companheiro, morto precocemente, Evair dá um depoimento emocionado: "O Edivaldo foi um dos maiores caras que já vi no futebol. Em todos os lugares por onde passou era muito considerado, pelo seu companheirismo e ótimo caráter. E, ainda por cima, tinha um senso de humor incrível, que contagiava a todos".

O Palmeiras estreou no Paulistão 1991 em 24 de julho, batendo o Botafogo por 1 a 0, no Parque Antártica. Na segunda rodada, na derrota por 2 a 1 diante do XV de Novembro, em Piracicaba, Evair marcou seu primeiro gol na competição. Durante os 26 jogos da primeira fase, o time não seria brilhante. E mesmo alternando quase igualitariamente vitórias magras, empates e tropeços diante de times de menor porte, terminou a etapa na segunda colocação.

Evair marcaria novamente contra Santos (1 a 0), Bragantino (1 a 1) e Novorizontino (3 a 0). Após o empate sem gols com a Ferroviária, no Palestra Itália, ficou afastado da equipe por dois meses, por conta de uma lesão. Seu retorno se deu já na segunda partida da fase semifinal, 1 a 0 diante do Guarani, em Campinas, resultado que recolocava o Verdão na briga pela vaga à decisão, após a derrota na estreia por 4 a 2 diante do São Paulo.

No jogo seguinte, contra o Botafogo, em Ribeirão Preto, o Palmeiras teve uma atuação épica, consolidando a condição de aspirante ao título. Perdendo a partida pela contagem mínima até os 25 minutos do segundo tempo, aplicaria sonora goleada com uma incrível sequência de gols: após o empate com Edu Marangon, aos 26, o lateral esquerdo Wagner marcou três vezes; aos 30, 32 e 34 minutos.

Na abertura do returno, Evair anotou dois nos 3 a 0 sobre o Guarani, e fez o gol da vitória por 1 a 0 sobre o Botafogo, seu sétimo na competição. Mas o empate por 0 a 0 diante do São Paulo, num jogo em que o Palmeiras mandou duas bolas na trave, deixou as duas equipes em igualdade na tabela de classificação.

Então viria à tona o descalabro do regulamento: empatados em número de pontos (9) e no saldo de gols (6), o Verdão tinha uma vitória a mais. Mas o critério utilizado para o desempate foi a melhor campanha na primeira fase, e o São Paulo, oriundo da "segundona", chegou à decisão contra o Corinthians. Ao Palmeiras, por conta do regulamento esdrúxulo, restaria amargar mais um ano na fila. A promessa de Nelsinho Baptista não se cumprira.

O Campeonato Paulista de 1991 foi, sem sombra de dúvidas, o mais absurdo dos tempos recentes. Pela primeira vez, um clube rebaixado à segunda divisão no ano anterior – o São Paulo – seria campeão. A virada de mesa veio através de um novo regulamento, feito sob medida em benefício do Tricolor: para a disputa das quartas de final, seis times sairiam dentre os catorze do grupo de elite, cruzando com outros dois advindos da segunda divisão.

Enquanto Palmeiras, Corinthians, Santos, Bragantino, Portuguesa e Guarani se engalfinhavam, o São Paulo triturava adversários de nível técnico muito inferior. Para se ter ideia do disparate, o time do Morumbi terminou a fase de classificação dez pontos à frente do Corinthians, líder da Primeira Divisão.

Dois jogos fechariam o ano do elenco palmeirense: 4 a 0 sobre o São Caetano, amistoso disputado no Anacleto Campanella, e uma partida internacional contra o América do México, no lendário estádio Azteca – onde o Brasil faturou o tricampeonato mundial em 1970 –, valendo a disputa do Troféu América. A vitória por 3 a 2, com gols de Betinho, Erasmo e Odair, colocava a taça na sala de troféus da Sociedade Esportiva Palmeiras. Mesmo sem jogar nenhuma das duas partidas, Evair integrava o elenco responsável pela segunda conquista na temporada. E o Verdão fechava o ano como começara: vencedor de um troféu internacional. Nada que representasse o fim da agonia palmeirense. Talvez, apenas, o prenúncio de novos ares pelos lados do Palestra Itália.

A temporada 1992 iniciaria com a disputa do Campeonato Brasileiro. Se o regulamento da competição ainda não era o ideal, ao menos começava a ficar bem mais simples, se comparado aos da década anterior: 20 clubes, todos contra todos, em turno único. Ao final da primeira fase, os oito melhores seriam divididos em dois grupos de quatro equipes. Os vencedores de cada grupo fariam a grande decisão.

O Palmeiras iniciou sua trajetória no Brasileirão em 29 de janeiro, no 1 a 1 contra o Atlético-MG, no Palestra Itália. A equipe - formada por Carlos; Marques, Toninho, Tonhão e Biro; César Sampaio, Daniel Frasson, Betinho e Edu Marangon; Jorginho e Evair -, era praticamente a mesma do ano anterior. A novidade ficava por conta da presença do veterano goleiro Carlos, que, ao desembarcar no Parque Antártica com 35 anos de idade, rompia um longo ciclo em que a camisa 1 do Verdão fora defendida apenas por valores formados na base do clube.

Após a goleada sofrida para o Internacional-RS (4 a 1), em Porto Alegre, o Palmeiras estreou o novo astro da companhia: Luís Henrique. O meia, um dos mais badalados jogadores do Brasil no início dos anos 1990, contratado junto ao Bahia após uma negociação novelesca, chegava com *status* de craque capaz de reconduzir o time ao caminho das conquistas. Em sua primeira partida, 3 a 0 sobre o Fluminense, no Palestra Itália, jogou bem, mas perdeu dois pênaltis. Evair não atuou.

Irregular, a equipe teria uma sequência ruim – derrotas para o Flamengo (2 a 1) e Bragantino (1 a 0), além do empate em 0 a 0 com o Paysandu – até a primeira grande exibição na competição: 4 a 0 sobre o São Paulo de Zetti, Cafu, Antônio Carlos e Raí. Contra o poderoso esquadrão treinado por Telê Santana – que conquistaria o mundo naquele mesmo ano –, o meia Edu Marangon fez uma das maiores partidas da carreira, comandando um Verdão arrasador. Evair marcou duas vezes. Era já a sétima rodada da competição e o goleador, enfim, despertara. Foram os primeiros gols da temporada. E os últimos antes de um longo e tenebroso período.

Use o app e veja os dois gols de Evair na vitória por 4x0 do Palmeiras contra o São Paulo.

AGONIA...

A torcida alviverde, de alma lavada após o triunfo sobre o grande rival, começava a acreditar efetivamente na equipe. Mas os fantasmas voltariam a assombrar o Palmeiras de forma avassaladora: seriam três derrotas seguidas após o clássico – Guarani (1 a 0), Vasco (2 a 1) e Botafogo-RJ (2 a 0) –, o suficiente para conturbar de vez o ambiente do clube. As velhas cornetas voltaram a soprar a todo vapor às vésperas do embate contra o Corinthians. Nelsinho Baptista se demonstrava seguro no comando. E, supostamente conhecedor dos motivos que levaram à má fase da equipe, apresentou sua solução para superá-la dias antes do Dérbi. Quatro jogadores seriam desligados do elenco: o goleiro reserva Ivan, o lateral esquerdo Andrei, o ponta-direita Jorginho... E ele, o goleador Evair!

Ao adentrar o gramado do Morumbi, no dia 29 de março, para enfrentar o maior rival, o Palmeiras buscava juntar os cacos. Biro foi efetivado na lateral esquerda, e o ataque iniciaria um rodízio constante entre Márcio, Betinho, Magrão e Paulo Sérgio, em busca da formação ideal. A derrota por 2 a 1 apenas expunha aquilo que todos já imaginavam: fragilizado na defesa e sem poder de fogo à frente, o Palmeiras teria dificuldades ainda maiores na competição. Enquanto o time buscava uma nova identidade dentro de campo, Evair se reconstruiria a partir da identidade que sempre fez questão de cultivar. Seu destino mais constante naquele momento? A saudosa Crisólia de suas memórias de infância.

O afastamento no Palmeiras foi o momento mais difícil de Evair em toda sua trajetória no futebol: "O Nelsinho Baptista vinha de uma grande conquista no Corinthians. E, ainda por cima, transferiu-se do time para o seu maior rival. Então tinha muita força, os dirigentes acreditavam que era necessário seguir à risca tudo que ele determinasse. O time não vinha bem e ele achou que a solução seria afastar quatro jogadores. E eu era um deles. Determinou-se que treinaríamos em separado por um período. Depois de algum tempo, os responsáveis pelos treinamentos nem apareciam pra trabalhar com a gente. Passamos a treinar por conta. Eu ia correr no Parque do Ibirapuera. Pedia pra ir embora e eles não me liberavam. Houve uma proposta bem encaminhada do União São João de Araras... Eu iria... O passe continuaria preso ao Palmeiras, mas eu teria a chance de jogar. Não me liberaram. E o tempo foi passando. Fiquei um longo período fora".

Sobre os motivos do afastamento Evair é enfático: "Se havia problemas de relacionamento foi daquele momento em diante. De minha parte não tinha nada, nunca discuti com o Nelsinho. A minha questão maior, talvez, tenha sido com o preparador físico, porque eu vinha de uma cultura onde se treinava um período só. Aqui no Brasil se treina em dois períodos, e eu não aguentava. Muitas vezes já entrava em campo cansado. E teve uma vez em que, antes do coletivo, foi dado um treino físico de 1.600 metros, pra ser feito abaixo de 6 minutos. Eu não consegui fazer e depois o coletivo foi muito ruim. O Nelsinho não gostou e teve que parar o treino várias vezes. Então, nosso preparador físico resolveu fazer um circuito em volta do campo. Eu falei: 'Não aguento, não vou fazer'. Bastou perder a partida seguinte pra que isso fosse usado como argumento".

Evair registra na memória cada detalhe daquele 24 de março de 1992: "Eu me acostumei a chegar sempre muito cedo nos treinos. Naquele dia, os diretores também chegaram cedo e se reuniram com o treinador. Eu já havia trocado de roupa, meia hora antes do horário previsto, quando me disseram pra me apresentar na sala do diretor de futebol, Gilberto Cipullo, para uma reunião. O Nelsinho sentou-se à minha frente, o Cipullo à minha esquerda: ali o treinador me comunicou que eu estava afastado do time e do elenco. No susto, indaguei por que. Um olhou pra cara do outro, e o Cipullo me disse, secamente: por deficiência técnica. O Nelsinho estava presente, mas ficou naquilo, não conversou mais nada comigo. E eu nem percebi direito o que havia acontecido...".

Triste é imaginar a deprimente cena que ocorreu na sequência: "Não contestei a hierarquia. Fui ao vestiário e pedi ao roupeiro que pegasse minhas coisas, uniforme, chuteiras, e colocasse tudo em um saco de lixo. Despedi-me de alguns companheiros que chegavam pro treino, sem entender nada do que estava acontecendo. Juntei minhas coisas e fui pro meu apartamento, carregando aquele saco de lixo. Lá é que a ficha caiu... Percebi que tinham me tirado o que eu mais gostava de fazer na vida. Comecei a pensar: de que adiantava ser bem-sucedido, ter dinheiro, apartamento, e não poder jogar futebol. E veio o medo de como seria a vida dali pra frente!".

Dona Zica recorda o sofrimento do filho: "Ele não chegou a desabafar... Sempre fechado. Mas andava o tempo todo amuado pelos cantos. Lembro-me dele dizendo: - Mãe, eu não queria perder. Eu queria tanto ficar jogando". E descreve outro lado, dramático, da situação: "Quando ele me disse que havia sido afastado do Palmeiras, fiquei desnorteada! Imediatamente achei que fosse um problema de saúde. Sofri muito, até compreender que era um problema lá com o pessoal".

Seu José, embora sucinto, é ainda mais dramático ao descrever o quadro: "Foi muito difícil! Um jogador nem treinar... Treinar em separado. Aquilo foi uma quase morte pra ele!".

O amigo Humberto traça um quadro minucioso: "Era muito duro vê-lo aqui nos finais de semana, afastado injustamente, acompanhando os jogos à distância. Um cara trabalhador, honesto. Mas o que chamava atenção era sua determinação: um craque de carreira internacional treinando sozinho no Parque do Ibirapuera! E o mais grave foi o clube ter colocado em xeque a integridade dele enquanto pessoa. Essa foi a questão: com o caráter que ele tem, não se daria por vencido enquanto não provasse o extraordinário ser humano que é".

E é Humberto, amigo de todas as horas, quem dá o testemunho vivo de um dos momentos mais importantes da vida de Evair: "Quando ele voltou ao Brasil, foi exatamente quando abandonei o futebol de vez. Ele me deu uma força ainda maior, estávamos muito próximos. E coincidiu com o afastamento no Palmeiras. Foi o momento mais difícil da vida dele, e, ao mesmo tempo, o mais importante, o momento da conversão, do encontro com Deus. Eu já havia me convertido, e ele deve ter percebido alguma mudança de atitude em mim. Tempos depois, passei uma temporada morando com ele. Só então percebi que estava sendo usado como veículo para apresentar outra forma dele ver Deus. Nós, evangélicos, acreditamos nisso".

Considerações referendadas de forma emocionada por Evair: "Quero falar sobre o motivo que tenho pra ser um ser humano realmente feliz, com imensa paz interior, seguro em todos os momentos. Segurança que nem dinheiro, fama ou tudo que o futebol pode proporcionar são capazes de me dar. No Palmeiras, em 1992, fiquei cerca de seis meses treinando em separado do grupo. Eu sabia que tinha condições de atuar pela equipe, porém não tinha essa oportunidade. Foi um período muito complicado pra mim. Não culpo ninguém por isso, sei que essas coisas acontecem. Mas é difícil pra qualquer pessoa suportá-las. Eu não conseguia ter paz! E sem paz interior é muito difícil encarar o dia a dia, mal conseguia dormir. Até que, numa noite, aconteceu algo inesquecível: uma paz imensa tomou conta do meu ser, e eu não entendia aquilo. Só sei que estava sentindo algo que há muito não sentia! Dormi como há muito não conseguia! O que aconteceu naquela noite foi algo que mudou a minha vida pra sempre. Foi a noite em que entreguei a direção de minha vida a Jesus Cristo, aceitando-o como meu único e suficiente Salvador. Ele é o motivo de minha felicidade e paz! E creio que nenhum ser humano jamais é completo se a presença de Deus não for real em sua vida. Crer nesta verdade foi a minha mais importante decisão! E também o gol mais importante que já fiz!".

A estratégia de Nelsinho Baptista se mostraria aparentemente correta: dos oito jogos restantes no Brasileirão, o Palmeiras perderia apenas um. Após a derrota para o Corinthians, mais dois clássicos regionais: 1 a 1 com o Santos e 2 a 0 na Portuguesa.

O triunfo sobre a Lusa iniciou uma sequência com mais três vitórias: Bahia (1 a 0), Cruzeiro (1 a 0) e Goiás (3 a 0), reacendendo a esperança de classificação às quartas de final. Mas a derrota por 1 a 0 para o Náutico, no estádio dos Aflitos, pela antepenúltima rodada, praticamente sepultava as chances do Palmeiras.

As duas vitórias seguintes - sobre Atlético-PR (1 a 0) e Sport (2 a 0) - não seriam suficientes: apesar do *sprint* final, o Verdão terminou a primeira fase com 19 pontos, três posições atrás da zona de classificação. O primeiro semestre estava encerrado. E a promessa de Nelsinho Baptista uma vez mais não fora cumprida.

Ao adentrar o gramado do Parque Antártica, na noite do domingo 26 de abril de 1992, pela 15ª rodada do Brasileirão, o Palmeiras formava com Carlos; Odair, Toninho, Tonhão e Biro; César Sampaio, Daniel Frasson, Betinho e Edu Marangon; Márcio e Paulo Sérgio. O adversário, outro Palestra, o Cruzeiro.

Dentre os 18.067 torcedores presentes ao estádio, poucos gostaram do que viram: a tradicional camisa esmeralda fora substituída por outra, com listras verticais, onde o verde aparecia totalmente descaracterizado, desbotado. Além dos quase dezesseis anos sem uma conquista expressiva, o torcedor palmeirense via ruir um dos ícones de sua tradição. Mas o gol marcado por Paulo Sérgio, aos 28 minutos do primeiro tempo, seria o primeiro de uma parceria inovadora e vitoriosa.

O dia 26 de março de 1992 marcou uma revolução na história do Palmeiras: o acordo selado com a multinacional Parmalat seria responsável por profundas transformações no clube, estabelecendo novos paradigmas para a administração esportiva no Brasil. A gigante italiana no ramo de laticínios ganharia enorme visibilidade através do manto esmeraldino. Em troca, blindou o departamento de futebol, evitando que as eternas intrigas da política interna contaminassem o ambiente do time.

O acordo previa também ingerência nos departamentos de vôlei, basquete, futebol de salão e hóquei sobre patins – além da formação dos jogadores nas categorias de base, o que acabou não se confirmando na prática. A questão é um dos calcanhares de Aquiles do clube ainda hoje.

O responsável pela administração de toda essa estrutura altamente profissional seria José Carlos Brunoro, ex-jogador de vôlei e preparador físico, que se consagrou como treinador da extraordinária seleção masculina que, no início dos anos 1980, revelou William, Bernard, Renan, Xandó, Montanaro e Bernardinho, e foi responsável por impulsionar o crescimento do voleibol no Brasil.

O que antes significava apenas a marca estampada na camisa do clube era agora um sistema de cogestão, com participação da empresa nas decisões técnicas dos esportes patrocinados e ingerência em todos os aspectos administrativos referentes a eles, além de lucro nas transações envolvendo jogadores, o que praticamente a obrigava a investir forte em contratações. Excelente para ambos os lados. E possibilidade concreta de novos tempos no Palestra Itália. E Evair acompanharia tudo isso à distância.

Em meio à turbulência causada pelo afastamento de quatro jogadores, um fato passou totalmente despercebido. Na verdade, seria assim qualquer que fosse o momento vivido pelo Palmeiras: menos de dois meses após o acordo com a Parmalat, quem iria reparar em um simples amistoso de meio de temporada? Nem o palestrino mais otimista poderia imaginar que na goleada por 4 a 0 sobre a Esportiva de Guaratinguetá, em 16 de maio 1992, vestia pela primeira vez o manto alviverde aquele que viria a se tornar um dos maiores ídolos da história esmeraldina: Marcos Roberto Silveira Reis, o goleiro Marcos. São Marcos!

A parceria com a Parmalat traçava o plano de reconduzir o Palmeiras às conquistas, além de projetar a equipe em nível internacional. No início da cogestão, foram marcados dois amistosos contra equipes italianas: em 28 de maio, 2 a 0 sobre o Parma, no Palestra Itália.

Uma semana depois, também no Palestra, seria a vez do embate contra a Lazio. A vitória por 2 a 1, gols de Betinho e Magrão, adicionava mais um troféu internacional à galeria alviverde, a Taça Lazio. A maioria da torcida esmeraldina começava a acreditar em tempos vitoriosos, afinal o elenco contava com alguns jogadores de alto nível técnico como César Sampaio, Edu Marangon e Luís Henrique, além da experiência do goleiro Carlos. Às vésperas do Paulistão, o goleador Evair parecia definitivamente afastado dos corações alviverdes.

O Palmeiras faria mais dois amistosos antes da estreia no Paulistão. Nas vitórias sobre Araçatuba (2 a 0) e Matonense (4 a 3), Nelsinho Baptista parecia ter encontrado a equipe ideal para a disputa do estadual e da Copa do Brasil. Com a mesma base do primeiro semestre, o Verdão estreou no Paulistão em 4 de julho, batendo o Sãocarlense por 1 a 0, fora de casa. Na tentativa de amenizar a impressão de "marmelada" do ano anterior, a Federação Paulista de Futebol manteve o mesmo regulamento.

A vitória apertada por 1 a 0 sobre o Sampaio Corrêa, no Castelão, na estreia da Copa do Brasil, não evitava a partida de volta. Na sequência, pela segunda rodada do estadual, 0 a 0 com o Santo André. A goleada sobre o Sampaio Corrêa (4 a 0) e o triunfo contra o Santos (2 a 0) pareciam restabelecer a ordem. Ledo engano: cinco jogos sem vitória seriam suficientes para escancarar a fragilidade da equipe.

Sobrou para Nelsinho Baptista, que catorze meses, 80 jogos, 20 derrotas e uma promessa não cumprida depois, deixou o Palmeiras. No amistoso contra o Parma, em 22 de agosto, na Itália, Raul Pratali foi o comandante. Otacílio Gonçalves estava chegando. E sentaria no banco palestrino pela primeira vez apenas quatro dias depois.

O gaúcho Otacílio Gonçalves da Silva Junior nasceu em Santa Maria, no dia 16 de junho de 1940. Ingressou no futebol na década de 1970, como auxiliar e depois preparador físico no Internacional-RS de Falcão e cia. Considerado por muitos o maior técnico da história do Paraná Clube, o "Chapinha" – como é conhecido pelo relacionamento amistoso que mantém com seus comandados – foi membro da comissão técnica da Seleção Brasileira na Copa América de 1991, a convite do então treinador Paulo Roberto Falcão. Mas, para a imensa nação alviverde, seu principal feito seria trazer de volta o artilheiro Evair aos braços do torcedor palestrino.

Difícil tentar compreender o que era o conturbado ambiente no Palestra Itália. Durante a sequência de cinco jogos sem vitórias que decretaram a queda de Nelsinho Baptista, uma cena inusitada era corriqueira ao final das partidas: de um lado a torcida Mancha Verde bradando o coro 'Fora, Nelsinho'; de outro, a "rival" TUP (Torcida Uniformizada do Palmeiras) pedindo veementemente a manutenção do treinador. Se nem a torcida se entendia...

Mas o fato é que Nelsinho se foi e a diretoria resolveu apostar as fichas em Otacílio Gonçalves. Pode ter pesado em sua contratação o fato da pouca visibilidade que gozava o treinador em território paulista: tivera apenas uma discreta passagem pela Portuguesa, um ano antes. As expectativas seriam menores; consequentemente, as cobranças também.

E as causas da insatisfação palmeirense vinham de longe: provara-se na prática que o afastamento dos jogadores havia sido um erro. Para piorar o quadro, Edu Marangon fora negociado ao término do Brasileirão. E a gota d'água: o "salvador" Luís Henrique foi vendido ao Mônaco da França em pleno início do Paulistão, após disputar apenas 21 partidas com a camisa do Verdão. Os reforços contratados – Carlinhos, Gílson, Edinho Baiano, Jean Carlo, João Luís, Jéferson e Sorato – pareciam distantes de cair no gosto da torcida.

Chegando ao Palestra Itália, Otacílio Gonçalves percebeu o óbvio: a reintegração de Evair era essencial para a evolução da equipe: "Um dia o Otacílio me ligou perguntando se eu queria voltar. Ele disse: 'Você está aí parado, e a gente precisando de um centroavante, o time não faz gols e eu vim pra resolver isso'. Eu já tinha dito que não jogaria mais no Palmeiras. Na minha cabeça eu iria seguir a minha vida e esperar uma nova oportunidade. Só que o tempo foi passando, passando...".

Cinco meses depois de um tratamento tão pouco recomendável dado a um profissional, natural que Evair tivesse suas marcas: "Eu estava em dúvida, mas aceitei, pra poder voltar a fazer o que mais amava na vida. Naqueles meses, percebi que os 'amigos' haviam se afastado. Do futebol não me restou ninguém, vi que eles só me acompanhavam pras noitadas, essas coisas. Aí descobri a presença de Jesus Cristo na minha vida, o meu verdadeiro amigo. Então me converti. Nessa época, eu resolvi mudar. E veja que coisa, coincidiu com a chegada do Otacílio e da Parmalat!".

No dia seguinte à conversa, Evair retornou ao clube. E a imagem desse retorno tem características dignas de um épico cinematográfico: "Logo cedo, peguei meu saco de lixo com uniforme e chuteiras e voltei pro Palmeiras. Uma vez mais cheguei meia hora antes do horário. Meu armário estava lá, igualzinho. Eu é que estava diferente. Mudado pra melhor!". O episódio deixaria o craque ainda mais calado, porém mais consciente em relação à vulnerabilidade que impera no universo do futebol.

A primeira partida de Otacílio Gonçalves à frente do Palmeiras foi o empate por 1 a 1 contra o Guarani, no Parque Antártica, no dia em que o clube comemorava 78 anos de sua fundação. Mais dois empates, contra Corinthians (2 a 2) e Ituano (0 a 0), seriam suficientes para confirmar a tese do novo comandante: o time carecia de um jogador capaz de desequilibrar as partidas. E esse homem era Evair.

No domingo 6 de setembro de 1992, o Palmeiras bateu a Inter de Limeira por 1 a 0, no Parque Antártica, em partida válida pelo Paulistão. Seria apenas mais um jogo, exceto por um fator: Evair estava de volta à equipe. Para desalento do sofrido torcedor alviverde, os três jogos seguintes não foram satisfatórios: Botafogo (derrota por 1 a 0), pelo Paulistão, e dois empates sem gols contra Remo-PA e Juventus. Até a noite de 22 de setembro, quando o Palmeiras goleou o Remo por 5 a 1, no Parque Antártica, garantindo vaga nas quartas de final da Copa do Brasil, com dois gols de Evair. Pontapé inicial de uma das mais vitoriosas trajetórias do futebol brasileiro em tempos recentes.

Após desencantar, Evair seria um dos principais responsáveis pela regularidade do Palmeiras no Paulistão: até a goleada por 3 a 0 sobre o São Paulo – último jogo da fase de classificação –, na qual marcou duas vezes, seriam doze partidas e apenas uma derrota, 3 a 2 para o Guarani, no Brinco de Ouro. E o craque contabilizava 5 gols na competição.

O momento era outro: Otacílio mandara trazer Maurílio – seu homem de confiança no Paraná Clube –, que, se não um craque, ao menos seria um dos mais regulares jogadores daquela temporada. E ainda chegaram as primeiras contratações de peso da nova parceria: Cuca, meia ofensivo revelado pelo Grêmio – que se tornaria um dos mais badalados treinadores brasileiros a partir de meados dos anos 2000, campeão brasileiro com o Palmeiras em 2016 –; o polivalente Mazinho, revelado no Vasco, com passagens de destaque pela Seleção Brasileira; e o campeoníssimo Zinho, do Flamengo, para muitos, a peça definitiva que faltava para ajustar a engrenagem da máquina palmeirense.

Evair faz questão de enfatizar a gratidão ao velho Chapinha: "O Otacílio foi aquele que abriu as portas de novo, porque, além de me reintegrar, deu toda a sustentação que eu precisava. Fiquei totalmente à vontade, com treinamentos adequados e a liberdade de bater os pênaltis e as faltas. De fazer o que queria após os treinos. E isso foi fundamental, meu futebol foi crescendo e aos poucos o torcedor palmeirense começou a confiar. As coisas foram se acertando e ali começaram a cunhar meu apelido".

Profissional ao extremo, Evair cultivou o hábito de permanecer em campo ao final dos treinamentos, lapidando a precisão nas bolas paradas. Os gols ressurgiram com força total, e por todas as arquibancadas em que se espalhava a torcida alviverde, o burburinho era geral. Gratos ao goleador, os palmeirenses começavam a tratá-lo pela alcunha que o acompanharia pelo restante da vida: *El Matador!*

Nas semifinais do Paulistão, o Palmeiras integrou o Grupo 2, ao lado de Corinthians, Guarani e Mogi Mirim. Antes da estreia, uma vitória por 1 a 0 sobre o Atlético-PR, no Pinheirão, colocava o Verdão em condições de avançar à semifinal da Copa do Brasil.

Use o app e veja o gol de Evair na vitória por 1x0 contra o Corinthians.

A arrancada rumo à decisão estadual começou em 8 de novembro, no clássico contra o Corinthians, que tinha novamente Nelsinho Baptista no comando. A chuva torrencial que assolou São Paulo naquela tarde de domingo praticamente inviabilizava a prática do futebol, arrastando a partida para o inevitável 0 a 0. Até a falta sofrida pelo ataque alviverde na entrada da área, aos 30 do segundo tempo. Zinho e Evair se posicionam, mas quem coloca a bola com precisão, no ângulo esquerdo, é Evair: Palmeiras 1 a 0.

A euforia toma conta do estádio de uma forma há muito não vista pelos lados do Verdão. O Matador confirma uma vez mais a fama de artilheiro em momentos decisivos. E, do banco adversário, resta a Nelsinho Baptista resignar-se diante do triunfo palmeirense.

Na sequência, mais duas vitórias pelo escore mínimo, contra Guarani – gol de Evair – e Mogi Mirim, colocando o Palmeiras na liderança isolada do grupo. No início do returno, susto e a volta dos velhos fantasmas: no Brinco de Ouro, o Verdão foi impiedosamente goleado pelo Guarani por 5 a 2, com uma atuação estupenda do meia-atacante Edílson.

Antes da vitória por 2 a 0 sobre o "Carrossel Caipira" – o surpreendente Mogi Mirim de Válber, Leto e Rivaldo, treinado por Oswaldo Alvarez, o Vadão –, a confirmação da passagem às semifinais da Copa do Brasil: nos 3 a 1 sobre o Atlético-PR, Evair marcou duas vezes. O torcedor palmeirense, confirmado entre os quatro melhores do país e com um pé na decisão estadual, sorria. Como há muito não podia ousar.

O ambiente de fato era outro, mas o Palmeiras ainda não estava preparado para uma grande conquista. E o sonho seria desfeito nas últimas cinco partidas da temporada. A derrota para o Internacional-RS (2 a 0), em pleno Parque Antártica, praticamente eliminava o time da Copa do Brasil.

A última partida da fase semifinal do estadual seria ainda pior: precisando apenas do empate para confirmar a condição de finalista, o Palmeiras foi derrotado pelo já eliminado Corinthians (2 a 1), complicando sua situação. Uma vitória do Guarani sobre o Mogi colocaria a equipe campineira na decisão, pelo melhor saldo. A salvação esmeraldina viria através de Leto, que, ao marcar aos 33 do segundo tempo, tirava o Bugre da competição.

Apesar da derrota para o maior rival, time e torcida saíram eufóricos do Morumbi naquele 29 de novembro. Mas dois resultados negativos em momentos decisivos deixavam um clima de velhos tempos no ar.

5 de dezembro de 1992, Morumbi, primeira partida da decisão do Campeonato Paulista. Longe de uma final desde 1986, era chegado o momento de confirmar a previsão do meia Cuca: convicto de que o Palmeiras quebraria o jejum naquela temporada, o jogador criou o hábito de comemorar seus gols imitando o gesto de colocar uma faixa no peito, um pedacinho a cada jogo.

O adversário seria o São Paulo, que entrava na decisão como favorito. Condição que o Palmeiras tratou de desfazer, jogando de igual para igual e mantendo o empate (2 a 2) até meados da segunda etapa. Mas, a dez minutos do final, ficaria provado que a superação de dezesseis anos de agonia exigiria ainda mais da coletividade palmeirense: Raí anotou o terceiro para o São Paulo – golpe duramente sentido. A ponto de Edinho Baiano cometer pênalti infantil sobre Cafu no último minuto do jogo: São Paulo 4 a 2. Para se tornar campeão, o Verdão precisava agora de uma vitória por três gols de diferença no jogo da volta.

Apenas três dias após a derrota para o São Paulo, novo revés diante do Internacional-RS (2 a 1), no Beira-Rio, eliminava a equipe da Copa do Brasil. Evair não atuou nessa partida. E o torcedor palmeirense ainda teria que suportar o São Paulo conquistar o mundo em Tóquio, diante do Barcelona, naquela que seria a consagração definitiva de Telê Santana, cuja chegada ao Tricolor se dera por conta do triste episódio alviverde da sala de troféus.

Na segunda partida da decisão estadual, muitos esperavam um São Paulo esgotado pela longa viagem ao Oriente, o que daria ao Palmeiras uma remota possibilidade de reversão do quadro. Mas o que se viu foi um time ainda mais ligado, eufórico pela conquista do Torneio Intercontinental. É verdade que o goleiro Zetti, revelado pelo Palmeiras e dispensado pela diretoria após sofrer grave fratura na perna, teve atuação extraordinária! Mas Müller e o veterano Toninho Cerezo aumentaram ainda mais a vantagem são-paulina. O gol de Zinho, aos 46 minutos do segundo tempo, em nada aliviaria a alma do sofrido torcedor palestrino, dilacerada por mais um fracasso.

Evair define aquele momento: "Era uma época em que o São Paulo estava muito forte. E a gente tinha que fazer todos os jogos na casa deles, sempre no Morumbi. E isso prejudica: uma coisa é jogar de frente pro seu torcedor, no lugar onde você está acostumado; outra é jogar num campo grande, onde as referências são todas do adversário. E ainda tinha aquela pressão enorme! Eu evitava sair de casa... O contato com as pessoas. Era solteiro na época. Quando tinha que fazer alguma coisa na rua, ia rápido, pra evitar o desgaste. Nem sei como conseguimos suportar".

Mais conturbado que o ambiente do Palestra Itália só mesmo a eterna instabilidade da política brasileira. Após a longa luta pela redemocratização, o início da Era Collor não poderia ser pior: na tentativa de eliminar uma absurda inflação de 80% ao mês, anunciou-se o Plano Collor, um bloqueio das contas correntes e poupanças que atingiu impiedosamente as camadas menos favorecidas da sociedade. A inflação caiu para índices próximos a 20%, mas a queda das vendas no comércio gerou desemprego, e a popularidade do governo despencou.

As medidas não agradaram aos parlamentares de Brasília: estava plantada a semente para a derrocada de Collor. Em pouco tempo proliferaram denúncias de corrupção nas mais diversas áreas. A Câmara dos Deputados instalou uma CPI, supostamente confirmando a ligação das atividades ilegais do empresário PC Farias com o governo federal. Em 29 de setembro de 1992, a Câmara aprovou a abertura do processo de impeachment do presidente. O vice, Itamar Franco, assumiu interinamente em 2 de outubro.

O fato é que, em menos de três meses, Evair fez 13 gols – 9 pelo Paulistão e 4 pela Copa do Brasil –, o que levou o torcedor palmeirense a imaginar se o resultado não seria outro, caso o Matador estivesse em campo durante toda a temporada. Mas apesar da boa campanha ao final do Paulistão, o craque aumentara o estigma pessoal de eterno vice: "Somando a Copa São Paulo de Juniores, eram já cinco finais perdidas. A marca de perdedor em decisões me perseguia, e eu já estava com 28 anos de idade. Precisava mudar o meu cartão de visitas". E a mudança, pela qual tanto ansiavam a coletividade esmeraldina e seu maior ídolo, parecia próxima de se concretizar.

...TRANSIÇÃO...

"Desafio às Superpotências Marca Início do Paulistão". A manchete do caderno de esportes do jornal Folha de São Paulo, de 24 de janeiro de 1993, dava a exata dimensão de como seria a disputa naquela temporada. Diante de um São Paulo campeão mundial e de um Palmeiras multimilionário – cujos investimentos na montagem da equipe beiravam os 7 milhões de dólares –, as demais equipes assumiam a condição de meras coadjuvantes.

Juntos, Verdão e Tricolor somavam 15 selecionáveis. O São Paulo manteve a base do ano anterior: Zetti, Vitor, Ronaldo, Ronaldo Luís, Palhinha, Müller, Cafu e Raí frequentavam as listas de convocados da Seleção Brasileira. A Parmalat tratou de dar uma resposta à altura: além de manter Mazinho, César Sampaio, Zinho e Evair, trouxe o zagueiro Antônio Carlos, o lateral-esquerdo Roberto Carlos e o atacante Edmundo, todos habituados com a camisa canarinho. O meia-atacante Edílson, contratado junto ao Guarani, sentiria esse gosto em breve.

O Corinthians iniciava a temporada mergulhado em problemas: jogadores importantes, como Ronaldo, Paulo Sérgio e Marcelo, em rota de colisão com o vice-presidente Vicente Matheus, não tinham garantidas as renovações de seus contratos. De caras novas, as modestas contratações de Adil, Kel e Biro-Biro. O mesmo se aplicava ao Santos: após a chegada do único reforço de peso, o meia Cuca (ex-Palmeiras), o Peixe apostaria na experiência de seu novo treinador, o vitorioso Evaristo de Macedo. No mais, a sempre imprevisível Portuguesa de Bentinho e Dener, o forte Bragantino e o Mogi Mirim do técnico Vadão, com seu "Carrossel Caipira", pareciam ser as únicas equipes capazes de causar alguma surpresa ao longo da competição.

O Campeonato Paulista de 1993 contou com a participação de 30 clubes, divididos em dois grupos: o A, com 16 equipes da "elite"; e o B, com 14 equipes de menor expressão. Na primeira fase, os jogos ocorreriam dentro do mesmo grupo, em dois turnos. Seis equipes do A e duas do B passariam à segunda fase, sendo divididas em duas chaves de quatro equipes cada. Ao final de dois turnos, os campeões de cada grupo fariam a grande decisão.

Do grupo de 1992 foram dispensados os goleiros Carlos, César e Ivan, os pontas Carlinhos, Gilson e Marcinho, o lateral-direito Marques e o volante Junior. Dos reforços, pretendidos pela diretoria ou especulados pela imprensa, apenas Renato Gaúcho não viera. Mas o que poucos sabem é que Evair poderia não ter feito parte daquele plantel. O craque pretendia renovar contrato até o final de 1994, mas a diretoria optou por apenas seis meses de vínculo. "Essa negociação me chateou um pouco e a conversa emperrou. Às vésperas da estreia no Paulistão, resolvi aceitar a oferta". Abençoada decisão!

Dos prováveis titulares de Otacílio Gonçalves, apenas dois pertenciam ao Palmeiras: César Sampaio e Evair. Percebendo o ambiente diferenciado do clube, a imprensa tratou de plantar suas polêmicas, como de hábito o fazia pelos lados da Rua Turiassú. Inicialmente colocou em xeque o trabalho do treinador. Depois, tratou de inflamar o recém-contratado

Edmundo: jovem e polêmico, o craque chegara afirmando que o Palmeiras deveria começar a se preocupar desde já com a festa do título – discurso seguido pelo também jovem lateral Roberto Carlos. Sendo um dos líderes do grupo, caberia a Evair uma missão a mais: ajudar a controlar a euforia dos novatos e manter o equilíbrio da equipe. Itens primordiais para se formar um time campeão.

Durante a pré-temporada de 1993, o Palmeiras não realizou nenhum jogo oficial. A primeira partida daquela quase seleção montada pela Parmalat ocorreria exatamente na estreia do Campeonato Paulista, em 27 de janeiro. Num Parque Antártica tomado por mais de 27 mil torcedores, o Verdão iniciou sua caminhada em busca do tão sonhado título, formando com Velloso, João Luís, Antônio Carlos, Edinho Baiano e Roberto Carlos; César Sampaio, Mazinho e Edílson; Edmundo, Evair e Zinho.

Sendo adversário, o Marília tratou de ressuscitar todos os fantasmas do passado logo a 2 minutos, abrindo o placar com o veloz atacante Catatau. "O Otacílio avisou que não podíamos entrar naquela onda de *"Dream Team"*. Ele nos dizia que a torcida podia se empolgar e a imprensa exagerar, mas nós tínhamos que trabalhar duro. Até porque, no futebol, as zebras andam soltas". E elas tinham um prazer todo especial em atravessar os caminhos do Palmeiras naqueles tristes anos de jejum.

Após virar o primeiro tempo em desvantagem, Evair igualou a fatura aos 23. Três minutos depois, seria a vez de César Sampaio: 2 a 1. Alívio geral! A comemoração assemelhava-se à de um gol de título. Dentro da meta, Evair celebrava com os braços abertos. Uma festa à altura da belíssima recepção dada ao time quando da entrada em campo, com uma impressionante salva de fogos e flores oferecidas aos jogadores. O primeiro passo estava dado.

Passada a tensão da estreia, o Verdão tratou de alimentar as boas expectativas na segunda rodada. Em Piracicaba, bateu facilmente o XV de Novembro: 2 a 0, dois gols de Evair em lances de bola parada. A quinze minutos do final, novo pênalti para o Palmeiras. Evair pega a bola, mas a torcida grita o nome de Edílson, que fazia uma partida extraordinária. O Matador vê a chance de seu companheiro marcar o primeiro gol com a camisa alviverde e declina da cobrança. Edílson cobra na trave e a bronca de Otacílio no vestiário é incisiva. "O batedor oficial é o Evair. Em qualquer circunstância!".

O craque recorda: "foi muito estranho, achei que estava fazendo a coisa certa, mas acabei sendo chamado de canto pelo treinador e tomei uma tremenda dura. Na visão dele, não podíamos dar ouvidos às coisas externas. E eu dei a bola para o Edílson bater o pênalti achando que estava fazendo algo bom. Foi um grande aprendizado". Situações normais de bastidores, mas o fato é que a informação vazou: estava plantado o primeiro motivo para as eternas especulações desestabilizadoras da imprensa.

Na terceira rodada contra o Rio Branco, no Parque Antártica, Evair abriu o placar a 15 minutos, cobrando pênalti. O time entrou na pilha da torcida, abusando das jogadas individuais: dez minutos depois, o placar já apontava 2 a 1 para o adversário.

A confiança na virada era total durante o intervalo, mas uma tempestade inusitada tornou as coisas mais difíceis para o Palmeiras. Velloso, contundido, deu lugar ao inexperiente Sérgio: consolidava-se o cenário ideal para a instalação de velhos traumas. Evair empatou, num lance confuso, em meio a inúmeras poças d'água. A segunda exibição pouco convincente, em casa, começava a plantar dúvidas sobre as reais possibilidades da máquina alviverde.

Em 7 de fevereiro de 1993, no Morumbi, o primeiro clássico da temporada, diante do Santos: o esquadrão alviverde se impôs, vencendo por 3 a 1 com certa facilidade, gols de Zinho, Edmundo – marcando pela primeira vez com a camisa do Palmeiras – e Evair, anotando o sexto dele na competição.

Palestra Itália, noite da quarta-feira, 10 de fevereiro: a Ponte Preta, bem montada por Vanderlei Luxemburgo, em apenas 31 minutos já vencia por 2 a 0. "Havia uma grande ansiedade por jogar no Palestra. Inconscientemente, abandonávamos a organização tática e nos abríamos defensivamente quando atuávamos em casa. Tudo pela ânsia de ganhar e dar espetáculo à torcida".

Pela primeira vez, a equipe desceu aos vestiários vaiada pelos torcedores. Após as entradas de Maurílio e Jean Carlo, o Palmeiras chegaria ao empate. Evair deixou o dele, cobrando pênalti. Terceiro jogo no Palestra, terceiro apuro. A invencibilidade estava mantida e a desconfiança plantada. Exceto em relação à ótima fase do Matador, com 7 gols em 5 jogos. Próximo adversário? O Corinthians.

Antes do Dérbi, a imprensa destilaria seu veneno, cantando aos quatro ventos que o Palmeiras sofria da "Síndrome do Parque Antártica". Dentro do elenco, o fato era encarado com bom humor. A ansiedade atrapalhava sim, mas outro fator contribuía para os maus resultados em casa. "As dimensões do nosso gramado eram menores, o que favorecia uma postura tática mais defensiva. Os times do interior se valiam desse fator, mas sabíamos que contra o Corinthians nosso melhor futebol iria aparecer".

Dito e feito: Edmundo abriu o placar aos 4 do segundo tempo. Embu foi expulso, tornando o Alvinegro presa ainda mais fácil. Quando Daniel Frasson anotou o segundo, aos 25, Evair não estava mais em campo. Substituído por Maurílio, após sofrer uma pancada, o Matador interrompia uma excelente série: aquele era seu primeiro jogo em branco no ano.

Devido ao excelente desempenho na temporada, Evair seria convocado para o amistoso da Seleção Brasileira contra a Argentina. Os companheiros Roberto Carlos, Edmundo e Zinho também constavam da lista de Carlos Alberto Parreira. Mas *El Matador* não estaria em campo naquele 18 de fevereiro, em Buenos Aires: as fortes dores, decorrência da pancada sofrida no Dérbi, levariam a comissão técnica a poupá-lo dos treinamentos. Sequer relacionado para o banco, assistiria à distância o heroico empate (1 a 1) conquistado pelo Escrete Canarinho.

No retorno da Argentina, nova pedreira, o Mogi-Mirim fora de casa: desfalcado de Roberto Carlos e Antônio Carlos, empate em 2 a 2 – dois gols de Evair. Na partida seguinte, contra o União São João, sem Edmundo, suspenso pelo terceiro cartão amarelo, o time voltaria a apresentar um futebol pífio dentro de casa. O placar apontava 1 a 1: as vaias começaram a ecoar pelas arquibancadas, tornando-se mais incisivas à medida que o final da partida se aproximava. Os velhos fantasmas estavam de volta. "O torcedor palmeirense é desconfiado e cobra muito, o que faz com que qualquer jogador se doe mais. Quem dá certo jogando pelo Palmeiras está preparado para jogar em qualquer time do mundo".

Em 28 de fevereiro de 1993, o Palmeiras adentrou o gramado do Pacaembu para enfrentar a Portuguesa, disposto a mostrar que ali se estabeleceria um divisor de águas para a equipe no Paulistão. E fez cumprir a sina a que se propusera: Edmundo, Edílson, Evair e Zinho anotaram na goleada por 4 a 0.

Otacílio teve seu nome gritado, confirmando uma vez mais a incompreensível lógica passional do futebol. E a torcida parodiou o samba-enredo do Salgueiro, campeão do Carnaval carioca naquela mesma semana. "Explode coração na maior felicidade / É lindo o meu Palmeiras contagiando e sacudindo essa cidade". Evair recorda: "Foi emocionante. Este samba embalou o carnaval e nossos futuros triunfos".

Apenas dois dias após a goleada sobre a Portuguesa, o Palmeiras jogou contra o 4 de Julho, no estádio Albertão, em Teresina-PI, pela primeira fase da Copa do Brasil: 2 a 0, dois gols de Evair. A distância de casa seria importante naquele momento. "Nos afastamos dos holofotes da imprensa paulista. Mais que vencer, o importante foi o tempo que passamos juntos, conversando, para manter a coesão e evitar que fofocas e vaidades pudessem contaminar o grupo".

A delegação palmeirense desembarcou em São Paulo um dia após a vitória no Piauí. Otacílio Gonçalves liberou o grupo para ficar com os familiares. Já no dia seguinte, o Palmeiras enfrentaria o Ituano, em Itu: 3 a 1, de virada, com direito a um golaço de Evair, confirmando sua excelente média na temporada: 13 gols em 11 jogos. No domingo, 7 de março, 3 a 1 no Guarani, no Brinco de Ouro. E novamente de virada.

O inevitável ocorreria dois dias após a vitória sobre o Bugre: extenuado pela massacrante sequência de jogos, sendo quatro seguidos fora de casa, o Palmeiras sucumbiu diante do Bragantino, no Marcelo Stéfani. A derrota por 1 a 0 quebrava a invencibilidade da equipe no Paulistão, mas não a tirava da liderança.

A derrota em Bragança gerou uma inevitável frustração no elenco, mas o calendário sequer abria espaço para algum tipo de abatimento. Menos de 48 horas depois, o Palmeiras já estaria novamente em campo, no Pacaembu, diante do sempre perigoso Juventus: 4 a 1, gols de Zinho (2), Roberto Carlos e César Sampaio. Melhor resultado impossível, às vésperas do tão aguardado clássico contra o São Paulo.

Todos imaginavam um Choque-Rei de tirar o fôlego, afinal, Palmeiras e São Paulo contabilizavam nada menos que 14 convocáveis para a Seleção Brasileira. Fora o clima de revanche por boa parte do elenco palmeirense, em função da final perdida para o rival no ano anterior. Mas o que os 96.340 torcedores presentes ao Morumbi – público recorde da competição até ali – viram naquela tarde de domingo, 14 de março, foi um jogo truncado, com especial atenção à marcação. O resultado final de 0 a 0 frustrou a torcida de ambos os lados, mas manteve o Palmeiras na ponta da tabela de classificação.

O Palmeiras encerrou sua participação no primeiro turno do Paulistão com outro empate sem gols, diante do Noroeste, em Bauru, resultado que daria ao Verdão o título simbólico de campeão do primeiro turno, com 22 pontos em 30 possíveis – as vitórias valiam 2 pontos. A conquista não dava à equipe nenhuma bonificação, apenas confirmava a condição de um time que se via na obrigação de consolidar a posição de melhor do Estado. E justificar os 4,5 milhões de dólares investidos pela Parmalat na formação do elenco.

Dois dias antes, em 17 de março, a Seleção Brasileira havia empatado por 2 a 2 com a Polônia, em Ribeirão Preto. Aproximadamente 62.000 torcedores acompanharam o amistoso, estabelecendo o maior público do estádio Santa Cruz em toda a sua história. Nada menos que sete jogadores do Alviverde foram convocados para a partida: Edmundo, Edílson, Zinho, César Sampaio, Roberto Carlos, Antônio Carlos e Evair. O Matador entrou como titular. Não marcou, mas teve participação decisiva no segundo gol brasileiro, anotado por Müller após bela tabela com o craque palmeirense. Mas o histórico de Evair com a camisa canarinho merece um registro à parte.

Ao vencer o primeiro turno do Paulistão 1993, o Palmeiras recebeu o Troféu Athiê Jorge Coury. Conquista simbólica oferecida pela Federação Paulista de Futebol ao melhor time da primeira fase da competição, a taça era uma homenagem ao ex-presidente do Santos – dirigente por mais de vinte anos durante a Era Pelé – e um dos principais membros do Partido Social Progressista, liderado pelo ex-governador Adhemar de Barros, um dos políticos mais influentes do Brasil entre os anos 1930 e 1960.

O returno do Paulistão começaria em 21 de março. Os problemas do Palmeiras de Otacílio Gonçalves também: ao adentrar o gramado do Pacaembu, a equipe carregava o *status* de campeã do turno, com o melhor ataque e a defesa menos vazada da competição. Do outro lado o Juventus, com apenas uma vitória em 15 jogos, amargando a lanterninha.

E lá se foi o Moleque Travesso aprontar das suas. Após Evair abrir o placar, o tradicional time grená da Mooca aproveitou-se da nítida apatia alviverde para virar o jogo, com direito a golpe de misericórdia a cinco minutos do final, na cabeçada do avante Élcio: 2 a 1. E com um jogador a menos!

O Verdão completava a terceira partida sem vencer, o suficiente para ferver de vez o ambiente pelas alamedas do Palestra Itália. Nem mesmo a manutenção da liderança na competição, graças aos tropeços dos adversários, seria capaz de apaziguar os ânimos. A contestação ao trabalho do técnico ganharia fortes proporções. O Chapinha começara a ser "fritado" naquela tarde de domingo.

Comissão técnica e jogadores tinham consciência do real potencial do grupo. Mas, para a exigente torcida alviverde, a ponta da tabela era pouco: ela queria espetáculo! A prova do litígio entre time e torcida seria visível já na segunda rodada do returno: apenas 5.872 pessoas compareceram ao Parque Antártica para apoiar o Verdão contra o Bragantino.

Havia muitas coisas no ar, além da derrota para o Moleque Travesso: a instabilidade do time, sob forte pressão e eterna desconfiança; os fantasmas dos longos anos de fila e, principalmente, o fato do time ainda não ter feito uma grande partida em casa na temporada.

O Bragantino seguiu à risca a receita posta em prática por tantas equipes desde o início dos anos 1980: se fechar na defesa, aguardar o nervosismo palmeirense e sacramentar a vitória nos contra-ataques. Mas o Palmeiras foi convincente, mesmo embaixo de forte chuva, e venceu por 2 a 0. Evair, de pênalti, liquidou a fatura já nos acréscimos da etapa final.

Na rodada seguinte, 3 a 1 sobre o Marília, fora de casa. Na véspera da viagem para o interior, jogadores, comissão técnica e diretoria confraternizaram-se em um churrasco na sede campestre do clube, às margens da Represa de Guarapiranga. O objetivo era desanuviar o ambiente das intrigas constantemente criadas externamente – e eliminar uma ou outra real desavença que houvesse no elenco: "Noventa por cento era tudo coisa da imprensa. Claro, existiam as diferenças, por causa da juventude, da ambição de querer ser campeão. Muitas vezes a gente dava risada, porque não estava acontecendo nada e alguém plantava uma notícia pra gerar polêmica. E sempre davam um jeito de achar algum motivo: às vezes, você não comemorava o gol com um companheiro... Fez a jogada lá do outro lado, estava cansado... Não ia atravessar o campo pra comemorar. Pronto! No outro dia aparecia: – Fulano não comemora gol porque não gosta do parceiro. Quanto mais percebiam que tudo estava bem, mais colocavam pimenta. Existiam as diferenças, como em todo grupo, mas dentro de campo havia sintonia e ninguém media esforços: o objetivo era o título! Claro que vi muitas brigas em vestiário, mas tudo coisa normal de jogo. Hoje a gente conta pra vocês coisas que ninguém sabia sobre os bastidores, mas o engraçado é ouvir um ou outro jornalista contar, com absoluta convicção, coisas que não existiram! No fundo, sem saber, eles estavam ajudando. As polêmicas eram um combustível a mais a nos incentivar".

Quarta rodada do returno, Noroeste de Bauru, no Palestra: o Norusca se plantou atrás, mas não conseguiu evitar o gol da vitória esmeraldina, do aniversariante César Sampaio, de cabeça, a um minuto do final. Todo o elenco se uniu numa comemoração entusiasmada! A cena, emblemática, se tornaria uma das mais marcantes daquela temporada.

Antes da partida contra o Santos, vice-líder da competição, foi apresentada a nova camisa palmeirense, em tom verde mais escuro. Em campo, além da disputa pela liderança, uma batalha pessoal: Evair e o centroavante santista Guga brigavam gol a gol pela artilharia do Paulistão. O avante alvinegro saiu na frente, abrindo o placar aos 27 minutos; Evair empatou no segundo tempo, aos 14. Gallo foi expulso, Edílson liquidou a fatura: 2 a 1, de virada, e a manutenção da liderança consolidada. A maneira intensa com que Evair comemorou seu 14º gol na competição tinha alvo certo: a torcida adversária. Que repetia insistentemente o coro: "Ô palmeirense, fica na sua, a camisa é nova, mas a fila continua". Logo o torcedor santista, que assistia seu time entrar no nono ano de uma fila que ainda custaria a terminar.

Após quatro vitórias consecutivas no Paulistão veio o jogo da volta contra o 4 de Julho-PI, pela Copa do Brasil, na terça-feira, 6 de abril, no Palestra Itália. Time quase reserva, retorno de Velloso após longo tempo de recuperação, vitória tranquila por 3 a 0 e vaga assegurada na segunda fase. Onde o próximo adversário seria o Vitória-BA.

Seguindo o calendário desumano de então, bem pior que o atual, o Palmeiras estaria novamente em campo em menos de 48 horas, contra a Ponte Preta, no Moisés Lucarelli: Evair, aos 21 minutos do primeiro tempo, sacramentou o placar final.

A maratona de quatro jogos em nove dias se encerraria contra a Portuguesa: nos 2 a 1, gols de Evair e Edílson, o jovem volante Amaral, futuro ídolo alviverde, faria sua primeira grande apresentação com a camisa do Palmeiras.

A excelente média de Evair, com 16 gols em 21 jogos, mostrava que o Matador nadava de braçadas rumo ao topo da artilharia no Paulistão. E a liderança isolada, após sete jogos invictos, sepultava de vez as desconfianças causadas no início do retorno. A calmaria estava, enfim, totalmente instaurada? Nunca, no Palestra Itália.

As cobranças feitas sobre a instabilidade da equipe jamais levavam em conta o desgaste causado pela insana sequência de jogos. Dois dias depois da vitória sobre a Lusa, lá estava novamente o Palmeiras em campo, na distante Salvador. Edílson abriu o placar, aos 16 do segundo tempo. Logo depois, em função de um pequeno desconforto físico, Evair pediu para sair: com o resultado favorável, sentia que alguém com gás novo seria mais útil à equipe. Otacílio corroborou e Maurílio foi a campo.

O que técnico e jogador não podiam prever é que o Vitória viraria o placar, gerando uma série de questionamentos sobre a saída do craque. A derrota por diferença mínima, com um gol marcado fora de casa, não era tão ruim. E a reversão, em casa, plenamente possível. Mas as aves de rapina de plantão tratariam de plantar uma nova crise em Parque Antártica.

O processo de ebulição atingiria seu ápice em 15 de abril. Muitos atribuíam a derrota em Salvador ao cansaço, outros ao excesso de confiança. O fato é que ao adentrar o gramado do Palestra Itália para enfrentar o Mogi-Mirim, dois dias após o jogo na capital baiana, Otacílio Gonçalves cobrara de seus comandados concentração para evitar um novo tropeço em casa.

Não adiantou: Leto marcou para os visitantes aos 21 minutos. Foi a senha para a torcida Mancha Verde incendiar a arquibancada, cobrando raça dos jogadores. Por volta dos 30 minutos, o que já era ruim ficou péssimo: Evair sentiu forte dor na coxa direita e foi substituído por Maurílio. Sem ter a noção exata do fato, a torcida fuzilou o Chapinha aos gritos de "burro, burro". E como desgraça pouca é bobagem, Rivaldo fez o segundo do "Carrossel Caipira" aos 42: 2 a 0.

O gol de Jean Carlo, no segundo tempo, não seria suficiente para determinar a reação alviverde. E a expulsão de Edmundo, a menos de dez minutos do final, deixaria exposto o nervosismo do time. O golpe de misericórdia veio ainda nos vestiários: o médico Marco Antonio Ambrósio constatou que a lesão do Matador era grave, rompimento de parte do músculo da coxa direita. Tudo indicava que Evair ficaria pelo menos um mês afastado da equipe. Quanto a Otacílio, as cornetas apontavam para um afastamento em definitivo.

No dia seguinte à derrota para o Mogi, Otacílio Gonçalves se reuniu com a diretoria e comunicou sua decisão de deixar o comando técnico do Palmeiras. O treinador cansara do que considerava uma cobrança descabida, uma vez que o time liderava a competição, três pontos à frente do São Paulo, campeão mundial. Ainda que a política da Parmalat fosse dar respaldo para treinadores desenvolverem trabalhos a longo prazo, a decisão foi acatada. Nos bastidores do Palestra, a dúvida sobre o comandante pairava há tempos. Poucos questionavam sua qualidade na preparação do time, muitos não toleravam sua dificuldade em estabelecer limites para os jogadores: atrasos e faltas em treinamentos haviam se tornado uma constante no dia a dia do Verdão.

Evair se despediu de Otacílio no sábado, véspera do clássico contra o São Paulo, durante a concentração no Lord Palace Hotel: "Fui procurá-lo pra pedir que não fosse embora, mas sua decisão já estava tomada". No rápido encontro com o treinador que o reabilitara para o futebol, trocaram votos de sucesso na continuidade de suas caminhadas: "Ele me desejou boa sorte. Desejei o mesmo a ele. E seguimos em frente, para sermos campeões também por ele".

Tempos depois, daria sua versão sobre o episódio: "Diziam que o Otacílio era paizão demais. A imprensa cobrava que ele afastasse jogadores que sempre chegavam atrasados aos treinos. Ele estipulava multas, que iam pra nossa caixinha. O mesmo que faziam outros treinadores! Só que, no caso dele, vendiam a ideia de falta de comando. Era um ambiente criado pra nos desestabilizar. Até chegar o momento em que sentiu que não era mais possível lidar com toda aquela campanha contra ele. E achou melhor sair, para que o grupo não fosse prejudicado".

O que se viu em campo na tarde de domingo, 18 de abril de 1993, foi um Palmeiras desfigurado. Sem Edmundo, suspenso, Evair, lesionado, e com o interino Raul Pratali – técnico da base, responsável pela chegada do goleiro Marcos ao Verdão – no comando, deu São Paulo: 2 a 0, gols de Raí e Roberto Carlos (contra).

O Alviverde até que jogou bem, diante das adversidades, mas a atuação de José Aparecido de Oliveira foi muito contestada: o árbitro passara a semana pressionado pelas declarações da diretoria são-paulina sobre um suposto "Esquema Parmalat", montado pela multinacional para favorecer o Verdão e acabar com o jejum de títulos.

Otacílio Gonçalves era passado. Evair, artilheiro e um dos principais líderes do time, estava afastado por lesão. Ainda no vestiário, logo após a derrota para o Tricolor, o supercampeão Zinho começaria a impor ainda mais sua natural liderança sobre o elenco: cobrou mais união do grupo. Essa seria a fórmula capaz de trazer de volta o apoio do torcedor, vital para uma arrancada na reta final do Paulistão 1993.

...E GLÓRIA

Muito se especulou a respeito do substituto de Otacílio Gonçalves: Candinho, Sebastião Lazaroni, Falcão, Cilinho e Vadão eram citados pela imprensa. Mas a diretoria alviverde centrou as atenções em apenas dois nomes: Nelsinho Rosa – campeão brasileiro pelo Vasco, em 1989 – e Vanderlei Luxemburgo. Ao que consta, o primeiro teria recusado alegando problemas familiares. O segundo se mostrou ávido pelo desafio de levar o Palmeiras a uma grande conquista depois de tanto tempo. Foi contratado.

Antes de chegar ao Palmeiras, Luxemburgo trazia excelentes trabalhos no currículo, à frente de Guarani e Ponte Preta. Seu grande feito fora levar o Bragantino aos títulos de campeão brasileiro da Série B, em 1989, e campeão paulista, em 1990, feito que deu um impulso decisivo à sua trajetória como treinador. No início de 1991, à frente do Flamengo, alçou das categorias de base diversos jogadores que alcançariam projeção internacional, como Júnior Baiano, Marcelinho Carioca, Djalminha, Paulo Nunes e Zinho. Agora, teria à frente o principal desafio de sua carreira até então: dirigir o maior projeto futebol-empresa já realizado no Brasil.

Vanderlei Luxemburgo assinou contrato com o Palmeiras na terça-feira, 20 de abril de 1993, às 14 horas. Às 20h30 já estava sentado no banco, ao lado de Raul Pratali, para acompanhar o embate da volta contra o Vitória-BA, pela Copa do Brasil: 1 a 0 e classificação às oitavas de final. Começou seu trabalho nas mesmas condições do antecessor: sem poder contar com o Matador. No dia seguinte, teve seu primeiro contato de fato com o elenco.

Evair acompanhou tudo fora de campo, porém numa situação totalmente oposta quando da chegada do Chapinha: "Eu iniciava meu trabalho de recuperação, e o Luxemburgo teve uma conversa franca comigo, dizendo que esperava contar com meu futebol o quanto antes. Senti como eu era importante para o grupo e isso foi fundamental na minha recuperação. Ele me pediu que acompanhasse tudo próximo aos companheiros. Enquanto estive em tratamento, vivi o dia a dia do time como se estivesse apto a jogar. Procurava estar sempre dentro do vestiário. Aquilo me fez sentir útil e ajudou a superar o difícil período da fisioterapia".

A Era Luxemburgo começaria oficialmente em 22 de abril de 1993, no Estádio Décio Vitta, em Americana-SP: 2 a 1 sobre o Rio Branco. O novo comandante teria mais cinco jogos pela primeira fase na busca de encontrar a melhor formação da equipe sem Evair. O objetivo era garantir a ponta da tabela, que renderia um ponto de bonificação na fase final do Paulistão e a vantagem de integrar um grupo com adversários teoricamente mais fracos. Duas vitórias seguidas, no Parque Antártica – Ituano (2 a 0) e Guarani (3 a 0) –, pareciam trazer de volta a paz à equipe. Próximo adversário? O Corinthians.

Comissão técnica e diretoria optaram por levar o elenco a Atibaia na preparação para o clássico contra o arquirrival. A única dúvida de Luxemburgo recaía sobre quem seria o companheiro de Edmundo no ataque: adiantou Edílson e colocou Jean Carlo na armação, ao lado de Zinho.

No domingo, 2 de maio, 89.326 pagantes foram ao Morumbi prestigiar o Dérbi. Um ingrediente apimentava ainda mais o tradicional duelo: Vanderlei Luxemburgo e Nelsinho Baptista reeditariam pela primeira vez a "final caipira" do Paulistão de 1990, agora à frente de dois gigantes do futebol brasileiro. O Corinthians precisava desesperadamente da vitória para garantir-se na fase final. E jogou uma de suas melhores partidas na temporada, vencendo por 3 a 0.

Mas algo realmente havia mudado pelos lados da Rua Turiassú: resultados dos adversários favoreceram o Verdão, que manteve a ponta da tabela com certa folga. Dessa vez, nem a derrota para o maior rival faria as cornetas palestrinas soarem com força.

Duas rodadas separavam o Palmeiras das finais do Campeonato Paulista. Com a classificação garantida antecipadamente, a partida contra o União São João, em Araras, serviria para definir o ponto de bonificação à equipe. Um suposto incêndio no PABX da Federação Paulista de Futebol impediu a estreia do lateral direito Cláudio, contratado junto ao Flamengo. No minuto final, Edílson marcou o gol da vitória.

Palestra Itália, 8 de maio: o Palmeiras apenas cumpre tabela contra o XV de Piracicaba. Chegou-se a cogitar a escalação de Evair para essa partida. O craque sentia-se bem e ansioso por jogar, ainda que alguns minutos. Prevaleceu o bom senso da equipe médica: uma escalação prematura poderia colocar em risco todo seu trabalho de recuperação. Na estreia de Cláudio, 2 a 1 para o Verdão.

O Palmeiras encerrava a primeira fase do campeonato com 44 pontos, cinco à frente dos rivais São Paulo, Corinthians e Santos, que dividiram a segunda colocação. Em uma semana, iniciaria a fase decisiva, que poderia colocar o Palmeiras novamente em uma decisão, quase sete anos após o pesadelo chamado Internacional de Limeira.

Antes das finais do Paulistão, o Palmeiras enfrentaria seu primeiro grande desafio: superar o forte Grêmio e avançar às semifinais da Copa do Brasil. Na primeira partida, em 27 de abril, no Pacaembu, empate por 1 a 1.

Evair estava liberado para o jogo da volta, no Olímpico, mas durante uma despretensiosa partida de futevôlei na concentração em Atibaia, esticou a perna um pouco a mais e sentiu a coxa queimar novamente. Surpresa geral! Constatou-se uma nova lesão, dessa vez mais leve. Talvez ainda desse para disputar parte da fase semifinal do Paulista.

Após novo empate em 1 a 1, a decisão seria nos pênaltis: "Aí o coração me doía muito mais que a coxa. Essa decisão era pra mim, o cobrador oficial do time. E eu vendo o jogo pela TV". A disputa chegou à série alternada, com oito cobranças para cada lado. César Sampaio e Zinho desperdiçaram. Na última batida, o volante Júnior – o atual treinador Dorival Júnior, sobrinho do lendário Dudu, cujo passe ainda pertencia ao Palmeiras – definiu o placar: 7 a 6. Grêmio classificado.

Afastado das semifinais do Paulistão, Evair acompanharia à distância a luta dos atacantes adversários pela artilharia da competição. A média do craque fora tão extraordinária que, mesmo sem atuar há sete jogos, ainda continuava na briga. Apesar da recuperação do reserva Sorato, o setor ofensivo esmeraldino carecia de opções, e a diretoria foi buscar o atacante Soares, que despontava no Criciúma-SC.

É sempre bom lembrar que, para salvar o São Paulo da segunda divisão estadual, em 1991, com uma virada de mesa camuflada, a Federação Paulista de Futebol estabeleceu o cruzamento entre os grupos A (primeira divisão) e B (segunda divisão). Assim, o regulamento de 1993 previa que o primeiro colocado do Grupo A (Palmeiras) enfrentasse na fase seguinte, quinto e sexto colocados da mesma chave (Guarani e Rio Branco), além do segundo colocado oriundo da segundona (Ferroviária). Enquanto isso, São Paulo, Santos e Corinthians se digladiariam no Grupo 2, tendo o Novorizontino como coadjuvante. Chegara a hora do Tricolor provar do veneno que o beneficiara dois anos antes.

16 de maio de 1993, estádio Palestra Itália, 21.377 torcedores: sobre eles pesavam os dezesseis anos sem a conquista de um título! E, por mais que se tentasse negar, a sombra de todos os fracassos ao longo de mais de uma década pesava também sobre o elenco alviverde. Dos titulares, apenas Mazinho, Antônio Carlos e Zinho tinham um currículo de conquistas. O jovem Edmundo fora campeão carioca um ano antes pelo Vasco da Gama. Sérgio, Tonhão e Amaral eram ainda jovens revelações. Assim como Roberto Carlos e Edílson, apesar das passagens pela Seleção Brasileira. E os experientes César Sampaio e Evair corriam atrás da primeira conquista de suas carreiras.

A estreia na fase semifinal seria contra o Rio Branco de Americana. Se ainda havia a sombra de algum fantasma, ela começou a se dissipar aos 18 minutos do primeiro tempo, quando Maurílio escorou o escanteio batido por Edmundo: 1 a 0. O Verdão ampliou rapidamente, com Edmundo marcando duas vezes. Aos 41, Maurílio aumentou: 4 a 0. A festa era tanta, que o torcedor esmeraldino nem reparou quando Mazinho, do Rio Branco, diminuiu a vantagem. Até porque o Palmeiras ainda faria mais dois, com Roberto Carlos e o estreante Soares: 6 a 1. Ao final da partida, a torcida cantava o coro: "Não é mole não, tá chegando a hora de gritar é campeão!". E Evair estava lá, acompanhando tudo de perto.

20 de maio de 1993, Brinco de Ouro da Princesa: após tropeçar na estreia, o Guarani precisava da vitória para continuar brigando pela vaga na final. Edílson e Edmundo construíram o placar de 2 a 0. E a equipe só não saiu de Campinas com outra goleada porque a arbitragem errou, marcando fora da área a penalidade clara cometida sobre Mazinho. Logo o árbitro que era considerado por quase todos o melhor da competição: José Aparecido de Oliveira.

Menos de 48 horas após derrotar o Guarani, o Palmeiras enfrentou a Ferroviária, em Araraquara, sob um calor insuportável. Mais de 19 mil torcedores lotaram as dependências da Fonte Luminosa, onde o Verdão viveria seu desafio mais difícil naquela fase. O gol da vitória veio já nos momentos finais da partida, com Edmundo. O triunfo colocava a equipe quatro pontos à frente do segundo colocado – e praticamente garantia a vaga na final, com três rodadas de antecedência!

Na abertura do returno, contra o Guarani, no Parque Antártica, a vitória viria aos 31 minutos do primeiro tempo, no gol de Mazinho. As arquibancadas do Palestra Itália explodiram como há tempos não se via. No dia seguinte, apreensão na concentração em Atibaia: era hora de torcer por um tropeço da Ferroviária. E ele veio, no empate por 1 a 1 contra o Rio Branco. O Palmeiras estava novamente na final. Evair e seus companheiros acompanharam a partida com os ouvidos colados no rádio de pilha, à moda antiga, como nos bons tempos das Academias. Havia um doce aroma de nostalgia no ar!

Santos, São Paulo e Corinthians terminaram o turno da fase semifinal rigorosamente empatados, com quatro pontos cada. Se engalfinhariam pela vaga do Grupo 2 no returno, enquanto o Palmeiras teria tempo de se preparar para a decisão. E Luxemburgo ainda disporia de dois "amistosos" para arredondar a Máquina Alviverde e recuperar Evair plenamente. A equipe médica pedia apenas mais uma semana para liberar o artilheiro, por conta de um pequeno ponto de infecção no local da lesão.

Na tarde do sábado 29 de maio, a calmaria era tamanha no Verdão, que o técnico poupou sete titulares contra o Rio Branco, em Americana. Cláudio, Alexandre Rosa, Jéfferson e Sorato, que quase não haviam jogado na temporada, foram a campo: 1 a 0, gol de Jean Carlo, cobrando pênalti.

O Palmeiras encerrou sua participação na semifinal do Paulistão como começara: goleada no Parque Antártica (4 a 1 na Ferroviária). Edmundo e Edílson saíram machucados, tornando-se dúvidas para a primeira partida das finais. Mas Evair estaria à disposição: num jogo-treino disputado naquela mesma tarde, contra o Rio Branco, no Centro de Treinamento da Barra Funda, atuara 45 minutos pela equipe de juniores do Palmeiras. E havia passado em todos os testes.

Pelo Grupo 2, na penúltima rodada das semifinais, o Santos foi surpreendido pelo Novorizontino em plena Vila Belmiro: perdeu por 3 a 2 e praticamente deu adeus ao título, num jogo marcado por polêmicas em relação à arbitragem e que terminou sete minutos antes do fim, devido à invasão de campo pela torcida santista.

Pela mesma rodada, 30 mil torcedores foram ao Morumbi embaixo de forte chuva para assistir ao Majestoso. Ao Corinthians restava uma única alternativa: vencer o campeão mundial. Ainda na primeira etapa, Palhinha recebe no meio da área, em condição legal, e marca para o Tricolor. O árbitro anula, alegando impedimento: revolta geral entre os são-paulinos. A coisa desanda de vez no segundo tempo: Neto, visivelmente adiantado, recebe passe de Viola e empurra para o fundo das redes. José Aparecido de Oliveira corre para o meio de campo. O Corinthians abria um ponto de vantagem sobre o São Paulo. Agora só dependia de si mesmo para chegar à decisão contra seu maior rival.

PRIMEIRO ROUND

As equipes do Grupo 2 definiram seu destino no Paulistão 1993 na noite da quinta-feira, 3 de junho. No Morumbi, o São Paulo massacrou o Santos (6 a 1), naquela que seria a última partida de Raí com a camisa Tricolor antes da transferência para o Paris Saint-Germain. O Corinthians bateu o Novorizontino por 3 a 0, fora de casa. E avançou à decisão.

Encerradas as semifinais, os críticos tratariam de desqualificar os 100% de aproveitamento do Palmeiras naquela fase da competição, afirmando ser ilusória sua condição de favorito ao título: a chave contendo adversários mais fracos teria mascarado as reais condições da equipe. Alguns chegavam a enfatizar as "dificuldades" enfrentadas pelo Verdão nas três vitórias por contagem mínima. Ao contrário do poderoso Corinthians, com sua mítica raça.

A insistente campanha da imprensa sobre um eventual destempero palmeirense na hora da decisão começava a ganhar corpo entre torcedores de ambos os lados. Muitos acreditavam que, nem mesmo o supertime montado pela Parmalat conseguiria sobreviver à enorme pressão dos 16 anos de fila. E outro fator apimentava ainda mais a questão: o Corinthians teria a oportunidade de, quase vinte anos depois, vingar a derrota na final do Campeonato Paulista de 1974, que empurrara o time para o 20º ano de jejum.

Na época, o Palmeiras vinha das conquistas do Paulistão 1972 (invicto) e do bicampeonato brasileiro em 1972/73, mas muitos "analistas" afirmavam que a equipe entrara em declínio, creditando o favoritismo ao Corinthians, que não comemorava uma conquista desde o Campeonato Paulista do IV Centenário, em 1954.

120.522 torcedores foram ao Morumbi naquela longínqua tarde de domingo. Três quartos do estádio estavam pintados de branco e preto. Jogando pelo empate, o Corinthians começou o jogo disposto a mostrar que, enfim, tudo seria diferente. Aos poucos, regido por Ademir da Guia, o Verdão começou a ditar o ritmo do jogo. 24 minutos do segundo tempo: Jair Gonçalves cruza pela direita, Leivinha sobe mais que Brito e cabeceia para o meio da área, ajeitando milimetricamente para o arremate de Ronaldo, de primeira. Buttice ainda tenta, mas não é possível impedir o gol de mais um título do Palmeiras.

Reza a lenda que, a dois minutos do fim do jogo, o treinador corintiano teria enrolado uma toalha na cabeça e chorado copiosamente. Nada restava a ser feito, além de presenciar o maior silêncio da história do Morumbi. 100 mil corintianos assistiam, perplexos, a seus jogadores descerem cabisbaixos para o vestiário. Time e torcedores do alviverde celebravam entusiasticamente. No fundo, podia-se perceber em alguns deles certa dose de compaixão pelo adversário. O Corinthians estava há vinte anos na fila. Ficou mais um. Era o amargo presente para o torcedor alvinegro, três dias antes do Natal. Como um bando de sentenciados, a massa alvinegra deixou as dependências do estádio. Do outro lado, o coro humilhante e sarcástico: "Zum-zum-zum, é 21".

Evair voltou a trabalhar com bola na semana que antecedeu à primeira partida da final. Apesar da vontade, não se sentia confortável para pedir sua escalação: ainda não havia estreado sob o comando de Vanderlei Luxemburgo e não queria se sobrepor aos companheiros que vinham atuando. Como participara de todos os rachões da semana, tinha a esperança de, ao menos, ficar no banco. Meio tempo de partida poderia ser determinante para que estivesse cem por cento no jogo decisivo.

Ciente da menor qualificação técnica, o Corinthians apelava sistematicamente para a mística da raça e do tabu. Segundo o dito popular, a vingança é um prato que se come frio, e a Fiel acreditava cegamente que a tão aguardada hora de vingar 1974 chegara: perder para o Palmeiras seria dobrar a carga da derrota de dezenove anos antes. E, pior ainda, perpetuá-la no imaginário das duas torcidas.

Escalado para compor o banco de reservas naquela tarde de domingo, 6 de junho, Evair não fazia a menor ideia das coincidências que ocorreriam durante os 210 minutos daquela histórica decisão. Ainda no vestiário, pôde ouvir o alucinado grito da galera alviverde, saudosa de seu astro maior, assim que o placar eletrônico anunciou sua presença entre os suplentes: "Eô, eô, Evair é um terror!". 93 mil torcedores se espalhavam pelas arquibancadas do Morumbi. Primeira coincidência: o número 93.

Eram 15 horas e 50 minutos quando o Palmeiras subiu a campo. E Evair viveu uma rara sensação: o instinto natural o impulsionava a correr imediatamente para o gramado, mas ele teria que caminhar lentamente até o banco de reservas. Dali, ao lado de Velloso, Jéfferson, Daniel Frasson e Jean Carlo, acompanharia a luta dos companheiros para reconduzir o Palmeiras aos tempos de glórias.

El Matador ainda alimentava a esperança de superar Viola na artilharia da competição: três gols o separavam dos dezenove anotados pelo avante corintiano. Em quase dois meses sem atuar, os 16 gols marcados ainda o credenciavam à artilharia. O mesmo número 16 que carregava às costas na primeira partida da decisão. 16: o número de anos que separavam o Palmeiras de sua última conquista. Segunda coincidência!

O Palmeiras pisou o gramado do Morumbi formando com Sérgio; Mazinho, Antônio Carlos, Tonhão e Roberto Carlos; César Sampaio, Amaral e Edílson; Edmundo, Maurílio e Zinho. Dos considerados titulares, apenas Edinho Baiano ficara de fora. O Corinthians, de Nelsinho Baptista, formou com Ronaldo; Leandro Silva, Marcelo, Henrique e Ricardo; Moacir, Ezequiel e Neto; Paulo Sérgio, Viola e Adil.

Durante o longo período do jejum, era comum ouvir a torcida adversária iniciar o coro: "1, 2, 3, 4, 5...", até chegar ao número 16, onde interrompia-se a contagem para iniciar a tradicional canção: "Parabéns pra você...". Naquela tarde, porém, a torcida esmeraldina ofuscou a arquibancada adversária, entoando confiante o refrão que embalara o time desde as últimas partidas da primeira fase, com uma ligeira variação: "Não é mole, não. Chegou a hora de gritar é campeão!".

Dionísio Roberto Domingos autoriza o início do jogo. Neto dá o pontapé inicial. Está aberta a decisão do Campeonato Paulista de 1993. E, naquele momento, Evair era apenas mais um ansioso torcedor palmeirense.

Passada a correria dos minutos iniciais, o que se vê é um Corinthians mais arrumado em campo. 12 minutos: falta para o Alvinegro, Neto cobra bem fechado, Sérgio levanta os braços sinalizando que a bola está fora. Mas Viola é centroavante e sempre acredita – quase sobre a linha de fundo desvia de canhota para as redes: Corinthians 1 a 0. No calor da euforia, o avante corintiano ultrapassa os limites de sua famosa irreverência e imita um porco chafurdando na lama. No chão, de quatro, faz a comemoração. De quatro. Terceira coincidência. Que não seria percebida naquela tarde.

O Palmeiras sente o golpe: dois minutos depois, Paulo Sérgio sai livre na cara de Sérgio e por pouco não amplia. Pouco depois, Viola cai, supostamente machucado no tornozelo. Durante o atendimento, câmeras de TV o flagram rindo para a equipe médica. A "contusão" é apenas uma artimanha para irritar o adversário.

Evair é abordado pelo preparador físico Carlinhos Neves na descida aos vestiários: "Aquece que você vai pro jogo". No retorno ao gramado, apreensão geral: Marcelo passa mal, com vômito, fortes dores no estômago, falta de ar e crise aguda de tosse. Apesar da preocupação na equipe médica alvinegra, o beque permanece em campo na base da superação: caberá a ele a difícil missão de parar Evair.

A fome de bola do Matador contagia a equipe: o Palmeiras tem outra postura desde o princípio da segunda etapa. 13 minutos: Leandro Silva dá uma entrada criminosa em César Sampaio e só recebe cartão amarelo. O capitão palmeirense está fora do jogo e, provavelmente, da partida decisiva. Um fator a mais a inflar os brios do elenco palmeirense. O regulamento não prevê saldo de gols na decisão. Perdido por um, perdido por dez, Luxemburgo põe Jean Carlo no lugar de Sampaio e manda o time para cima do rival.
Neto mostra que o descontrole começa a mudar de lado e puxa Zinho pelo pescoço, no meio-campo: recebe apenas o amarelo. Moacir e Amaral dividem lance com rispidez e vão para o chuveiro mais cedo: ambos estão fora da segunda partida.

A pressão palmeirense não é desordenada: o que se vê em campo é o mesmo futebol objetivo e eficiente apresentado pela equipe durante toda a competição. Mas o adversário é valente, e o tempo, curto. Fim de jogo: o Corinthians sai na frente na decisão do Campeonato Paulista. E a Fiel grita a plenos pulmões: "Não é mole, não! Dezessete anos sem gritar é campeão!". Na fatura da torcida corintiana já estava computado o ano de 1993. Mesmo faltando um jogo.

Segundo os "especialistas" da imprensa paulista, a sentença estava sacramentada: sucumbindo à pressão, o Palmeiras não teria forças para reverter o quadro. A continuidade da fila era fato consumado. Os jogadores corintianos, embalados pela euforia da massa, ajudavam a amplificar o sentimento de fatura liquidada: foram inúmeros os sinais desrespeitosos direcionados por eles à torcida palmeirense na descida aos vestiários. No calor da situação, poucos atentaram para o fato da acentuada melhora do Palmeiras após a entrada de Evair. Melhor assim!

No momento do gol, poucos no Palmeiras repararam na comemoração de Viola. Grande parte do elenco e da comissão técnica só tomaria ciência do lance à noite, pelos programas esportivos. A polêmica tomou uma proporção enorme. E seria bem trabalhada pelo comando palmeirense. Enquanto do lado alvinegro tudo era festa e zombaria, o lado alviverde se resumia a trabalho e concentração: "Aquela semana talvez tenha sido a mais longa da minha vida. Na terça-feira, já fomos para o hotel em Atibaia. Ali, respirávamos, comíamos a final. Os dias não passavam! Você acordava e dizia: - Hoje é quarta-feira ainda! Sábado não chega nunca!". Os reflexos daquele 6 de junho seriam digeridos durante toda a preparação para a grande decisão.

Na segunda-feira após o primeiro jogo da final, ainda em São Paulo, Evair recebeu o telefonema de um torcedor oferecendo dinheiro pela conquista do título. Aquela seria uma prática comum durante toda a semana, membros das uniformizadas querendo saber quanto os jogadores queriam pela tão sonhada taça: "Não queríamos dinheiro, queríamos muito mais. Queríamos o título, para entrar pra história do Palmeiras". A obsessão de parte da torcida, falando insistentemente em arrecadar fundos para engordar o "bicho" dos jogadores, aumentava ainda mais a pressão sobre o elenco.

SEGUNDO ROUND

Manhã típica de Inverno paulistano, frio e chuva fina. Chegara, enfim, o dia da tão esperada decisão do Campeonato Paulista de 1993. A delegação palmeirense se hospedou no Hotel Transamérica, próximo ao estádio do Morumbi. A partida foi disputada num sábado, por conta do jogo da Seleção Brasileira contra a Inglaterra, pela US Cup, no dia seguinte.

A preleção de Vanderlei Luxemburgo, ainda no hotel, foi atípica. O treinador falou pouco: no telão, o gol de Viola, a imitação do porco e as manchetes negativas exploradas pela imprensa durante a semana, falavam por ele. E as imagens de grandes atuações da equipe ao longo da temporada, intercaladas com depoimentos de familiares dos jogadores, acrescentavam o elemento motivacional que poderia fazer a diferença dentro de campo.
Ao fim da projeção, o técnico abriu espaço para os jogadores: ninguém disse nada. Todos se levantaram. Por eles, a decisão começaria naquele minuto: "Queríamos que o jogo fosse do lado de fora do hotel, tamanha a vontade de aniquilar o Corinthians".

A caminho do estádio, foi crescendo entre os jogadores a convicção de que o Palmeiras seria campeão. A movimentação das torcidas pelas ruas, todo o clima de rivalidade, a lembrança das declarações desrespeitosas dos adversários... Tudo era motivo para inflamar ainda mais a alma dos atletas alviverdes: "Encontrávamos a torcida adversária e eles faziam gestos. A gente abria a janela do ônibus e dizia: 'Venham ao estádio pra nos ver, porque vocês verão o campeão jogando'. Pode soar arrogante, mas era apenas a convicção de que devolveríamos todas as provocações. Parecia que eu tinha passado os 16 anos sem ganhar aquele título. Era chegada a nossa hora. Durante a semana todos diziam que iríamos tremer na decisão... Que nos faltava raça. Mas sabíamos que sairíamos carregados daquele gramado: ou nos braços da torcida, como campeões, ou como quem tivesse saído de uma guerra, extenuados pela luta".

Na chegada ao estádio, o ônibus palmeirense teria que passar pelo meio da torcida corintiana para adentrar o saguão do Morumbi. Mais provocações. Evair desceu rapidamente e se dirigiu aos vestiários sem falar com a imprensa. Queria dar todas as respostas dentro de campo. Pela primeira vez sob comando de Vanderlei Luxemburgo, receberia a camisa com o número 9 às costas. Iniciou o ritual tradicional: enfaixar os pés e tornozelos, colocar o esparadrapo nas pernas e vestir as meias... Que naquele dia seriam brancas!

Após calçar as chuteiras, o Matador iniciou outro ritual: "Fui ao banheiro antes do aquecimento. Era um ritual sagrado, literalmente. Fechado ali eu me sentia mais tranquilo para orar. Sentado, me concentrava nas preces e no que devia fazer em campo". Depois, o aquecimento, a roda de oração com comissão técnica e funcionários e a roda final, na boca do túnel, apenas com os jogadores... Até a caminhada aos degraus que dão acesso ao gramado. Chegara o tão esperado momento de decidir o título. Agora, era matar ou morrer!

Sábado, 12 de junho de 1993, Dia dos Namorados. 104.401 torcedores ocuparam as dependências do estádio Cícero Pompeu de Toledo. Muitos não atentaram para o fato de o Palmeiras adentrar o gramado vestindo meias brancas. Pura mística: assim o time atuara no Parque Antártica, na noite de 18 de agosto de 1976, quando obtivera sua última conquista. Pelo menos, até então...

Vanderlei Luxemburgo mandou a campo Sérgio; Mazinho, Antônio Carlos, Tonhão e Roberto Carlos; César Sampaio, Daniel Frasson e Edílson; Edmundo, Evair e Zinho. 52 dias depois, o Matador entrava novamente como titular. Longe do descabido padrão do futebol de hoje, os atletas carregavam às costas a numeração de 1 a 11. Que se estendia ao banco de reservas: Velloso vestia a 12; Alexandre Rosa, a 13; Jean Carlo era o 14; Maurílio o 15; e Soares, o 16. O Corinthians de Nelsinho Baptista formou com Ronaldo; Leandro Silva, Marcelo, Henrique e Ricardo; Ezequiel, Marcelinho Paulista e Neto; Paulo Sérgio, Viola e Adil.

Viola entrou em campo chorando copiosamente: muitos viam na atitude do atleta um reflexo de todo o elenco corintiano, sensibilizado pela morte do pai do zagueiro Marcelo, dois dias antes. O Palmeiras adentrou a cancha a seguir. A massa esmeraldina explodiu como há muito não se via! Evair foi o último a pisar o gramado. E sabia que não teria condições físicas de atuar os 120 minutos – mesmo os 90 minutos da primeira decisão seriam vividos à base de total superação. O craque carregava a convicção de que tudo tinha que ser resolvido antes de deixar o gramado.

Ao identificar as meias brancas, a imprensa especulou tratar-se de uma orientação de Robério de Ogum, conselheiro espiritual de Vanderlei Luxemburgo, fato posteriormente confirmado. E como superstição pouca é bobagem, a torcida palmeirense explodiria ao ver entrar em campo o maior ídolo de sua história: Ademir da Guia. A convite do jornal Folha de São Paulo, o Divino pisou o gramado ao lado do ex-lateral corintiano Zé Maria. E foi ovacionado por quase cinco minutos com o coro: "Ei, ei, ei, Ademir é o nosso rei". Ótimo presságio.

Durante a audição do Hino Nacional Brasileiro, alviverdes e alvinegros, perfilados, se surpreenderiam: ao invés da execução tradicional, uma interpretação *a capella* de Agnaldo Timóteo, ligeiramente comedido em seus conhecidos exageros vocais. Após o hino, já batendo bola, Viola se descontrolou de vez, voltando a chorar convulsivamente. Durante muito tempo circulou a piada que, naquele momento, a causa do choro teria sido a interpretação de Timóteo. Causos e histórias da decisão.

16 horas e 3 minutos, 15 graus de temperatura em São Paulo. José Aparecido de Oliveira trila o apito. Edmundo dá o primeiro toque na bola. Começa a grande decisão do Campeonato Paulista de 1993.

15 segundos: jogando com uma proteção especial sobre o tornozelo, César Sampaio entra firme na dividida com Ezequiel – primeira demonstração do espírito guerreiro do Palmeiras no jogo. Evair, num toque magistral de calcanhar – à la Sócrates –, "entorta" dois zagueiros e deixa Roberto Carlos livre pela esquerda; o cruzamento do lateral

encontra Edmundo na pequena área, gol aberto, Ronaldo está batido, a torcida pula nas arquibancadas... Mas a bola, inacreditavelmente, vai para fora. Apenas um minuto: o tempo que levou para a fiel torcida e seus amedrontados jogadores sentirem a avalanche que se abateria sobre eles naquela tarde.

O Corinthians não consegue passar da intermediária. Aos 3 minutos, Henrique chuta Edmundo por trás: lance desleal que o árbitro prefere punir apenas com o cartão amarelo. Marcelo bronqueia e também é amarelado; na reclamação sobre o lance, Evair quase leva o seu. O descontrole corintiano é tão grande, que, aos 6 minutos, Evair recebe uma bola pouco antes da linha divisória, sofre uma cotovelada de Neto – ex-companheiro de Guarani – e revida. Para a sorte de ambos, o árbitro não vê. A superioridade alviverde é referendada pelo comentarista Juarez Soares, da TV Bandeirantes: "Esses primeiros minutos são terríveis para o Corinthians. O Corinthians está andando em cima do fio da navalha!".

10 minutos: Roberto Carlos entra duro em Paulo Sérgio e recebe cartão amarelo. O Palmeiras mostra que, ao contrário do primeiro jogo, revidará as jogadas mais ríspidas, impedindo que o adversário tente se impor pela força. Dois minutos depois, Zinho dispara um petardo de fora da área: após firme defesa, Ronaldo fica estirado no chão com a bola junto ao peito e sorri. Ninguém sabe o porquê. Nem por quanto tempo.

Aos 15, César Sampaio sobe livre, na pequena área, e cabeceia para fora a quarta chance clara de gol do Palmeiras. É a gota d'água! Diante da avassaladora superioridade alviverde, Nelsinho Baptista radicaliza: com apenas 17 minutos de jogo, substitui Adil por Tupãzinho. A imprensa afirma tratar-se de problema físico, mas o treinador corintiano é enfático: "Opção tática". O fato, raríssimo no futebol, irrita o jogador, que sai de campo com cara de poucos amigos.

Antes da alteração, Henrique cometera falta violenta em Evair: pela terceira vez o árbitro não dá o segundo cartão, que mandaria o jogador mais cedo para o chuveiro. E muitos começam a se lembrar da desastrada atuação de José Aparecido de Oliveira na partida semifinal, que garantira ao Corinthians o passaporte para a decisão.

A troca de Nelsinho parece surtir efeito: por três minutos o Corinthians equilibra as ações e chega próximo à meta adversária. Neto divide com Antônio Carlos e cai, simulando uma cotovelada: ambos estão às turras desde o início do jogo. O zagueiro palmeirense demonstra-se um dos mais irritados com as provocações disparadas durante a semana. Zinho leva cartão amarelo por reclamação; antes, Leandro Silva já havia recebido o seu.

Aos 28 minutos, enfim, o primeiro lance de perigo a favor do Corinthians: Neto bate a falta no ângulo, Sérgio vai buscar e manda a escanteio. Dois minutos depois, o ápice da violência: Paulo Sérgio chuta Edmundo fora do lance de bola! Nenhuma câmera de televisão capta a imagem, mas todos os presentes àquele setor do gramado atestam o fato. Luxemburgo fica possesso e discute com o auxiliar Oscar Roberto de Godoy, que, de frente para o lance, nada assinalou. Minutos depois, poucos corintianos iriam se lembrar da agressão de Paulo Sérgio – como fazem questão de ignorar a existência desse lance ainda hoje, passados mais de vinte anos.

36 minutos do primeiro tempo: 16 horas e 39 minutos em São Paulo. Edílson avança em velocidade pelo setor esquerdo, passa por Marcelo e toca para Edmundo, que é travado quase no bico da grande área; a bola espirrada sobra para Evair: a matada, o giro para o lado de dentro da área e o passe para Zinho, que domina de canhota, passa por Ricardo e traz a bola para o pé direito... O arremate é preciso, a pelota toca caprichosamente a trave antes de morrer no fundo das redes. Explosão alviverde: Palmeiras 1 a 0!

Cada jogador corre em uma direção. Zinho sai para um lado, sai para o outro, driblando adversários imaginários e companheiros de equipe. Até chegar ao banco de reservas e abraçar Jean Carlo. A partir daquele momento, ninguém no elenco tinha mais dúvidas de que o Palmeiras seria campeão: "Quando o Zinho faz um gol de pé direito, é pra quebrar qualquer tabu".

A mesma frieza de sempre. Uma jogada, três ações, rápidas e objetivas. E Evair Aparecido Paulino começava a gravar definitivamente seu nome em todos os corações palmeirenses espalhados pelo universo.

Três minutos depois, Edílson arranca em velocidade pela intermediária. O lance teria levado perigo, não fosse a pancada desferida por Henrique no joelho do camisa 10: segundo cartão amarelo e expulsão. O goleiro Ronaldo, um dos líderes do time alvinegro, reclama acintosamente e também é amarelado. As queixas do goleiro são o sinal claro do total descontrole corintiano.

Dois minutos depois, o lance mais polêmico do jogo: Edmundo dá um carrinho violento em Paulo Sérgio, não atinge o adversário, mas a tentativa de agressão é nítida – e passível de expulsão. Jogadores e comissão técnica do Corinthians reclamam e começam a insinuar um suposto favorecimento ao Palmeiras. Ainda hoje é assim. O erro contra o Corinthians – único na partida, diga-se de passagem – realmente seria clamoroso não fosse por um pequeno detalhe: Paulo Sérgio já deveria estar fora do jogo há muito tempo. É o mínimo que se espera de punição para um jogador que chuta um companheiro de profissão sem bola. Um erro não justifica o outro, mas...

17 horas e 5 minutos: o Corinthians dá a saída para a segunda etapa. O minuto de silêncio em homenagem a seu Stephano, pai de Marcelo, ocorre logo após o reinício da partida. Aos 15 minutos, o esforçado zagueiro Tonhão vive seu dia de Luís Pereira: rouba a bola na saída de sua área, a conduz até a meia-cancha e lança Edmundo na direita, de três dedos; o camisa 7 corta o goleiro já na matada da bola e arranca para o gol. Ronaldo é o último homem da zaga e agarra Edmundo: ele sabe que vai ser expulso e simula ter sido agredido por Tonhão. A cabeçada não existiu, mas o árbitro mostra o cartão vermelho ao zagueiro, prejudicando o Verdão.

Ao deixar o campo, Ronaldo sorri irônico e aponta na direção do gramado, insinuando algum tipo de armação: a pegada em Edmundo e o gesto, inconsequente, de tentar jogar a arbitragem contra a torcida são a síntese do desespero corintiano. Na expressão do goleiro, a nítida dor dos derrotados. Nada poderia ser mais prazeroso para o torcedor alviverde.

Nelsinho Baptista tira Tupãzinho para a entrada do goleiro Wilson e queima sua última substituição. Por incrível que pareça, o Corinthians melhora e pressiona. O Alvinegro sabe que um gol a essa altura lhe dará o título. A Fiel cresce nas arquibancadas. Apreensão na torcida alviverde. Velhos fantasmas voltam a atormentar!

29 minutos: Evair tenta entrar sozinho pelo meio da zaga corintiana e é desarmado. O narrador Silvio Luiz, da TV Bandeirantes, carimba: "O Matador hoje não está nos melhores dias". O desarme de Marcelo cai nos pés de Mazinho, que invade o lado direito da área, chega à linha de fundo e rola para trás, nos pés de Evair. Palmeiras 2 a 0: "Quando o Mazinho começou a partir pelo lado esquerdo e percebi que passaria pelos defensores, minha maior preocupação era não ficar em impedimento. E cometi o erro de sair comemorando pelo outro lado. Eu devia ter saído correndo para abraçá-lo. O gol foi noventa por cento dele, só tive o trabalho de empurrar a bola pra dentro. Até hoje não disse isso a ele: obrigado, Mazinho".

A partir do segundo gol a partida torna-se monótona. 36 minutos: dirigindo-se ao comentarista Mário Sérgio Pontes de Paiva, Silvio Luiz indaga: "O Edílson está sumidão nesse jogo de hoje, né?". Dois minutos depois, Antônio Carlos lança Daniel Frasson; o cruzamento do volante cai nos pés de Evair, que domina, olha e toca no canto. A bola bate na trave, resvala nas mãos de Wilson e sobra para Edílson cravar o terceiro. Goleada no tempo regulamentar. E a torcida alviverde vibra... E canta... E chora... E ri!

Após o gol de Edílson, jogadores de ambos os lados passaram a tocar a bola apenas para carregar a partida até o final. Havia o cansaço, a necessidade de se poupar para a decisão nos 30 minutos finais. Mas Neto chegou a ficar parado com a bola nos pés por duas vezes. A coroação desse lamentável panorama viria no apito final de José Aparecido de Oliveira: aos 44 minutos e 50 segundos. Antes do fim do tempo regulamentar!

O DIA DE LAVAR A ALMA

Dez minutos de intervalo separavam o Palmeiras dos trinta minutos mais importantes da sua história. Logo a 2 minutos da prorrogação, Edílson, dentro da pequena área, perde um gol feito. A essa altura, Evair buscava forças para se manter em campo: já suportara atuar mais do que previra a equipe médica, mais do que ele próprio poderia imaginar. No banco começava o burburinho pela substituição do Matador, que se mantinha firme graças à sua valorosa profissão de fé. E ela seria coroada: apenas um minuto separava Evair Aparecido Paulino de seu destino.

7 minutos do primeiro tempo da prorrogação. Numa jogada "pegada" com o zagueiro Ricardo, Edmundo é puxado pela camisa: pênalti indiscutível. Chiadeira corintiana. Ezequiel peita o árbitro e é expulso. Agora são 10 contra 8. Edmundo corre até o banco e diz que vai bater. Luxemburgo é firme: "Não, senhor. Vai bater o Evair". O centroavante é o cobrador oficial da equipe. O capitão César Sampaio intercede junto ao camisa 7 e ajuda o Matador a manter a concentração. A confusão vai se dissipando, a grande área é liberada aos poucos. Evair está frente a frente com Wilson, velho companheiro dos tempos de Guarani, que conhece muito bem seu jeito de bater na bola. Só um poderá entrar para a história daquela decisão.

Evair e Wilson. Na cabeça do Matador um filme de tantos e tantos anos: os sonhos de criança; as peladas em Crisólia; o olhar enternecido da mãe vendo-o sumir na escuridão da estrada; as madrugadas frias sob as arquibancadas do Brinco de Ouro; a solidão na Itália; a promessa feita na chegada ao Parque Antártica, exatos dois anos e um dia antes; os vários vice-campeonatos; a perda do Paulistão de 1988 para o mesmo adversário de agora...

Mas, sobretudo, o sofrimento no próprio Palmeiras, o afastamento, a marginalização. Os cinco meses em que passara os domingos em Crisólia, buscando conforto no seio da família. Um profissional de carreira internacional atuando na várzea da terra natal, defendendo as cores do América e do Sport Club Crisólia. Chegara a hora da redenção. 12 de junho de 1993 era o dia de lavar a alma.

O medo do goleiro diante do pênalti. O medo do boleiro diante do pé *out*. O menino pobre de Crisólia está só, diante da multidão. Sob seus ombros, a responsabilidade de 16 anos e 9 meses de martírio, os sonhos e angústias de milhões de torcedores. Ele olha a arquibancada atrás do gol e vê todos em pé, de mãos dadas, numa gigantesca profissão de fé. O cansaço da prorrogação, a falta de ritmo pelos quase dois meses parado, tudo deve ficar para trás. É hora de superação. A esperança de toda uma nação está depositada em seus pés. Evair mira fixamente o goleiro pela última vez. E começa seu trote rumo à eternidade...

...Assim descrito por Fiori Gigliotti: "O teeeeempo passa! Oito minutos de jogo. De emoção, de sofrimento, de esperança e de angústia no Morumbi, torcida brasileira. Pênalti contra o Corinthians. Bola na marca fatal. Atenção, torcida brasileira! Esse pode ser o gol do sonho, o gol esperado, o gol do título! Wilson no gol corintiano, Evair pra bater. Evair olha pra cima, pede proteção pra Deus. O árbitro já autorizou. Evair correu, bateu, é fogo, é gol!

Goooooooooooooooool! Evair, torcida brasileira! Desaba uma alegria incontida. A torcida palmeirense sacode as pernas, bate os braços, se abraça! Olha pra cima, procura Deus e agradece! Os jogadores correm e sufocam Evair num abraço. No abraço que pode ser o abraço do título! Os corintianos entram em desespero! Novos jogadores do Corinthians atormentando José Aparecido de Oliveira. O teeeeempo passa! Dez minutos de jogo, etapa final. Evair, de pênalti, na prorrogação. Palmeiras 1, Corinthians 0. Eeeeeevair, o moço de Crisólia".

Use o app e veja os gols da decisão contra o Corinthians.

10 minutos do primeiro tempo da prorrogação. Bola num canto, goleiro no outro. Seis segundos entre o primeiro passo e a pelota nas redes. Gol de Evair! O craque corre em direção à torcida e abre os braços, com as mãos jogadas para o céu. Naquele gesto, o abraço em cada torcedor palmeirense. Naquele gesto, a comunhão com Deus. Evair ajoelha e agradece. Ele sabe que é o gol do título. E tem consciência de que escreveu seu nome na galeria dos imortais do Palestra Itália.

Evair foi substituído por Alexandre Rosa imediatamente após o gol. Apenas vinte minutos separavam o Palmeiras da conquista. Uma avalanche de repórteres o abordou na saída do campo, questionando se aquele teria sido o gol do título. Ouviriam a resposta ponderada de sempre: "Espero que meus companheiros segurem esse resultado. Em 1988, eu perdi um título mais ou menos assim". Ainda não era o momento de celebrar.

Difícil convencer o torcedor: a partir do gol, o que se viu foi uma festa contínua à espera do apito final. Difícil convencer o próprio Evair: atrás das traves de Wilson, com uma fita de campeão na testa, ele passaria todo o segundo tempo da prorrogação gritando que era campeão. Para a torcida adversária!

A um minuto do encerramento, Vanderlei Luxemburgo deixa o banco e dirige-se aos vestiários: "A festa é dos jogadores". Apito final de José Aparecido de Oliveira: as provocações corintianas durante a semana, o riso de escárnio de Viola ao ser retirado pela maca no primeiro jogo e, sobretudo, o "gol porco", estão definitivamente sepultados. Tudo é passado, virou fumaça, como num passe de mágica. Dezesseis anos e nove meses de fila, extirpados em seis segundos, numa cirúrgica e precisa cobrança de pênalti. O Palmeiras é o campeão paulista de 1993. O Corinthians cai de quatro. Tal e qual seu artilheiro Viola na primeira partida da decisão.

18 horas e 31 minutos em Sampa. Hora de comemorar, de extravasar, de colocar para fora toda a raiva acumulada durante a preparação para o jogo decisivo. Edmundo foi um dos primeiros: "Nunca poderiam ter subestimado a nossa equipe. Nossa equipe é muito forte. Ninguém ganha com a boca. E nós provamos que é dentro de campo que se ganha no futebol". A declaração era, no fundo, a expressão de todos contra o comportamento do adversário no decorrer daquela longa semana.

Dos explosivos Edmundo e Antônio Carlos aos ponderados Zinho e César Sampaio, todos dariam algum tipo de alfinetada no rival. Mas o desfecho ideal sobre as provocações corintianas seria dado por Vanderlei Luxemburgo, no dia seguinte, durante participação no programa Mesa Redonda, da TV Gazeta, apresentado por Roberto Avallone. O tapa com luvas de pelica teria requintes de sarcasmo: "Montei a equipe a partir do jogo passado. A imprensa em geral deu o Corinthians como campeão, esquecendo que tinha mais um jogo. Eu falei durante a semana que o Palmeiras perdeu numa bola parada. E que, mesmo não jogando bem, nossa equipe foi superior. E nós sabíamos que poderíamos reverter o quadro. Mas todo mundo nos cobrou garra, garra... Que a garra corintiana prevaleceu. Eu entendo que a garra tem que existir no futebol, mas se você não tiver técnica, habilidade, comportamento tático, não consegue ganhar os jogos. Tínhamos que nos equiparar à garra deles, mas entendíamos que o principal era jogar bola. Foi o que fizemos".

Os números da equipe ao longo da competição sustentavam a tese do técnico: 38 jogos, 26 vitórias, 6 empates e 6 derrotas, melhor ataque com 72 gols marcados, defesa menos vazada com 30 sofridos, saldo de 42 e 59 pontos ganhos no total – aí incluso o de bonificação, obtido pela melhor campanha na primeira fase. Incontestável!

Do outro lado, cenas de uma tragédia anunciada: Nelsinho Baptista declarou após o jogo ter se surpreendido com a raça do Palmeiras. Era o feitiço voltando-se contra o feiticeiro, uma vez que teria partido do treinador a "pérola" de que não se adquire raça da noite para o dia, frase que inflamou os brios alviverdes. Além da goleada, o técnico teria que assistir ao triunfo pessoal de Evair, renegado por ele. E digerir a nova derrota para Vanderlei Luxemburgo em uma decisão.

O quadro do meia Neto seria ainda mais triste. O Xodó da Fiel, além de corintiano desde a infância, tinha um motivo a mais para querer triturar o Verdão: em 1989, desprezado no clube esmeraldino, fora trocado pelo meia Ribamar, então no Corinthians. Segundo periódicos do dia seguinte, após a má atuação naquela tarde, além de não conseguir a tão sonhada vingança, o jogador fora um dos mais hostilizados pela fiel torcida.

Mas a cena mais patética seria protagonizada pelo goleiro Ronaldo: um dos símbolos do destempero alvinegro em campo, o atleta tornaria sua situação ainda mais vexatória ao tentar tirar satisfações com o árbitro José Aparecido de Oliveira na saída dos vestiários. Contido pela turma do "deixa disso", passou apenas a triste imagem de péssimo perdedor a quem presenciou o fato.

José Aparecido de Oliveira tinha oito finais de campeonato no currículo. Três em São Paulo. Na vitória do Corinthians por 1 a 0 sobre o Tricolor, primeiro jogo da final do Brasileirão 1990, foi criticado pela diretoria são-paulina por, supostamente, deixar a violência comer solta, beneficiando o alvinegro. Apesar disso, muitos enxergavam uma perseguição do árbitro contra o Corinthians, por conta do ocorrido no dia 13 de outubro de 1991, com o meia Neto, no clássico entre Palmeiras e Corinthians – que levaria o jogador a uma suspensão de quatro meses.

Se cabia alguma contestação à atuação de José Aparecido naquela final de 1993, esta poderia ser em relação ao rígido critério adotado na aplicação de cartões no início da partida. E só! Daí o amarelo para o zagueiro Henrique logo na primeira pegada forte em Evair. Mas alguém pode afirmar que o jogo, anunciadamente tenso por tudo o que ocorrera na semana, não descambaria para a violência sem o pulso firme da arbitragem?

Atribuir a derrota na final ao desempenho do juiz era pura choradeira de perdedor. Ainda mais diante de um placar tão elástico.

Evair exalava felicidade pela conquista: "Me considero uma pessoa realizada, por tudo aquilo que já passei aqui. E hoje era dia de lavar a alma. Hoje foi meu dia: lavei a alma! Aquele era o gol do título, não tinha como. Essa conquista representa uma vingança, eu perdi um título pra esse mesmo time numa prorrogação, e hoje era dia de dar o troco. Taí: falaram que não se adquire garra de um dia pro outro, isso machucou a gente. Mostramos que temos garra e técnica, coisa que o Corinthians não tem. Estou de alma lavada".

Sobre a importância de sua participação na decisão, afirmaria tempos depois: "Um gol considerado simples, de pênalti. Mas que, naquele momento, era o mesmo que carregar uma nação inteira nas costas. E foi tão bom que parecia que eu não pisava o chão naquele dia, parecia que meus pés não tocavam o chão. Não se trata de um título qualquer, foi o resgate de uma nação. Devolvemos às pessoas o orgulho de vestir novamente aquela camisa". Aos 28 anos de idade e nove de carreira, Evair soltava, enfim, o grito de campeão por um clube profissional.

E confidenciaria posteriormente: "Em 1992, já acreditávamos na possibilidade do título paulista, mesmo com uma equipe na qual faltavam algumas peças. Em 1993, não tínhamos nenhuma dúvida: sentíamos que era o nosso ano! Tínhamos time e jogadores experientes com a vivência de um ano no clube. E chegaram as peças que faltaram no ano anterior. Souberam contratar atletas com perfil de time vencedor: queríamos ser campeões!".

Em meio a tanta euforia, um dos mais belos momentos daquela memorável conquista viria na declaração do preparador físico Carlinhos Neves, uma prova de gratidão em cadeia nacional, pelas câmeras da TV Bandeirantes: "É inquestionável a participação do Otacílio Gonçalves nesse título, na formação dessa equipe. Inclusive hoje, o time que jogou, é o que na maioria das vezes jogava com o Otacílio. Chapinha, tu também é campeão! Tu tens participação nisso. Um grande abraço e um grande beijo! Semana que vem a gente está aí pra comemorar junto".

Em Curitiba, procurado pela equipe do jornal Diário Popular, de São Paulo, o treinador daria um depoimento curto, mas carregado de satisfação: "A personalidade do Evair dentro de campo foi fundamental para a reação do Palmeiras, depois da derrota no primeiro jogo das finais". O Matador retribuiria: "Num momento desse não podemos nos esquecer do Otacílio. Se não fosse por ele, acho que dificilmente eu estaria aqui comemorando". Que, ao reverenciar a conquista do título de campeão paulista de 1993, em qualquer época ou lugar, o torcedor palmeirense nunca se esqueça de dar vivas também ao bom e velho Chapinha!

A "batalha" entre as duas torcidas seria um dos espetáculos à parte daquela decisão. Antes da bola rolar, chamava atenção uma faixa colocada na arquibancada, do lado palmeirense: "Alegria de corintiano é como liquidação de grande magazine. Dura só até sábado".

A Fiel tentou rebater, com uma presença bem maior nas arquibancadas do Morumbi e, assim como em 1974, teve que suportar, silenciosa, a festa da minoria presente ao estádio.

Sacramentada a conquista esmeraldina, um dos coros mais ouvidos foi: "Chora, Timão, acabou a ilusão". Só não seria mais entoado, que os direcionados ao centroavante alvinegro: "Chora, Viola, imita o porco agora".

Mas o melhor seriam os dois coros que aludiam ao Corinthians como um todo e à história dos confrontos decisivos entre as duas equipes, onde a vantagem palmeirense é, ainda hoje, esmagadora: "Não é mole, não! Saiu da fila bem em cima do Timão". E a cereja do bolo: "74… 93… E o Corinthians perdeu mais uma vez!". Com certeza, o golpe de misericórdia a ferir de morte a alma do torcedor alvinegro.

Algumas histórias anônimas, captadas por profissionais da imprensa, ficariam marcadas como símbolos da paixão incondicional que une o torcedor a seu time de coração. Após o gol de Zinho, um jovem foi flagrado vagando solitário, de um lado a outro, no anel embaixo das arquibancadas do Morumbi: "Tenho 24 anos, minha família é de origem italiana. Em 1976, assisti a final no colo do meu pai, me lembro muito pouco daquela conquista. Hoje não pudemos vir juntos: ele ficou em casa, acompanhado por um médico, porque não ia aguentar ver isso aqui".

Outro jovem, de 21 anos, pulou na comemoração do gol de Zinho. Ao tocar o chão a surpresa: "Senti um nó na garganta e uma pontada no peito que doeu até as costas". Resultado? Enfermaria. Apenas um susto. Mesma sorte não teria outro torcedor, na casa dos 30 anos: a última lembrança daquele memorável embate seria a bola de Zinho tocando a trave. Depois disso, escuridão e falta de sentidos. Passou o restante do jogo na enfermaria do estádio, de onde sairia apenas quando ninguém mais se encontrava por lá.

Enquanto a massa se dirigia em peso para a Avenida Paulista, tradicional local de comemorações das torcidas paulistanas desde 1977 – que nunca havia sido utilizada pelos palmeirenses –, parte da torcida deslocou-se para o Parque Antártica: os jogadores fizeram uma rápida aparição, e a diretoria liberou as dependências do estádio, para deleite da galera.

Ali, um dos fatos mais engraçados, dentre as milhares de histórias que poderiam rechear essas páginas: um torcedor baiano, na porta do Palestra Itália, insistia em chatear a "italianada" se dizendo mais palmeirense que qualquer um deles. Tanto azucrinou que acabou sendo pego pelos colarinhos por um legítimo oriundi, fato que o levou a comprovar a contundente afirmação. Sacou a carteira de identidade e mandou essa para o gordo e rosado torcedor que "calorosamente" o suspendera: "Lê aí de onde eu sou?". No documento, a resposta que levou todos em volta às gargalhadas: natural de Palmeiras, interior da Bahia. "Na minha cidade, todo mundo já nasce palmeirense".

Isso sem falar nos episódios carregados de misticismo. Em meio à verdadeira romaria feita à sede do clube, no dia seguinte à conquista, um torcedor declararia: "Pus a mão na taça em jejum. É uma força espiritual para conseguirmos mais dois campeonatos seguidos". A julgar pelo estado do rapaz, o jejum absorvia seguramente uma bela dieta líquida… E etílica.

E era comemoração que não acabava mais: após a rápida passagem pelo Parque Antártica, uma esticada até a boate Limelight. A festa oficial para os campeões seria realizada no dia seguinte, ao lado de familiares, diretores e funcionários do clube. Muitos já não estariam lá para celebrar, entre eles Evair. Após um breve período de sono, o Matador cairia na estrada. Sozinho, a bordo do Santana verde recém-adquirido, rumou em direção a Crisólia: não via a hora de comemorar com a família. No primeiro pedágio, alguém no carro ao lado o reconheceu. Foi a senha para que um grupo de torcedores se aglomerassem em torno dele. Seria assim até a terra natal: uma quase procissão de carros a segui-lo.

Em Crisólia, cartazes pendurados em frente à casa de seu José e dona Zica saudavam a conquista do filho mais ilustre do lugar. Evair entrou calado, como sempre, e foi recebido com grande festa. Aproveitou para contar à mãe como havia sido a emoção na cobrança do pênalti. Ela, como de hábito, não assistira, e ainda fora juntar-se a uma vizinha, do outro lado da rua, indignada: "Tanta gente no time e tem que ser logo o meu filho pra bater esse pênalti". Na gritaria generalizada, o alívio: seu menino havia feito o gol do título.

A notícia da presença do craque se espalhou. Em pouco tempo quase toda a cidade se amontoava na casa dos Paulino. Até uma equipe de reportagem do Globo Esporte apareceu por lá. Se o craque queria sossego, foi o que menos conseguiu. Vendo o espaço cada vez mais reduzido, não teve alternativa que não sair e atender à equipe da TV. Cercado por dezenas de conterrâneos e sorridente como nunca, declarou: "São dezesseis anos sem ganhar esse título e não pode ficar num dia só. A gente vai comemorar até quando der, até daqui a um mês"

Seu José, orgulhoso do "garoto", confidenciou em rede nacional: "Tem que torcer pro filho onde ele estiver. Guarani, Atalanta... Agora é o Palmeiras". Confissão dolorosa de um velho coração corintiano! E a reportagem conseguiria a proeza de tirar uma declaração da sempre calada dona Zica, que abraçada ao filho, lançou: "O primeiro sonho você já realizou. Agora tá faltando o segundo: ir pra Seleção Brasileira". Evair, cercado pelos seus, com as pessoas carregando bandeiras alviverdes pelas ruas de Crisólia: a imagem mais marcante daquela conquista.

Posteriormente, Evair explicaria o porquê de ficar o tempo todo olhando para trás antes da cobrança do pênalti: "Estava esperando pelo César Sampaio. Desde 1991, em todo pênalti que eu cobrava, ele vinha e me dizia: 'Vai, em nome de Jesus'. E justo naquele pênalti ele não aparecia! Pensei: 'Estou perdido!'. Mas ele veio, com as mesmas palavras de sempre. E eu fui, em nome do Senhor".

Aquele momento, além de consagrar o jogador, serviu para estabelecer em definitivo a fé de Evair. E ele faz questão de exaltar a experiência sublime que viveu: "Eu cheguei a aumentar a distância, dei mais dois passos atrás, e o Sampaio nada de aparecer. Até que ele veio. Eu sabia que ia ser gol! Aquele dia estava escolhido, um dia marcado pra mim, por tudo aquilo que eu passei na vida, por tudo o que passei no Palmeiras. Deus reservou pra mim aquela hora. Ele me disse: 'Olha, os amigos podem ter te abandonado, mas Eu não te abandonei. Eu estou aqui, agora, e vou te levar até o final'. Então, aquele momento foi o presente de Deus pra minha vida. Muitos outros poderiam estar ali, ter batido aquele pênalti. Mas quis Deus que fosse daquela maneira: um momento importante na vida do Palmeiras, na minha vida. E a partir daquele dia, eu resolvi dizer a todo mundo que eu era cristão. No momento em que fui afastado, desapareceram todos os amigos, só me restou Jesus Cristo, o único que disse que não me abandonava. Ele não se envergonhou de mim, no momento mais difícil da minha vida Ele não me abandonou. E quando eu corri pra bater aquele pênalti, eu senti a presença Dele. Eu percebi que, realmente, não estava sozinho".

Os companheiros de Evair na inesquecível campanha de campeão paulista de 1993 foram os goleiros Sérgio e Velloso; os laterais Mazinho, João Luís, Cláudio, Roberto Carlos e Jéfferson; os zagueiros Antônio Carlos, Edinho Baiano, Tonhão e Alexandre Rosa; os volantes César Sampaio, Daniel Frasson e Amaral; os meias Zinho, Edílson, Jean Carlo, Juari e Naná; e os atacantes Edmundo, Maurílio, Soares, Sorato e Paulo Sérgio.

Os 72 gols marcados pelo Palmeiras naquela competição – média de 1,89 por partida – foram assim distribuídos: Evair (18); Edmundo e Edílson (11); Zinho (9); César Sampaio, Maurílio, Jean Carlo e Roberto Carlos (4); Antônio Carlos (2); e Daniel Frasson, Mazinho, Edinho Baiano, Soares e Jéfferson, com 1 gol, cada.

A comissão técnica era formada pelos preparadores físicos Carlinhos Neves e Walmir Cruz, pelo médico Marco Antonio Ambrósio, pelo treinador de goleiros Zé Mário, pelo massagista Chiquinho e pelo roupeiro Panzarini. Foram três os treinadores durante a campanha: Otacílio Gonçalves, que formou a equipe e a dirigiu em 23 partidas; Raul Pratali, interino na derrota por 2 a 0 para o São Paulo; e Vanderlei Luxemburgo, comandante nas últimas 14 partidas. Na direção, o presidente Mustafá Contursi, os diretores de futebol Seraphim Del Grande e Gilberto Cipullo, e o gerente de esportes da Parmalat, José Carlos Brunoro.

Mas o processo de consolidação do Palmeiras como clube-empresa estava longe de se concretizar: para isso, seria necessário que a receita do futebol no clube superasse os investimentos da Parmalat. A venda de jogadores seria vital nesse processo. E as especulações do exterior sobre atletas do Verdão já começara: falava-se na saída de Mazinho, Edmundo e Edílson, na mesma proporção em que se especulava as contratações de Ricardo Rocha, Almir, Marco Antônio Boiadeiro e Gil Baiano.

De certo mesmo, apenas o maior apoio aos esportes de base – vôlei e basquete, principalmente, com a contratação de nomes como Renan, Talmo, Edvar Simões, Marcel e Pipoca – e os investimentos na ampliação da Academia de Futebol, na Barra Funda, segundo muitos, o principal fator para o sucesso daquela equipe. Longe do Parque Antártica, blindados dos sons das eternas cornetas, jogadores e comissão técnica passaram a ter maior tranquilidade para trabalhar. A conquista do 19º título estadual, evitando uma vez mais o tricampeonato do rival São Paulo, tinha sido apenas o primeiro passo.

Nas lembranças de Evair, outra coincidência: seu primeiro gol marcado com a camisa do Palmeiras também fora de pênalti, em amistoso contra o Mogi-Mirim, apitado por José Aparecido de Oliveira. E a constatação das profundas transformações vividas pelo clube desde sua chegada: daquela estreia, apenas ele e Velloso – no banco de reservas – estavam na final de 1993.

A vice-artilharia do Paulistão merecia ser exaltada: foram 18 gols em 24 jogos, com a excelente média de 0,75 por partida. Mesmo sem atuar por quase dois meses, Evair marcou apenas dois gols a menos que Viola, artilheiro da competição.

As marcas da conquista daquele Paulistão são eternas: "Sabe que em 2005 eu estive em uma festa da Mancha Verde, em Brasília. A toda hora eles reprisavam o gol de 1993 no telão. Rapaz, os caras vibravam como se o gol estivesse acontecendo naquele momento!". O autor dessas linhas corrobora. A cada vez que revejo a cobrança daquele pênalti, sinto exatamente as mesmas emoções que vivi naquele 12 de junho: a apreensão infinita, o suor frio, a boca seca, o coração acelerado... Até o alívio da bola tocando as redes de Wilson. E ainda hoje, passados mais de vinte anos, revendo o lance, vou às lágrimas e pronuncio a mesma única coisa que consegui falar naquele momento, abraçado a meu irmão Samuel: "Acabou!".

Ao rememorar aquela conquista, vêm à lembrança de Evair duas histórias. Uma triste, porém símbolo de sua vitória pessoal: "Quando cheguei ao Palmeiras, em 1991, vi dois garçons palmeirenses conversando, enquanto eu almoçava. O primeiro disse: 'Está chegando ao clube um novo atacante'. O outro respondeu: 'É só mais um. Isso daí não muda nada. Isso aí vai ser a mesma coisa que os outros'. 'Isso aí', no caso, era eu!".

E outra, hilária: "Só vi a provocação do Viola no primeiro jogo, à noite, pela televisão. Quando voltei pra casa, estávamos eu e uma senhora aguardando o elevador na garagem do prédio em que eu morava. Eu todo paramentado: agasalho, bolsa do Palmeiras, etc. Apertei o 16, número do meu andar, outra coincidência. No térreo, subiu um torcedor com a camisa do Corinthians. Ele nos cumprimentou e não conseguiu deixar de colocar aquele risinho irônico no rosto. E eu, quieto, contando até dez pro sangue não subir. Quando o elevador parou no andar dele, ele não aguentou e saiu gritando: "Timãããão... Timãããão... Timãããão... Viooooola... Campeãããão". Essas coisas. A senhora tomou um tremendo susto, e só então percebeu o que estava acontecendo. Me lembro de ter dito a ela: 'Tudo bem, tem outro jogo ainda'. Passada a decisão eu não via a hora de encontrar aquele cara: ele deve ter fugido de mim por muito tempo, porque, infelizmente, nunca mais o vi no prédio".

Passada a euforia pela conquista, a vida seguiria em frente. Promessa cumprida, alma lavada e vingança consolidada, Evair trataria de tentar atender ao pedido de dona Zica: firmar-se como jogador da Seleção Brasileira. Além da boa fase, pesava em favor do craque o péssimo relacionamento entre o coordenador técnico Zagallo e o artilheiro Romário. Sem a convocação do Baixinho, Evair era tido como nome certo para comandar o ataque da Seleção na disputa da Copa América, no Equador.

Ainda durante as finais do Paulistão, a decepção: *El Matador* não constava da lista de Carlos Alberto Parreira. Na visão do treinador, os dois meses de inatividade pesaram contra o artilheiro. Do Palmeiras foram chamados Antônio Carlos, Roberto Carlos, César Sampaio, Edmundo, Zinho e Edílson. Para compor o ataque ao lado do Animal foram convocados Müller e Viola. Evair acompanharia tudo pela televisão.

DE CAMISA AMARELA

O histórico de Evair com a camisa canarinho contabilizava 14 jogos pela Seleção Olímpica, somando 8 vitórias, 5 empates, apenas uma derrota e 4 gols – se excluído o primeiro no Pan, oficialmente creditado a Ricardo Gomes –, além de dois importantes títulos: o do Pré-Olímpico e o de campeão pan-americano.

A primeira convocação de Evair para a Seleção Brasileira principal ocorreu em 1989: atuando pela Atalanta, foi chamado por Sebastião Lazaroni para o amistoso contra o Combinado do Resto do Mundo. A histórica partida, disputada em 27 de março, marcava a despedida oficial do craque Zico com a camisa amarela.

Os 40 mil torcedores presentes ao Estádio Comunale dei Friuli, em Udine, na Itália, presenciaram o desfile de uma verdadeira constelação de craques: Júlio César, Andrade, Júnior, Silas, Renato Gaúcho, Romário, Careca e Evair, entre outros. Pelo lado do Resto do Mundo, dirigido pelo sueco Nils Liedholm, destaques para Preud'Homme, Dasaev, Gerets, Stojkovic, Valderrama, Francescoli e Rui Águas. Pior que a derrota por 2 a 1 seria a certeza de saber que, a partir dali, jamais se veria novamente o inigualável Galinho de Quintino envergando o manto sagrado da Seleção Brasileira de Futebol!

Evair seria convocado novamente em 1992, para a disputa do amistoso contra os Estados Unidos, do lendário técnico sérvio Bora Milutinovic, no Castelão, em Fortaleza-CE. A Seleção Brasileira treinada por Carlos Alberto Parreira atuou naquele 26 de fevereiro formando com Carlos; Luiz Carlos Winck (Cafu), Antônio Carlos, Ronaldão (Alexandre Torres) e Roberto Carlos; César Sampaio (Wilson Mano), Luís Henrique e Raí; Müller, Bebeto (Valdeir) e Elivélton. Diante de 20.680 torcedores, o Brasil goleou por 3 a 0, gols de Antônio Carlos e Raí (2). Evair entrou no lugar de Müller, aos 22 minutos do segundo tempo, e teve atuação discreta.

No início dos anos 1980, a CBF tomou a iniciativa de levar a Seleção Brasileira às mais diversas regiões do país. O que aparentava ser o nobre gesto de dividir um patrimônio do povo brasileiro com seus torcedores, era na verdade uma tentativa de aproximação com a elite dominante dos vários estados, em busca de aumento de receitas da entidade e prestígio político fora do eixo Rio-São Paulo.

A passagem da Seleção por Campina Grande-PB, em 26 de novembro de 1992, expôs algumas das mazelas que há muito assolavam o futebol brasileiro. Na segunda partida do escrete realizada naquele estado, enfrentamos o Uruguai, no Governador Ernani Sátyro, o "Amigão". Nos dias que antecederam ao jogo, o furor foi tanto que levou os organizadores do evento a elevar astronomicamente os preços dos ingressos, incompatibilizando-os com a realidade financeira do torcedor local. Resultado: um público de apenas 12.834 pessoas em um estádio com capacidade para 35 mil. Indigno com as tradições de duas seleções campeãs mundiais.

Para reforçar o clima de "festa", foram convidados alguns jogadores participantes da Copa de 1950, que seriam homenageados. Após muita insistência, Ademir Menezes, artilheiro daquele Mundial, compareceu. E não se furtou em tecer inúmeras críticas à organização do futebol brasileiro, particularmente em relação ao pouco caso dispensado aos ídolos do passado.

Mas o vexame seria maior dentro de campo: 2 a 1 para o Uruguai, de virada, tal e qual na final do Maracanã. Evair formou a dupla de ataque titular com Edmundo, então atleta do Vasco da Gama, mas foi substituído por Nílson, no segundo tempo. A única alegria do torcedor naquela noite seria a presença de Antônio Fernandes Bióca, que teve a honra de dar o pontapé inicial do jogo. Membro fundador do Treze, maior clube do Estado, Bióca foi um dos principais incentivadores do futebol paraibano ao longo de sua vida, constituindo-se em verdadeira lenda local.

Um mês após o episódio da convocação para o amistoso contra a Argentina, em que não atuou por conta da lesão sofrida no Dérbi, Evair faria sua quarta partida pela Seleção principal, no amistoso disputado contra a Polônia, em 17 de março de 1993, no estádio Santa Cruz, em Ribeirão Preto-SP. Num dos jogos preparatórios para a disputa da Copa América, o Brasil saiu atrás no placar; empatou graças ao gol contra anotado por Piotr Swierczewski.; virou com Müller – após tabela com Evair; e sofreu o empate quando tudo parecia sacramentado: 2 a 2.

A Copa América de 1993 foi disputada no Equador, entre 15 de junho e 4 de julho. E a participação brasileira na competição não deixou saudades. Na primeira fase, integrando o Grupo B, ao lado de Peru, Paraguai e Chile, nossa Seleção se classificou em segundo lugar, com 3 pontos, um atrás do líder Peru. Na estreia, 0 a 0 com os peruanos. Depois, derrota para o Chile (3 a 2) e goleada no Paraguai (3 a 0). Nas quartas de final, eliminação diante da Argentina, nos pênaltis (6 a 5), após 1 a 1 no tempo regulamentar. Era hora de pensar nas eliminatórias para a Copa dos Estados Unidos.

Antes do torneio classificatório para a Copa, um amistoso contra o Paraguai, em 14 de julho de 1993, no estádio de São Januário: Parreira voltaria a apostar em Evair. A convocação praticamente garantia a presença do Matador no grupo que buscaria a classificação para o Mundial. Em plena tarde de quarta-feira, o jogo nem de longe lembrava uma partida da Seleção Brasileira: apenas 5.120 torcedores testemunharam a jornada – e aproveitaram para pedir a convocação de Romário para as eliminatórias.

O Brasil esteve irreconhecível nos primeiros minutos, deixando uma péssima impressão diante dos paraguaios treinados pelo brasileiro Valdir Espinosa. No segundo tempo, a situação complicou: mal na partida, Careca foi impiedosamente vaiado pela torcida carioca. A dez minutos do final, Parreira o trocou por Evair. E a Seleção seria outra a partir de então. Aos 37 minutos, o Matador faz o pivô e toca para o chute de Branco, de fora da área: 1 a 0. No último minuto, Bebeto faz o segundo, após tabela iniciada por Evair. Os 2 a 0 não seriam suficientes para acalmar os ânimos do torcedor: definitivamente o Escrete Canarinho não causava mais o encanto de outrora.

As eliminatórias para a Copa de 1994 foram disputadas como um torneio de curta duração: entre 18 de julho e 19 de setembro, nove seleções se enfrentaram em busca de três vagas para o Mundial dos States. No Grupo A, Argentina, Paraguai, Colômbia e Peru brigariam por uma vaga. O Chile, suspenso pela Fifa por conta do episódio da "fogueteira" do Maracanã, estava fora da disputa. No Grupo B, Brasil, Uruguai, Equador, Bolívia e Venezuela correriam atrás de duas vagas. E o segundo colocado do Grupo A disputaria uma repescagem contra Austrália (campeã da Oceania) e Canadá (vice-campeão da Concacaf).

O Brasil fez sua estreia nas eliminatórias contra o Equador, no estádio Monumental de Guayaquil, em 18 de julho de 1993. Após o fiasco na Copa América, Evair foi novamente convocado, como reserva de Careca. Entrou no final da partida, empatada sem gols. Resultado aquém do esperado por jogadores, comissão técnica e torcida.

O quadro agravou-se na segunda rodada: atuando na altitude de La Paz, fomos derrotados pela Bolívia (2 a 0), gols de *El Diablo* Etcheverry e Peña. Evair não atuou nessa partida, que marcou negativamente o histórico de nosso escrete. Pela primeira vez, em quarenta anos, o Brasil perdia um jogo válido pelas eliminatórias: "Quando chegamos em Teresópolis, logo após a derrota pra Bolívia, a pressão era muito grande, e o Parreira estava seriamente propenso a deixar o comando da Seleção. Eu fui um dos jogadores que se dirigiu até o quarto dele pra pedir que continuasse no cargo". Uma brutal ironia, como se constataria posteriormente.

Certa tranquilidade viria apenas na terceira rodada: em 1º de agosto, o Brasil goleou a Venezuela por 5 a 1, no estádio Pueblo Nuevo de Tachira, em San Cristóbal, gols de Bebeto (2), Branco, Palhinha e Raí. Evair substituiu Careca na segunda etapa.

Apesar da vitória sobre os venezuelanos, nossa situação não era nada confortável àquela altura das eliminatórias: folgando na quarta rodada, o Brasil corria o risco de se distanciar ainda mais da liderança do grupo. E a parada seria das mais indigestas na sequência: o Uruguai, no estádio Centenário de Montevidéu. Jogando com o regulamento, arrancamos um empate em 1 a 1.

Muitos começavam a conjecturar a possibilidade de, pela primeira vez na história, nossa Seleção ficar fora da disputa de uma Copa do Mundo. Mas a comissão técnica apostava suas fichas no fato de que o Brasil faria todas as partidas do returno em casa. E a aposta começaria a se confirmar na vitória por 2 a 0 sobre o Equador, em 22 de agosto, no Morumbi, gols de Bebeto e Dunga. Evair foi convocado, mas não atuou.

A Seleção Brasileira devolveria com juros a derrota sofrida em La Paz: em 29 de agosto, no estádio do Arruda, em Recife, aplicou sonoros 6 a 0 sobre a Bolívia. Raí, Müller, Bebeto, Branco e Ricardo Gomes marcaram ainda no primeiro tempo; na segunda etapa, Bebeto ampliou. O Brasil fazia sua primeira grande exibição nas eliminatórias. Com a fatura liquidada, Parreira substituiu Bebeto por Evair: nada mais havia a fazer àquela altura.

5 de setembro de 1993, Mineirão: diante da Venezuela, o Brasil forma com Taffarel; Jorginho, Ricardo Rocha, Ricardo Gomes e Branco; Mauro Silva e Raí; Valdeir, Evair, Palhinha e Zinho. Era a penúltima partida da Seleção pelas eliminatórias – e pela primeira vez Evair entrava como titular.

O torcedor ensaia as primeiras vaias ao time quando Ricardo Gomes abre o placar, de cabeça, aos 27 minutos. Muitos ainda comemoram quando Palhinha amplia, um minuto depois. Aos 31, uma jogada tipicamente palestrina: Zinho cruza da esquerda e Evair cabeceia com precisão para anotar 3 a 0. A vibração do Matador deixa transparecer sua emoção pelo primeiro gol marcado com a camisa da Seleção principal.

Use o app e veja o gol de Evair contra a Venezuela.

Segundo tempo: fatura liquidada, o Brasil tira o pé e cadencia o jogo. A torcida não perdoa e passa a vaiar o time. No último minuto, Ricardo Gomes assinala mais um. Insuficiente para apaziguar os ânimos: apesar dos 4 a 0, a delegação brasileira deixa o estádio às pressas, menos de meia hora depois do jogo finalizado.

Com a despedida de Careca, que após os 5 a 1 sobre a Venezuela anunciou que não jogaria mais pela Seleção, tudo indicava que o momento de Evair se firmar como titular estava próximo. Müller se machucou e estava fora da última partida. Mas, temendo um desastre, Parreira e Zagallo deixaram velhas rusgas de lado e cederam ao clamor popular, convocando Romário. Para o bem de todos e felicidade geral da nação, o Baixinho estaria de volta à Seleção no embate decisivo contra os uruguaios.

A insatisfação da torcida justificava-se em parte: apesar das três vitórias em casa, a seleção chegava à última rodada das eliminatórias sem a vaga para a Copa do Mundo garantida. Empatado em número de pontos (10) com Bolívia e Uruguai, o Brasil jogaria pelo empate por conta de um saldo de gols bem superior. Mas, inegavelmente, havia um forte clima de temor para o jogo contra a Celeste, que no ano anterior nos vencera em dois amistosos oficiais. Sem falar no eterno fantasma de 1950...

Afastado da Seleção Brasileira desde o amistoso contra a Alemanha, em dezembro de 1992 – após declarar que se fosse para vir da Europa e ficar no banco, preferia não ser chamado –, Romário foi enfático ao se apresentar: "O jogo contra o Uruguai vai ser uma guerra. Vim pra ganhar. E já sei o que vai acontecer: vou acabar com o Uruguai e classificar o Brasil pra Copa do Mundo". Traço característico do atacante, sua exacerbada autoconfiança era vista por muitos como prepotência.

Domingo, 19 de setembro de 1993. A Seleção Brasileira de Futebol pisa o solo sagrado do Maracanã diante de 101.533 torcedores. Missão? Evitar o vexame de, pela primeira vez na história, não se classificar para uma Copa do Mundo. O Brasil vai a campo com Taffarel; Jorginho, Ricardo Gomes, Ricardo Rocha e Branco; Dunga, Mauro Silva, Raí e Zinho; Bebeto e Romário. O Uruguai, de Ildo Maneiro, forma com Siboldi; Mendez, Canals, Kanapkis e Batista; Dorta, Herrera, Gutierrez e Francescoli; Fonseca e Ruben Sosa.

No primeiro tempo, o Brasil cria oito chances reais de gol, mas nada da bola entrar: Siboldi desce aos vestiários celebrado como herói pelos companheiros. Começo do segundo tempo: Romário perde chance clara, frente ao goleiro. Velhas sombras começam a se espalhar sobre o Maracanã. Até a marca de 27 minutos, quando o cruzamento preciso de Bebeto encontra Romário no bico da pequena área; cabeceio para o chão, no contrapé do goleiro, indefensável: Brasil 1 a 0.

Nove minutos depois, Mauro Silva recupera uma bola no meio-campo: a zaga celeste marca em linha, o passe do volante acha Romário livre de marcação... Corte longo no goleiro e toque para o gol vazio: Brasil 2 a 0. Arquibaldos e Geraldinos entram em transe no templo maior do futebol mundial. A Seleção Brasileira está na Copa dos Estados Unidos. O Baixinho cumpriria a promessa à risca. E Evair estava lá.

Após ser convocado para todos os jogos das eliminatórias, Evair vestiria novamente a camisa canarinho no amistoso contra a Alemanha, em Colônia, no dia 17 de novembro de 1993. Ostentando o título de campeã mundial, a Seleção Alemã vivia um momento histórico muito melhor que a brasileira. No comando, o vitorioso Franz Beckenbauer dera o lugar a Berti Vogts. Já nosso escrete não vencia um mundial desde 1970, e vinha de fracasso na Copa da Itália, precocemente eliminado pela Argentina. Sem falar no acúmulo recente de péssimas atuações contra times de menor expressão.

Parreira optou por uma linha de frente palmeirense: Edmundo, Evair e Zinho. A Alemanha abre o placar aos 38, com o zagueiro Buchwald. Dois minutos depois, Edmundo vai à linha de fundo e cruza para o meio da pequena área, Evair só tem o trabalho de escorar: 1 a 1. Na saída de bola, Möller, batendo de fora da área, coloca os donos da casa novamente em vantagem: 2 a 1. Placar mantido até o final.

Use o app e veja o gol de Evair contra a Alemanha.

Depois da partida contra o Uruguai, dava-se como certo que a dupla titular do Brasil seria formada por Bebeto e Romário. À exceção de Müller, uma quase certeza, as demais vagas do ataque estavam em aberto. Entre as opções testadas (Valdeir, Nílson, Palhinha, Viola e o ainda garoto Ronaldinho – futuro Ronaldo Fenômeno), Evair era o que vivia melhor fase. E, mesmo sem uma sequência de jogos satisfatória, mostrara em suas últimas jornadas ser uma das melhores opções à disposição de Parreira e Zagallo.

A contribuição de Evair durante a difícil campanha nas eliminatórias para a Copa de 1994 foi efetiva. A ponto de sua presença nos Estados Unidos ser defendida até por boa parte dos torcedores arquirrivais. Pouco antes da competição, *El Matador* posaria para a foto oficial da delegação brasileira, feita pela CBF. E a publicação de sua foto, também, no álbum oficial da competição, lançado pela tradicional editora Panini às vésperas do Mundial, eram provas cabais de sua constante participação no Escrete Canarinho. Naquele momento, ninguém mais tinha dúvidas de que o craque estaria na caminhada rumo ao tetra. Ninguém mesmo?

TURBULÊNCIA...

A conquista do Campeonato Paulista de 1993 colocou Evair no centro das atenções, tornando-o o jogador mais badalado do Brasil naquele momento. A edição de julho da revista Placar traria matérias com 16 supercraques de todos os tempos, descrevendo as emoções das partidas mais importantes de suas vidas. No especial da publicação, o Matador desfilou ao lado Raí, Renato Gaúcho, Reinaldo, Zico, Falcão, Roberto Dinamite, Júnior, Serginho, Sócrates, Dadá Maravilha, Jairzinho, Rivelino, Tostão, Ademir da Guia e Pelé. Proeza para poucos!

1993 foi um ano destinado à quebra de tabus. Em Minas Gerais, o América conquistou o título de campeão mineiro depois de 21 anos, treinado pelo veterano Chico Formiga. A onda se espalharia mundo afora: o Olympique de Marselha venceu a Liga dos Campeões da Europa pela primeira vez em sua história – conquista inédita para o futebol francês; na Argentina, o Vélez Sarsfield chegou ao segundo título nacional, 25 anos depois de seu único triunfo até então. O caso mais marcante ocorreu na Inglaterra: após 26 anos, os torcedores do Manchester United voltaram a soltar o grito de campeão. Comandados pelo treinador Alex Fergunson, os "Diabos Vermelhos" iniciariam um novo período de glórias com aquela conquista. Tal e qual o Palmeiras de Evair. O que não se imaginava é que o fato constituía mais uma das inúmeras coincidências vividas por *El Matador* naquele momento.

Por conta da Copa América e das eliminatórias, o futebol brasileiro passou por longa estiagem em meados de 1993. As federações do Rio de Janeiro e de São Paulo resolveram então reeditar a disputa do tradicional Torneio Rio-São Paulo: 27 anos depois, a competição manteria ativos os grandes clubes dos dois estados – além de prepará-los para a disputa do Campeonato Brasileiro.

O regulamento era simples: oito clubes, divididos em dois grupos de quatro, se enfrentando em jogos de ida e volta. Os primeiros de cada chave fariam a final. No Grupo 1, Corinthians, Portuguesa, Botafogo e Vasco. O Grupo 2 com Palmeiras, Santos, Flamengo e Fluminense. O São Paulo optou por uma excursão ao exterior. O Palmeiras quase seguiu o mesmo caminho, desfalcado que estava por conta dos convocados à Seleção. Mas a diretoria acabou decidindo pela disputa, apostando em seus jovens valores. Sábia decisão!

Após a perda do Paulistão, o Corinthians disputaria o Rio-São Paulo totalmente reformulado. Reforçado por Válber, Leto e Rivaldo, astros do empolgante Mogi-Mirim, despontava como favorito ao título da competição. E tratou de fazer prevalecer essa condição, terminando a primeira fase como campeão de seu grupo, com 11 pontos – seis a mais que a vice-líder Portuguesa –, invicto (cinco vitórias e um empate), 15 gols marcados e 9 sofridos. Bem diferente da vida dura que teria o Palmeiras no outro grupo.

A tão falada reformulação não ocorreria no elenco palmeirense. Para a disputa do Rio-São Paulo apenas uma cara nova: o volante Flávio Conceição, jovem revelação contratada junto ao Rio Branco de Americana. Evair e Zinho, nas eliminatórias, seriam desfalques em todos os jogos da competição. A caminhada esmeraldina começou em 3 de julho, no Parque Antártica, diante do Flamengo: 1 a 1, gol de Alexandre Rosa.

Na sequência, Santos (derrota por 2 a 0), fora, Fluminense (3 a 0), no Maracanã, e, Santos (3 a 0), em casa, na abertura do returno. A derrota para o Flamengo (3 a 1), no Rio, embolou a disputa: Palmeiras, Santos e Flamengo chegavam à última rodada em condições de avançar à decisão. O Verdão bateu o Fluminense por 2 a 0; o Santos fez 4 a 3 no Flamengo, na Vila.

Os paulistas terminavam na ponta, empatados em quase todos os critérios: 7 pontos, 3 vitórias e 10 gols marcados. O Palmeiras sofrera apenas seis – tinha 4 de saldo –, e o Peixe, 11, contabilizando um gol negativo. Um mês e meio depois da quebra do jejum, o Palestra estava novamente em uma final. Para enfrentar o Corinthians!

Quarta-feira, 4 de agosto de 1993, noite fria de inverno na capital paulista. No Pacaembu, Palmeiras x Corinthians, primeira partida da decisão do Torneio Rio-São Paulo. Antônio Carlos, César Sampaio, Mazinho, Zinho e Evair são os desfalques alviverdes. Nelsinho Baptista manda o que tem de melhor a campo. Ninguém tem dúvidas do favoritismo corintiano: tudo indica ser a oportunidade perfeita para vingar os recentes fracassos diante do arquirrival.

Aos 27 do primeiro tempo, a tese de superioridade alvinegra começa a desmoronar: Edmundo aproveita cruzamento de Cláudio e cabeceia no canto direito baixo de Ronaldo. Na sequência, Jean Carlo cruza curto para nova cabeçada de Edmundo, meio de susto: 2 a 0. Em apenas dois minutos, o Animal destruía o sonho corintiano. Começo do segundo tempo: Edmundo chuta Marcelinho no chão, é expulso e está fora do jogo decisivo. O Palestra larga na frente. E pode perder por até um gol de diferença na segunda partida para sagrar-se campeão.

7 de agosto de 1993, outra tarde de sábado. Mais uma decisão contra o Corinthians, dessa vez no Pacaembu. O Palmeiras forma com Sérgio; Cláudio, Tonhão, Alexandre Rosa e Roberto Carlos; César Sampaio, Amaral, Flávio Conceição e Jean Carlo; Maurílio e Edílson. O capitão César Sampaio novamente vai à decisão no sacrifício, depois de um mês parado por conta de lesão. Na arbitragem, Márcio Rezende de Freitas. E o Verdão está novamente de meias brancas.

Pressão corintiana durante todo o primeiro tempo, seis chances claras para marcar. Na mais perigosa delas, Jean Carlo tira uma bola quase em cima da linha do gol. Cena repetida no início da segunda etapa: após lance bizarro entre Sérgio e Tonhão, Roberto Carlos salva, evitando a finalização de Rivaldo. O placar não sai do zero: Palmeiras campeão do Torneio Rio-São Paulo de 1993.

Vanderlei Luxemburgo evita os jornalistas novamente e corre em direção ao vestiário. Nem o mais otimista dos palmeirenses poderia imaginar que, após um longo jejum, seria campeão duas vezes em apenas 56 dias. E ambas em cima do Corinthians!

Que o peso da conquista do Rio-São Paulo era menor que o do Paulistão, ninguém discutia. Mas os jovens atletas alviverdes comemoraram com a mesma intensidade. A base da equipe na competição foi montada sobre jogadores inexperientes como Sérgio, Tonhão, Alexandre Rosa, Amaral e Flávio Conceição. E aí residia a importância desse título para o Verdão.

Difícil descrever o ambiente no Corinthians após o segundo título perdido para o maior rival. Nelsinho Baptista, derrotado por Luxemburgo pela terceira vez em uma decisão, colocaria o cargo à disposição da diretoria naquela mesma semana. Lamentáveis foram as cenas do pós-jogo nas arquibancadas do Pacaembu: em maior número, a inconformada fiel torcida partiu para os protestos de praxe contra o time. Abusou e foi contida com violência pela Polícia Militar. Pancadaria geral e dezenas de feridos. Entre eles, mulheres e crianças.

Na 21ª edição do Rio-São Paulo, o Palmeiras chegaria à sua quarta conquista, tornando-se o maior vencedor da competição até então. Santos e Corinthians também contabilizavam quatro títulos, mas o Peixe havia "dividido" a taça em duas ocasiões: 1964, com o Botafogo-RJ, e 1966, numa absurda disputa que terminou com quatro equipes declaradas campeãs – o Corinthians era uma delas. No currículo do Verdão, apenas conquistas individuais. Embora sem disputar nenhuma partida, esse título consta do cartel de conquistas de Evair pelo fato de estar inscrito na competição.

Segunda-feira, 9 de agosto de 1993, dois palmeirenses se encontram no ambiente de trabalho. Após a tremenda gozação para cima dos corintianos, um deles se dirige ao outro e afirma, diante de todos: "Estou muito preocupado!". Questionado, responde olhando para o relógio: "Já tem um dia e doze horas que não ganhamos um título!". Gargalhadas palestrinas! Fúria corintiana! A piada seria exaustivamente repetida por um bom tempo. Evair e cia haviam devolvido o orgulho e a alegria ao torcedor esmeraldino.

Após a goleada sobre o Santos, pela primeira fase do Rio-São Paulo, o Palmeiras disputou um amistoso contra a Seleção do Paraguai, em 21 de julho, no tradicional estádio Defensores Del Chaco, em Assunção. O jogo, parte da preparação paraguaia para as eliminatórias, integrava o projeto de internacionalização do Verdão, proposto pela Parmalat. Com Sérgio; Mazinho, Antônio Carlos, Tonhão e Roberto Carlos; Amaral, Daniel Frasson, Juari e Jean Carlo; Maurílio e Edílson, o Palmeiras empatou por 1 a 1, provando sua força diante de um time que contava com Chilavert, Arce, Gamarra e Ayala, entre outros.

Uma semana após a conquista do Rio-São Paulo, o Palmeiras participaria do Torneio João Havelange, um caça-níqueis organizado para preencher o vácuo deixado pelas eliminatórias. Além do Verdão, o quadrangular contava com Vasco, Corinthians e Mogi-Mirim. Na estreia, derrota por 3 a 0 para o Vasco, em São Januário. No jogo da volta, 1 a 1 no Palestra. E o Cruzmaltino seguiria adiante para sagrar-se campeão diante do Mogi.

Para a disputa do Campeonato Brasileiro, o Palmeiras anunciaria as contratações do lateral direito Gil Baiano, do Bragantino, e do zagueiro Cléber, revelado pelo Atlético-MG e então no Logroñes, da Espanha. A lateral direita ganharia um jogador em nível de Seleção Brasileira – disputando a posição com Cláudio – e Mazinho seria efetivado no meio-campo. A aposta nos jovens Amaral, Juari e Flávio Conceição, como opções para o meio, liberou Daniel Frasson para negociar com o Guarani. No ataque, Evair teria um novo postulante a substituto: o centroavante Saulo, artilheiro contratado junto ao Paraná Clube.

Como parte da preparação para o Brasileirão, a Parmalat agendou uma temporada internacional para o Palmeiras. Antônio Carlos, Zinho e Evair seriam desfalques em todos os jogos. Primeiro, a Copa Parmalat, sediada em Parma. Na estreia, em 20 de agosto, no estádio Ennio Tardini, 1 a 1 com o Boca Juniors – 5 a 4 nas penalidades. Na final, novo empate (0 a 0) contra o Peñarol – a vitória nos pênaltis deu o título aos uruguaios.

Na sequência, amistoso contra o Reggiana, na Itália, valendo a Taça Reggiana: goleada por 4 a 2, e mais um troféu na imensa galeria alviverde. Depois, participação no Torneio Ramón de Carranza, em Cádiz, na Espanha: a tradicional competição de verão era considerada, até meados dos anos 1980, o torneio internacional de clubes mais importante do mundo, uma vez que as principais forças do futebol mundial eram convidadas a disputá-lo. Tricampeão e primeiro brasileiro a conquistá-la, o Palmeiras estreou em 28 de agosto, com vitória sobre o São Paulo (2 a 1). Mas perderia a decisão para o Cádiz, organizador do torneio, no dia seguinte: 3 a 1, nas penalidades máximas, após empate por 1 a 1.

Fechando a minitemporada europeia, derrota por 2 a 1 para o Valladolid, da Espanha, em 30 de junho, no amistoso valendo a Taça Cidade de Valladolid. Próxima missão: a busca pelo título brasileiro, ausente do Parque Antártica há exatos 20 anos.

O Campeonato Brasileiro de 1993 resgatou uma velha e desagradável prática do nosso futebol: excesso de clubes e regulamentos complicados. Na primeira fase, os 32 times – 12 a mais que a edição anterior – foram divididos em 4 grupos, com 8 participantes, cada. A velha bobagem de embutir duas divisões numa mesma competição também estava de volta: os grupos A e B eram considerados "de elite", e classificariam três equipes, cada, à fase seguinte, enquanto apenas os campeões dos grupos C e D avançariam na competição. Na segunda fase, os 8 classificados seriam divididos em 2 grupos de 4 equipes. Os campeões de cada um deles fariam a decisão.

O Palmeiras integrou o Grupo B, ao lado de Santos, Guarani, Grêmio, Vasco, Sport, Fluminense e Atlético-MG. Na estreia, em Campinas, contra o Bugre, em 4 de setembro, empate por 1 a 1. Na sequência, 3 a 0 no Sport, no Parque Antártica, e 1 a 1, contra o Grêmio, no Olímpico. Na quarta rodada, o primeiro revés: 3 a 1 para o Santos, na Vila Belmiro. Mesmo na derrota, o torcedor palmeirense tinha motivos de sobra para sorrir: eliminatórias encerradas, Evair estava de volta ao comando do ataque naquela partida.

Coincidência ou não, o time embalou a partir daí, emplacando uma incrível sequência de oito vitórias, algo raro em um campeonato tão competitivo: Atlético-MG (1 a 0), no Palestra Itália; Fluminense (4 a 2) – no histórico estádio das Laranjeiras, com direito a gol antológico de Edílson e o primeiro gol de Evair desde a inesquecível final do Paulistão; Vasco (2 a 0) e Guarani (3 a 1), ambos no Parque Antártica; Sport (2 a 1) e Vasco (1 a 0), fora de casa; Grêmio (3 a 1), no Palestra; e Atlético-MG (3 a 2), no Mineirão.

Evair marcou contra Bugre e Sport, chegando a 3 gols no certame. A série foi interrompida em nova derrota para o Santos (1 a 0), em pleno Palestra. Fechando a participação na primeira fase, 2 a 1 sobre o Fluminense, em casa. O Palmeiras terminava essa etapa na liderança do grupo, com 22 pontos. Santos e Guarani também avançaram.

Na segunda fase do Brasileirão, o Palmeiras integrou o grupo F, ao lado de São Paulo, Guarani e Remo. Na estreia, em 21 de novembro, no Morumbi, 1 a 1 com o Tricolor. O equilíbrio visto em campo deixava claro que ali estavam os dois melhores times do Brasil naquele momento. Fatalmente, quem avançasse às finais seria favorito ao título.

Apesar da excelente apresentação da equipe naquela tarde, uma verdadeira bomba explodiria para confirmar a tese de que as coisas nunca são fáceis em se tratando de Palmeiras: durante a partida, Edmundo e Antônio Carlos discutiram. A notícia da briga nos vestiários seria o carro chefe de todas as transmissões esportivas no pós-jogo.

Vanderlei Luxemburgo não colocou panos quentes na situação: "O Palmeiras não vai ser prejudicado. Já que a situação se tornou externa, o que me cabe? Vou continuar com os dois em campo, porque o Palmeiras paga a eles em dia. Se eu tirar um dos dois agora, vou beneficiar o adversário. Depois de oito meses administrando uma situação, não vai ser faltando cinco partidas que eu vou afastar um atleta".

Evair não presenciou o fato: "Fui considerado um dos melhores em campo e fiquei dando entrevistas por um bom tempo. Quando cheguei ao vestiário, o silêncio era ensurdecedor. Olhei todo aquele clima com espanto: uns levantando pra se trocar, outros apáticos, sem uma palavra sequer. Parecia que tínhamos perdido o jogo! É a única lembrança que tenho daquele episódio".

Segunda-feira, 22 de novembro: após uma reunião fechada com todos os jogadores, na Academia de Futebol, Vanderlei Luxemburgo, surpreendentemente, anunciaria que Edmundo estava afastado do elenco até segunda ordem.

A punição durou pouco: na terça-feira, dia 23, Edmundo compareceu ao treino para uma "acareação" com o restante do elenco e pediu desculpas. Diante de um verdadeiro festival de contradições, a imprensa veicularia que sua reintegração fora uma imposição da Parmalat, fato rechaçado com veemência por José Carlos Brunoro. Verdade ou não, a paz estava de volta ao Palestra. Até quando?

A TERCEIRA ACADEMIA

Na segunda rodada da fase semifinal do Brasileirão, o Palmeiras foi a Campinas enfrentar o Guarani. Luxemburgo adiantou Edílson para formar o ataque com Evair, Edmundo ficou no banco por apenas 45 minutos. Após derrota parcial na primeira etapa, seria fundamental para a virada: 2 a 1, dois gols de Zinho.

Na partida seguinte, 2 a 1 sobre o Remo, no Mangueirão. Tudo caminhava bem, exceto por um senão: Evair, com apenas três gols na competição, completava a sexta partida sem marcar. Estiagem interrompida nos 3 a 0 sobre o Guarani, no Parque Antártica. Resultado que igualava o Palmeiras ao São Paulo na liderança do grupo: o vencedor do Choque-Rei, na rodada seguinte, daria um passo decisivo rumo à final.

Morumbi, tarde de sábado, 4 de dezembro de 1993, 59.883 torcedores. O Palmeiras forma com Sérgio; Cláudio, Antônio Carlos, Cléber e Roberto Carlos; César Sampaio, Mazinho e Edílson; Edmundo, Evair e Zinho. Força máxima! Telê Santana manda a campo Zetti; Cafu, Válber, Ronaldo e André Luiz; Luís Carlos Goiano, Dinho, Palhinha e Leonardo; Müller e Juninho.

Metade do primeiro tempo: bola alçada na área, Palhinha sobe com a mão próxima à cabeça, Sérgio rebate o "cabeceio" e Leonardo empurra para o gol. Dionísio Roberto Domingos anula o lance, marca o toque de mão e dá o cartão amarelo. É o segundo: o atacante são-paulino está fora da partida. Um jogador a mais, em um jogo tão equilibrado, seria determinante. 23 minutos do segundo tempo: César Sampaio entra driblando pelo meio da intermediária tricolor, percebe o deslocamento de Edmundo pela direita e rola com precisão: Palmeiras 1 a 0.

Aos 37, nova jogada magistral de Sampaio, consolidando uma das maiores atuações de sua carreira: ele recupera a bola ainda em seu campo de defesa, atravessa toda a intermediária adversária, passa por Leonardo, dribla Luís Carlos Goiano, invade a área, deixa Zetti no chão e bate para o fundo das redes: 2 a 0. Explosão alviverde na casa tricolor!

A vibração dos jogadores mostra que o grupo está focado na conquista do título. Ao São Paulo, resta lamentar: na última rodada poderá igualar o número de pontos do Palmeiras, que ainda assim irá à decisão pela melhor campanha geral. Percebendo que a final está pintada de verde, a torcida palestrina não perdoa e provoca o Velho Mestre, inconformado à beira do gramado: "Senta Telê, que o São Paulo vai perder".

Quatro dias depois, o Palmeiras empatou com o Remo (0 a 0), em casa, apenas para cumprir tabela. Vanderlei Luxemburgo aproveitou para observar jogadores que não vinham sendo utilizados. E os 7.285 torcedores presentes aproveitaram para ensaiar a festa, afinal, o Palmeiras estava na decisão do Brasileirão. A terceira na temporada!

Corinthians, Santos, Flamengo e Vitória integravam a outra chave das semifinais. O Corinthians tinha a melhor campanha geral da primeira fase, com 24 pontos, dois a mais que o Palmeiras; o Santos vencera o Verdão duas vezes – únicas derrotas palmeirenses na competição; o Flamengo parecia se sustentar mais pela força de sua enorme torcida do que pelo futebol apresentado em campo; e o "azarão" Vitória-BA advinha da "segunda divisão": líder do Grupo C, com 20 pontos, batera o Paraná pelo placar mínimo nos dois jogos dos *playoffs*, garantindo a vaga entre os "grandes".

E, desde a primeira rodada, ficou claro que o Rubro-Negro da Boa Terra seria um dos postulantes à classificação. Tirando vantagem do fator campo, bateu Flamengo (1 a 0) e Corinthians (2 a 1) nas duas primeiras rodadas. Na terceira, empate heroico (3 a 3) contra o Santos, na Vila Belmiro. A classificação começou a ser desenhada na penúltima rodada: ao empatar com o Corinthians (2 a 2), no Morumbi, a equipe baiana passava a depender de um simples empate no último jogo para chegar à final, inédita em sua história. E conseguiu! O 1 a 1 diante do Flamengo, no Maracanã, fazia do Vitória o adversário do Palmeiras na decisão do Brasileirão 1993.

12 de dezembro, Fonte Nova. Além do adversário em campo, toda a mística da cultura afro-brasileira local. Pelas ruas de Salvador via-se um sem fim de "trabalhos" feitos para "amarrar" a "Máquina Alviverde": contra a força de Todos os Santos da Bahia, a oração dos Atletas de Cristo do Verdão.

Após a pressão inicial, Cláudio cruza para o cabeceio de Edílson, no travessão; no rebote, com o gol escancarado, Evair cabeceia nas mãos de Dida: um dos gols mais feitos perdidos pelo Matador em toda sua trajetória!

Começo do segundo tempo: Pichetti invade a área e tromba com César Sampaio. Pelas câmeras de TV, fica a impressão de que o capitão palmeirense puxa o adversário: pênalti não assinalado por Renato Marsiglia. Aos 32 minutos, a redenção de Evair, com um leve toque de calcanhar ele deixa Edílson na cara do gol: 1 a 0. Para sagrar-se campeão brasileiro, o Palmeiras poderia perder por até um gol de diferença no jogo de volta.

Muitos palmeirenses sequer haviam nascido na longínqua noite de 20 de fevereiro de 1974. Naquela ocasião, com atraso por conta do sempre desorganizado calendário do nosso futebol, seria decidido o título do Campeonato Brasileiro do ano anterior. O Palmeiras adentrou o gramado do Morumbi dependendo de um empate diante do São Paulo para ficar com o título. Formando com Leão; Eurico, Luís Pereira, Alfredo e Zeca; Dudu e Ademir da Guia; Ronaldo, Leivinha, César e Nei, a Segunda Academia estava quase completa – ausente apenas o ponta-direita Edu Bala.

Diante de um Tricolor treinado pelo ex-goleiro argentino José Poy e contando com atletas do naipe de Waldir Peres, Forlán, Pedro Rocha e Mirandinha, a equipe de Oswaldo Brandão segurou a pressão na casa adversária: o 0 a 0 deu ao Palmeiras o sexto título brasileiro de sua história. Agora, quase vinte anos depois, Evair e seus companheiros estavam prestes a reestabelecer essa emoção entre os velhos palestrinos. E a dar de presente a mesma sensação, pela primeira vez, a uma imensa legião de novos torcedores.

EVAIR: O MATADOR

Morumbi, domingo, 19 de dezembro de 1993, 88.644 torcedores: Palmeiras x Vitória, decisão do Campeonato Brasileiro. O Alviverde, novamente de meias brancas, entra em campo com Sérgio; Gil Baiano, Antônio Carlos, Cléber e Roberto Carlos; César Sampaio, Mazinho e Edílson; Edmundo, Evair e Zinho: dez jogadores com passagens pela Seleção Brasileira. No banco de reservas, Marcos, Tonhão, Amaral, Jean Carlo e Sorato. O surpreendente Vitória de Fito Neves forma com Dida; Rodrigo, João Marcelo, China e Renato Martins; Gil Sergipano, Roberto Cavalo e Paulo Isidoro; Alex Alves, Claudinho e Giuliano.

Márcio Rezende de Freitas autoriza o início do jogo. E o que já era fácil, ficaria ainda mais, logo aos 4 minutos: o cruzamento de Roberto Carlos atravessa toda a área adversária e encontra Evair do outro lado, livre de marcação. Na comemoração do gol, o Matador dribla os companheiros e atravessa todo o campo para abraçar o goleiro Sérgio: "No jogo anterior havia perdido dois gols feitos. Ainda nos vestiários, no dia da segunda partida, o Sérgião brincou comigo: 'E aí Matador, hoje tem?'. Respondi: 'Hoje tem'. Recebi aquilo como uma provocação e me motivei ainda mais. Na hora que marquei o gol, me lembrei do fato, por isso atravessei o campo todo para abraçá-lo". Era apenas o quinto gol de Evair na competição, mas confirmava sua condição de artilheiro dos momentos decisivos.

O Vitória precisa de três gols para ser campeão: missão quase impossível! Ainda mais quando, aos 23 minutos, César Sampaio dá um lançamento de três dedos e encontra Edmundo entrando pela direita, no costado da zaga: 2 a 0. Na comemoração, o atacante é carregado por ninguém menos que Antônio Carlos – impossível uma prova maior de comprometimento do grupo! Agora ninguém mais tem dúvidas: o Palmeiras é o campeão brasileiro de 1993.

Use o app e veja os dois gols da decisão contra o Vitória.

Bastou o apito final do árbitro para os jogadores soltarem o desabafo contra a forte pressão da imprensa a partir do episódio Edmundo-Antônio Carlos. E modéstia não seria a tônica no discurso Alviverde: "Acabamos com um jejum de 17 anos, veio o Rio-São Paulo e agora, o Brasileiro. O Palmeiras reaprendeu a vencer". As palavras de Roberto Carlos ressoavam na declaração de Antônio Carlos, ainda mais enfática: "Comecei a sentir o gosto da vitória aqui no Morumbi e aprendi a reconhecer um campeão. O Palmeiras está repetindo o mesmo caminho".

Declarações referendadas por Evair: "Uma nova era já começou. A sensação é ótima. Esse campeonato foi muito estressante, houve muita fofoca, sempre querendo acabar com nossa tranquilidade. O gosto bom da vitória é derrotar principalmente esse tipo de coisa".

A entrada de Sorato, a cinco minutos do fim da partida, seria uma homenagem de Luxemburgo ao atleta, pouco utilizado durante a competição: um ano antes, uma sequência de lesões que interrompera a carreira do reserva imediato de Evair. Novamente confirmada a conquista, o treinador desceu aos vestiários antes do apito final.

Antes da primeira partida, em Salvador, um famoso pai de santo local dissera ter feito um "trabalho" infalível para "amarrar" o trio de atacantes do Verdão: em uma gaiola, colocou três periquitos com os nomes dos atacantes palmeirenses. Curiosamente, Edílson, Evair e Edmundo fizeram os três gols alviverdes na decisão. Parece que falhou!

Os números do campeão eram, novamente, incontestáveis: em 22 jogos, 16 vitórias, 4 empates e apenas 2 derrotas, 40 gols marcados, 17 sofridos e saldo de 23. Marcas que faziam time, comissão técnica, diretoria e torcida sonhar voos muito altos. Ainda nos vestiários, Luxemburgo diria: "O Palmeiras está abrindo seu caminho pra jogar para o mundo". Em plena euforia da comemoração, a direção da Parmalat já falava abertamente na implantação do Projeto Tóquio, que mirava os títulos da Libertadores e do Mundial Interclubes para 1994. Aos mais observadores, um fato novo começava a se apresentar: o risco do Palmeiras se perder pela soberba. Sem humildade, o Verdão correria o risco de construir seu maior adversário para a temporada seguinte: ele próprio.

Os poucos gols marcados não refletem a qualidade do futebol apresentado por Evair no Brasileirão: jogando em vários setores do ataque, abrindo espaços pelas laterais do campo e fazendo a função de pivô, *El Matador* permitiu a Edmundo e Edílson a consagração como artilheiros do Palmeiras no certame. Ali, pela primeira vez, surgia o estilo da alcunha que marcaria a fase final de sua carreira: O Garçom.

O Brasil foi pintado de verde e branco às vésperas do Natal de 1993: Evair e cia adicionavam ao currículo do Palmeiras o sétimo título brasileiro de sua história. O primeiro foi a Taça Brasil de 1960, conquistado em 28 de dezembro, na histórica goleada por 8 a 2 sobre o Fortaleza. Chinesinho era o então maestro da recém-formada Primeira Academia.

A dose seria repetida em 1967, na melhor de três contra o Náutico de Pernambuco: a vitória por 2 a 0, em 29 de dezembro, no Maracanã, confirmava o Palestra como melhor time do Brasil. E o Verdão já havia ganho o Torneio Roberto Gomes Pedrosa, no primeiro semestre daquele mesmo ano – primeira competição oficial nos moldes do atual Campeonato Brasileiro –, atingindo o feito raro de duas conquistas nacionais em uma mesma temporada.

O tricampeão brasileiro conquistaria sua quarta estrela em 1969, novamente no "Robertão". No quadrangular final, o 1 a 1 diante do Cruzeiro, em Belo Horizonte, gol de César Maluco, sacramentou o título.

As duas conquistas seguintes viriam nos Campeonatos Brasileiros de 1972 e 1973, consagrando a Segunda Academia. No primeiro, após empate por 0 a 0 contra o Botafogo-RJ de Jairzinho, Marinho Chagas e Fischer, no Morumbi. No segundo, depois de novo placar em branco, dessa vez contra o São Paulo. Evair ingressava, definitivamente, nessa gloriosa galeria de campeões. E o Palmeiras de Vanderlei Luxemburgo justificava, cada dia mais, o honroso codinome de Terceira Academia.

...E TORMENTA

Em entrevista concedida ao jornalista Luiz Antônio Prósperi, publicada no Jornal da Tarde dois dias após a conquista do título brasileiro de 1993, Vanderlei Luxemburgo analisou seus nove meses como técnico do Palmeiras – deixando claro que comandar uma máquina repleta de estrelas não era tarefa tão simples, como se apregoava nas rodas futebolísticas – da imprensa especializada aos balcões de botequins. Nos comentários, uma passagem especialmente dedicada ao Matador: "Quando cheguei, o time tinha uma dependência muito grande dele, sem o Evair tudo desandava. Agora não, jogadores como Mazinho, César Sampaio e Zinho ganharam mais confiança e passam a buscar outras alternativas. Também mudei a forma dele jogar: ficou mais recuado, abrindo espaços pro Edílson e o Edmundo. O time cresceu, e em nenhum momento ele deixou de ser importante. Só mesmo um cara como o Evair, profissional ao extremo, aceitaria a mudança. Foi uma surpresa pra mim: falavam muitas coisas dele, que era difícil trabalhar com seu gênio. Comigo não teve problemas. É meio caladão, introvertido fora de campo; no jogo, fica impaciente pra receber a bola. É um cara que não gosta de perder nunca, nem em rachão". Palavras de um dos maiores treinadores de todos os tempos – o principal de sua carreira, segundo o próprio Evair.

Respaldados pelas conquistas, Palmeiras e Parmalat começaram a discutir, já no início de 1994, a prorrogação da parceria – prevista para o final de 1995 – até o ano 2000. O casamento até ali era perfeito: a multinacional fortalecera sua marca no mercado brasileiro, o retorno institucional e financeiro superava todas as expectativas. O Palmeiras ria à toa: três títulos, a contratação de uma constelação de craques e a construção do Centro de Treinamentos da Barra Funda, então um dos mais modernos do mundo.

E viria mais: para a disputa da Libertadores foi contratado, junto ao América de Cali, o meia Freddy Rincón, titular da maior Seleção Colombiana de todos os tempos – que carimbou o passaporte para a Copa dos Estados Unidos goleando a Argentina por 5 a 0, em pleno Monumental de Nuñez. Na sequência chegaria o goleiro paraguaio Gato Fernandéz, titular absoluto da seleção de seu país anos a fio. As poucas deficiências do elenco estavam sanadas. Nenhum craque do primeiro escalão foi negociado, e Vanderlei Luxemburgo estava de contrato novo.

A ousada meta era entrar para ganhar os quatro campeonatos ao longo do ano, sem priorizar nenhum: Paulista, Copa do Brasil, Brasileiro e Libertadores – que poderia credenciar a equipe à disputa do Mundial Interclubes, em Tóquio. Elenco para isso o Palmeiras teria, com praticamente dois jogadores de alto nível para cada posição. 1994 prometia ser ainda melhor que o ano anterior.

O bom senso prevaleceu na elaboração do regulamento do Campeonato Paulista de 1994: dezesseis equipes, dois turnos em jogos de ida e volta, e o campeão definido por pontos corridos.

A exemplo do ano anterior, o Palmeiras não realizou amistosos durante a pré-temporada. A estreia da equipe ocorreu na abertura do Paulistão, em 26 de janeiro, na Fonte Luminosa, em Araraquara: 2 a 0 na Ferroviária, gols de Evair e César Sampaio. A nova caminhada palestrina se iniciava com um gol do Matador. Como em 1993.

Na sequência, 2 a 2 com o Bragantino, fora de casa – mais um de Evair –, 5 a 0 na Ponte Preta, no Palestra, e 6 a 1 no Ituano, em Itu. Nas duas goleadas *El Matador* fez os gols que liquidaram a fatura. O Palmeiras consolidava a posição de líder e Evair encabeçava a artilharia da competição com 4 gols, média de um por partida. Excelente prenúncio!

Tranquilo no estadual, o Palmeiras estreou na Copa do Brasil contra o 4 de Julho, em 8 de fevereiro, no estádio Albertão, em Teresina-PI. Do time-base que encerrou 1993, Gil Baiano assumira a titularidade na lateral direita, por conta da lesão de Cláudio. No meio-campo, um quadrado com Rincón em lugar de Edílson – um reserva de altíssimo nível com o qual poucos times podiam contar. No mais, a mesma equipe.

Apesar de credenciar o campeão à disputa da Copa Libertadores, a competição era encarada com certo desdém pelos times grandes naqueles tempos. O Palmeiras passeou em campo e construiu a vitória em apenas 22 minutos: 3 a 1, com Rincón, Zinho e Evair.

Mais cinco jornadas pelo Paulistão: União São João (1 a 1), Portuguesa (4 a 0) – dois de Edmundo, dois de Evair –, América (0 a 0), Guarani (2 a 0) e Novorizontino (2 a 0). No jogo de volta pela Copa do Brasil, em 25 de fevereiro, o mistão alviverde goleou o 4 de Julho por 5 a 2, no Parque Antártica. Vaga assegurada na fase seguinte, o próximo desafio seria o Choque-Rei, pelo Paulistão.

Invicto há 11 jogos, o Palmeiras sofreria a primeira derrota da temporada no clássico contra o São Paulo, em 27 de fevereiro, no Morumbi: 2 a 1. Foi o desfecho de uma semana com quatro partidas, disputadas dia sim, dia não. Ainda líder do Paulistão, o Verdão se preparava para a estreia na Copa Libertadores da América.

Em busca de melhor recuperação após as férias, Edmundo foi poupado das três primeiras partidas de 1994. Sua estreia ocorreu na quarta rodada do Paulistão. No Choque-Rei, uma lesão o afastaria dos gramados por mais de um mês. Luxemburgo efetivou Edílson como novo parceiro de Evair no ataque: o treinador nem imaginava que o destino estava ajudando-o a solucionar um problema que se apresentaria adiante.

2 de março de 1994, quarta-feira, Parque Antártica: quinze anos depois, o Palmeiras está de volta à Copa Libertadores da América. E espera se redimir de sua última e pior participação, em 1979, quando foi desclassificado na primeira fase, terminando na última colocação do grupo que contava ainda com Guarani e os peruanos Alianza e Universitário. Agora, o Alviverde integrava o "grupo da morte", ao lado do Cruzeiro e dos argentinos Vélez Sarsfield e Boca Juniors.

Sem Edmundo e Evair, Sorato e Edílson formaram a dupla de ataque. Do outro lado, o forte Cruzeiro de Ênio Andrade, contando com Dida, Célio Lúcio, Douglas, Ademir e Ronaldinho, entre outros. Bola rolando, o Palmeiras mostrou sua força: 2 a 0, dois gols de Edílson, provando sua condição de 12º titular da equipe.

Passada a apreensão pela estreia na competição continental, mais duas vitórias pelo Paulistão: Mogi-Mirim (1 a 0), fora de casa, e imponentes 4 a 1 sobre o Santos, no Pacaembu – Evair marcou mais um.

Quarta-feira, 9 de março de 1994, estádio Palestra Itália. 18.875 torcedores presentes à segunda partida do Verdão pela Libertadores. Juan Francisco Escobar, do Paraguai, é o árbitro; o adversário do Verdão, o time mais temido das Américas: o Boca Juniors, em cujas fileiras desfilaram craques como Francisco Varallo, Batistuta, Riquelme, Maradona e os brasileiros Heleno de Freitas, Dino Sani e Almir Pernambuquinho. E também dois craques ligados aos maiores ídolos da história alviverde: Domingos da Guia, pai do Divino Ademir, e Caniggia, ex-companheiro de ataque de Evair na Atalanta.

O Verdão vai a campo com Sérgio; Cláudio, Antônio Carlos, Cléber e Roberto Carlos; César Sampaio, Amaral, Mazinho e Zinho; Edílson e Evair. Rincón e Edmundo são as ausências. A equipe treinada pelo lendário César Luis Menotti, campeão com a Seleção Argentina na Copa de 1978, forma com Navarro Montoya; Soñora, Noriega, Giuntini e MacAllister; Peralta, Mancuso, Márcico e Carranza; Martinez e Da Silva.

A chuva forte é um motivo a mais de preocupação. 15 minutos: Cléber, de bico, anota 1 a 0 para o Verdão. Aos 30, susto alviverde: o petardo de Carranza explode na baliza esquerda de Sérgio. Diante da pressão argentina, impossível não lamentar o incrível gol perdido por Zinho no início do jogo.

As equipes voltam para o segundo tempo com a mesma formação. O Boca adianta a marcação na tentativa de acuar o Palmeiras em seu campo. Em vão. 6 minutos: Mazinho lança Evair pela esquerda, ele avança sobre a zaga, corta para dentro da área, ameaça o arremate e toca de calcanhar para Roberto Carlos; o chute seco, rasteiro, entra no canto oposto de Montoya. Um dos mais belos gols de toda a história palestrina: 2 a 0.

Assim narrado por Galvão Bueno, da TV Globo: "Chega na boa, pelo meio, Mazinho, o lançamento, a posição é legal. Evair partiu pela esquerda, Edílson vem pelo meio, vem também Mazinho. É um bom momento do Palmeiras. Evair vai pra cima do Giuntini, tocou de calcanhar, que lindo lance! Goooooool! Golaaaaaço do Palmeiraaaaas! Mas que golaço do Palmeiras! Evair, que beleza! Olha só, chamou a defesa, de calcanhar disse pro Roberto: 'Faz essa, meu filho!'. Roberto Carlos soltou a bomba e partiu pro abraço. Um gol com a cara do futebol brasileiro! Pra você curtir de novo. Lindo lance do Evair! De Roberto Carlos, batida seca, firme, cruzada. Não deu pro Montoya! É gol pra ver uma semana inteira, amigo!".

Aos 9 minutos, Edílson faz 3 a 0. Na marca dos 19, pênalti sobre Mazinho, Evair bate: 4 a 0. Aos 25, Mazinho tenta encobrir o sempre adiantado Navarro Montoya, a bola toca o travessão e sobra para Evair: 5 a 0. O Boca não abdica do jogo em nenhum momento. E sofre o sexto gol aos 32, com Jean Carlo. A torcida esmeraldina não cabe em si de tanta felicidade e começa a ensaiar o grito de olé! Aos 33, Antônio Carlos derruba Martinez dentro da área. Pênalti, que o próprio centroavante bate para diminuir: 6 a 1. Ironicamente, restavam apenas seis torcedores argentinos no Palestra para comemorar. Fim de jogo: Menotti deixa o banco bocanero cabisbaixo. Imagem que vale por mais de mil palavras!

Use o app e veja os gols da goleada contra o Boca Juniors-ARG.

A torcida esmeraldina tinha mais um grande motivo para comemorar: a goleada sobre o Boca é, ainda hoje, a maior derrota sofrida pela equipe argentina em competições internacionais. E Evair, com dois gols, escrevera mais uma página inesquecível de sua trajetória no Alviverde. Em uma das maiores partidas de toda a história palmeirense.

Durante a transmissão da partida contra o Boca foi divulgada a lista com os primeiros oito convocados para o Mundial dos Estados Unidos. A relação se referia apenas aos jogadores que atuavam no exterior. Eram eles: Jorginho (Bayern de Munique), Raí (Paris Saint Germain), Dunga (Stuttgart), Mauro Silva (La Coruña), Bebeto (La Coruña) e Romário (Barcelona). Ricardo Gomes (Paris Saint Germain) e Mozer (Benfica) seriam cortados posteriormente. Além dos nomes oficializados por Parreira, o narrador Galvão Bueno citou outra lista de nomes dados como certos pela imprensa: Zetti, Cafu, Ricardo Rocha, Branco, Leonardo, Müller, Zinho e Rivaldo. À exceção do último, todos viajariam para os States. Especulava-se ainda que mais dois nomes do Palmeiras seriam chamados: César Sampaio ou Mazinho, para o meio, e Evair ou Edmundo, para o ataque. Restava aguardar a convocação oficial, marcada para 10 de maio.

A partida contra o Boca marcou o início de uma maratona de cinco jogos, em que o Palmeiras atuaria dia sim, dia não. Os três seguintes foram pelo Paulistão: Santo André (2 a 0), Corinthians (1 a 0 para o rival) – a segunda derrota no ano, a segunda em clássicos – e Rio Branco (1 a 1). Mesmo extenuado, o Verdão ainda liderava a competição.

A sequência terminou em 17 de março, em Buenos Aires: derrota por 1 a 0 para o Vélez. Os primeiros sintomas da disputa de três competições simultâneas começavam a ser sentidos, colocando em risco a classificação à fase seguinte da Libertadores e a liderança no estadual. Nos 2 a 1 sobre o Rio Branco, em Americana, Evair chegou ao 10º gol, mantendo a liderança isolada na artilharia do Paulistão.

Depois, somente derrotas, todas por 2 a 1: Cruzeiro, no Mineirão; Ponte Preta, em Campinas; e Boca Juniors, na Bombonera. A pior sequência da Era Luxemburgo. E deixava fortes dúvidas sobre o real poder do elenco palmeirense, sobretudo na Libertadores: faltando apenas um jogo para o encerramento da primeira fase, o Palmeiras não tinha a vaga assegurada – e havia perdido todas as partidas realizadas fora de casa.

O burburinho começou imediatamente após a derrota no Dérbi. E ficaria em *stand by* até a queda diante da Ponte Preta. Após a quarta derrota em seis jogos, algumas torcidas organizadas entraram em rota de colisão com o elenco. A forma de protesto encontrada foi pacífica: os jogadores não teriam mais seus nomes gritados ao início das partidas. Tampouco seriam aplaudidos no decorrer das mesmas, independente do resultado.

A redenção veio em pleno Dia da Mentira. E coube ao alviverde campineiro pagar o pato: no Parque Antártica, numa noite de sexta-feira, 20.813 torcedores viram o Palmeiras golear o Guarani por 4 a 2, gols de Rincón, Evair, Zinho e Edílson. Djalminha – filho de Djalma Dias, zagueiro e ídolo do Palmeiras na Primeira Academia – marcou duas vezes para o Bugre. O mesmo Djalminha, que apenas dois anos depois entraria para a história como um dos imortais de Parque Antártica.

Mais dois jogos pelo Paulistão: no empate por 1 a 1 com o Santos, no Pacaembu, Edmundo retornou ao time; na partida seguinte, marcou os dois gols da vitória por 2 a 0 sobre o União São João, em Araras – resultado que reconduzia a equipe à liderança.

O Palmeiras adentrou o gramado do Parque Antártica, em 7 de abril de 1994, com a vaga assegurada às oitavas de final da Libertadores. No dia anterior, o Cruzeiro derrotara o Boca por 2 a 1, no Mineirão. Esse resultado garantia à equipe mineira a segunda posição do grupo e eliminava os argentinos. Luxemburgo aproveitou para dar experiência a jogadores como Ricardo, Biro, Macula e Sorato. Ainda assim, o Palmeiras goleou o Vélez por 4 a 1.

A sequência no Paulistão traria a calmaria de volta: 0 a 0 com a Portuguesa, no Canindé, e três vitórias seguidas, sobre Bragantino (6 a 0) – dois gols de Evair –, Ferroviária (2 a 1) – mais dois do Matador – e América (1 a 0), todas em casa. Fechando a série, 1 a 1 com o Novorizontino – mais um dele. Evair, agora com 18 gols, distanciava-se na artilharia.

20 de abril de 1994, amistoso entre Seleção Brasileira e Paris Saint Germain, no Parc des Princes: jogo comemorativo por conta do segundo título nacional da equipe parisiense em sua história. Preparando-se para a disputa do Grande Prêmio de Ímola, na Itália, Ayrton Senna deu o pontapé inicial da partida. Ninguém poderia imaginar tratar-se de uma das últimas aparições públicas do piloto. Diante do clima festivo, o futebol ficou a desejar: o 0 a 0 no placar refletiu com exatidão o que se viu em campo.

27 de abril de 1994, Pacaembu, primeiro jogo das oitavas de final da Copa Libertadores da América entre Palmeiras e São Paulo, arbitragem de João Paulo Araújo. Luxemburgo tem o time completo à disposição: Gato Fernández; Cláudio, Antônio Carlos, Cléber e Roberto Carlos; César Sampaio, Mazinho, Rincón e Zinho; Edmundo e Evair. Telê manda a campo Zetti; Cafu, Júnior Baiano, Gilmar e André Luiz; Doriva, Axel, Leonardo e Jamelli; Euller e Müller. A importância da partida é sentida na entrada das equipes em campo: o Palmeiras está de meias brancas. Trata-se de uma decisão.

Em apenas 14 minutos, Zetti opera duas grandes intervenções: uma, no petardo de Roberto Carlos, da intermediária; outra, no arremate de Evair, da entrada da área. Na metade do primeiro tempo, a superioridade esmeraldina é gritante, mas algo parece estar fora da ordem: Cláudio vai à linha de fundo e cruza no peito de Evair, que domina, corta o zagueiro e, na hora do arremate, é atrapalhado por Edmundo! O Matador se revolta e soca o ar.

Totalmente inferiorizado, Telê coloca o lateral direito Vítor no lugar do meia-atacante Jamelli, a dez minutos do final da primeira etapa! Sem efeito: Zetti opera outro milagre, aos 43, em cabeceio de Evair à queima-roupa. As equipes descem aos vestiários com os ânimos exaltados. E o placar segue em branco.

Zetti continua extraordinário na segunda etapa. 25 minutos: Edmundo tenta nova jogada individual pela direita; na arrancada longa, a bola se perde pela linha de fundo. É a gota d'água: Luxemburgo manda Edílson para o aquecimento. Dois minutos depois, o quarto árbitro sinaliza a substituição do camisa 7: na saída, a cara de insatisfação do atacante é visível. O São Paulo ainda reclamaria – com razão – de um pênalti claro não assinalado a seu favor. Final de jogo: 0 a 0. Doze chances claras contra apenas duas do adversário: apesar do futebol avassalador, o Palmeiras não conseguiu transformar tamanha superioridade em gols. Ainda nos vestiários, Vanderlei Luxemburgo anunciaria o afastamento de Edmundo da equipe. Dessa vez em definitivo?

Sexta-feira, 29 de abril de 1994: treinos preparatórios para o Grand Prix de San Marino, no autódromo de Ímola. O carro do piloto brasileiro Rubens Barrichello voa para fora da pista e capota duas vezes. Rubinho só não morreu porque o impacto violento foi amortecido pelo muro de pneus. Nos treinos do dia seguinte, o carro do austríaco Roland Ratzenberger se desintegraria no muro de concreto. Vítima de comoção cerebral, o piloto chegou morto ao hospital. Então representante máximo da categoria, Ayrton Senna demonstrou sua indignação com a falta de segurança dos pilotos. Desde a morte de Ricardo Paletti, doze temporadas antes, o Circo da Fórmula 1 não vivia momentos tão dramáticos.

Domingo, 1º de maio de 1994: Ayrton Senna prepara-se para assumir o cockpit de sua Williams. Sua expressão revela nitidamente a preocupação com os trágicos fatos recentes. O olhar é triste, como nunca antes se vira. Na sétima volta, ele passa direto pela curva Tamburello, a 300 quilômetros por hora, e bate violentamente contra o muro de concreto. As primeiras informações sobre seu estado de saúde são desencontradas: sabe-se apenas que o quadro é grave. Às 13h40, horário de Brasília, um boletim médico do hospital Maggiore de Bolonha anuncia sua morte cerebral. Ayrton Senna da Silva, 34 anos, tricampeão mundial de Fórmula 1, 41 vitórias em Grandes Prêmios, 65 pole positions, um dos maiores fenômenos do automobilismo de todos os tempos, estava morto. E o Brasil acabara de perder uma das maiores referências de sua história recente.

Apenas quatro dias após o jogo pela Libertadores, Palmeiras e São Paulo se enfrentariam novamente, dessa vez pelo Paulistão, no Morumbi. A cinco rodadas do final da competição, o Trio de Ferro seguia embolado na luta pelo título. O Palmeiras estava disposto a não repetir os erros do meio da semana. Luxemburgo mandou a campo quase o mesmo time. Edmundo continuava afastado: Evair voltaria a ter Edílson como companheiro de ataque.

EVAIR: O MATADOR

Aos 2 minutos, uma cena tão inusitada quanto inesquecível: a partida é interrompida para o minuto de silêncio em homenagem a Ayrton Senna, morto horas antes. Inacreditavelmente, ambas as torcidas silenciam... Até se irmanarem num coro comovente: "Olê, olê, olê, olá. Senna, Senna!". Algo inimaginável: palmeirenses e tricolores gritando entusiasticamente o nome de um corintiano. Gestos que somente um ídolo da dimensão de Ayrton poderia proporcionar.

Bola rolando, o São Paulo mantém a vantagem por 2 a 1 até meados da segunda etapa, levando Luxemburgo a uma ousada substituição. 29 minutos: o atacante Maurílio aguarda para entrar em campo, no lugar do lateral direito Cláudio. Temendo uma exposição ainda maior ao perigoso contra-ataque são-paulino, a massa alviverde é implacável com o treinador: "Burro! Burro! Burro!". Escanteio para o Verdão: Mazinho cobra, mas o árbitro paraguaio Juan Francisco Escobar paralisa o lance para autorizar a substituição alviverde. Na repetição da cobrança, a bola passa por um bolo de jogadores e sobra limpa na entrada da pequena área. Gol do Palmeiras. Gol de Maurílio, em seu primeiro toque na pelota! E Luxemburgo vai à forra com a torcida.

O 2 a 2 no placar é a prova do enorme equilíbrio entre as equipes. Mas o Palmeiras tem o diferencial: e ele atende pelo nome de Evair. 37 minutos, falta em Maurílio. Na cobrança do Matador, Zetti até acerta o canto... Mas não consegue chegar: Palmeiras 3 a 2. Na comemoração, mãos ao céu em agradecimento ao Criador. Confirmada a vitória, a galera esmeraldina vibrou ensandecida, em pleno reduto são-paulino. O Palmeiras abria vantagem na liderança e praticamente eliminava o rival mais direto. O título estava encaminhado. Novamente graças a *El Matador*!

Evair descreve um fato pitoresco ocorrido no final da partida, que dá uma pequena amostra de como era Telê Santana: "O Zetti veio correndo atrás de mim, desesperado, pra perguntar se a bola havia passado por cima ou pelo lado da barreira. O medo dele era que tivesse sido pelo lado, porque aí, a bronca do Telê era certa".

No Paulistão 1994, diante da eterna cobrança em relação aos permanentes erros de arbitragem, o presidente da Federação Paulista de Futebol, Eduardo José Farah, sinalizou ter encontrado a solução para o problema: importar árbitros estrangeiros para apitar alguns jogos. Na visão do dirigente, o distanciamento em relação à realidade local determinaria a isenção necessária na condução das partidas. Tese que se comprovaria totalmente equivocada tempos depois.

Às vésperas da convocação para o Mundial dos EUA, Evair – então artilheiro do Paulistão com 15 gols, ao lado de Djalminha –, deu uma entrevista ao jornal Folha de São Paulo (14 de abril de 1994), afirmando perceber a preferência do treinador da Seleção por atacantes com características diferentes das suas: "Os fatos mostram que estou num bom momento. Não sei se é questão de injustiça. A imprensa influencia muito na convocação".

Perguntado sobre o fato de Parreira supostamente não gostar do seu estilo de jogo, Evair seria ainda mais incisivo: "Se você analisar, verá que é verdade. Ele me convocou pras eliminatórias, mas não me colocou pra jogar quando o Careca pediu dispensa. Nem depois, quando o Müller se machucou. Só me deu oportunidades quando não tinha outras opções, como no amistoso contra a Alemanha. Está claro que ele prefere jogadores mais velozes. Se pretendem levar quatro atacantes, parece que tenho poucas chances. Quem não foi chamado agora só terá mais uma oportunidade, no jogo contra a Islândia. Creio que, numa Copa do Mundo, seria importante o Brasil contar com um atacante de características diferentes dos que vêm sendo convocados. Por exemplo: nenhum dos quatro é tão alto quanto eu". Palavras duras, particularmente quando direcionadas a uma comissão técnica conhecida por sua intransigência.

Na sequência do Paulistão o Palmeiras faria dois jogos no Palestra Itália: nos 3 a 2 sobre o Mogi-Mirim, Evair marcou duas vezes, isolando-se na artilharia, com 21 gols. Em 8 de maio, a vítima foi o Ituano: 1 a 0, golaço de Rincón. Ao final da partida, invasão do gramado: a duas rodadas do encerramento, o Palmeiras precisava apenas de um ponto para confirmar o título. Isso, se o São Paulo, único adversário na briga, vencesse seus três jogos restantes. Evair correu feito um menino pelo gramado, de mãos erguidas. Havia uma única certeza em Parque Antártica naquele momento: o título paulista já estava pintado de verde.

Terça-feira, 10 de maio de 1994: data da convocação oficial da Seleção Brasileira para a Copa do Mundo. Ao contrário de outras edições, seriam apenas 22 os atletas levados por Parreira e Zagallo para os Estados Unidos. As extraordinárias atuações na temporada e a artilharia isolada do Paulistão davam esperanças a Evair de estar entre eles.

Depois de dois anos e meio de preparação, período no qual convocou 81 jogadores para a disputa de 37 jogos – 21 vitórias, 11 empates e 5 derrotas –, o treinador afirmava estar sendo o mais coerente possível, avaliando o trabalho como um todo na hora de definir a lista. E dizia que sua maior dificuldade estava em deixar tantos grandes nomes de fora.

Para o ataque seriam seis vagas. Todos davam como certas as convocações de Romário, Bebeto e Müller. O futuro Ronaldo Fenômeno, despontando no Cruzeiro, gozava de enorme prestígio junto a Zagallo: o veterano e místico treinador afirmava que ele deveria ir à Copa. Motivo? Tinha 17 anos, mesma idade de Pelé em 1958. Restavam duas vagas.

O momento tão esperado chegara. Parreira começa a anunciar seus homens. Goleiros: Taffarel (Reginna-ITA), Zetti (São Paulo) e Gilmar (Flamengo); laterais: Jorginho (Bayern Munique-ALE), Cafu (São Paulo), Leonardo (Kashima Antlers-JAP) e Branco (Fluminense); zagueiros: Aldair (Roma-ITA), Márcio Santos (Bordeaux-FRA), Ricardo Rocha (Vasco) e Ronaldão (Shimizu-JAP); volantes: Mauro Silva (La Coruña-ESP) e Dunga (Stuttgart-ALE); meio-campistas: Mazinho (Palmeiras), Zinho (Palmeiras) e Raí (Paris Saint Germain-FRA).

Falta apenas o anúncio dos atacantes. São eles: Romário (Barcelona-ESP), Bebeto (La Coruña-ESP), Müller (São Paulo), Ronaldo (Cruzeiro), Paulo Sérgio (Bayer Leverkusen-ALE) e...

VIDA QUE SEGUE

...Viola! Do Corinthians.

A não convocação para a Copa do Mundo dos Estados Unidos é – ao lado da não ida à Olimpíada de 1988 – a maior frustração da carreira de Evair: "Naquela Copa de 1994, muitos jogadores nossos poderiam ter ido. Além do Mazinho e do Zinho, tínhamos Antônio Carlos, Roberto Carlos, César Sampaio, Edmundo e eu. Éramos melhor defesa e melhor ataque do campeonato. Eu era artilheiro do Paulistão. E levaram só dois jogadores do melhor time do Brasil naquele momento! É muito pouco, né? A gente não entende". Também no futebol, existem mais coisas entre o céu e a terra do que supõe a nossa vã filosofia.

Na entrevista publicada pelo Portal R7 Esportes, em 8 de dezembro de 2010, Evair deixaria claro o quanto a não convocação àquela Copa ainda o incomoda: "Essa foi uma das minhas mortes. Quem joga e tem esperança de atuar pela Seleção do país morre três vezes: quando não é convocado, quando encerra a carreira e quando Deus leva. Pra mim, só está faltando a última".

Evair dá a versão definitiva e emocionada de sua trajetória com a camisa canarinho: "Tive uma grande experiência na Seleção Olímpica de 1987, uma conquista que o Brasil nunca mais conseguiu. Fiz o gol do título pan-americano! Então, esperava uma carreira muito maior na Seleção Brasileira principal. Foi uma grande frustração não ter ido ao Mundial... Um momento em que eu nem sabia o que fazer. Sou daqueles interioranos que tinha orgulho em vestir a camisa da Seleção. Nasci e cresci numa cidade pequena, onde tudo parava quando o Brasil ia jogar. Vestir a camisa da Seleção Brasileira pra mim era um sonho. Sonho do meu avô, que ele não viu realizar. Mas tive a oportunidade: quem iria imaginar que um menino saído de Crisólia fosse chegar a uma Seleção Brasileira! Nunca ninguém saiu de Crisólia e foi ser campeão... Um grande advogado... Um grande empresário... Um nome de expressão... Isso nunca tinha acontecido!".

Noite de quinta-feira, 12 de maio de 1994, estádio Bruno José Daniel, em Santo André-SP: um empate contra o time da casa garante ao Palmeiras o título de bicampeão paulista. Gato Fernández; Cláudio, Tonhão, Ricardo e Roberto Carlos; César Sampaio, Mazinho, Rincón e Zinho; Edílson e Evair são os 11 heróis que podem escrever mais uma gloriosa página alviverde.

Use o app e veja o gol de Evair contra o Santo André.

10.839 torcedores lotam o acanhado estádio andreense, convictos de que o Verdão vai apenas sacramentar a festa iniciada quatro dias antes. Como esperado, o jogo é de um time só desde o início. E apenas 18 minutos são necessários para transformar a projeção em fato consumado. Falta pela esquerda, Mazinho cruza certeiro, na cabeça de Evair; bola no canto esquerdo do goleiro, indefensável: 1 a 0.

No final da primeira etapa, explosão na torcida esmeraldina. O serviço de alto-falantes anuncia o final da partida no Morumbi: São Paulo 4 a 4 Novorizontino. O Palmeiras é, oficialmente, o campeão paulista de 1994. E o gol que entrou para a história como o do título foi novamente de Evair: "Dois dias após uma grande decepção, a gente se levanta e segue em frente, pra mais uma grande conquista".

Um fato levaria ainda mais alegria aos atletas alviverdes: "O Edmundo apareceu na festa pela conquista do título. Ninguém imaginava isso, por conta dele estar afastado. Mas a verdade é que ele também era campeão". Episódio que gerou especulações sobre uma provável reintegração do atleta ao elenco.

Em função do histórico recente entre as duas equipes, a Federação Paulista de Futebol programou o Dérbi para a última rodada do Paulistão 1994, provavelmente antevendo a possibilidade de uma nova decisão. Mas dessa vez a história seria diferente: o Palmeiras entrava em campo campeão por antecipação. Ao Corinthians restava apenas a tentativa de jogar água no chope adversário.

A seis minutos do fim da primeira etapa, Evair entra driblando pelo lado esquerdo da zaga: no choque, cava a penalidade máxima. A marcação do árbitro Roberto Perassi revolta os jogadores do Corinthians, exigindo intervenção da Polícia Militar. Aos 44, o Matador cobra, uma quase cavadinha, no meio da meta, para desespero de Ronaldo: Palmeiras 1 a 0 – 23º gol do artilheiro do Paulistão. Aos 47, Edílson arranca do campo de defesa, passa por toda a zaga – com direito a drible da vaca em Ezequiel – e bate forte, na saída de Ronaldo. Gol de placa: 2 a 0.

O resultado parcial abala a equipe corintiana, que passa todo o segundo tempo com os nervos à flor da pele. Casagrande arruma uma tremenda discussão com Macula e ambos vão mais cedo para o chuveiro. Pouco depois, Wilson Mano tenta atingir Rincón com uma cusparada: sinais do total descontrole da equipe de Parque São Jorge. Que nem o belo gol de Tupãzinho, aos 36, consegue minimizar. Parou por aí: Palmeiras 2 a 1. E a taça do 20º título paulista do Verdão seguiu para a sala de troféus da Rua Turiassú.

A poucos minutos do encerramento da partida, vitória consolidada e festa alviverde, a minoria corintiana presente ao estádio – fato raríssimo –, espremida em uma pequena parte da arquibancada, teria que suportar um humilhante grito de olé. Contra-atacou imediatamente, com o único argumento encontrado pelos adversários do Palmeiras à época: "Não é mole não, venderam a camisa pra gritar é campeão". Frágil tentativa de diminuir as conquistas alviverdes em alusão a um suposto "Esquema Parmalat". A visão moderna e inovadora dos dirigentes esmeraldinos é, ainda hoje, motivo de inveja para a concorrência. A resposta da massa palmeirense não poderia ser melhor: provavelmente, pela primeira vez na história, uma imensa vaia adversária ofuscou totalmente o grito da fiel torcida, fazendo-o sumir por completo. Depois disso, o que se viu foi a retirada gradativa dos alvinegros, um a um, cabisbaixos. E bem antes do apito final!

A conquista do Paulistão 1994 credenciou o Palmeiras à disputa da Copa do Brasil de 1995 e da Copa Bandeirantes. A segunda seria disputada logo após a Copa do Mundo, reunindo os melhores times da primeira, segunda e terceira divisões do Campeonato Paulista recém-findado. Organizada pela Federação Paulista de Futebol, a competição daria ao campeão o direito de disputar a Copa do Brasil do ano seguinte.

Com a conquista do bicampeonato paulista, Evair e cia construíram mais uma página marcante na história do Palmeiras: antes deles, essa marca havia sido conquistada em apenas outras duas ocasiões. No biênio 1926-1927, quando o Palestra Itália de Bianco, Amílcar Barbuy e Heitor conseguiu o feito inédito de sagrar-se campeão invicto, em 1926, com cem por cento de aproveitamento (9 vitórias em 9 jogos); e no tricampeonato de 1932-33-34: em 1932 seriam 11 vitórias em 11 jogos, 48 gols pró (média de 4,36 por partida) e apenas 8 contra – saldo de 40 gols! Era a época de ídolos como Junqueira, Gabardo, Imparato e Romeu Pelliciari. Nomes aos quais Evair se juntara para todo o sempre.

Evair jogou 28 das 30 partidas disputadas pelo Palmeiras no Paulistão 1994. Fechou o certame como artilheiro, com 23 gols – incrível média de 0,82, quase um por partida. De quebra, derrubou mais um longo tabu: há 23 anos o Palmeiras não fazia o artilheiro da competição – o último fora César Maluco, com 18 gols, no Paulistão 1971.

Três dias após a conquista estadual, o Palmeiras estaria novamente em campo, para a disputa das oitavas de final da Copa do Brasil, contra o Ceará, em Fortaleza. Zinho e Mazinho estavam a serviço da Seleção Brasileira. Edmundo continuava afastado. Com um time misto e exaurido, o Verdão não foi além do 0 a 0.

O Torneio Internacional Brasil-Itália foi um quadrangular patrocinado pela Parmalat, disputado no final de semana dos dias 21 e 22 de maio, no Parque Antártica. A competição objetivava manter o Palmeiras ativo durante a disputa do Mundial dos EUA. Santos, Parma e Lazio foram os convidados.

Na primeira rodada, o Verdão bateu o Santos por 1 a 0, gol de Maurílio, credenciando-se à decisão contra a Lazio, que batera o Parma por 2 a 1. Na final, Evair foi poupado. O mistão formado por Gato Fernández; Cláudio, Tonhão, Cléber e Roberto Carlos; César Sampaio, Amaral, Jean Carlo e Macula; Maurílio e Edílson, fez 3 a 0 nos italianos. E acrescentou mais um troféu internacional à galeria alviverde.

No domingo, 29 de maio de 1994, os 3.989 torcedores presentes ao Parque Antártica constataram que, nem a supermáquina de Evair e cia escaparia ilesa à eterna síndrome de Robin Hood alviverde. No jogo de volta das oitavas de final da Copa do Brasil, o Palmeiras empatou em 1 a 1 com o Ceará. O gol de Evair de nada adiantou: o tento anotado fora de casa colocava a equipe cearense nas quartas de final. Ali se encerrava o atalho do Verdão para a Libertadores da América de 1995. Restavam dois caminhos para chegar lá: vencer o Campeonato Brasileiro, no final do ano, ou conquistar a própria Libertadores de 1994 – opção na qual diretoria e comissão técnica apostavam todas as fichas: "Aquele jogo contra o Ceará foi realmente atípico, aconteceu um pouco de tudo: primeiro, nosso goleiro falhou no gol deles; depois empatamos, com um gol meu, de pênalti. Pra fechar, perdi um dos raros pênaltis da minha carreira".

O segundo jogo pelas oitavas de final da Libertadores estava marcado para 24 de julho: as equipes teriam quase um mês para ajustar as engrenagens visando o Choque-Rei. Extremamente confiante na qualidade de seu elenco, a parceria Palmeiras-Parmalat continuou investindo na internacionalização da equipe, mirando dois objetivos: expor a marca Palmeiras mundo afora e dar experiência ao elenco.

Diante dessa proposta, dois amistosos foram agendados. No primeiro, em 9 de junho, empate em 2 a 2 com o Deportivo La Coruña da Espanha, no Parque Antártica – dois gols de Evair. Três dias depois, o Palmeiras enfrentou a Seleção Colombiana, no estádio Hernán Ramirez Villegas, em Pereira, na Colômbia, último amistoso dos colombianos antes do embarque aos *States*: 3 a 0 para os donos da casa, com direito a dois gols de Rincón.

Na sequência, o Palmeiras viajou à Rússia, sob comando do treinador interino Walmir Cruz – que já dirigira a equipe no amistoso contra a Colômbia. Primeiro desafio: a disputa do Torneio Lev Yashin, no dia 15 de junho, em Moscou – competição de tiro curtíssimo, com dois jogos de apenas 45 minutos num mesmo dia. Na abertura, 2 a 1 sobre o Dínamo de Moscou. Na partida de fundo, 2 a 0 no Spartak Moscou – um gol de Evair. A bagagem da volta ficou mais pesada: o tento do Matador abriu caminho para a conquista de outra taça internacional para o Verdão.

Evair descreve uma passagem surrealista ocorrida no jogo contra o Spartak: "Fiz um belo gol de falta: a bola fez a curva aberta e entrou na gaveta. O goleiro deles não se conformava em ter tomado o gol! Tanto que, durante a partida, cada vez que o time deles atacava, ele ficava pulando sozinho na área, repetindo o movimento em direção à bola, como se a falta estivesse sendo cobrada novamente!". Primeiro de uma incrível sequência de fatos bizarros que ocorreriam naquela mini excursão.

No Leste Europeu, o Palmeiras realizou mais quatro amistosos, entre 17 e 22 de junho. E venceu todos: 3 a 0 no Textilchik, de Kashimin-RUS; 2 a 0 no Lada Toliat, de Toliat-RUS; 1 a 0 na Seleção da Geórgia, em Tbilisi; e 1 a 0 no Tchernomorec, em Novorostik-RUS. Evair marcou um por partida, atingindo a marca de 5 gols em seis jogos. Missão cumprida, cansado ao extremo, era chegada a hora do elenco voltar para casa. Com um caminhão de histórias na bagagem!

"Apareciam novos amistosos da noite pro dia. Nem tínhamos ideia de quando retornaríamos ao Brasil! Nos voos, só tinha a gente viajando! No aeroporto, não tinha nada, só um monte de policiais: passávamos pela revista umas quatro ou cinco vezes, tamanho o medo de algum atentado! Não tínhamos nem o que comprar, porque não aceitavam dólar. E os aviões eram de guerra, tínhamos que subir por uma escada, passávamos as bagagens jogando as malas um pro outro. E dentro do avião tinha um sofá! Então, arrastávamos o sofá e tinha a maior briga pra ver quem ia sentado nele!".

A coisa piorava ainda mais na hora do "rango": "No restaurante, pra variar, só tinha a gente. Um carpete velho, um cheiro de mofo horrível, dava vontade de vomitar! Deprimente, uma total desorganização! Tinha dia que passávamos a pão e manteiga, de tão ruim que era a comida! Até que, nos últimos dias, conseguiram uma feijoada pra nós, não sei de onde: o desespero era tanto, que o Claudio até brigou pra se servir, ficou na frente da mesa protegendo a comida com o corpo, de tanta fome. Imagine a cena?! O McDonald's estava chegando por lá. O problema é que a fila pra comer virava quarteirões. De vez em quando compravam um lanche e, literalmente, jogavam pra gente. Nossa sorte era que tínhamos o Macula e o Sampaio, engraçadíssimos! Eles que nos divertiam".

Algumas situações eram hilárias: "Como havia muitos boatos sobre saques e eles pagavam os amistosos em dinheiro vivo, só de gozação, fazíamos um cordão de proteção no Alberto Strufaldi, nosso diretor, que carregava o dinheiro da premiação. Teve um dia em que o vice-presidente da Geórgia iria nos visitar. Soubemos que ele estava chegando porque, meia hora antes, apareceram uns quinhentos seguranças: medo de alguma ameaça de bomba ou de um suposto atirador que quisesse atentar contra ele". Só para lembrar: viviam-se os momentos finais da Guerra na Abecásia, durante a qual grupos separatistas locais lutaram pela independência em relação à Geórgia.

A maior das ironias ocorreria no dia 20 de junho de 1994: "Ao invés de estar no Stanford Stadium, em San Francisco, assisti à estreia da Seleção na Copa num hotel que parecia mal assombrado: não tinha mais ninguém hospedado lá. A imagem da transmissão era tão ruim, que mal deu pra ver o gol do Romário. A oito quilômetros dali, a guerra ainda não havia cessado. Os aviões passavam ininterruptamente sobre nossas cabeças".

No momento do retorno, mais confusão: "Na saída de Moscou, já no aeroporto, fomos informados que não haveria passagem pra todo mundo. Contando, ninguém acredita, mas resolveram fazer um sorteio pra ver quem viajaria! Quando disseram que os casados teriam prioridade, o pau quebrou. Não aguentei: falei aos diretores que, se tivesse algum voo pra Itália, eu queria ir pra lá. Graças a Deus tinha: me liberaram e eu fui. Comprei uma passagem pra Itália e outra, dois dias depois, de volta pro Brasil. Depois fiquei sabendo que, no fim das contas, todos conseguiram embarcar para Copenhague".

Se totalmente recuperados do trauma, não se sabe, mas novamente sob comando de Luxemburgo – que se licenciara para acompanhar a Copa do Mundo –, atletas e comissão técnica do Palmeiras planejavam dedicar-se integralmente à preparação para o seu maior desafio na temporada: o embate contra o São Paulo, que levaria um dos dois às quartas de final da Copa Libertadores da América.

Mas a diretoria da cogestão Palmeiras-Parmalat tinha outros planos para a equipe: uma nova excursão, dessa vez ao Extremo Oriente, para a realização de quatro amistosos em território japonês. A quinze dias do Choque-Rei! Corria a versão, nunca confirmada, de que alguma "mente iluminada" do alto comando vislumbrara, na inoportuna e desgastante viagem, a possibilidade motivacional ideal para incutir nos jogadores o desejo de retornar ao Japão no final do ano, para a disputa do Mundial Interclubes. Vanderlei Luxemburgo rechaçou veementemente a viagem, mas, subordinado à hierarquia, teve que ceder. E lá se foi o Palmeiras rumo à Terra do Sol Nascente.

A viagem ao Japão foi definida no mesmo período em que Evair negociava sua renovação com o Palmeiras. Diante da situação, poderia tranquilamente recusar-se a viajar. Profissional exemplar, ficou em São Paulo adiantando detalhes do novo contrato. Consumada a transação foi juntar-se aos companheiros, dois dias depois.

A excursão palmeirense pelo Japão foi um estrondoso sucesso – ao menos nas estatísticas: na estreia, 5 a 0 sobre o Jubilo Iwata, em Yamagata – dois gols de Edmundo, reintegrado pela diretoria enquanto a equipe viajara à Rússia. Depois, 1 a 1 com o Kashima Antlers, no Memorial Stadium de Kobe – o folclórico atacante Alcindo, verdadeira lenda por lá, empatou para o time da casa.

Sem atuar nas duas primeiras partidas, Evair marcou logo dois gols nos 4 a 0 sobre o Yokohama Flügels, gerando fortes especulações sobre o interesse do time japonês em contratá-lo. Na despedida, novos 4 a 0, dessa vez no Nagoya Grampus Eight, resultado que rendeu ao Verdão mais um "caneco" internacional: a Taça Nagoya. Quatro jogos, 14 gols marcados e apenas um sofrido: números extraordinários! Que poderiam colocar em risco o objetivo maior do Palmeiras na temporada.

A estratégia da diretoria comprovar-se-ia um dos maiores equívocos da história palmeirense: ao desembarcar em São Paulo, na manhã da quinta-feira 21 de julho de 1994, a delegação exibia nítidos sinais de esgotamento. A comissão técnica teria apenas dois dias para recuperar o elenco para o embate contra o Tricolor. O maior inimigo do Palmeiras passava a ser a adaptação ao fuso horário – embora o preparador físico Carlinhos Neves afirmasse categoricamente, em declaração à Folha de São Paulo de 22 de julho de 1994, que os atletas não sentiriam os sintomas da viagem.

Para piorar, no dia seguinte, o Verdão faria sua estreia na Copa Bandeirantes, diante do Santos, em Santo André. O interino Niltinho foi a campo com uma equipe totalmente suplente e ficou no 0 a 0. Agora, titulares e reservas apresentavam as mesmas condições para a decisão contra o Tricolor: desgaste físico, total e absoluto.

Domingo, 24 de julho de 1994, Morumbi. Apenas 28.647 torcedores presentes ao embate que definirá o classificado às quartas de final da Copa Libertadores. Arbitragem a cargo de Antônio Pereira da Silva, da Federação Goiana. O Palmeiras tem Edmundo, novamente diante da torcida esmeraldina após quase três meses. Luxemburgo optou por Evair como meia de armação, ao lado de Zinho. O São Paulo, que manteve o foco sobre essa partida durante o intervalo para a disputa da Copa, tem força máxima.

Ao adentrar o gramado, os recém-campeões mundiais Mazinho e Zinho carregam uma faixa em homenagem a Ayrton Senna: "Senna, aceleramos juntos. O tetra é nosso". Aos 17 minutos, Müller acha Euller livre de marcação: São Paulo 1 a 0. O cansaço do time palmeirense é visível: esgotados pelo excesso de viagens, os jogadores parecem travados em campo. E o golpe fatal vem aos 13 do segundo tempo, novamente com Euller: São Paulo 2 a 0. O abatimento palmeirense é explícito. Evair ainda acerta uma cobrança de falta, no ângulo esquerdo de Zetti, diminuindo a fatura. Tarde demais: eram corridos 47 minutos. E o Palmeiras estava eliminado da Copa Libertadores da América de 1994.

Triste ironia do destino: o melancólico gol assinalado por Evair na eliminação diante do São Paulo era o de número 200 do craque ao longo da carreira.

Use o app e veja o gol de número 200 da carreira de Evair.

Após a partida, um abatido Vanderlei Luxemburgo explicaria o fracasso, recorrendo aos chavões de praxe: "Tivemos posse de bola, mas não chegamos nunca a preocupar realmente o Zetti. Méritos do São Paulo, que soube se fechar bem". Na verdade, o São Paulo foi superior em todos os aspectos: dentro das quatro linhas, Telê organizou uma equipe capaz de liquidar a fatura nos contragolpes; fora delas, a diretoria tricolor deu uma aula, mostrando que para sonhar voos mais altos é preciso, antes de tudo, ter os pés no chão. Foco e planejamento: ações que, somadas a uma pitada de humildade, faltaram ao Palmeiras em um dos momentos mais importantes de sua história.

O futebol é realmente um universo fascinante: pela ambiguidade de sentimentos que suscita, talvez seja a atividade que melhor expresse a gama de contradições de que é constituída a essência humana. Uma vez eliminado da Copa Libertadores, o Palmeiras passaria a ser tratado como um time comum. Se era fato que o Alviverde ainda ostentava a condição de maior papa-títulos do país naquele momento, era fato também que fracassara justamente em seu objetivo maior. Passada a ressaca da eliminação, restaria ao torcedor palmeirense aguardar pacientemente pelo recomeço do tão sonhado Projeto Tóquio. Esse clima, misto de decepção e resignação, podia ser percebido no semblante de diretoria, comissão técnica e, principalmente, jogadores. Era hora de juntar os cacos e recomeçar.

Antes da estreia no Brasileirão, a Copa Bandeirantes. Nos cinco jogos restantes pela primeira fase, Luxemburgo deixou o comando da equipe com o auxiliar Niltinho e optou por poupar o elenco principal. Com um ataque formado por Sorato e Magrão, o Palmeiras empatou por 0 a 0 com América e São Caetano, fora de casa; bateu o Nacional da capital pelo placar mínimo, na rua Comendador Souza; empatou sem gols contra o mesmo Nacional, em Santo André; e perdeu para América (1 a 0) e Santos (2 a 1), ficando fora das finais. Santos e Corinthians fizeram a decisão. E a equipe da capital ficou com o título.

Paralelamente ao torneio estadual, realizou-se a segunda edição da Copa Parmalat. Em 5 de agosto, uma noite de sexta-feira, no Palestra Itália, o Palmeiras disputou duas partidas: 3 a 1 sobre o Parmalat (ex-Videoton), da Hungria, e 2 a 0 no Audax Italiano, do Chile – um gol de Evair. Os jogos, extraoficiais, tinham duração de apenas 45 minutos, sendo um tempo de 20 e outro, de 25.
Com as duas vitórias o Verdão credenciou-se à final, uma vez mais contra o Peñarol do Uruguai, dois dias depois. E, a exemplo do ano anterior, foi derrotado nas penalidades máximas (4 a 3), após o 1 a 1 no tempo regulamentar. Apenas para ilustrar o que era o absurdo calendário dos anos 1990: a partida contra o Santos, pela Copa Bandeirantes, havia sido disputada um dia antes. Três jogos em três dias!

Na estiagem entre o Campeonato Paulista e o Brasileiro, período em que o Palmeiras disputou 26 jogos em 80 dias, a Seleção Brasileira conquistou o tetracampeonato mundial de futebol, nos Estados Unidos. Na final, disputada em 17 de julho de 1994, no Rose Bowl Stadium, em Pasadena, na Califórnia, o Brasil bateu a Itália por 3 a 2 nos pênaltis, após o 0 a 0 no tempo regulamentar e prorrogação. Pela primeira vez em toda a história, uma Copa do Mundo se decidira em cobranças de penalidades máximas.

VALSA DO ADEUS

Várias mudanças ocorreriam no elenco do Palmeiras para a disputa do Campeonato Brasileiro de 1994: vendido ao Napoli, da Itália, Rincón nem se reapresentou após a Copa; Mazinho e Edílson mudaram de ares após a eliminação na Libertadores – Valência, da Espanha, e Benfica, de Portugal, respectivamente. As novidades seriam a contratação de Rivaldo – reintegrado ao Mogi-Mirim após vencimento do vínculo com o Corinthians – e os empréstimos de Alex Alves e Paulo Isidoro (jovens revelações do Vitória-BA), e dos laterais Wágner (Juventus) e Gustavo (Guarani). Na nova formação da equipe titular, Amaral ocuparia a vaga de Mazinho, e Rivaldo, a de Rincón. Na meta palmeirense, Velloso retornara ao clube como terceiro goleiro. E retomaria a camisa 1 no decorrer da competição.

O Brasileirão 1994 teria uma significativa redução de participantes em relação ao ano anterior: 24 equipes, divididas em 4 grupos de 6. Após turno e returno, os quatro primeiros de cada chave avançariam à segunda fase, na qual o campeão de cada grupo entraria com um ponto de bonificação.

Na primeira fase o Palmeiras integrou o Grupo D, ao lado de Fluminense, Paraná, Internacional-RS, União São João e Náutico. Ao dar o pontapé inicial em sua caminhada, em 14 de agosto, no Parque Antártica, deixou claro que os adversários teriam muito trabalho para evitar a consolidação de sua hegemonia em território nacional: 4 a 1 sobre o Paraná, gols de Evair (2), Zinho e Cléber. Na sequência, mais quatro vitórias: Náutico (3 a 1), Internacional-RS (2 a 0), União São João (5 a 1) e Fluminense (1 a 0). Evair só não marcou contra o Inter e já chegara a 5 gols em 5 jogos, entrando desde o início na briga pela artilharia da competição.

Numa das primeiras apresentações de Rivaldo pelo Palmeiras, após a partida, dois atletas quase foram às "vias de fato" nos vestiários. Graças à intervenção da turma do deixa disso, tudo se resumiu a um "acalorado debate" e inúmeras "trocas de elogios". Ao ver a cara de espanto do retraído recém-contratado, Evair tratou de acalmá-lo: "Não esquenta não, daqui a pouco você acostuma. Aqui é assim quase toda semana. Mas, no fim, a gente acaba sendo campeão do mesmo jeito".

31 de agosto de 1994, noite de quinta-feira. O Palmeiras pisa o gramado do estádio Santiago Bernabéu para enfrentar um dos times mais poderosos do planeta: o Real Madrid. O amistoso, valendo o Troféu Santiago Bernabéu – tradicional jogo de abertura da temporada para o clube espanhol, homenagem a um dos maiores presidentes de sua história –, dava a dimensão da relevância internacional do Alviverde naquele momento: por servir como parâmetro para avaliar o poder de fogo da equipe madrilena, sua diretoria sempre convidava para a disputa equipes que estivessem em evidência entre as melhores do mundo.

Luxemburgo valoriza a partida, mandando a campo o que tem de melhor: Velloso; Cláudio, Tonhão, Cléber e Roberto Carlos; César Sampaio, Amaral, Zinho e Rivaldo; Edmundo e

Use o app e veja os gols da partida contra o Real Madrid, pelo Troféu Santiago Bernabéu.

Evair. O Palmeiras abre o placar aos 24 minutos, numa cabeçada de Rivaldo. O Real, de Luís Henrique, Michel e Prosinecki, empata nove minutos depois, com o goleador chileno Zamorano. Evair coloca o Palmeiras novamente em vantagem, aos 7 do segundo tempo. Mas os espanhóis viram o placar com Zamorano e Michel, a apenas três minutos do final e ficam com a taça. Por muito pouco, o Palmeiras não conseguiu um feito jamais conquistado, até hoje, por nenhuma equipe brasileira.

De volta ao Brasil, mais cinco jogos pelo Brasileirão: Fluminense (1 a 1), União São João (1 a 0), Internacional-RS (1 a 0), Náutico (4 a 1) e Paraná (4 a 2). Evair marcou nas duas goleadas, chegando a 7 gols no certame.

Na segunda fase, os 16 classificados seriam divididos em dois grupos de oito, jogando entre si no primeiro turno e contra as equipes da outra chave, no segundo. Após terminar a primeira fase como melhor equipe do Brasileirão, com 19 pontos, o Palmeiras manteve a pegada. Integrando o Grupo F, ao lado de Sport, São Paulo, Bahia, Santos, Botafogo, Flamengo e Paraná, fez sua estreia no primeiro turno batendo o Sport por 1 a 0, em casa. Na sequência, 1 a 0 no Paraná e 1 a 1 com o Bahia. Evair passou em branco nas três partidas, mas voltou a marcar nos 2 a 0 sobre o Santos. E só então, após catorze rodadas, veio a primeira derrota: 2 a 0 para o Flamengo, no Maracanã. Depois, outro carioca, o Botafogo: 1 a 0, gol de Rivaldo.

Palmeiras e Sport disputavam palmo a palmo a primeira colocação do grupo, que garantiria ingresso antecipado nas quartas de final. Na última partida do turno, contra o São Paulo, o Verdão dependia apenas de si para confirmar essa condição. O histórico de violência entre torcidas organizadas havia atingido níveis insustentáveis. Em função disso, na semana anterior ao Choque-Rei, foi desenvolvida ampla campanha pela não violência no futebol. No domingo, 30 de outubro de 1994, 25.120 pessoas foram ao Morumbi prestigiar a partida previamente batizada como "O Clássico da Paz".

O jogo mal começara, quando o árbitro Cláudio Vinícius Cerdeira, da Federação Fluminense, expulsou Vanderlei Luxemburgo, alegando uso abusivo da área técnica. Talvez, por não vivenciar de perto o ambiente do futebol paulista, o juiz adotou uma ação mais rígida para impor sua autoridade, atitude que contribuiu para instaurar um forte clima de animosidade entre as equipes.

38 minutos: Edmundo abre o placar. O gol enerva ainda mais o São Paulo, que abusa da virilidade nos minutos restantes da primeira etapa. Na descida aos vestiários percebe-se o clima de tensão. Segundo tempo: Müller empata aos 14 minutos; Cafu vira aos 23; e o Palmeiras chega ao empate na marca de 36, novamente com Edmundo. Seria o último lance de beleza de um clássico que entraria para a história pela porta dos fundos.

Minutos após o empate, Paulo Isidoro e Edmundo disputam lance ríspido com Euller: cartão amarelo para o 7 palmeirense. Os ânimos explodem de vez: jogadores são-paulinos partem para cima do Animal. Edmundo empurra Juninho, o lateral André se aproxima em defesa do companheiro e recebe um soco no rosto. A confusão está armada. Tonhão age rápido: afasta Edmundo da confusão e o conduz à lateral do campo. Mas o atacante se desvencilha do zagueiro e retorna à briga. Jogadores e alguns integrantes das comissões técnicas se envolvem na pancadaria. Quem não briga procura apaziguar os ânimos. Saldo da confusão: seis expulsos. Edmundo, César Sampaio e Antônio Carlos, do Palmeiras, e Juninho, Müller e Gilmar, pelo lado Tricolor. Saldo moral: a péssima mensagem transmitida aos já hostis torcedores das duas agremiações.

Palmeiras e Sport terminaram o turno com campanhas rigorosamente iguais: 4 vitórias, 2 empates e 1 derrota. Nos critérios de desempate, a equipe pernambucana havia marcado 15 gols – sete a mais que o Alviverde –, com saldo de 7. Números que a credenciavam à vaga nas finais. E assim seria não fosse o fato do Palmeiras ter terminado a primeira fase da competição na liderança de seu grupo: o Verdão avançava à fase aguda do Brasileirão graças ao ponto extra, previsto no esdrúxulo regulamento elaborado pela CBF. A seu lado, o Corinthians, líder da outra chave. Aos arquirrivais restava acompanhar a ferrenha luta pelas demais vagas.

Após a classificação antecipada houve um relaxamento natural no elenco: esse era um dos grandes problemas que os regulamentos de então causavam. Confirmando a regra, o Palmeiras iniciou o returno com duas derrotas: Guarani (1 a 0), em pleno Parque Antártica, e Fluminense (4 a 1). Na terceira rodada, 1 a 1 com o Grêmio, no Olímpico. Evair completava a sexta partida sem ir às redes.

O alto risco presente em cada encontro de grandes torcidas exigia intervenções mais severas do poder público. Após o deprimente espetáculo protagonizado por Palmeiras e São Paulo, a Polícia Militar tomou medidas enérgicas no Dérbi de 13 de novembro: proibição da venda de bebidas alcoólicas no entorno do estádio; instalação de câmeras de segurança; detectores de metal nas catracas de acesso às arquibancadas; e instalação de uma delegacia móvel na praça Roberto Gomes Pedrosa. Tudo isso, somado ao fato de Palmeiras e Corinthians estarem previamente classificados, contribuiu para a presença de apenas 23.405 torcedores no maior clássico paulista.

Mas Dérbi é sempre Dérbi. E aquele seria, novamente, saboroso e inesquecível para Evair. O Verdão não contava com Cléber, contundido, e Edmundo, suspenso. No mais, força máxima. O Corinthians foi a campo desfalcado de cinco titulares. Na primeira chegada alviverde, escanteio cobrado por Zinho e desvio certeiro do Matador, de cabeça: 1 a 0, aos 16 minutos. Aos 34, Evair invade a área e é derrubado por Daniel: na cobrança, erra o chute... Mas acerta o gol! 2 a 0. O Corinthians diminui quatro minutos depois.

No segundo tempo, apenas um time joga. Aos 17, Zinho encobre Ronaldo com um toque sutil de pé direito: 3 a 1. Aos 28, Cláudio cruza da direita, Wilson Mano não corta e Evair só empurra para as redes, cravando seu nome no seleto grupo de jogadores que marcaram três vezes em um único Dérbi: 4 a 1. Mas o melhor ainda estava por vir: o Verdão toca de pé em pé para gastar o tempo; atordoada, a equipe alvinegra corre atrás da bola, sem sucesso. E a galera grita um sonoro e retumbante olé... olé... olé... olé... olé!

Use o app e veja os gols da goleada contra o Corinthians.

Quatro jogos encerraram o returno para o Palmeiras: Portuguesa (derrota por 3 a 1), Vasco (3 a 0), Internacional-RS (1 a 1) e Paysandu (novo revés, 1 a 0). Evair iria às finais contabilizando 12 gols, ainda com chances remotas de lutar pela artilharia do Brasileirão.

No returno da segunda fase, Guarani e Botafogo-RJ venceram, respectivamente, os grupos E e F, carimbando o passaporte às quartas de final. A eles somaram-se Bragantino e Atlético-MG, oriundos da repescagem, além de São Paulo e Bahia, como equipes de melhor índice técnico no geral. Os confrontos do mata-mata estavam assim definidos: Atlético-MG x Botafogo-RJ, Bragantino x Corinthians, São Paulo x Guarani e Palmeiras x Bahia.

Seis jogos separavam o Palmeiras do título de campeão brasileiro de 1994. Confiante na conquista, a Nação Alviverde começou a contagem regressiva em 30 de novembro, contra o Bahia, na Fonte Nova, diante de quase 70 mil fanáticos torcedores adversários. Roberto Carlos e Maurílio garantiram a vitória por 2 a 1. Graças à melhor campanha, o Palestra poderia perder por um gol de diferença na volta para avançar às semifinais.

Em 3 de dezembro, no Pacaembu, o Palmeiras impôs novos 2 a 1, gols de César Sampaio e Evair. O próximo adversário seria a sensação do campeonato: o Guarani, do atacante Amoroso, artilheiro do certame com 19 gols.

Nas oitavas de final, o Guarani despachou o São Paulo, após impiedosos 4 a 2, em Campinas. 43.142 torcedores lotaram o Pacaembu para assistir ao primeiro embate entre os dois alviverdes paulistas. Mesmo em casa, o Palmeiras não tem vida fácil diante do Bugre, que abre o placar aos 36 minutos. Aos 38, Cléber, meio desajeitado, de calcanhar, recoloca a casa em ordem: 1 a 1. Na segunda etapa, o time campineiro leva perigo constante ao gol de Velloso. Nada que abale a experiente equipe alviverde: Zinho e Evair determinam os 3 a 1. O 14º gol do Matador na competição praticamente colocava o Palmeiras na final.

Estádio Brinco de Ouro da Princesa, 11 de dezembro de 1994. Ainda sem Edmundo, Luxemburgo opta por uma formação mais defensiva, com três volantes: César Sampaio, Amaral e Flávio Conceição. Fora de suas características, o Palmeiras é amplamente dominado pelo Bugre. Aos 29 minutos, Antônio Carlos é expulso por José Mocellin. O Palmeiras faria das tripas coração para arrastar o placar em branco até o intervalo. 2 minutos da segunda etapa, rebote da zaga palestrina, saída rápida para o ataque e gol de Rivaldo: 1 a 0. O Bugre agora precisava de três gols para ir à final. Conseguiu um, sofreu outro: 2 a 1. Graças à assistência de Evair para Rivaldo, o Palmeiras estava novamente em uma decisão.

Nas quartas de final, o Atlético-MG eliminou o Botafogo-RJ no saldo de gols: 2 a 0 no Mineirão, e 2 a 1 para os botafoguenses no Maracanã. Já o Corinthians avançou com o regulamento embaixo do braço: após dois empates contra o Bragantino (1 a 1 e 0 a 0), ambos no Pacaembu, prevaleceu a melhor campanha geral.

O Alvinegro paulista repetiria a dose nas semifinais: depois de derrotado por 3 a 2 no Mineirão, bateu o Atlético-MG por 1 a 0, no Morumbi. O gol de Branco, marcado aos 8 minutos do segundo tempo, colocava o Corinthians na final diante do Palmeiras. A terceira entre os rivais em apenas um ano e meio.

Quarta-feira, 15 de dezembro de 1994, Pacaembu. Na primeira partida entre Palmeiras e Corinthians, uma polêmica conturbou ainda mais o ambiente da decisão: Edmundo e Antônio Carlos, suspensos, poderiam jogar graças a um efeito suspensivo, fazendo ressurgir fortes rumores sobre o tal "Esquema Parmalat".

Luxemburgo manda a campo todos os titulares: Velloso; Cláudio, Antônio Carlos, Cléber e Roberto Carlos; César Sampaio, Flávio Conceição, Zinho e Rivaldo; Edmundo e Evair. O Corinthians forma com Ronaldo; Paulo Roberto, Pinga, Henrique e Branco; Zé Elias, Luisinho, Marcelinho Paulista e Souza; Marcelinho Carioca e Viola. O Alvinegro é ligeiramente superior durante boa parte da primeira etapa, mas esquece que o contragolpe alviverde costuma ser letal: Rivaldo abre o placar aos 44 minutos.

No segundo tempo, o gol de empate parecia próximo. Mas o Palmeiras, definitivamente, havia reaprendido a vencer: Rivaldo, aos 18 minutos, amplia a vantagem. Início de novo pesadelo alvinegro! Que se torna mais tenebroso em apenas três minutos: 3 a 0, gol de Edmundo. Souza diminui, dois minutos depois. A poucos instantes do encerramento, Viola invade a área e é puxado pela camisa por Cléber: pênalti claro que Antônio Pereira da Silva não marca. O Corinthians precisaria de um verdadeiro milagre para conquistar o título: golear o Palmeiras por uma diferença mínima de três gols. Missão impossível?

Domingo, 18 de dezembro: Palmeiras e Corinthians adentram o gramado do estádio Paulo Machado de Carvalho diante de 35.277 torcedores. A torcida esmeraldina solta o grito; acanhada, a Fiel permanece espremida no tobogã. Aproximadamente, apenas dez por cento de corintianos: nem a Fiel acreditava! Velloso; Cláudio, Antônio Carlos, Cléber e Wágner; César Sampaio, Flávio Conceição, Zinho e Rivaldo; Edmundo e Evair são os responsáveis pela busca da oitava estrela nacional alviverde. Roberto Carlos, suspenso, é a única baixa. Edmundo e Antônio Carlos vão novamente a campo amparados pelo efeito suspensivo. Ronaldo; Paulo Roberto, Gralak, Henrique e Branco; Marcelinho Paulista, Luisinho e Souza; Marcelinho Carioca, Viola e Marques formam o onze corintiano que tentará a heroica virada.

Márcio Rezende de Freitas trila o apito: está aberta a decisão. Saída de bola corintiana, Viola avança em rápida triangulação com Marcelinho Carioca e bate sobre o travessão. Apenas 11 segundos: o Corinthians mostra que o adversário terá trabalho para ratificar sua virtual conquista. Um minuto depois, Zinho toma de Luisinho e, cara a cara, bate fraco: Ronaldo defende com o pé; na sobra Edmundo arremata para fora – dois gols feitos, perdidos em um único lance!

O Dérbi fica ainda mais emocionante aos 2 minutos: Evair, retraído, comete falta desnecessária em Marques, na meia-lua da grande área. Marcelinho Carioca bate, Velloso se estica e consegue o desvio com a ponta dos dedos, a bola toca a trave e sobra limpa para Marques: Corinthians 1 a 0. Com o jogo inteiro pela frente, o Alvinegro precisa agora de dois gols para ficar com a taça. E o silêncio quase fúnebre da massa alviverde deixa claro que essa é uma possibilidade bem real.

Início do segundo tempo: Branco reclama de uma entrada mais forte de Amaral e é advertido pela arbitragem. No minuto seguinte, revida. Confusão generalizada: ele e Zinho são expulsos. Começo de nova choradeira corintiana: até ali, a arbitragem não falhara em lances capitais.

Na saída de campo, em declaração a Roberto Thomé, da Rede Globo, Branco seria incisivo: "De que adianta você trabalhar o ano inteiro? Aí chega na final e pega um árbitro desses. No primeiro tempo, a gente fez 1 a 0, no início, ele ficou apavorado e começou a segurar o jogo. Simplesmente isso! Estou há doze anos no futebol, não sou otário, eu vejo!". O atleta do "Time do Povo" jamais foi cobrado a prestar esclarecimentos sobre as pesadas afirmações.

19 minutos: Luisinho comete falta violenta em Rivaldo, recebe o segundo amarelo e é expulso. Antevendo a nova conquista alviverde, Viola parte para a mesma desesperada estratégia de sempre: ironicamente, aplaude a decisão da arbitragem com os braços levantados, insuflando a torcida. Gesto para expulsão, que o árbitro prefere ignorar.

Aos 36, o golpe de misericórdia: Antônio Carlos lança Edmundo, a defesa corintiana para esperando a marcação do impedimento; o camisa 7 avança e toca para o meio da área, Rivaldo só tem o trabalho de fazer a pose e empurrar para as redes: 1 a 1. Palmeiras campeão brasileiro de 1994.

A quatro minutos do final, Edmundo domina a bola na intermediária e dá um drible desconcertante em Viola. Não satisfeito, chama o adversário para outro olé. Indignados, quatro corintianos entram para rachar o camisa 7. Assustado, Luxemburgo troca-o por Tonhão, no minuto seguinte. A repercussão do lance é gigantesca, a ponto do tricampeão mundial Gérson defender a expulsão de Edmundo, em comentário à TV Bandeirantes.

O Palmeiras estava de meias brancas, mas pela primeira vez desde sua chegada ao Palestra Itália, Luxemburgo não desceu aos vestiários antes do final do jogo. Meia superstição do comandante estava quebrada. Sinal claro de que havia algo diferente no ar.

Em plena volta olímpica, Evair foi questionado sobre sua permanência no clube para 1995: "Quando chega final de ano, sempre existem boatos. A gente sabe que há o interesse de outros clubes, e a diretoria está vendo o que é melhor pra todas as partes. Eu ainda não tenho certeza do meu destino. A conquista do Brasileiro pesa bastante. Não é todo dia que a gente consegue ser bicampeão e credenciar-se à disputa da Libertadores".

Minutos depois, em declaração a Eli Coimbra, da TV Bandeirantes, o discurso seria mais realista – e desanimador: "Se depender da minha vontade... Mas o Palmeiras é um time que está se tornando muito profissional, muito coeso daquilo que quer. E pensa no futuro, né? O Evair tem 29 anos, e de repente, já começam a falar que ele é experiente demais, um pouco veterano. E não importam os gols, não importa ser o maior artilheiro do Brasil no ano. Isso conta relativamente: na hora dos números, o dirigente não pensa nisso".

Acontece que, desde a malfadada excursão ao Japão, falava-se no interesse do Yokohama Flügels por Evair, César Sampaio e Zinho. E com a aproximação do final da temporada, os boatos começavam a tomar vulto de fato consumado.

O longo desabafo de Vanderlei Luxemburgo, ainda no gramado do Pacaembu, seria o primeiro sinal claro de que um dos ciclos mais vitoriosos da história do Palestra estava realmente chegando ao fim: "O Palmeiras é um clube onde é muito difícil agradar a todos. Pelo trabalho que fizemos aqui, em qualquer agremiação seríamos, no mínimo, respeitados. É um trabalho brilhante! Estou há vinte meses no Palmeiras e conquistei bi Paulista, bi Brasileiro, Rio-São Paulo e Brasil-Itália. E estou sempre sendo questionado. Internamente, no clube, e externamente, por uma minoria daquelas pessoas que ficam ali atrás do banco. A gente sente isso. Falei que ia esperar terminar a competição. Terminou. Agora vamos analisar com calma, pra ver aquilo que eu posso fazer".

Pouco depois, em depoimentos a diversos programas esportivos, o vice-presidente Seraphim Del Grande confirmaria a notícia que a torcida palmeirense esperava jamais receber: entre Palmeiras e Yokohama Flügels estava tudo certo. César Sampaio, Zinho e Evair iriam para o Japão, por 8 milhões de dólares mais o passe do meia Válber, ex-parceiro de Rivaldo no Mogi-Mirim. Agora dependia apenas do acerto entre jogadores e clube.

A queixa da diretoria corintiana seria mais séria após nova derrota para o arquirrival: falava-se em anulação da partida e reversão do título na Justiça Desportiva, por conta dos efeitos suspensivos que permitiram a escalação de Antônio Carlos e Edmundo nas finais. A desnorteada diretoria alvinegra esquecera apenas que o recurso, inegavelmente imoral, porém legal, fora largamente utilizado ao longo de toda a competição. Inclusive beneficiando anteriormente o próprio Corinthians, quando da liberação de Branco e Zé Elias. Precedente que beneficiaria o Palmeiras na decisão.

Os números do campeão eram, uma vez mais, incontestáveis: além de conquistar novamente as Cinco Coroas, o Palmeiras somava 47 pontos ganhos em 31 jogos, com 20 vitórias, 6 empates, 5 derrotas, o melhor ataque da competição (58 gols) e 30 gols sofridos – saldo de 28, bem superior a todas as demais equipes. Para ter ideia da supremacia palmeirense, o Corinthians somou 34 pontos, 12 vitórias, 10 derrotas e saldo de gols negativo em -1. Números incompatíveis com um vice-campeão brasileiro.

Os heróis do Palmeiras bicampeão brasileiro em 1994 eram, em grande parte, remanescentes das conquistas do ano anterior. Na diretoria, Mustafá Contursi (presidente), Seraphim Del Grande (vice-presidente de futebol) e José Carlos Brunoro (gerente da Parmalat). A comissão técnica de Vanderlei Luxemburgo contava com Valdir Joaquim de Moraes (treinador de goleiros), Luiz Carlos Souza e Walmir Cruz (preparadores físicos), Raimundo Rodrigues (massagista) e Panzarini (roupeiro). O elenco bicampeão era composto por Velloso, Gato Fernández e Sérgio (goleiros); Cláudio, Gustavo, Roberto Carlos, Wágner e Biro (laterais); Antônio Carlos, Cléber, Tonhão e Alexandre Rosa (zagueiros); César Sampaio, Amaral, Flávio Conceição, Juari, Rivaldo, Zinho e Paulo Isidoro (meio-campistas); e pelos atacantes Edmundo, Evair, Alex Alves, Maurílio e Magrão.

Um fator especial acrescenta certa aura mítica aos títulos obtidos pelo Palmeiras no biênio 1993/94: das cinco conquistas, três foram em decisões diretas contra o maior rival, o Corinthians. Feito que, provavelmente, jamais será alcançado novamente por nenhuma das duas agremiações. Tempos depois, questionado sobre a emoção em função do terceiro triunfo seguido sobre o maior rival, Evair daria uma declaração surpreendente à reportagem do jornal Lance: "Não houve um sabor especial. Pelo contrário. Ficamos apreensivos quanto à arbitragem. Por termos ganho as outras finais, tínhamos medo de que ajudassem o Corinthians".

Segunda-feira, 19 de dezembro de 1994: um dia após a conquista do oitavo título brasileiro do Palmeiras, o Jornal da Tarde publicou uma declaração incisiva de Evair, em matéria assinada pelo jornalista Cosme Rímoli: "Eu tenho de ir embora, porque fui ameaçado por alguns torcedores do Palmeiras num restaurante. Vou tratar da minha vida. Vai ficar a saudade. Deixo os meus 102 gols".

Evair puxaria o cordão da renovação palmeirense para 1995: irritado com as cobranças sobre seu trabalho e seduzido pela possibilidade de treinar o Flamengo, seu time do coração, em pleno centenário rubro-negro, Vanderlei Luxemburgo anunciou sua saída do Palmeiras no final de 1994. Ao técnico juntaram-se Cláudio, César Sampaio e Zinho. E a vida do torcedor palmeirense não seria mais a mesma. Pelo menos por algum tempo.

Desde que chegou ao Parque Antártica, Evair afirmou que seria campeão. Tamanha confiança advinha da consciência que tinha do desafio que o aguardava. A temporada em Bérgamo acrescentara a dose definitiva de experiência ao atleta, acostumado a ambientes de forte rivalidade e cobrança desde a várzea: "Na Itália, há uma pressão constante. Apesar da Atalanta não ter obrigação de ser campeã, a cobrança no dia a dia é muito desgastante. Imagine um país com um território sete vezes menor que o Estado de São Paulo e cinco jornais de circulação nacional, mais o diário local, fomentando a rivalidade o tempo todo! Quando voltei ao Brasil já estava preparado pra essa cobrança. Eu já sabia que em dia de derrota é melhor ficar em casa, que em períodos de má fase da equipe você não deve se expor. Estava acostumado, já havia passado por isso. Lá fora aprendi a entender o lado do torcedor, mas aprendi também o que é impor o seu direito de trabalhar honestamente, de errar e de acertar. Muitas vezes você precisa tomar pedrada e seguir caminhando. E quem não sabe fazer isso jogando no Palmeiras, não chega a lugar nenhum".

A caminho do Japão, Evair deixaria para trás um país em busca de transformações. Na esteira do sucesso do Plano Real, o então Ministro da Fazenda Fernando Henrique Cardoso seria eleito o 34º Presidente do Brasil, em 3 de outubro. Mas os julgamentos de Fernando Collor e PC Farias, no STF, e o pedido de cassação de 18 parlamentares pela CPI do Orçamento, trariam resultados muito abaixo das expectativas da sociedade brasileira.

Se a política decepcionou, mais uma vez, o esporte trouxe a redenção, através da inédita conquista do Campeonato Mundial de Basquete Feminino, na Austrália – feito gigantesco obtido por Hortência, Paula, Janete e cia.

Também em 1994, perdemos Tom Jobim, nosso maior e mais respeitado compositor, cuja obra ajudou a projetar a Música Popular Brasileira em nível mundial. E outra perda seria particularmente sentida pelos amantes do futebol: em 27 de setembro morria Estevam Sangirardi, radialista, comentarista esportivo e escritor, criador do inesquecível Show de Rádio, humorístico que embalou inúmeras gerações no pós-jogo das transmissões esportivas.

Rivaldo seria o nome mais celebrado na conquista do Campeonato Brasileiro, despontando como novo ídolo do Palmeiras ao fazer 5 gols nos três últimos jogos. Evair, vice-artilheiro do certame ao lado de Rivaldo e Ézio (Fluminense), com 14 gols – os artilheiros Túlio (Botafogo-RJ) e Amoroso (Guarani) tinham 19 –, construíra mais um importante marco em sua carreira: os 54 gols marcados na temporada transformavam-no no maior artilheiro do país em 1994. Mais da metade dos 102 gols que anotara com a camisa alviverde! E que seriam o legado deixado pelo artilheiro à imensa torcida esmeraldina, seu cartão de despedida antes da mudança para o outro lado do planeta. Após reconduzir o Palmeiras ao caminho das conquistas, Evair estava pronto para novos desafios.

HORA DE ENSINAR

Na verdade, a transferência de Evair, César Sampaio e Zinho para o Yokohama Flügels fora concluída durante a semana que antecedeu à decisão contra o Corinthians: "Já estava tudo certo. Foi assim, meio de surpresa. No meio da semana da decisão, o Luxemburgo chegou e disse: 'Podem ir até o hotel para negociar a transferência de vocês'. Já havíamos tido algumas conversas com os empresários. Não houve forçada do clube. Eu acho que o Palmeiras queria trazer gente nova e a proposta era muito vantajosa. A união desses fatores levou à conclusão da negociação".

Pouco antes da mudança para o Japão, Evair conheceu Gisele, que viria a ser sua esposa: "Nos casamos seis meses depois e estamos juntos até hoje. Gostaria de ter uns quatro ou cinco filhos, mas a fábrica já fechou".

Inicialmente um time amador de funcionários da companhia *All Nippon Airways* (ANA), o Yokohama Flügels foi fundado em 1965, na cidade de Yokohama. No início de 1980, reforçado pelo aporte financeiro da *Sato Labs*, seria inscrito na *Japan Soccer League*. A partir de 1987 disputaria a Primeira Divisão – de onde não sairia até sua dissolução, em 1998. A partir de 1993, a equipe alviceleste acrescentaria o *Flügel* – palavra alemã que significa asa – ao nome, numa homenagem à empresa que o fundara.

O primeiro compromisso do Yokohama Flügels no ano seria a decisão do Campeonato Asiático de Clubes 1994-1995. O clube iniciou sua jornada na competição já nas quartas de final, diante do Instant Dict FC, de Hong Kong: derrota por 2 a 1, fora de casa; e 3 a 1, em Yokohama.

A fase decisiva foi disputada em Sharjah, nos Emirados Árabes Unidos. Na semifinal, em 20 de janeiro de 1995, 4 a 2 sobre o Telephone Org., da Tailândia. Dois dias depois, 2 a 1 sobre o Al Sha'ab, time da casa. O gol marcado por Watanabe, já nos acréscimos, deu ao Flügels o título inédito, credenciando-o a pleitear o posto de melhor time do continente, na disputa da Supercopa Asiática. Recém-contratado, o trio brasileiro acompanhava tudo à distância.

A temporada 1995 da *J. League*, iniciada em 18 de março, se estenderia até 6 de dezembro e seria disputada por catorze clubes. A fórmula de disputa era simples: dois turnos por pontos corridos, com todos jogando contra todos, nos moldes dos torneios Apertura e Clausura, da Argentina. Ao final, os vencedores dos dois "campeonatos" – denominados *Suntory Series* e *NICOS Series* – se enfrentariam no *Suntory Championship*, *playoff* decisivo que definiria o campeão da temporada. As novidades seriam a adoção do Gol de Ouro e a disputa de penalidades máximas em caso de empate. Nessas circunstâncias, o vencedor receberia apenas um ponto pela vitória.

O Flügels iniciou sua caminhada na *Suntory Series* em 22 de março, no Mitsuzawa Stadium de Yokohama. Evair marcou nos 3 a 0 sobre o Bellmare Hiratsuka, mantendo sua tradição de fazer gols em estreias. Seriam mais quatro até o final da competição. A marca de apenas 5 gols ficava muito abaixo de sua média nas últimas competições disputadas no Brasil. O resultado geral do time seria ainda mais desanimador: 28 pontos em 26 jogos, penúltima colocação. E o torcedor ainda teria que suportar a conquista do título pelo arquirrival Yokohama Marinos.

Diante de uma diferença de culturas tão radical, natural que os primeiros tempos no Japão fossem difíceis: "A saudade da família era imensa! E os custos com telefonemas eram absurdos naquela época: pra ligar pra cá e só perguntar se estava tudo bem, uma coisa rápida, gastávamos em torno de 500 dólares por mês!".

Gisele reforça: "Lá, o inglês não ajuda muito, as pessoas só falam japonês. Na primeira vez que liguei a televisão, achei que ia pirar: naquela época, não tinha transmissão simultânea com o Brasil, não tinha o que assistir lá! E eu pensava o que faríamos se acontecesse alguma coisa com os nossos pais: seriam mais de 24 horas pra chegar aqui!. O bom é que morávamos todos no mesmo prédio – junto às famílias de César Sampaio e Zinho. Quando nossos maridos viajavam pra jogar, dormíamos umas nas casas das outras. Isso te ajuda a superar a dificuldade de adaptação. Éramos uma enorme família".

Realizada entre 1995 e 2002, a Supercopa Asiática era uma competição anual disputada entre os vencedores do Campeonato Asiático de Clubes e da Recopa Asiática. Seria extinta após a Confederação Asiática de Futebol fundir as duas competições, originando a Liga dos Campeões da AFC – The Asian Football Confederation. Guardadas as proporções, a Supercopa tinha peso equivalente à nossa Libertadores da América.

Depois da vexatória campanha na *Suntory Series*, a conquista da Supercopa da Ásia era a oportunidade ideal para o Flügels redimir-se. Apenas oito meses após desembarcar em território japonês, Evair vislumbrava a possibilidade de acrescentar mais uma conquista à sua galeria. O adversário seria o Thai Farmers Bank, de Bangkok, tricampeão tailandês e vencedor da Recopa Asiática. Na partida de ida, em Suphan Buri, na Tailândia, empate por 1 a 1, no dia 29 de julho.

Quarta-feira, 2 de agosto de 1995, Mitsuzawa Stadium: 15 mil torcedores presentes à partida que pode dar ao Yokohama Flügels o título mais importante de sua história. Aos 35 minutos, o susto: Yinphan abre o placar para o Thai Farmers Bank.

15 minutos do segundo tempo: gol de Evair, explosão azul e branca! O artilheiro dos momentos decisivos recoloca o Flügels na briga. Dez minutos depois, Sritong recoloca os visitantes em vantagem: o Flügels tem vinte minutos para, ao menos, tentar levar a partida à prorrogação. E chega ao empate aos 36, no gol de Motohiro Yamaguchi.

O esgotamento das duas equipes transforma o jogo numa partida de xadrez. Mas o experiente e vencedor trio brasileiro conhece a cartilha décor. A dois minutos do final, gol de Takayuki Yoshida: 3 a 2. Uma euforia jamais vista toma conta do estádio e das ruas de Yokohama. O Flügels atinge o posto de melhor time do continente asiático. E Evair marca seu nome no coração de milhares de torcedores, do outro lado do mundo.

O craque recorda: "Foi um dia em que tudo parecia fácil. Tínhamos noção de que o adversário era inferior a nós, tanto física, quanto taticamente. Mas dentro de campo, as coisas teimavam em não acontecer. Talvez pela inexperiência dos nossos companheiros, que nunca haviam chegado a uma decisão daquele porte. E foi surpreendente, porque normalmente os japoneses não demonstram muito suas emoções. Mas, talvez contagiados pela nossa vibração, os torcedores presentes à nossa pequena arena vibraram de uma forma que eu ainda não havia visto".

Um emocionante contraste com a realidade do torcedor japonês, bem diferente da nossa, conforme descreve Gisele: "Eles vão arrumados pros jogos, como se fossem a um concerto. Levam o bentō, que é a marmitinha deles, e comem na hora do intervalo. Mas o mais incrível é que na hora do gol eles aplaudem. É uma coisa surreal!".

Passada a euforia pela conquista da Ásia, o Flügels voltaria suas atenções para a *Nicos Series*. A acachapante derrota por 6 a 0 para o Urawa Red Diamonds, em Nagasaki, na estreia, deixava claro que a ressaca pelo título estava longe de terminar: o Flügels fez uma campanha irregular, fechando a competição na 11ª posição.

De positivo, o aumento do poder de fogo do Matador: Evair fechou o certame com 9 gols. Somados os tentos anotados na *Suntory Series* e na final da Supercopa, terminava sua primeira temporada no Japão contabilizando 15 gols. Poucos, se comparados à temporada anterior pelo Palmeiras. Suficientes para que atingisse a marca de 231 na carreira.

Os números tinham justificativa: durante a temporada Evair foi submetido a uma artroscopia – uma das cinco que realizou em toda a carreira –, que o levou a atuar poucas partidas: "A diretoria queria ter certeza de que eu faria todo o tratamento da maneira correta, então contrataram um taxista pra me pegar todos os dias, de manhã e à tarde, e me levar ao tratamento. Além de motorista, ele atuava como vigia, encarregado de passar todas as informações para os dirigentes. Típico da cultura japonesa, mas desnecessário".

Superada a má campanha na *J. League*, restava ao Flügels a disputa da Copa do Imperador, competição mata-mata nos moldes da Copa do Brasil. O diferencial da edição japonesa residia no fato de que as primeiras fases eram disputadas em partida única. Após despachar o Tosu Futures, de Kyushu, por 3 a 2, o Flügels se despediria na segunda fase, ao sofrer humilhantes 4 a 1 diante do Nagoya Grampus Eight. Evair passou em branco nas duas partidas que encerravam a temporada 1995. E, confessa, pouco se importou com o fato: "Essa era uma competição que brasileiro nenhum fazia questão de conquistar. A disputa da final se dava em pleno primeiro dia do ano! Então já viu, né?: pra ser campeão tinha que perder todo o período de festas".

Ainda que melhor adaptados, impossível aos recém-casados passar alheios a situações tão diferentes da vida brasileira: "Uma coisa que chamou demais a nossa atenção é como eles bebem no Japão! Saem do trabalho e bebem até não aguentar. Saem dos bares trançando as pernas, uns carregando os outros, até as mulheres! Você vê aquelas pessoas se escorando nas paredes e ninguém liga, ninguém olha com espanto. Aquilo pra eles é normal".

"Outra coisa interessante é que eles não têm o hábito de comprar muita coisa, como nós. Vão ao mercado e compram uma, duas bananas... Pedem dois bifes, duas coxas de frango! Só pro dia. No dia seguinte voltam e compram de novo. Mas uma coisa contribui pra isso: eles comem muita coisa natural, frutas, legumes, então têm que ir ao mercado todo dia. E a comida lá é muito cara! Eles não tem o hábito de fazer despensa: quando viam a gente com aqueles carrinhos cheios, compras de mês, eles ficavam preocupados achando que ia ter terremoto, alguma coisa assim (risos)".

No início de 1996, um fato inusitado levaria Evair a reencontrar um velho amigo: "A diretoria chamou a mim, ao Sampaio e ao Zinho, e nos apresentou uma relação de três ou quatro nomes de treinadores brasileiros que eles tinham intenção de contratar, entre eles o do Otacílio Gonçalves. Claro que o nome do Chapinha foi aclamado por unanimidade entre nós. Então, pode-se dizer que praticamente definimos a contratação do treinador naquele momento". *El Matador* voltaria a trabalhar com o treinador que o reabilitara para o futebol.

A *J. League* de 1996 seria disputada por 16 equipes, em sistema de pontos corridos com turno e returno. A plena ambientação do trio brasileiro criava expectativas de que a luta pelo título seria uma possibilidade concreta para o Flügels. Após duas vitórias fora de casa, sobre Cerezo Osaka (2 a 0) e Gamba Osaka (1 a 0), os alvicelestes prosseguiam triturando seus adversários: Shimizu S-Pulse (1 a 0), Sanfrecce Hiroshima (1 a 0), Kyoto Purple Sanga (3 a 0) e Bellmare Hiratsuka (4 a 0).

Após seis vitórias consecutivas e 12 gols marcados, a defesa do Flügels seria vazada pela primeira vez na 7ª rodada, nos 2 a 1 sobre o Kashiwa Reysol. Surpreendentemente, sofreria três gols na partida seguinte, diante do modesto Avispa Fukuoka: mas a vitória por 4 a 3 mantinha a invencibilidade e a liderança da competição – e Evair figurava entre seus artilheiros. Nada parecia abalar a confiança da equipe às vésperas do clássico contra o Yokohama Marinos.

9ª rodada: de um lado, a euforia do Flügels; do outro, o desespero do Marinos. Após um desastroso começo de temporada, com cinco derrotas seguidas, o arquirrival vinha de duas vitórias nas últimas três rodadas – insuficientes para afastá-lo das últimas colocações. Bola rolando, a partida seria a prova de que, da várzea de Crisólia ao Extremo Oriente, a temática dos clássicos regionais é sempre a mesma: a derrota por 2 a 1 seria o primeiro revés do Flügels na temporada. E modificaria completamente o panorama das duas equipes na competição: a goleada do Marinos (3 a 0) sobre o Sanfrecce Hiroshima, fora de casa, e o desastroso revés de 4 a 1 do Flügels diante do Urawa Reds, em casa, na rodada seguinte, seriam fortes indicativos dessa nova realidade.

Após as duas derrotas, o Flügels emplacou nova série de vitórias: Jubilo Iwata (3 a 2), Nagoya Grampus Eight (3 a 2) e Verdy Kawasaki (4 a 3); depois, derrota para o JEF United Ichihara (4 a 2) e empate (1 a 1 – 6 a 5 nos pênaltis) com o Kashima Antlers, rival direto na briga pelo título.

O início do returno não seria animador para o Flügels: quatro derrotas e três vitórias. Apesar da irregularidade, a sete rodadas do final a equipe disputava o título palmo a palmo com Kashima Antlers, Nagoya Grampus Eight, Jubilo Iwata e Kashiwa Reysol. Três vitórias consecutivas – Sanfrecce Hiroshima (2 a 0), Kyoto Purple Sanga (1 a 0) e Bellmare Hiratsuka (1 a 0) – levaram a equipe novamente ao topo da tabela. Ao bater o Kashiwa Reysol por 2 a 1, fora de casa, pela 26ª rodada, os alvicelestes tinham um duplo motivo para comemorar: o gol da vitória, marcado por Evair, além de manter a equipe na liderança, o colocava na briga pela artilharia da competição, agora com 17 gols.

30 de outubro de 1996, Mitsuzawa Stadium, Yokohama Flügels x Avispa Fukuoka: a quatro partidas do encerramento da *J. League*, os donos da casa precisam da vitória para continuar na briga pelo título. Sempre decisivo, Evair abre o placar a 5 minutos de jogo. Ao marcar novamente, aos 22 – de pênalti – e aos 30 da segunda etapa, faria mais do que dar à equipe a vitória por 3 a 1: na consolidação do Flügels como um dos principais aspirantes ao título, acabara de marcar, pela primeira vez no Japão, três gols em uma partida.

Três dias depois, confronto com o Yokohama Marinos: 2 a 1. O triunfo, na reta final, dava ao Flügels a confiança para arrancar rumo ao título. O gol da vitória saiu aos 44 do segundo tempo, com César Sampaio. Restavam apenas duas partidas: a inédita conquista da *J. League* nunca estivera tão próxima.

Ao iniciar o jogo contra o Jubilo Iwata, em casa, o Flügels tinha a chance de despachar um rival direto e isolar-se na liderança, já que Kashima Antlers e Nagoya Grampus Eight, também aspirantes ao título, fariam confronto direto. O Kashima goleou por 4 a 2, chegando aos 63 pontos. Para desespero de sua torcida, o Flügels perdeu por 2 a 1, de virada, resultado que o deixava três pontos atrás do Kashima. E confirmava o adversário como virtual campeão: para chegar ao título na última rodada, o Flügels teria que bater o Urawa Reds, fora de casa, torcer pela derrota do Kashima diante do Verdy Kawasaki e tirar a diferença de um saldo de quase trinta gols!

A última rodada da *J. League* serviu apenas para cumprir tabela. Visivelmente abatido, o Yokohama Flügels foi goleado por 3 a 0 pelo Reds. Restavam a Copa do Imperador e a Recopa da Ásia para salvar o ano alviceleste.

Tristeza pela perda do título à parte, Evair fechava a temporada como terceiro artilheiro da *J. League*, com 20 gols. À sua frente, apenas Kazuyoshi Miura, do Verdy Kawasaki, com 23, e o ex-companheiro de Palmeiras, Edílson, com 21.

Um fato tragicômico marcaria a reta final da *J. League* 1996. Gisele descreve o lado trágico: "Estava no começo da gravidez, e o Evair foi disputar uma partida fora contra o Verdy Kawasaki. O jogo foi transmitido pela TV, eu estava em casa assistindo com a Simone, esposa do Zinho. Ele bateu com o rosto na cabeça de outro jogador, uma pancada muito feia, e saiu do jogo. Sofreu uma fratura, mas na hora a gente não tinha noção do que estava acontecendo. Pouco tempo depois, meu telefone começa a tocar. E as pessoas me perguntando: 'Tá tudo bem com você?'. Eu comecei a ficar preocupada. E o Evair não voltou com o restante do time... Nem o Zinho e o Sampaio... Ficaram no hospital com ele. Depois de horas é que me disseram que ele estava hospitalizado. Mas não me explicaram o que era, se tinha sido um traumatismo craniano ou outra coisa grave... Aí eu fiquei muito nervosa, comecei a passar mal e tive um sangramento!".

E Evair conta o lado cômico: "Dias depois, quando cheguei em casa, fui com a Gisele ao médico. Eu com o rosto todo inchado e ela, preocupadíssima, nervosa. A tradutora que nos acompanhava descreveu brevemente o que tinha acontecido. A pancada que eu sofri foi na face, e o sangue subiu pra região do olho. Então, fiquei com aquele círculo roxo em volta do olho, parecia uma figura de desenho animado. O médico, vendo aquilo, deve ter 'viajado'. Olha só que imaginação! Ele parou, refletiu um pouco, viu o meu rosto todo arrebentado e mandou essa: 'Não pode, você tem que parar de beber; e você – olhando seriamente para Gisele – tem que parar de bater nele!' (risos). Agora, se ele pensou isso, é por que deve ser uma coisa comum por lá, né?".

O Flügels estreou na Copa do Imperador 1996 já na terceira fase: 4 a 0 sobre o Nippon Densou, em casa. Na fase seguinte seria eliminado, após a derrota por 1 a 0 para o Kyoto Purple Sanga, em 23 de dezembro, na casa adversária. A exemplo da temporada anterior, Evair passou a competição em branco.

Na Recopa Asiática, a trajetória começaria contra o Uhlsport Rangers, de Hong Kong. Duas vitórias (3 a 1 e 4 a 2) colocaram a equipe na fase seguinte da competição. Nas quartas de final, diante do New Radiant, das Ilhas Maldivas, o time foi ainda mais arrasador: 2 a 0 e 5 a 0. Triunfos que garantiam vaga nas semifinais.

25 de dezembro de 1996. Em pleno Natal, data irrelevante no Japão, Yokohama Flügels e Bellmare Hiratsuka disputam a semifinal da Recopa Asiática, no Hiratsuka Athletics Stadium: quem vencer avançará à decisão, programada para o Mitsuzawa Stadium – casa do Flügels –, dali a dois dias, diante do Talaba, do Iraque.

O placar aponta 3 a 2 para o Bellmare. 44 minutos do segundo tempo, pênalti para o Yokohama. Cabe a Evair a responsabilidade de levar o jogo à prorrogação: 3 a 3. Mas o brasileiro Émerson marca seu quarto gol no jogo, logo a 2 minutos do tempo complementar, liquidando a fatura: 4 a 3. Era a última partida do time na temporada. E também a última de Evair com a camisa alviceleste. Em plena data máxima do cristianismo, o craque fez sua parte, anotando dois gols. Insuficientes para levar a equipe a uma nova decisão antes de sua despedida do Extremo Oriente.

Evair resume sua passagem pela Terra do Sol Nascente: "Gostei de jogar no futebol japonês. Eu acho que ensinei mais do que aprendi, mas foi uma passagem muito boa. Até a criação da *J. League*, os campos eram muitos ruins, só depois é que transformaram tudo. Os estádios são belíssimos, a organização é muito grande. Outra cultura, outra maneira de ver o futebol. Olha, é um banho cultural pra nós. No sentido do equilíbrio, da ponderação, nós temos muito que aprender com eles. E o comportamento japonês não se compara ao fanatismo brasileiro, nem ao italiano. Na Itália, se respira futebol, assim como no Brasil. No Japão, não: eles têm sua paixão, mas o respeito deles por cada indivíduo é muito maior que o seu fanatismo. Mesmo quando o time está em má fase, eles te respeitam. Demonstram insatisfação, sim, não aplaudem o time quando entra em campo, essas coisas. Mas nada que beire a violência. Valeu a pena".

Durante os Jogos de Atlanta, em 1996, o Brasil teria seu melhor desempenho olímpico até então, atingindo a marca de 15 medalhas. Na campanha, marcada pelos dois ouros da vela – com Torben Grael e Marcelo Ferreira, na classe *Star*, e Robert Scheidt, na classe *Laser* –, brilhou o talento da mulher brasileira: a final do vôlei de praia foi disputada pelas duplas Jaqueline e Sandra (ouro) e Adriana e Mônica (prata), e a Seleção Brasileira de Basquete (de Hortência, Paula, Janeth e Cia...) conquistou a prata. A decepção ficou por conta da Seleção Brasileira de Futebol, dirigida por Zagallo. Nem tanto pela desclassificação nas semifinais diante da Nigéria, na morte súbita, mas pela quase recusa em participar da cerimônia de entrega das medalhas de bronze.

Duas temporadas, um título continental e 37 gols depois, Evair estava de malas prontas para retornar ao Brasil. Dessa vez em definitivo. E, aos 31 anos, viveria uma experiência inédita na carreira: vestir uma camisa alvinegra.

Quadros da vida de Evair no painel "Companheiros de Sempre" (Técnica Mista: Acrílica e Papel-Machê, 50 x 70 cm), obra selecionada para o 5º Salão de Outono da América Latina (2017).

A Praça da Paz Celestial de Crisólia (Aquarela Sobre Papel, 29,8 x 42 cm).

Sacrifício, Pedaladas e Bola (Aquarela Sobre Papel, 29,8 x 42 cm)

O Gol!!! (Aquarela Sobre Papel, 42 x 29,8 cm). Um quadro que só El Matador viu.

screvendo o ponto final do martírio alviverde. (Final do Campeonato Paulista de 1993)

Abrindo caminho para a conquista do Brasil, 20 anos depois. (Final do Campeonato Brasileiro de 1993)

Abraçando a América. (Copa Libertadores de 1999)

Time do Guarani antes da partida válida pela semifinal do Paulista de 1985: Waldir Perez, Nei, Wilson Gottardo, Zé Mario, Giba e Júlio Cesar; Neto, Barbieri, Edmar, Evair e Gérson Sodré.

Evair, em Bérgamo, posando com o elenco da Atalanta na temporada 1988/1989.

Três amigos do outro lado do mundo. (Yokohama Flügels, 1995)

Nas Gerais, com o Manto do Galo. (1997)

A altivez de sempre, na conquista da terceira estrela nacional, pelo Vasco da Gama. (Final do Campeonato Brasileiro de 1997)

O grande capitão da nau lusitana. (1998)

No Tricolor Paulista: profissionalismo, dedicação e a última grande conquista. (2000)

Pelos verdes campos de Goiás, com a filha Victória. (2000)

Vovô-Coxa: um quase quarentão cogitado para a Seleção. (2001)

No Figueira: o último movimento de uma magistral sinfonia. (2003)

No riso franco e puro, o orgulho de envergar o Manto Sagrado do Escrete Canarinho.

Evair na Seleção Brasileira, em 1993.

Casamento de Gisele e Evair (1985).

Evair com os filhos, Victória e Guilherme.

Torcida em família: Evair, Gisele, Victória e Guilherme.

Evair com os pais e o filho Guilherme.

Na Crisólia de hoje, ao lado de seu José e dona Zica.

Evair e Renato de Sá no campo de Ouro Fino, palco onde marcou os primeiros gols.

Com o amigo Rui Palomo, na eterna calmaria de Ouro Fino.

No refúgio do Matador, a homenagem a uma fase inesquecível.

Quatro gerações de heróis alviverdes: Valdir de Moraes, Alfredo, Dudu, Ademir da Guia, Leivinha, César e Marcos; Edu, Edmundo, Rosemiro, Amaral, Evair e o ex-presidente Paulo Nobre.

Homenagem especial, em pleno ato de comemoração do centenário alviverde.

No encontro de quatro gigantes da Mitologia Alviverde, a reverência ao ídolo-mor. (Jogo de despedida do jogador Alex, 2015)

Ídolo eterno: ovacionado na nova arena palmeirense.

A VERDADE... DOA A QUEM DOER

A perda do Campeonato Mineiro de 1996 ainda não fora superada pelo torcedor atleticano. Após liderar a primeira fase da competição, o Galo entrou na etapa final como franco favorito. A três rodadas do encerramento do hexagonal decisivo, enfrentaria o arquirrival Cruzeiro contabilizando quatro pontos de vantagem. A superioridade alvinegra era tanta, que a equipe celeste resolveu ir a campo com uma equipe mista. Convicta da conquista, a diretoria atleticana mandou imprimir cem mil pôsteres do "Galo Campeão". A soberba custou caro: derrotado pelo "expressinho" cruzeirense (2 a 0), o time ainda empataria com o Uberlândia. E daria adeus ao título mais ganho de sua história.

Na tentativa de apagar o desastre e retornar à condição de protagonista em nível nacional, a diretoria não mediu esforços na formação do elenco para a temporada 1997. As contratações de nomes de peso como Taffarel e Márcio Santos, somadas à manutenção da base anterior, reacendiam as esperanças de retomar os tempos de glória.

Mas o maior desafio dos dirigentes encontrava-se fora das quatro linhas: cobrir um rombo financeiro de mais de 20 milhões de dólares e dar fim a um incômodo processo de atrasos sistemáticos de salário, que já durava mais de ano. Ainda assim, o principal reforço foi anunciado no início de janeiro: Evair. Contratado a peso de ouro, o craque chegava a Belo Horizonte com a responsabilidade de ser o principal nome de um time que, há tempos, tornara-se mero coadjuvante além das fronteiras das Minas Gerais.

O Clube Atlético Mineiro foi fundado em 25 de março de 1908, por um grupo de aproximadamente vinte estudantes, reunidos no coreto do Parque Municipal, em Belo Horizonte. A estreia nos gramados se deu quase um ano depois, em 21 de março de 1909: 3 a 0 sobre o Sport Club Futebol. O autor do primeiro gol da história alvinegra foi Aníbal Machado – futuro escritor e fundador do grupo teatral O Tablado.

Em janeiro de 1937, sagrou-se Campeão dos Campeões do Brasil, na primeira competição interestadual profissional realizada no país – organizada pela extinta Federação Brasileira de Futebol (FBF) –, que reuniu os campeões estaduais de Minas Gerais, Rio de Janeiro, São Paulo e Espírito Santo.

Em 1950, numa inédita excursão pela Europa, jogou dez partidas contra equipes da Alemanha, Áustria, Bélgica, França e Luxemburgo: perdeu apenas duas. A notável campanha pelos frios gramados do Velho Continente rendeu ao Atlético o título simbólico de "Campeão do Gelo" – e abriu as portas da Europa para o nosso futebol. Trajetória vitoriosa que continuaria com as conquistas do Campeonato Brasileiro, em 1971, da Copa Conmebol, em 1992 e 1997, e da Copa Libertadores da América, em 2013, entre inúmeras outras glórias.

Pela primeira vez, Evair defenderia uma equipe de seu estado natal. E, coincidência ou não, alvinegro pela primeira vez, viveu um período de extrema turbulência: "A minha liberação demorou muito pra vir do Japão e aquilo causava certa ansiedade no torcedor. Acabou ficando uma situação desagradável pra mim, porque eles queriam que eu jogasse, e a liberação não chegava. Tornei-me antipático aos olhos da torcida e, principalmente, da imprensa. E a coisa lá é bem dividida, como Ponte Preta e Guarani: quando alguém fala bem, o outro fala mal, e você está sempre no meio. De um jeito ou de outro, apanha".

O Campeonato Mineiro de 1997 contou com 12 participantes e o regulamento previa dois turnos, em jogos de ida e volta. Os oito melhores avançariam às quartas de final, no sistema mata-mata. O Atlético fez sua estreia em 2 de fevereiro, contra o Democrata de Governador Valadares, fora de casa. A equipe treinada por Eduardo Amorim venceu por 2 a 1.

No aguardo da regularização de sua documentação, Evair acompanhou à distância o empate contra o Valeriodoce (3 a 3), no Independência; e as duas vitórias por 2 a 0, sobre Uberlândia e Social, de Coronel Fabriciano.

Começava a ganhar força na imprensa mineira a tese de que Evair não cairia nas graças da torcida: antes mesmo de entrar em campo! Ele começaria a mudar esse panorama em 20 de fevereiro, ao atuar pela primeira vez com a camisa do Galo, no amistoso diante do Defensor do Uruguai, no Mineirão. Mantendo a tradição de marcar em estreias, anotou um dos gols da vitória por 2 a 1. Quase dois meses após sua chegada a BH, *El Matador* apresentava seu cartão de visitas à imensa torcida atleticana.

Às vésperas do embate contra a Caldense, a equipe titular do Atlético partiu para uma miniexcursão ao exterior. Eduardo Amorim deixou o time com o interino Antônio Lacerda na disputa do estadual. Com o "novo" treinador, 2 a 2 com a Caldense, 1 a 0 no Guarani e 0 a 0 com o Villa Nova. Ao retomar o comando, na derrota por 1 a 0 para o Montes Claros, já pela 8ª rodada, Amorim encontrou a equipe fora da ponta da tabela. A surpresa desse breve período de afastamento seria a afirmação da dupla de ataque reserva, formada por Nilo e Silva, que ganhou a simpatia do torcedor: "Colocaram um menino que ganhava pouco, e ele começou a fazer gols. Eu era o único que recebia salários, por ser patrocinado por uma empresa. E aquela história começou a se avolumar dentro de Belo Horizonte".

Como parte da preparação para a estreia na Copa do Brasil, o Galo faria dois jogos no exterior. No primeiro, em 2 de março, Evair retornou ao Extremo Oriente e deixou sua marca na vitória por 2 a 0 diante do Golden Team, de Hong Kong. No segundo, disputado em Quito, em 6 de março, passou em branco na derrota por 3 a 1 diante da LDU. Dois gols em três jogos: boa média, que poderia ajudar a redirecionar o olhar do torcedor atleticano.

9 de março, estádio Independência: Atlético e América fazem o clássico pela 9ª rodada do Campeonato Mineiro – vitória do Galo por 3 a 2. 13 de março, estreia na Copa do Brasil, principal meta da equipe no primeiro semestre. Em Belém do Pará, contra o Clube do Remo, empate em 3 a 3, resultado que não eliminava o jogo da volta.

Domingo, 16 de março de 1997, estádio Magalhães Pinto – o Mineirão. O Galo forma com Taffarel; Marcos Adriano, Ademir, Márcio Santos e Vítor; Doriva, Gutemberg, Valdeir e Leandro; Euller e Evair. Mais de dois meses após sua contratação, o Matador faz sua primeira partida oficial com a camisa atleticana. E justamente contra o arquirrival Cruzeiro.

Antes do jogo, integrantes do grupo Skank fizeram a festa da galera: um grupo de artistas e ex-jogadores realizou a partida preliminar. Na verdade, tratava-se da gravação do vídeo clipe da música "É uma Partida de Futebol", da banda pop mineira. Bola rolando, Evair mostrou estar "descalibrado", até mesmo nas cobranças de falta. Placar final: 1 a 1.

Evair fez sua quarta partida com a camisa do Atlético em 19 de março: nos 3 a 2 sobre o Remo, jogo de volta pela Copa do Brasil, marcou aos 43 do segundo tempo, selando a vitória que carimbou o passaporte do Galo às oitavas de final.

Quatro dias depois, o Atlético goleou o Democrata de Governador Valadares por 5 a 1, no Mineirão, na abertura do returno do Mineiro. Evair abriu o placar, chegando à excelente marca de 4 gols em cinco jogos. Seriam suficientes para romper a barreira de rejeição em relação a ele, plantada pela intransigente imprensa esportiva da capital mineira?

Na noite da quinta-feira, 27 de março, Evair retornaria a São Paulo. O palco, o estádio do Morumbi; o adversário, um velho conhecido que guardava amargas lembranças dele: o Corinthians. Pelas oitavas de final da Copa do Brasil, o Atlético teria a primeira real prova de fogo na temporada: e foi derrotado (1 a 0). O resultado, absolutamente normal em se tratando de dois grandes do futebol brasileiro, mantinha o time mineiro vivo na competição. Mas um fator extracampo selaria o destino de Evair no maior clube de massa das Gerais.

Questionado pela imprensa paulistana sobre a veracidade da precária situação do Atlético, desabafou: "Disse que me sentia constrangido pelo fato de ser o único jogador no elenco que recebia salários. Confirmei que os funcionários do clube não recebiam. Ao final dos jogos, tirávamos a camisa e dávamos pra eles. Eles vendiam essas camisas pra poder levar alimento para suas casas".

A repercussão das declarações caiu como uma bomba em BH: "Aquela situação me constrangia e acabei desabafando. Quando voltamos, parecia que eu tinha falado mal de todo mundo, exposto um problema que era só de Belo Horizonte para o Brasil inteiro. A imprensa local se sentiu ofendida, porque eu estava jogando o nome do time deles contra a opinião pública. Então, fiquei marcado como alguém desagregador, por ter falado uma verdade".

A partir desse fato, Evair passou a viver uma situação ambígua dentro do clube: "Depois da minha declaração, os funcionários só faltavam me estender o tapete vermelho, porque ninguém tinha coragem de falar. Não sabiam o que fazer pra me agradar. Por outro lado, o torcedor não aceitava ver seu time exposto daquela maneira. Acabei expondo um patrimônio deles, mas era verdade! Tinha funcionário que há cinco meses não recebia... Mantinha a família não sei como... Um bico aqui, outro ali".

Na partida seguinte, contra o Valeriodoce, pela 2ª rodada do returno, o Galo atuou com o time reserva, preservando os titulares para o jogo da volta contra o Corinthians: derrota por 2 a 1, em Itabira. Mesma atitude adotada no 1 a 0 sobre o Uberlândia, no Independência.

Em um meio tão fortemente marcado por manobras e artimanhas como o do futebol, a sinceridade nunca foi característica das mais apreciadas. Naturalmente, a situação de Evair no Atlético Mineiro ficou mais incômoda a partir das declarações prestadas à imprensa paulistana. Ainda assim, ele seria uma das principais apostas de Eduardo Amorim para avançar às quartas de final da Copa do Brasil.

3 de abril de 1997, Mineirão: aos 32 minutos, 40.837 torcedores assistem Evair, livre de marcação, empurrar para o fundo das redes de Ronaldo. Uma vez mais, o algoz do Corinthians deixa sua marca: 1 a 0. Coincidência ou não, nenhum companheiro de equipe corre em direção a ele. O Matador cumprimenta o responsável pela assistência, dá a tradicional injeção de ânimo nos poucos companheiros próximos à jogada... E volta só, rolando a bola pelo gramado até o meio de campo.

Use o app e veja o gol de Evair contra o Corinthians pela Copa do Brasil.

A alegria atleticana dura apenas três minutos. Souza cobra escanteio e Donizete sobe sozinho para cabecear: 1 a 1. Restava apenas a disputa do Campeonato Mineiro: "O time foi desclassificado, e minha situação piorou muito. A verdade é que, quando perdemos em São Paulo, naquele dia mesmo ficou resolvido que eu seria negociado".

Em meio à turbulência, Evair viveria uma de suas maiores alegrias. Na madrugada do dia 4 de abril de 1997, por volta das duas horas da manhã, a pequena Victoria se propôs a nascer: "Ela quis fazer sua estreia nesta vida. Ameaçou de madrugada, mas veio ao mundo por volta do meio-dia. Nascia minha primeira filha". A passagem de Evair pelo Galo ficaria marcada por um dos mais belos capítulos de sua história.

Declarações de Evair à parte, a verdade é que a grave situação financeira do Atlético era amplamente comentada nos bastidores do futebol. Sua entrevista não seria, nem de longe, responsável pela avalanche de informações veiculada posteriormente pela imprensa esportiva de todo o país. Segundo a Revista Placar, em nota publicada na página 26 da edição de abril de 1997, uma auditoria encomendada pelo Conselho Deliberativo do Galo apontava para o caos na gestão: aumento da dívida do clube de 3,7 para 20,8 milhões de reais. Ficava claro a partir de então, que a contratação de craques de peso, no início da temporada, estava longe de indicar a saúde financeira do Clube Atlético Mineiro.

Com a situação indefinida no clube, Evair não atuaria contra o Social (0 a 0) e Caldense (derrota por 3 a 0). Diante da ausência de gols do time, Eduardo Amorim o escalou na partida contra o Guarani, em Divinópolis: o 0 a 0 deixou claro que os problemas do Galo iam muito além da falta de um homem-gol. *El Matador* seria novamente decisivo na vitória por 1 a 0 sobre o Villa Nova, pela 7ª rodada do returno: ao marcar, aos 45 minutos do segundo tempo, mantinha o Atlético na liderança do estadual.

Em jogo atrasado do turno, o Galo bateu o Mamoré por 3 a 2, em Patos de Minas. Depois, 2 a 1 sobre o Montes Claros: Evair chegava à marca de 7 gols com a camisa atleticana. No clássico contra o América (3 a 3), o Matador foi expulso. Após cumprir suspensão nos 3 a 0 sobre o Mamoré, voltaria à equipe na última rodada, diante do Cruzeiro. Com vagas garantidas na fase final, os arquirrivais fizeram um dos mais sonolentos clássicos da história: 0 a 0. Evair passou pelo Galo sem vencer o maior duelo local. E sem marcar gols na equipe celeste.

Líder absoluto da fase classificatória do estadual 1997, o Atlético adentra o gramado do estádio Castor Cifuentes, em Nova Lima, como franco favorito para o embate contra o Villa Nova, pelas quartas de final. 4.488 torcedores lotam o Alçapão do Bonfim na tarde de domingo, 18 de maio. O Galo abre o placar aos 19 minutos, com Leandro, aumentando a convicção de que avançará à semifinal.

O início da segunda etapa trata de apagar essa impressão. Aos 5 minutos, Guiba acerta o ângulo direito de Taffarel: 1 a 1. O gol tem um efeito devastador sobre a equipe atleticana, que se descontrola emocionalmente. O golpe de misericórdia vem aos 30, com Marquinhos. E o Villa ainda marca o terceiro, cinco minutos depois: 3 a 1. No jogo de volta, o Galo precisaria vencer por dois gols de diferença para confirmar a condição de melhor time da competição.

Na primeira fase do Campeonato Mineiro, o Atlético somara 16 pontos a mais que o Villa Nova! Uma semana depois faria apenas 1 a 0, no Mineirão, sendo eliminado. A essa altura, Evair já estava distante de Belo Horizonte: o fiasco no acanhado estádio de Nova Lima tinha sido sua última jornada com a camisa alvinegra.

Gisele recorda a passagem por Belo Horizonte: "Lá, a melhor coisa que nos aconteceu foi o nascimento da Victoria. É duro você montar apartamento, organizar toda a sua vida e, poucos meses depois, ter que ir embora porque o time não vai bem... Os torcedores não te respeitam, você tem medo de sair na rua. Aqui no Brasil, o jogador não tem tranquilidade para trabalhar, e isso reflete em toda a família".

E dá um relato emocionado sobre uma realidade para a qual poucos atentam: "As pessoas só imaginam o glamour, mas conviver com um jogador de futebol não é fácil: não tem aquele almoço de domingo que todo mundo tem; às vezes, você se programa para um encontro com os amigos, mas, devido a alguma circunstância do time, tem que modificar sua programação... Porque você não pode sair na rua, vai ser abordado, cobrado por um torcedor. Pra segurar essa barra, eu sempre digo que são necessárias duas coisas: a primeira é ter muita fé em Deus; a segunda é não se deslumbrar quando as coisas vão bem. Eu sabia que tinha o dia do gol, mas tinha também o da derrota".

A passagem de Evair pelo Atlético Mineiro durou aproximadamente quatro meses. Nos 14 jogos que disputou, anotou 7 gols, atingindo a excelente média de 0,5 por partida. Mas o ambiente não seria propício à sua permanência: contratado para ser a principal referência de um time carente de grandes conquistas, veria seu objetivo de vencer no Galo sucumbir diante da desorganização do clube à época.

Na bagagem para seu próximo destino, o craque levava, além dos 258 gols marcados ao longo da carreira, o apelido definitivamente cunhado em Belo Horizonte: o Garçom. Mais experiente, passara a exercer primorosamente a função de pivô, servindo aos companheiros de ataque. Seu novo lar? São Januário, sede do Club de Regatas Vasco da Gama, onde reeditaria uma das maiores duplas de ataque do futebol brasileiro em todos os tempos: Edmundo e Evair.

O GARÇOM

O Campeonato Carioca de 1997 teve um regulamento tão absurdo, que nem vale a pena descrever a fundo. Só para dar um panorama geral da "pérola" criada pelos mandatários do futebol fluminense, basta mencionar que a competição teve três turnos: o primeiro, disputado por 12 equipes; o segundo, por 8; de onde saíram seis classificados para o terceiro turno. Os campeões das três etapas disputariam o triangular decisivo. Por ter vencido os dois primeiros turnos, o Botafogo enfrentou o Vasco, campeão do terceiro, em dois jogos, entrando com a vantagem de quatro pontos de bonificação! Ao clube cruzmaltino restava apenas vencer as duas partidas para sagrar-se campeão carioca. E o Vasco fez a sua parte no primeiro jogo da decisão: em 5 de julho, no Maracanã, bateu o Botafogo por 1 a 0, gol de Ramon.

Um fato ocorrido na primeira partida da decisão entraria para o folclore do futebol: Edmundo parou a bola próximo à lateral do campo e aguardou a aproximação de Gonçalves. Na chegada do zagueiro botafoguense, deu uma "reboladinha" e partiu para cima do rival. O lance não deu em nada, mas levou a torcida vascaína ao delírio.

Tocados em seus brios, os botafoguenses responderiam no jogo seguinte, ratificando a condição de melhor equipe ao longo da competição: o gol de Dimba, marcado aos 33 minutos da etapa final, deu a vitória aos comandados de Joel Santana, acrescentando a 17ª taça de campeão carioca à galeria de troféus de General Severiano.

A primeira decisão tomada pela diretoria vascaína após a perda do título carioca foi a manutenção da comissão técnica. Garantido no comando, Antônio Lopes – ex-atacante do Olaria, formado em Educação Física e ex-delegado de polícia – teria tranquilidade para reorganizar o time visando o Brasileirão. E a tarefa não seria fácil: a equipe era formada, em sua maioria, por atletas jovens e promissores. Apostar todas as fichas no talento de Felipe, Juninho Pernambucano, Pedrinho e cia parecia muito arriscado em um campeonato tão competitivo. Em busca do equilíbrio, diretores cruzmaltinos anunciariam as contratações dos experientes Mauro Galvão e Válber, antes do início do certame. Tarimba para lidar com a situação, o experiente treinador – com passagens por alguns dos maiores clubes brasileiros e pelas seleções do Kuwait e da Costa do Marfim – tinha de sobra.

Em 21 de agosto de 1898, um grupo de aproximadamente sessenta rapazes – de origem portuguesa, em sua maioria – reuniu-se na Sociedade Dramática Filhos de Talma, no bairro da Saúde, Rio de Janeiro, com o propósito de criar uma associação esportiva dedicada ao remo. Por conta da celebração do IV Centenário da Descoberta do Caminho para as Índias, batizaram a nova agremiação com o nome de Club de Regatas Vasco da Gama, em homenagem ao heroico navegador português que alcançara tal feito.

A estreia em competições oficiais ocorreria no dia 4 de junho do ano seguinte: na Enseada de Botafogo, seis remadores conduziram a baleeira Volúvel à vitória no 1º páreo da categoria júnior. Prodigioso em pioneirismos, o Vasco foi a primeira instituição esportiva a eleger, já em 1904, um presidente mulato: Cândido José de Araújo. Numa época em que o racismo era prática comum no esporte, Candinho presidiria o Vasco até meados de 1906, período em que o clube conquistou seu primeiro campeonato de remo.

Em 26 de novembro de 1915, após a fusão com o Luzitânia, seria fundado o Departamento de Futebol. A estreia nos gramados não foi nada animadora: derrota por 10 a 1 para o Paladino FC, em 3 de maio de 1916. O Cruzmaltino foi campeão carioca em 1923, logo em sua primeira temporada na 1ª Divisão, com uma campanha arrasadora: 11 vitórias, 2 empates e apenas uma derrota. O time formado por Nélson; Leitão e Mingote; Nicolino, Claudionor e Artur; Paschoal, Torterolli, Arlindo, Cecy e Negrito, contava com a presença de negros e mulatos no plantel. Estava decretado o fim da hegemonia de América, Botafogo, Flamengo e Fluminense, nos quais somente jogadores brancos podiam atuar.

O Vasco chegava para romper preconceitos e ajudar o esporte a ganhar a dimensão nacional que possui hoje. Até sua ascensão, uma linha divisória separava as pequenas agremiações suburbanas dos grandes clubes da Zona Sul, onde as partidas de futebol se realizavam em ambientes de requinte – como o Estádio das Laranjeiras –, diante de plateias moldadas a maneirismos ingleses e paramentadas com seus chapéus, bengalas e trajes de gala.

Antes das finais do estadual, o Vasco disputara a fase classificatória para a Supercopa Libertadores da América, contra Peñarol e Nacional do Uruguai. Apenas o último colocado do grupo não avançaria à fase aguda da competição, disputada a partir de agosto.

Na estreia, em 20 de junho, 3 a 1 no Peñarol, em São Januário. Quatro dias depois, 1 a 0 no Nacional, em casa. Beneficiado pelo 2 a 2 entre os uruguaios, o Vasco terminava o turno na liderança, condição que ratificaria no returno, mesmo não vencendo nenhum dos jogos em Montevidéu: Peñarol (1 a 1) e Nacional (derrota por 2 a 0). O Gigante da Colina estava classificado à fase de grupos da Supercopa.

No curto período entre a perda do título estadual e a estreia no Brasileirão, a diretoria vascaína achou necessário reforçar o ataque. Por conta da qualidade com que exerce a função de pivô, Evair foi escolhido como "novo" parceiro de Edmundo. O atacante, sonho antigo do clube, acertou sua contratação a toque de caixa: "O começo no Vasco foi muito difícil, porque a equipe vinha da perda de um título frente ao Botafogo. O Campeonato Brasileiro havia começado, e eu me apresentei numa segunda-feira, aqui em São Paulo. O time estava excursionando pela Argentina. Cheguei, treinei com eles na terça-feira e joguei na quarta. Tudo muito corrido".

Devido à virada de mesa que garantiu a permanência dos rebaixados Fluminense e Bragantino na primeira divisão, o Campeonato Brasileiro de 1997 teria 26 equipes, duas a mais que a edição anterior. Na primeira fase, todos contra todos em turno único. Os oito primeiros colocados avançariam à etapa seguinte, e os quatro piores seriam rebaixados.

A competição começaria na mais absoluta balbúrdia, em meio às disputas finais de alguns campeonatos estaduais e com inúmeros clubes excursionando ao exterior. Com tantas partidas antecipadas e/ou adiadas, a própria CBF admitia não saber a qual rodada pertenciam determinados jogos!

Quarta-feira, 16 de julho de 1997, Pacaembu. Formando com Caetano; Cafezinho, Mauro Galvão, Alex e Válber; Luisinho, Nasa, Pedrinho e Ramon; Edmundo e Evair, o Vasco enfrentou o Corinthians, de Nelsinho Baptista. O que poderia ser apenas um jogo de começo de campeonato ganhou dimensão muito maior: Edmundo e Evair estavam novamente juntos. E numa noite repleta de coincidências e reencontros: além dos antigos rivais Ronaldo e Henrique, a dupla cruzmaltina teria como adversário o zagueiro Antônio Carlos, ex-companheiro de Palmeiras; e o reserva imediato de Evair era Sorato, o mesmo dos tempos de Verdão.

A fiel torcida elege seu alvo de imediato: Edmundo – não se sabe se pelo sucesso com a camisa alviverde ou se pela apagada passagem pelo Parque São Jorge, um ano antes. E dá resultado: no final da partida, Edmundo recebe cartão amarelo por falta em Henrique; após aplaudir ironicamente o árbitro, é repreendido com novo cartão e expulso de campo. Fato que Evair não presenciou: a essa altura, já havia cedido seu lugar a Sorato. E o pior, deu Corinthians: 2 a 1.

Na segunda jornada vascaína pelo Brasileirão, 3 a 3 com o Juventude, em São Januário. Em 23 de julho, contra o São Paulo, também em casa, Evair, cobrando falta, deixou tudo igual: 1 a 1 – primeiro gol do craque com a camisa do Vasco da Gama. E seria novamente decisivo no último minuto de jogo, dando o passe de calcanhar para Pedrinho decretar a virada.

Use o app e veja o gol de Evair na vitória por 2 a 1 sobre o São Paulo.

Maracanã, domingo, 27 de julho de 1997: 28.786 espectadores presentes à primeira atuação de Evair em um clássico carioca, diante do Flamengo de Clemer, Júnior Baiano, Iranildo, Sávio... Logo no início, Gilberto pega Ramon sem bola e é expulso. Mas a vitória vascaína chega apenas aos 40 minutos do segundo tempo, no gol de Pedrinho. Do alto de sua experiência, Evair começava a enxergar um futuro promissor para o Vasco da Gama.

Contra o Goiás, em casa, o Vasco venceu sua terceira partida consecutiva, atingindo pela primeira vez uma colocação no G-8. 46 minutos do primeiro tempo: Edmundo se livra de três marcadores e avança à linha de fundo, Evair corre junto à bola e se adianta ao zagueiro para marcar 1 a 0. No segundo tempo, o torcedor vascaíno tem que esperar 43 minutos até explodir novamente: Edmundo vai à linha de fundo e cruza rasteiro para Evair sacramentar a vitória. *El Matador* agradeceu na saída de campo: "Duas jogadas idênticas, bem a característica do Edmundo. Méritos totais a ele". Entrosamento também fora de campo, poucas vezes externado nos tempos de Palmeiras.

3 de agosto, segundo clássico estadual do Vasco da Gama no Brasileirão. E, diante de um Fluminense dos mais frágeis em toda sua história – vivendo a crise da saída de Renato Gaúcho das Laranjeiras –, não encontraria maiores dificuldades para vencer por 3 a 1: "Não fomos bem nas duas primeiras partidas. Depois, o time engrenou. As peças foram se encaixando, e o Edmundo resolveu fazer gols. De repente, a bola batia nele e entrava. Ali se montou um time, um grupo que objetivava ser campeão".

Evair voltaria ao Atleti Azzurri d'Italia em 9 de agosto de 1997, como jogador do Vasco, para a disputa do Troféu Achille e Cesare Bortolotti. O torneio amistoso, realizado desde 1992 pela Atalanta Bergamasca Calcio, é uma homenagem a Cesare, presidente da entidade morto em um trágico acidente de carro, em 1990, e Achille, seu pai, reconduzido à presidência após o desastre. A disputa, no formato de um triangular contra a equipe local e o Padova, foi vencida pelo time carioca. As três partidas, com duração de apenas um tempo de 45 minutos, foram realizadas no mesmo dia.

Na abertura, Atalanta e Padova empataram por 0 a 0 – 5 a 4 nos pênaltis para os bergamascos. Depois, Vasco e Padova não saíram do zero – derrota carioca por 4 a 3 nas penalidades. O jogo final, entre Vasco e Atalanta, determinaria o campeão do torneio. Evair marcou os dois gols da vitória por 2 a 1 contra o ex-clube. E viveu uma das situações mais marcantes de sua carreira: "Nesse dia, quando eu fiz o gol, eles comemoraram como se fosse um gol da Atalanta. Pela primeira vez na vida, a torcida adversária vibrou com um gol meu! O estádio inteiro me aplaudindo! Foi marcante".

Teresa Margarita Herrera y Posada, nascida em La Coruña no ano de 1712, tornar-se-ia uma das maiores beneméritas de sua região. Em 1946, em sua homenagem, foi criado o Troféu Teresa Herrera: com o objetivo de arrecadar fundos para o Hospital de Dolores, a competição reúne, anualmente, algumas das melhores equipes de futebol do planeta.

Vasco da Gama, Atlético de Madri e PSV Eindhoven, da Holanda, juntaram-se ao anfitrião Deportivo La Coruña para a disputa do torneio em 1997. Na abertura, em 12 de agosto, o Cruzmaltino foi goleado por 4 a 0 pelos donos da casa – que contavam com os brasileiros Djalminha, Mauro Silva, Flávio Conceição e Donato. Na outra semifinal, Atlético e PSV empataram em 2 a 2 – 4 a 2 para os holandeses nas penalidades.

Em 14 de agosto, nova derrota, dessa vez diante do Atlético de Madrid, de Juninho Paulista e Vieri: 4 a 3. O La Coruña ficou com o título, ao bater os holandeses nos pênaltis, após empate em 2 a 2. Último colocado, o Gigante da Colina não conseguiu reeditar a histórica façanha de 1957, quando foi o primeiro clube brasileiro a conquistar a taça, batendo o Athletic Bilbao por 4 a 2.

Segundo Evair, a competição definiria os rumos do time naquela temporada: "Ao final do Teresa Herrera, houve um princípio de desunião, após uma discussão em campo. Percebi que havia ficado um clima muito pesado dentro do vestiário. Resolvi reunir todos pra uma oração e acrescentei: - 'Não vamos perder o Campeonato Brasileiro aqui na Espanha. Esse torneio já acabou, ficou pra trás. Nosso foco está no Brasil'".

O Vasco teria uma trajetória irregular nas três rodadas seguintes do Brasileirão: Bragantino (3 a 0), em casa; América (0 a 0), em Natal; e Santos (derrota por 3 a 1), na Vila Belmiro. Após nove jogos, o time ocupava a 5ª posição, com 17 pontos ganhos, dez a menos que o líder Internacional-RS – mas com dois jogos de defasagem.

O Club de Regatas Vasco da Gama já ostentava o título de campeão sul-americano muito antes da criação da Copa Libertadores da América. Essa condição, justíssima, fora obtida em função da conquista do Campeonato Sul-Americano de Clubes Campeões (Campeonato Sudamericano de Campeones), organizado em 1948 pelo Colo-Colo. A ideia do clube chileno era juntar todos os campeões nacionais em uma única disputa, apontando assim o melhor time do continente.

A competição seria reconhecida posteriormente, e seu título, oficializado pela Conmebol e homologado pela Fifa. E vários são os fatores a sustentar essa oficialização: o modelo da disputa seria o mesmo proposto dez anos depois para a criação da Copa dos Campeões da América – mais tarde denominada Libertadores; o fato de ter sido fonte de inspiração para a criação do Torneio Internacional dos Campeões (Copa Rio), primeiro Mundial Interclubes da história, vencido pelo Palmeiras, em 1951; e, segundo documento da própria Uefa, a competição organizada pelos chilenos serviria ainda de inspiração para a criação da Liga dos Campeões da Europa.

Os jornais da época foram enfáticos ao saudar o Vasco como campeão sul-americano – maior conquista do futebol brasileiro até então. E a campanha cruzmaltina foi arrasadora: 2 a 1 no Litoral, campeão boliviano; 4 a 1 no poderoso Nacional, bicampeão uruguaio; 4 a 0 no Municipal, do Peru; 1 a 0 sobre o Emelec do Equador; 1 a 1 com o Colo-Colo; e 0 a 0 diante do "imbatível" River Plate – La Máquina, de Alfredo Di Stéfano –, em 14 de março de 1948, no estádio Nacional, em Santiago.

O triunfo do "Expresso da Vitória" formado por Barbosa; Augusto e Wilson; Eli, Danilo e Jorge; Djalma, Maneca, Friaça, Lelé – substituto de Ademir Menezes, contundido – e Chico, permitiria a Evair e cia, quase cinquenta anos depois, integrarem o seleto rol de clubes que disputariam a Supercopa dos Campeões da Libertadores.

A Supercopa dos Campeões da Libertadores da América, disputada entre 1988 e 1997, foi um torneio que reuniu todos os clubes campeões da principal competição sul-americana. A partir de 1998, com a inclusão das equipes mais expressivas do Cone Sul – independente de terem conquistado a Libertadores ou não –, seria substituída pela Copa Mercosul e, posteriormente, em 2003, pela Copa Sul-Americana. No regulamento de 1997, os 16 participantes se dividiram em quatro grupos, nos quais, após turno e returno em jogos de ida e volta, apenas os campeões de cada chave avançariam à semifinal.

Integrante do grupo 3, ao lado de Santos, River Plate e Racing da Argentina, o Vasco da Gama iniciou sua trajetória na Supercopa em 28 de agosto, em casa, contra o Santos (2 a 1). Com um gol de Evair, a equipe dava seu primeiro passo em busca do título continental.

Iniciando uma verdadeira maratona, estaria em campo apenas dois dias depois, na distante Recife: 3 a 2 no Sport. Quatro dos cinco gols foram marcados em cobranças de pênaltis. Curiosamente, nenhum batido por Evair. No time de Antônio Lopes, o cobrador oficial era Edmundo.

2 de setembro: apenas 1.237 torcedores presentes à segunda jornada cruzmaltina pela Supercopa, em São Januário. Em noite pouco inspirada, nada além de um modesto 1 a 1, diante do Racing. Tropeço que poderia custar caro em uma competição de tiro tão curto.

A próxima parada seria Porto Alegre: derrota para o Grêmio (3 a 1). Em 11 de setembro, os 1.313 torcedores presentes a São Januário testemunhariam um fato que entraria para a história do futebol brasileiro: na goleada por 6 a 0 sobre o União São João de Araras, Edmundo marcou todos os gols, chegando à artilharia do Brasileirão. E sem a presença do Garçom Evair, gripado!

Curiosamente, o Gigante da Colina sofreria seu maior revés na competição na partida seguinte, diante do Vitória: 4 a 2. O "sacode" em Salvador surtiu efeito: a partir da 14ª partida, o Vasco embalou de vez no Nacional. Em 17 de setembro, 2 a 1 no vice-líder Internacional-RS, em São Januário, sem Antônio Lopes e Edmundo, suspensos. Três dias depois, novamente em casa, 4 a 1 no Paraná. Após quase dois meses, Evair voltava a marcar no Brasileirão.

24 de setembro, mais de 35 mil torcedores presentes ao estádio Monumental de Nuñez, em Buenos Aires: River Plate x Vasco da Gama. Aos 16 minutos, o chileno Marcelo Salas abre o placar para o River. Resultado até então normal, perante a grandeza das duas equipes. Nem o mais pessimista dos vascaínos poderia imaginar o show de horrores que ocorreria na sequência: a derrota por 5 a 1 deixava o Vasco em situação comprometedora no torneio.

Mal na Supercopa, o time voltaria suas atenções à disputa do Brasileirão. Contra a líder Portuguesa, no Canindé, mesmo sem Evair, o Gigante da Colina deixou claro que a tragédia em Buenos Aires fora mero acidente de percurso: 2 a 1, de virada.

A verdade é que a vergonha na capital argentina não podia passar em brancas nuvens: "Nosso elenco era bom. Então, senti que aquele era o momento de fazer uma intervenção, cobrar um maior comprometimento. Disse a eles: 'Nós podemos enganar um, uma vez; dois, duas vezes; três, três vezes; mas não podemos enganar a todos o tempo todo'. Foi a maneira que encontrei de dizer que nós não podíamos uma hora estar tão bem e outra tão mal. Tínhamos que ter a certeza do que queríamos. Depois de uma boa conversa entre todo o grupo, as coisas começaram a mudar de rumo. Pra melhor".

Ainda que seu extremo profissionalismo não permita afirmar, o dia 1º de outubro de 1997 foi uma data especial para Evair: nos vestiários de São Januário, ele se preparava para enfrentar o Palmeiras, pelo Brasileirão. Desde sua saída de Parque Antártica, era a primeira vez que encararia o ex-clube. 40 segundos de jogo: campo encharcado, o lateral esquerdo Júnior tenta recuar para Marcos, a bola para na poça d'água e Edmundo não vacila. Cinco minutos depois, Juninho Pernambucano marca o 38º gol do Vasco, melhor ataque da competição. Edmílson diminui e fica nisso: 2 a 1. Finda a partida, Evair foi aplaudido pela pequena torcida palmeirense presente ao estádio. A mesma que, minutos depois, hostilizaria veementemente seu próprio centroavante: Viola!

O Vasco manteria seu bom desempenho na sequência do Brasileirão: Atlético-PR (2 a 1) – com direito a gol de mão de Edmundo –, Cruzeiro (0 a 0), no Mineirão – resultado que alçava a equipe à liderança da competição –, e Coritiba (3 a 1), no Couto Pereira, com três gols de Edmundo, artilheiro isolado do certame com 20 gols.

Distante do líder River Plate na Supercopa, o Vasco precisava bater o Santos, em 16 de outubro, na Vila Belmiro. Com o ataque reserva, formado por Mauricinho e Sorato, venceu por 2 a 1 e manteve esperanças de classificação às semifinais.

Domingo, 19 de outubro de 1997, estádio Mário Filho – o Maracanã: quase quatro meses depois, 41.163 torcedores presentes àquela que poderia ser a revanche da decisão estadual. A três pontos da zona de classificação, o Botafogo de Wagner, Gonçalves, Djair e Sinval, treinado por Carlos Alberto Torres, poderia aproximar-se do rival. Aos 37 minutos, bola esticada do meio-campo, Evair aparece por trás da zaga e, cara a cara com Wagner, desloca-o com um toque de categoria, pelo alto: Vasco 1 a 0. Terceiro clássico carioca no Brasileirão, terceira vitória do Vasco. Agora, mais líder do que nunca!

Dando continuidade à desgastante maratona, o Vasco estaria em campo novamente dois dias depois, diante do Racing, pela Supercopa. Apenas 950 presentes ao estádio Juan Domingo Perón, em Avellaneda, testemunhariam o embate. Sem Edmundo, Evair se desdobrou no comando do ataque. Quando o empate e a desclassificação pareciam inevitáveis, Luís Carlos marcou o gol cruzmaltino, a três minutos do final: 3 a 2.

No dia seguinte, o Santos bateria o River Plate por 2 a 1, na Vila Belmiro: apenas dois pontos separavam o Vasco do time argentino. A vaga seria decidida na última rodada, em confronto direto. Uma vitória simples em São Januário: era disso que dependia o Cruzmaltino para avançar na competição.

Ao bater o Criciúma por 4 a 3, em 26 de outubro, no Heriberto Hülse, o Vasco garantia, além da liderança, uma invencibilidade de nove jogos no Brasileirão. Ingredientes que davam tranquilidade ao elenco para buscar a vaga nas semifinais da Supercopa.

Quatro dias depois, num São Januário completamente lotado, o embate contra o River Plate teria todos os ingredientes típicos de um duelo entre brasileiros e argentinos: jogadas vigorosas de ambos os lados, catimba portenha, cinco cartões amarelos e duas expulsões: sem Edmundo e Felipe, ainda na primeira etapa, a missão vascaína tornava-se quase impossível.

Revoltada com a arbitragem do chileno Eduardo Gamboa, a torcida do Vasco mostrou sua ira nas arquibancadas: o jogo foi encerrado a vinte minutos do final, após um dos auxiliares receber uma pedrada e ser retirado de campo. Àquela altura, o placar já apontava 2 a 0 para o River. E o Vasco da Gama estava eliminado da Supercopa dos Campeões da Libertadores da América.

Fora da competição continental, as atenções vascaínas se voltavam exclusivamente para o Brasileirão. A vitória sobre o Bahia (3 a 0), em São Januário, gols de Edmundo (2) e Sorato, garantia ao Vasco a 1ª colocação na fase classificatória, com duas rodadas de antecipação – e as vantagens nos critérios de desempate nas fases seguintes.

Use o app e veja os gols de Evair contra o Atlético-MG.

4 de novembro, Maracanã: após cumprir suspensão automática, Evair estava de volta à equipe para enfrentar o Atlético Mineiro. E faria o torcedor do Galo sentir uma ponta de arrependimento por sua intolerância em relação a ele. Na cobrança de escanteio, aos 25 minutos, domina a bola e gira de voleio em direção às redes. Golaço! Vasco 1 a 0. Na comemoração, a velha profissão de fé: no indicador direito apontando para o alto, o agradecimento ao Criador por mais uma volta por cima. Aos 26 da segunda etapa, escorando de cabeça o cruzamento de Pedrinho, o Matador vai às redes novamente, dando números finais à partida: 2 a 0.

O jogo contra o Guarani, no Brinco de Ouro da Princesa, pela última rodada da primeira fase, serviu apenas para cumprir tabela. Oportunidade para Antônio Lopes observar atletas que vinham sendo pouco aproveitados, como Márcio, Maricá, Alex, Nélson, Mauricinho e Fabrício: derrota por 3 a 2. Após 32 rodadas e muita confusão, Vasco da Gama, Internacional-RS, Atlético-MG, Portuguesa, Flamengo, Santos, Palmeiras e Juventude, seriam os oito classificados à fase decisiva do Brasileirão 1997.

A TERCEIRA ESTRELA

"Um dia após a nossa classificação, durante a concentração, ouvi duas pessoas conversando sobre qual seria a melhor tabela para o Vasco da Gama nas semifinais. Diziam que o ideal seria começar contra o Juventude, fora de casa: como eles teriam que jogar no Olímpico, seria um campo neutro. Depois, deveríamos fazer logo o clássico contra o Flamengo e pegar a Portuguesa, um time forte, em casa. Caso fôssemos bem sucedidos no turno, praticamente deixaríamos a classificação encaminhada. E ainda teríamos os últimos dois jogos para definir a vaga jogando em casa. Dias depois, a tabela de jogos foi divulgada: coincidentemente, exatamente dessa maneira".

Na segunda fase do Brasileirão, as oito equipes se agrupariam em duas chaves. Após jogos de ida e volta, os campeões de cada grupo avançariam à decisão. O Vasco da Gama integrou o Grupo A, ao lado de Portuguesa, Flamengo e Juventude. A arrancada começou em 15 de novembro, diante dos gaúchos, no estádio Olímpico: vitória parcial por 2 a 0, já na descida ao intervalo. No segundo tempo, Carlos Germano defendeu o pênalti batido por Flávio. Edmundo não perdeu o dele: 3 a 0. No outro jogo, o Flamengo bateu a Portuguesa por 1 a 0, no Maracanã, adicionando a pimenta necessária para o clássico regional, na rodada seguinte.

Domingo, 23 de novembro, Maracanã, 89.623 torcedores: com cem por cento de aproveitamento em clássicos regionais, o Gigante da Colina vai a campo como favorito diante do Rubro-Negro de Paulo Autuori. No primeiro contra-ataque, Iranildo abre o placar para o Flamengo, a 4 minutos. Reinício de jogo, falta sobre Felipe, Juninho cobra e Mauro Galvão desvia. Um minuto: o tempo necessário para a equipe vascaína reestabelecer a igualdade no escore. O 1 a 1 no placar final deixava os rivais na liderança do grupo, com 4 pontos ganhos. Um a mais que a Lusa do Canindé.

Maracanã, 26 de novembro de 1997. O pequeno destacamento policial presente ao estádio deixa claro que se trata de uma festa em família: Vasco e Portuguesa encerrarão o turno pela fase semifinal do Brasileirão. A Lusa sai na frente, gerando forte apreensão nas arquibancadas. Aos 41 minutos, Juninho Pernambucano deixa tudo igual. No segundo tempo, Edmundo decreta a virada: 2 a 1. 26º gol do artilheiro da competição. Rodada perfeita para o Vasco: além de se distanciar de um rival direto, ainda veria o Flamengo ser derrotado por 3 a 2 pelo Juventude.

Três dias depois, a festa lusitana seria no Morumbi: apenas 4.996 torcedores presentes à partida que poderia colocar o Vasco da Gama na decisão do Brasileirão. 16 minutos: Edmundo lança Evair, que domina, dá um corte seco em Augusto e bate firme, de canhota – 11º gol do Matador com a camisa vascaína. Aos 23, Leandro Amaral empata. O time do Canindé ainda tem uma chance clara para virar o placar, antes de Ramon colocar o Vasco novamente à frente: 2 a 1.

Segundo tempo: em noite inspirada, Evair atua como um verdadeiro maestro, coordenando praticamente todas as ações do ataque. Branco empurra contra o próprio patrimônio, a dois minutos do final. Revoltado com o placar adverso, o destrambelhado atacante Alex Alves tenta atingir Felipe com dois golpes de Capoeira. Os 3 a 1 demonstram que o título parece estar cada vez mais próximo de São Januário.

Maracanã, quarta-feira 3 de dezembro de 1997, 75.493 torcedores, Vasco da Gama x Flamengo: para chegar à decisão, o Rubro-Negro precisa vencer Vasco e Portuguesa, e ainda torcer por um tropeço do rival diante do Juventude, em casa, na última rodada. O Flamengo sabe que precisa definir no início e agride. Mas o Vasco tem Edmundo e Evair. O Garçom coloca o camisa 10 de frente para o gol; no arranque, quatro zagueiros ficam pelo caminho, Clemer é driblado e a bola morre no fundo das redes: 1 a 0. Um gol antológico, a 16 minutos de jogo!

O Flamengo acusa o golpe, mas a expulsão de Nélson, aos 35 minutos, o recoloca no jogo. Segundo tempo: um simples toque de ombro de Edmundo deixa Júnior Baiano e Clemer para trás: 2 a 0. Fúria rubro-negra, quebra-quebra geral nas arquibancadas. Muitos torcedores sequer assistem Júnior Baiano cobrar o pênalti que diminui o escore, aos 39.

Três minutos depois, Edmundo faz mais um. E os flamenguistas, atônitos, ainda assistem Maricá anotar outro, na última volta do ponteiro: Vasco 4 a 1. Fora o baile e com um jogador a menos: "Nossa vantagem era muito grande. Tínhamos certa tranquilidade, pois sabíamos que eles iriam sair pro jogo e que, no contra-ataque, poderíamos contar com a velocidade do Edmundo". Sacado no intervalo, Evair comemorou nos vestiários a passagem do Vasco à decisão do Campeonato Brasileiro de 1997. Na qual teria como adversário um velho conhecido.

Use o app e veja os gols de Vasco 4x1 Flamengo.

Ao marcar seu terceiro gol contra o Flamengo, Edmundo chegou à marca de 29 tentos no Campeonato Brasileiro. Índice histórico: exatos vinte anos depois, a marca de Reinaldo, do Atlético Mineiro – artilheiro do Brasileirão de 1977, com 28 gols –, estava quebrada. Edmundo acabara de se tornar o maior artilheiro de todos os tempos em uma única edição do Brasileirão. Recorde que perduraria por seis anos.

Domingo, 7 de dezembro, Maracanã: Vasco da Gama x Juventude, última rodada das semifinais, apenas para cumprir tabela. Antônio Lopes poupou vários titulares: 1 a 1.

Antes da decisão, Evair viajou a Crisólia para recarregar as baterias. Numa andança por Ouro Fino, encontrou um velho conhecido, Rastelli, torcedor fanático do Vasco da Gama, cuja reação desanimada o surpreendeu: "Chegamos à final, já está de bom tamanho!". A resposta veio "na lata": "E você já me viu entrar em campo pra perder. Que conversa é essa?! Vamos pra cima. E seremos campeões!".

O grupo B das semifinais foi formado por Internacional-RS, Atlético-MG, Santos e Palmeiras. Após uma campanha irregular durante toda a competição, o Verdão de Luiz Felipe Scolari foi impecável nas semifinais: na estreia, 1 a 0 no Internacional-RS, no Morumbi; depois, 3 a 3 com o Santos, e 1 a 0 no Galo, em pleno Mineirão. No retorno, mais três vitórias: Atlético-MG (3 a 1),

Santos (1 a 0) e Inter (1 a 0), no Beira-Rio. Campanha ainda melhor que a do Vasco no outro grupo. Mas o time da Cruz de Malta iria à decisão com a vantagem de dois empates, por conta da melhor campanha geral. E com Edmundo e Evair, velhos conhecidos do Palestra Itália, como principais trunfos.

Domingo, 14 de dezembro de 1997, Morumbi: primeira partida da decisão do Campeonato Brasileiro. Edmundo é implacavelmente caçado pela zaga esmeraldina desde o pontapé inicial – a ponto de sofrer penalidade clara de Cléber, não assinalada por Antônio Pereira da Silva. Depois, só dá Palmeiras. No último minuto, Zinho cobra falta e a torcida alviverde explode nas arquibancadas: a bola toca a rede pelo lado de fora.

No segundo tempo, Roque Júnior acerta Edmundo por trás. Irritado com a marcação, o atacante joga a bola contra o peito do zagueiro e recebe o terceiro cartão amarelo: a estrela vascaína está fora do segundo jogo da decisão. Alex cobra falta na trave. A nove minutos do final, Edmundo tenta acertar um "coice" em Cléber e é expulso. A tensão se espalha: irritado com a demora na cobrança de um lateral, Felipão joga a bola em Válber, recebe outra bolada de troco e, no revide, também é expulso. Confusão armada, trocas de insultos e empurrões entre vários jogadores. Confirmado o 0 a 0 no placar, ao Vasco bastava um novo empate, no Maracanã, para ficar com a taça.

Durante a semana que antecedeu a segunda partida, viria à tona a astuciosa manobra da diretoria vascaína nos bastidores da Justiça Desportiva. Ao receber o terceiro cartão amarelo, Edmundo estava automaticamente excluído da partida decisiva, punição à qual não cabia recurso. Em função de sua posterior expulsão, passaria a ser imputada automaticamente a pena para a maior infração – o cartão vermelho –, à qual cabia o efeito suspensivo. Trocando em miúdos: o cartão amarelo puniria, o vermelho absolveu! Coisas do Brasil!

Corria o boato de que, cientes da questão, diretores vascaínos teriam orientado Edmundo a forçar a expulsão. Verdade ou não, o fato é que o atleta jogaria a final, gerando enorme chiadeira por parte do Palmeiras. Totalmente fora de propósito, já que a equipe de Parque Antártica sorvia do próprio veneno: três anos antes, exatamente o mesmo artifício permitira as escalações de Antônio Carlos e Edmundo, na partida decisiva contra o Corinthians, pelo Brasileirão.

Maracanã, domingo, 21 de dezembro de 1997. O Vasco da Gama está prestes a conquistar o terceiro título brasileiro de sua história. E vai a campo com Carlos Germano; Válber, Odvan, Mauro Galvão e Felipe; Luisinho, Nasa, Juninho Pernambucano e Ramon; Edmundo e Evair. Força máxima! O onze esmeraldino forma com Velloso; Pimentel, Roque Júnior, Cléber e Júnior; Galeano, Rogério, Alex e Zinho; Euller e Viola. Expulso no jogo anterior, Felipão assiste à partida do banco, graças ao famigerado efeito suspensivo.

Segundos antes da bola rolar, uma imagem marcante: Edmundo e Evair lado a lado, juntos novamente em uma decisão, aguardam o trilo do apito. Só que, dessa vez, envergam o manto sagrado do Club de Regatas Vasco da Gama. Nas arquibancadas um fato chama a atenção:

coirmãs por opção, as duas torcidas fazem uma festa conjunta, a exemplo do que já ocorrera em São Paulo. Com quase dez minutos de atraso, por conta do excesso de "penetras" no gramado, 89.200 pessoas começariam a viver as fortes emoções da decisão. Iniciada com um toque de Evair.

Minutos iniciais: Edmundo cobra falta, a bola desviada sobra para Evair, livre de marcação; o arremate de canhota não é dos melhores, e Velloso vai buscar. Aos 30 minutos, Alex tabela com Zinho e aparece na cara do gol: a bola cai no pé errado e o chute sai fraco, à direita da meta. Falta na entrada da área: Edmundo cobra, Velloso toca com as pontas dos dedos e a bola explode no travessão. O último lance do primeiro tempo decretava a justiça no placar: 0 a 0.

As duas equipes retornam para a segunda etapa com a mesma formação. 14 minutos: o chute rasteiro de Edmundo passa por Velloso e tem endereço certo, Cléber salva em cima da linha, a bola bate em Roque Júnior e quase entra. O lance incendeia a massa vascaína! E também Edmundo, que após drible desconcertante em Cléber e Júnior, só não marca no minuto seguinte graças à coragem de Velloso.

Nasa acerta uma cotovelada involuntária em Viola: o choque é forte e o palmeirense deixa o campo provisoriamente. Retorna ao gramado no mesmo instante em que Oséas entra na vaga de Alex, não suporta mais que um minuto e praticamente desmaia em campo, deixando o gramado de maca, inconsciente, com suspeita de fratura facial – não confirmada posteriormente.

Aos 33 minutos, Antônio Lopes coloca o volante Nélson no lugar de Evair, que sai de campo ovacionado pela torcida: no pouco tempo restante, se juntará a ela como mero torcedor pelo título vascaíno. O jogo atinge contornos de alta dramaticidade nos cinco minutos finais: a dois do encerramento, Pimentel cruza e Oséas, quase dentro da pequena área, cabeceia em cima de Carlos Germano. Era a bola do jogo: o Verdão é desânimo só.

A quantidade de torcedores à beira do gramado é absurda, o tempo regulamentar está esgotado. O Palmeiras tenta ainda uma vez nos acréscimos, sem sucesso. Os vascaínos não arriscam soltar o grito de "é campeão" antes da hora. Os três minutos de acréscimo parecem maiores que todo o tempo transcorrido anteriormente. Enfim, o trilo do apito. O Maracanã explode em festa: o Vasco da Gama é tricampeão brasileiro de futebol! Tal e qual Evair.

Na celebração vascaína, o contraste: um ritual inédito e excitante para jovens como Felipe, Juninho Pernambucano e Pedrinho – e rotineiro para craques do porte de Mauro Galvão, Válber, Edmundo e Evair. A mescla proposta por diretoria e comissão técnica no início da competição dera o melhor dos resultados. Se o Vasco não fora superior nos dois jogos decisivos, o fez, sem sombra de dúvidas, ao longo da competição: o título estava nas mãos do melhor time do Brasil.

Por ironia do destino, Evair comemoraria sua terceira conquista nacional sobre o clube com o qual mais se identificara ao longo da carreira: "Todos sabem da minha ligação com o Palmeiras, do respeito, do quanto eu gosto do clube. Mas eu tenho que gostar mais dos companheiros que estão ao meu lado, pois são eles que me ajudam no dia a dia".

Profissional exemplar, Evair seria peça fundamental na conquista vascaína: "Fiz uma função diferente. Jogava como pivô, pro Edmundo e pros avanços do Ramon e do Juninho. Também tinha a obrigação de não deixar os volantes adversários saírem pro jogo". O craque considera a dupla formada com Edmundo, no Vasco, melhor que o ataque de anos antes, no Palmeiras: "No Vasco, tínhamos mais experiência: eu estava com 32 anos, ele tinha passado por muitas dificuldades e as superado. Antes, tinha hora que era pra cruzar e ele chutava. No Vasco, não. Com o amadurecimento, você tende a crescer. E o Antônio Lopes é um técnico extremamente sério, faz tudo muito direito. Se preocupa com o lado emocional dos jogadores e estimula a amizade do grupo também fora de campo".

Gisele descreve um fato pitoresco daquela conquista: "Nas finais, o time ficou quase duas semanas concentrado no hotel. Então, eu levava pra lá as duas coisas sem as quais o Evair não conseguia ficar na vida: a Victoria e uma marmita com a minha comida (risos)".

Além de se tornar o maior artilheiro em uma única edição do Campeonato Brasileiro, Edmundo quebraria outros dois recordes durante a competição: marcar seis gols em uma única partida e atingir o posto de segundo maior artilheiro vascaíno na soma de todos os certames, com 51 gols – à frente dele, apenas o insuperável Roberto Dinamite, com 181. Além do reconhecimento ao talento de Edmundo, estrela maior da conquista, havia outra unanimidade em relação ao time cruzmaltino: grande parte do sucesso do camisa 10 se devia à extrema qualidade do futebol de seu parceiro de ataque, o Garçom Evair.

Os heróis vascaínos na conquista do Tricampeonato Brasileiro foram Carlos Germano, Márcio e Caetano (goleiros); Válber, Felipe, Maricá, Filipe Alvim, Cafezinho e César Prates (laterais); Mauro Galvão, Odvan, Moisés, Alex, Espíndola e Fabiano Eller (zagueiros); Luisinho, Nasa, Juninho Pernambucano, Pedrinho, Ramon, Nélson e Fabrício (meio-campistas); e os atacantes Mauricinho, Luís Cláudio, Sorato, Brener, Edmundo e Evair.

Pouco mais de seis meses atuando com a camisa vascaína seriam suficientes para alçar Evair à condição de ídolo da torcida: além de formar o melhor ataque da competição – 69 gols, recorde em todas as edições antes do sistema por pontos corridos –, o craque seria um dos símbolos do amadurecimento da equipe que, além do Brasileirão, conquistaria a Copa Libertadores da América no ano seguinte.

O histórico do atacante em São Januário contabilizava 11 gols em 36 jogos. Números que o credenciavam a permanecer no clube para a temporada seguinte, mas pouco valorizados pelo então diretor de futebol Eurico Miranda: "A proposta de renovação de contrato que chegou até mim era menor do que eu ganhava. Então, entendi aquilo como uma maneira de dizer 'muito obrigado, pode ir'. O Eurico é diferente, é aquele dirigente que quer participar do dia a dia dos jogadores, dar palpites. E até hoje não me pagou o prêmio do título! Não me pagou pela conquista de 1997 e diz que não me deve".

Diante da proposta apresentada pelo Vasco da Gama, Evair deixaria o clube imediatamente após a conquista do título brasileiro: "O Eurico Miranda achou que poderia diminuir meu salário. Pelo menos foi isso que chegou até mim. Como, sendo campeão, iriam abaixar o que eu ganhava?! Não aceitei". Apresentando um futebol de altíssimo nível, o craque, do alto de seus 32 anos, ainda despertava interesse em vários clubes brasileiros do primeiro escalão. E, rapidamente, estaria de malas prontas para sua nova morada: outra casa portuguesa, com certeza. Dessa vez, em São Paulo.

O ÚNICO TANGO EM SÃO PAULO

No início de 1998, a promessa da cartolagem brasileira era, enfim, dar rumos mais profissionais ao esporte. A primeira medida foi a redução dos campeonatos estaduais: em quase todas as federações, as competições iriam, no máximo, até o mês de maio. Em São Paulo e no Rio de Janeiro, os grandes clubes entrariam na disputa apenas na fase decisiva. Antes disso, jogariam o Torneio Rio-São Paulo, mais rentável.

No caso do Paulistão, o grupo de alimentação VR comprou as rendas da competição por cinco anos, período no qual arrecadaria toda a receita com vendas de ingressos. Até lá, se encarregaria de pagar uma cota fixa para os clubes: os quatro grandes levariam 500 mil reais por mando de jogo; Portuguesa e Guarani, 140 mil; e os demais, 100 mil.

Após o sucesso da cogestão Palmeiras-Parmalat, os clubes dedicariam maior atenção às cotas de patrocínio e das transmissões pela televisão. Embalados pela novidade, começariam a temporada gastando por conta dessas cotas. O suposto "Eldorado" chegou a mexer com o mercado externo, provocando o retorno de uma leva de jogadores que atuavam no exterior.

No Palmeiras, Felipão começou a moldar um time à gaúcha, com a chegada de Arce, Arílson e Paulo Nunes, seus ex-atletas de Grêmio. O Corinthians apostava na manutenção da base de 1997, que, apesar de nomes como Ronaldo, Rincón e Edílson, escapara do rebaixamento à Série B do Brasileirão apenas na última rodada. As novidades seriam Vampeta, Gamarra e o retorno de Marcelinho Carioca, graças à FPF, que comprara o jogador e o leiloara entre os quatro grandes, através de uma campanha no disque 900.

O São Paulo manteve Rogério Ceni, Márcio Santos, Aristizábal, Denílson e Dodô – e contratou o volante Capitão e o meia Carlos Miguel. O Santos, mesmo em delicada situação financeira, apresentava-se com um time respeitável, com Zetti, Marcos Assunção, Jorginho – o mesmo que fora afastado no Palmeiras junto com Evair – e Müller.

Com a presença de grandes craques, a promessa era de um Paulistão empolgante. Enquanto isso, nos demais estados, a pindaíba continuava a mesma – inclusive com times tradicionais sequer confirmando suas participações nos certames locais.

Sempre relegado à condição secundária, o torcedor luso se acostumara a ver sua equipe menos badalada que os demais grandes do estado. Mas, ao iniciar a temporada 1998, a Portuguesa se projetava como aspirante à conquista do título paulista: a zaga formada por César e Émerson era considerada uma das mais sólidas do Brasil; o lateral esquerdo Augusto fora cobiçado por inúmeros grandes clubes, desde que se destacara no Goiás; o volante Bruno Quadros viria do Flamengo – junto com o meia Evandro – para suprir a ausência de Capitão. Jogadores que, somados à manutenção do goleador Leandro Amaral, geravam boas expectativas.

O agito era tanto pelos lados do Canindé, que até o meia Paulo Futre, um dos maiores jogadores portugueses de todos os tempos, chegou a posar com a camisa da Lusa – mas abandonaria o barco após desentender-se com a diretoria. Fracasso ofuscado por outra contratação de impacto: em parceria com a Federação Paulista de Futebol – que visava tornar o Paulistão mais equilibrado, criando possibilidades reais de conquista entre todos os grandes times e fortalecendo as equipes do interior –, a Portuguesa traria um craque para ocupar o posto de estrela da companhia. E ele atendia pelo nome de Evair.

A Associação Portuguesa de Esportes foi fundada em São Paulo no dia 14 de agosto de 1920, através da fusão de cinco clubes ligados às tradições portuguesas: Lusíadas, 5 de Outubro, Lusitano, Marquês de Pombal e Portugal Marinhense. Ávida por participar do Campeonato Paulista de Futebol naquele mesmo ano, fundiu-se ao *Mackenzie*, time de estudantes do *Mackenzie College*. Com essa parceria, disputou os estaduais pela APEA – Associação Paulista de Esportes Atléticos – entre 1920 e 1922. Finda a parceria, disputaria seus jogos com a denominação Portuguesa de Esportes. A denominação atual – Associação Portuguesa de Desportos – foi adotada em 1940.

Nos anos 1950, a Lusa conquistou o título de Tricampeã da Fita Azul do Futebol Brasileiro, troféu entregue pelo jornal A Gazeta Esportiva ao time que atingisse a difícil marca de dez jogos invictos fora do país. Era a época de craques do porte de Cabeção, Djalma Santos, Brandãozinho, Ipojucan, Pinga, Simão e Julinho Botelho, responsáveis pela conquista da Taça San Isidro, competição realizada anualmente por conta das comemorações do aniversário do Atlético de Madrid: no dia 16 de maio de 1951, diante dos 70 mil presentes ao estádio Metropolitano, a Lusa bateu os donos da casa por 4 a 3.

Glórias às quais se somariam o bicampeonato do Torneio Rio-São Paulo, em 1952 e 1955, os três títulos do Campeonato Paulista (1935, 1936 e 1973 – dividido com o Santos) e o vice-campeonato Brasileiro de 1996. Além do esquadrão da década de 1950, a Lusa ostentou em suas fileiras craques que fariam inveja a qualquer grande time em nível mundial: Filó, Machado, Jair Costa, Leivinha, Marinho Peres, Badeco, Dicá, Enéas, Roberto Dinamite, Dener, Zé Roberto e Rodrigo Fabri, entre outros. Além de Ivair, o Príncipe. Nomes aos quais juntava-se agora o de Evair.

A primeira fase do Paulistão 1998 seria disputada sem a presença de Palmeiras, Corinthians, São Paulo e Santos. Nessa etapa, os doze participantes se dividiram em dois grupos com seis equipes cada, dos quais os quatro primeiros avançariam à fase seguinte. Os dois últimos colocados de cada chave disputariam um quadrangular final, do qual o "lanterna" seria rebaixado à série A-2.

Sob comando de Eduardo Amorim – que substituíra Carlos Alberto Silva –, a Portuguesa integrou o grupo 1, ao lado de Ituano, Portuguesa Santista, União São João, São José e Juventus. E fez o jogo de abertura da competição, em 17 de janeiro, em Itu: derrota para o Ituano (3 a 1). Dois dias depois, 2 a 1 no São José, no Canindé, de virada, gols de Leandro Amaral.

22 de janeiro de 1998, Copa do Brasil, estádio Evandro Almeida: Clube do Remo x Portuguesa, diante de apenas 2.347 espectadores. Distante da torcida, Evair realizou sua primeira jornada com a camisa rubro-verde. E pouco fez na derrota por 2 a 0, resultado que colocava a Lusa em situação difícil na competição nacional.

Na volta de Belém, uma sequência irregular no Paulistão: Juventus (derrota por 1 a 0), na Rua Javari; União São João (1 a 1) e 2 a 1 sobre a coirmã Santista, no Canindé. Evair começava a destacar-se na assistência aos companheiros, mas em quatro jogos com a camisa rubro-verde ainda não marcara, fato jamais ocorrido em nenhuma outra equipe. Da partida contra o Moleque Travesso, guarda uma lembrança: "Perdi um pênalti naquele dia. Eu e o goleiro deles fomos sorteados para o exame antidoping. Quando nos encontramos, senti um leve sorriso de ironia no rosto dele. Pensei: – Vai ter volta".

Canindé, quarta-feira, 4 de fevereiro de 1998, jogo de volta pela Copa do Brasil: a Lusa precisa de uma vitória por, no mínimo, três gols de diferença para avançar à segunda fase. Sorte dos pouco mais de 1.600 pagantes que tiveram o privilégio de acompanhar uma inesquecível jornada rubro-verde. Com 9 minutos de bola rolando, Evair anota seu primeiro gol pela Lusa, abrindo caminho para a classificação. Ao marcar, de pênalti, cinco minutos depois, Leandro Amaral deixa tudo igual na soma dos resultados: a Portuguesa precisa de um gol para ficar em vantagem. E ele vem a um minuto do fim da primeira etapa, novamente com Leandro.

Em nenhum momento a equipe é ameaçada pelos paraenses no segundo tempo. E aumenta a vantagem: 5 a 0. Eduardo Amorim começava a encontrar a equipe ideal; Evair, o maestro, afinava a parceria com Leandro Amaral; e a torcida rubro-verde começava a acreditar que aquele realmente poderia ser um ano diferente.

A sensação de otimismo cederia lugar à velha desconfiança: ao iniciar o returno da primeira fase do Paulistão, a Portuguesa precisava de resultados para afastar a instabilidade na competição. No jogo da volta contra o Ituano, em pleno Canindé, foi batida por 3 a 1. A situação ficou ainda pior na rodada seguinte: no estádio Martins Pereira, derrota por 3 a 2 para o São José, com direito a uma virada surpreendente no crepúsculo do jogo. O resultado tirava a Portuguesa da zona de classificação à segunda fase. E confirmava a tese de que certas coisas só acontecem pelas bandas do Canindé.

Todos tinham a convicção de que a equipe rubro-verde fora bem montada no início da temporada. Diante da qualidade do plantel, natural que houvesse questionamentos sobre o desempenho ruim no Paulistão. Após duas derrotas, acabou sobrando para o treinador: Eduardo Amorim foi demitido antes da partida decisiva diante do Juventus. Para seu lugar, a diretoria apostaria num velho conhecido: Candinho.

Vice-campeão brasileiro com a Portuguesa em 1996, sua passagem mais marcante no futebol tupiniquim, o treinador – cujo maior feito fora classificar a Seleção da Arábia Saudita para a disputa de uma Copa do Mundo, pela primeira vez na história, em 1993 – parecia ser o nome ideal para conduzir a nau lusitana a mares mais calmos na temporada.

Portuguesa e Juventus integram o seleto grupo de equipes profissionais da capital, fato que confere ao embate entre ambos o *status* de clássico paulistano – historicamente denominado Dérbi dos Imigrantes. Detentores da simpatia de praticamente todos os torcedores dos grandes clubes do estado, se enfrentaram em 15 de fevereiro, no Canindé. Diante de apenas 1.688 torcedores, ambos jogavam suas últimas fichas na competição: o perdedor estaria praticamente condenado a disputar o quadrangular que definiria o rebaixamento à Série A-2.

O estreante Candinho mandou a campo Fabiano; Walmir, Émerson, Elvis e Augusto; Alex, Carlinhos, Aílton e Evandro; Leandro Amaral e Evair. O que parecia um placar apertado, até os 35 minutos da segunda etapa, transformou-se em goleada histórica: ao vencer por 5 a 1, a Portuguesa quebrava um mini tabu de três jogos sem vitória sobre o Juventus. Mas fechava a rodada na 5ª colocação do grupo, a um ponto da zona de classificação à fase seguinte. Teve a volta, conforme previra o Matador!

18 de fevereiro, Canindé, jogo de ida pela Copa do Brasil: contra o Sport Recife, a Lusa vai a campo com força máxima. Aos 10 minutos, Evair abre o placar. Que seria ampliado por Aílton, aos 35. Resultado final: 2 a 1. Escore perigoso em uma competição onde o gol marcado fora de casa vale dois nos critérios de desempate.

Novamente estabelecido em São Paulo, Evair conquistou a torcida rubro-verde de imediato: pelas alamedas do Canindé, cantava-se aos quatro ventos que sua contratação fora um dos maiores acertos da Portuguesa nos tempos recentes. As duas vitórias em dois jogos davam tranquilidade a Candinho para ajustar a equipe. Otimista como há tempos não se via, o torcedor luso transmitia confiança ao plantel. A vitória por 1 a 0 sobre o União São João, em 21 de fevereiro, colocava a Lusa na zona de classificação, a um empate da fase seguinte do Paulistão 1998.

Gisele recorda: "Eu sou paulistana, nasci e fui criada na região da Lapa, na Vila Anastácio. O meu pai é da Zona Leste e adora futebol, torcedor da Portuguesa. A passagem do Evair pela Lusa, pra nós, foi muito legal. Meu pai ficou feliz demais quando o Evair foi pra lá. Nossa família frequentava o clube há tempos... O ambiente é muito gostoso, a gente adorava ir aos eventos, à festa junina. Eu mesma não perdia um show do Roberto Leal. É muito triste passar lá hoje e ver no que tudo aquilo se transformou".

1º de março, clássico lusitano no estádio Ulrico Mursa, em Santos. 14 minutos: Leandro Amaral vai à linha de fundo e cruza para Evair abrir o placar. Em tarde inspiradíssima, ele passa de Matador a Garçom, na assistência para Evandro: 2 a 0, aos 42. Sobrando em campo, a Portuguesa ainda faz o terceiro, novamente com Evandro, dois minutos depois. E o quarto, com Leandro Amaral, já nos acréscimos! Os 4 a 0 antes do intervalo deixavam a equipe tranquila e classificada à segunda fase do Paulistão. Seria assim em qualquer clube do planeta. Já no Canindé...

Segundo tempo: irreconhecível, a Portuguesa toma sufoco desde o apito inicial, mas segura o placar e a classificação parece encaminhada. Até Cláudio Milar diminuir para a Portuguesa Santista, a dez minutos do encerramento: o suficiente para transformar uma partida ganha em mais uma daquelas inesquecíveis e sofridas jornadas rubro-verdes.

Um minuto e meio depois, Luís Gustavo aparece livre de marcação, no meio da área, e enche o pé, marcando para a Briosa: 4 a 2. Nova saída de bola, recuperação adversária, arrancada para a área e pênalti – que Nildo cobra com perfeição: 4 a 3. Três gols sofridos em apenas quatro minutos! O desespero estampado no rosto de Candinho, à beira do gramado, é a tradução exata da equipe em campo.

A Portuguesa se defende como pode. A coirmã caiçara precisa de dois gols nos poucos minutos que faltam para seguir adiante no Paulistão. E chega ao empate a um minuto do fim do tempo regulamentar, com o zagueiro Toninho – ex-Palmeiras. Os quatro minutos finais duram uma eternidade! Oscar Roberto de Godói trila apita: o 4 a 4 coloca Evair e cia na segunda fase do estadual. A Portuguesa Santista está eliminada, mas deixa o gramado aplaudida entusiasticamente por sua pequena e fanática torcida. Oito gols somente em um lado do campo, fato provavelmente único na história do futebol mundial. Coisas da Portuguesa!

Todas as emissoras de rádio que cobriram a partida apontaram Evair como o melhor jogador em campo: além de marcar o primeiro gol, deu assistências primorosas e foi fundamental no ajuste emocional da equipe durante o momento mais difícil do jogo. Fatores que transformavam uma partida aparentemente comum, em uma das maiores exibições ao longo de sua carreira.

Quarta-feira, 4 de março de 1998, Sport e Portuguesa, na Ilha do Retiro: em apenas 28 minutos de bola rolando, o placar já aponta 4 a 0 para os donos da casa. Desnorteada, a Portuguesa diminui com Leandro Amaral, aos 42. Ainda eram necessários dois gols para avançar à fase seguinte. Evair fez um, aos 15, reacendendo as esperanças: 4 a 2. Mas o Sport administraria o placar até o apito final. A Portuguesa estava eliminada da Copa do Brasil.

Ituano, São José, Portuguesa e União São João seriam os classificados no grupo 1. Pelo grupo 2, avançaram Rio Branco, Guarani, Mogi-Mirim e Matonense. Portuguesa Santista, Juventus, Inter de Limeira e Araçatuba disputaram o Grupo da Morte, do qual o Juventus foi rebaixado para a Segunda Divisão do Paulistão.

Na segunda fase, o grupo 3 contava com Palmeiras, Corinthians, Guarani, Ituano, Mogi-Mirim e União São João. A Portuguesa integraria o grupo 4, ao lado de São Paulo, Santos, Matonense, Rio Branco e São José. Apenas os dois primeiros de cada chave avançariam às semifinais.

Se havia alguma dúvida sobre o desempenho da Portuguesa na sequência do Paulistão, ela começaria a ser sanada diante do Rio Branco, em Americana: 2 a 2 – um gol de Evair, cobrando pênalti. Em 11 de março, no Canindé, contra a Matonense, a tradicional carga de dramaticidade. Após abrir 3 a 0, a Lusa viu o adversário encostar no placar e passou sufoco nos cinco minutos finais: 3 a 2. Quatro dias depois, 2 a 1 no São José, fora de casa – mais um gol de Evair. Com 7 pontos ganhos em três jogos, a Lusa liderava o grupo, um ponto à frente do São Paulo. E entrava com moral para a disputa dos dois clássicos que fechariam o turno.

Candinho encontrara a formação ideal, e Evair, líder do elenco, atravessava um dos momentos mais iluminados da carreira. Diante desse panorama, a Portuguesa enfrentou o São Paulo, no Morumbi, em 17 de março de 1998. Apenas 4.825 torcedores acompanharam um dos jogos mais monótonos do Paulistão: 0 a 0. Placar repetido quatro dias depois, diante do Santos, no Canindé.

No início do returno, a Portuguesa seria arrasadora: 5 a 1 no Rio Branco, 2 a 1 na Matonense e 3 a 0 no São José. Invicta a oito jogos, deixava sua classificação praticamente encaminhada. Tanto, que nem sentiria as derrotas para São Paulo (3 a 1), no Canindé, e Santos (3 a 2), na Vila Belmiro. Com 18 pontos, a Lusa terminou essa etapa na 2ª colocação do grupo, quatro pontos à frente do Santos, classificando-se às semifinais do Paulistão.

Três equipes disputariam palmo a palmo as duas vagas do outro grupo. Ao final das dez rodadas, o Corinthians terminou na liderança, com 20 pontos – um a mais que o Palmeiras. O adversário da Portuguesa seria o Alvinegro. Do outro lado, o Choque-Rei. Daí sairiam os finalistas do Campeonato Paulista.

18 de abril de 1998, 75 mil torcedores no Morumbi, primeira partida das semifinais do Campeonato Paulista. Novamente em uma decisão diante do Corinthians, Evair teria como adversários três ex-companheiros dos tempos de Palmeiras – Rincón, Edílson e Vanderlei Luxemburgo. E sabia que pesava sob seus ombros a missão de devolver a alegria a uma torcida tão sofrida, cuja última conquista expressiva fora há longínquos 25 anos. Responsabilidade ainda maior diante de seu excelente retrospecto em decisões contra o Corinthians. Placar final: 1 a 1 – Didi marcou para o Alvinegro, Aílton empatou para a Lusa. O resultado dava ao Corinthians a vantagem do empate no jogo da volta. Mas deixava claro que a Portuguesa tinha totais condições de reverter tal situação.

Morumbi, domingo 26 de abril de 1998. 61.428 torcedores presentes ao jogo que apontará a segunda equipe classificada à decisão do Paulistão. Nenhum deles poderia imaginar que estivesse prestes a testemunhar uma das mais polêmicas partidas de toda a história do futebol brasileiro. A Federação Paulista optou pela escalação de um juiz estrangeiro: o argentino Javier Castrilli, cuja arbitragem jamais sairá da lembrança dos apaixonados por futebol.

O Corinthians vai a campo com Nei; Rodrigo, Cris, Gamarra e Silvinho; Romeu, Vampeta, Rincón e Souza; Marcelinho Carioca e Mirandinha. A Portuguesa, com Fabiano; Walmir, César, Marcelo e Augusto; Alex, Carlinhos, Alexandre e Evandro; Evair e Aílton. Dessa vez, é a Lusa quem sai na frente, com Aílton. Primeira polêmica da partida: a grande maioria dos veículos de comunicação aponta o impedimento de Evair – particularmente a TV Record, na transmissão narrada por Luiz Alfredo.

Apesar do tom inflamado da imprensa, ficaria claro depois que o lance era, no mínimo, extremamente difícil de ser assinalado: imagens captadas por diferentes emissoras de TV impossibilitavam afirmar com clareza se havia impedimento ou não. Em boa parte delas, Evair parecia estar na mesma linha da zaga. Ou um pouco adiantado, o que tornaria praticamente impossível a captação do lance sem o auxílio do recurso eletrônico.

7 minutos do segundo tempo: escanteio para o Corinthians, Castrilli aponta pênalti de Evair no zagueiro Cris. O contato existe, de fato, o agarra-agarra tão comum em lances de bola alçada na área, que a arbitragem brasileira, erroneamente, costuma não assinalar. Castrilli teria sido

preciso, não fosse um pequeno detalhe: outros lances idênticos ocorreram no decorrer daquela mesma partida e ele não marcou! Marcelinho Carioca corre e rola macio, rasteiro, no meio do gol: 1 a 1. Com 35 minutos de jogo pela frente, só a vitória interessa à Lusa.

Mais polêmica: Marcelinho Carioca é agarrado na lateral do campo; no revide, tenta chutar o adversário, recebe o segundo cartão amarelo e é expulso. O Corinthians reclamaria acintosamente do lance, sem mencionar a atitude infantil de seu atleta ao postar-se diante do goleiro luso interceptando uma reposição de bola, o que lhe rendeu o primeiro cartão do jogo. A vantagem de um atleta a mais era tudo o que a Lusa precisava.

32 minutos: falta na entrada da área, Leandro solta o pé, a bola desvia na barreira e, na dividida entre Aílton e Cris, sobra para Da Silva, em posição irregular, empurrar para as redes: 2 a 1. Diante da reclamação corintiana, a arbitragem assinala que o toque partira do zagueiro alvinegro, daí a não marcação do impedimento. Somente mais tarde, nas imagens da TV, pôde se ver que o toque partira do atacante rubro-verde. Lance irregular, difícil de ser marcado, segundo a narração de Luiz Alfredo: "Olha esse ângulo aí ó – do alto, quase na linha da bola –, a bola veio do toque do jogador corintiano e por isso não havia impedimento".

Na ausência de comprovações, sobram conjecturas. Qualquer afirmativa poderia soar leviana, mas o fato é que Castrilli pareceu querer compensar os "deslizes" anteriores: já nos acréscimos, Silvinho cruza à meia altura, o zagueiro César se projeta em direção à bola e faz o corte, quase agachado, visivelmente com a coxa. Mas o árbitro assinala toque de mão e aponta a marca da cal. Revolta total na equipe lusa! O capitão Evair e os demais atletas cercam o árbitro, que permanece irredutível. 49 minutos do segundo tempo: Rincón corre e bate seco, à meia altura. Bola num lado, goleiro no outro. É o último lance do jogo: o Corinthians está na final do Campeonato Paulista. E o sonho de milhares de torcedores rubro-verdes está sepultado.

Use o app e veja os lances da eliminação contra o Corinthians.

No momento da cobrança de Rincón, Evair tentou orientar o arqueiro Fabiano: "O Rincón treinava comigo no Palmeiras, então eu sabia que ele sempre batia daquela maneira, chapando a bola no canto esquerdo do goleiro". Infelizmente, o companheiro parece não ter dado muita atenção ao conselho do Matador.

Uma cena daquela partida ficaria marcada: o choro do zagueiro César, na descida aos vestiários, era tão extremado, que transmitia uma dor aguda, profunda, típica de quem sofre uma perda irreparável. Com certeza, nada que pudesse comover àqueles que enxergam o esporte pela ótica exclusiva do lucro e do benefício pessoal. Em detrimento do sentimento de milhões e milhões de almas apaixonadas pelo contagiante balé da bola.

"Uma desgraça argentina veio pro Morumbi hoje à tarde. Depois da pouca vergonha, um dos maiores equívocos do futebol brasileiro, está começando o Terceiro Tempo". Com essas palavras, o jornalista Milton Neves iniciou a transmissão de um dos mais tradicionais programas esportivos do pós-jogo paulistano. E arrematou, em tom raivoso: "Hoje não tem José Silvério com os dois gols do Corinthians. Os dois pênaltis não serão reprisados aqui. A Portuguesa foi lesada por um árbitro arrogante, incompetente e, parece, que meio desequilibrado. Uma coisa absurda!". Seria o início de um festival de pareceres divergentes.

No fim do jogo, questionado pelo repórter Luís Quartarollo, da rádio Jovem Pan, Evair foi extremamente sincero ao abordar o lance da penalidade: "A gente procura colocar o jogador na nossa frente pra que ele não suba pelas costas e faça o gol. Eu segurei, ele gritou, o árbitro estava do lado e marcou. É a primeira vez na minha carreira que deram um pênalti dessa maneira. Ele deu dois pênaltis que mudaram a história da Portuguesa, mudaram a minha vida e a de jogadores que chegaram até aqui com muita determinação. Achei que a arbitragem foi mal intencionada".

Milton Neves adicionou lenha à fogueira: "Qual a diferença de jogar com a camisa do Palmeiras e do Vasco, e de jogar com a camisa da Portuguesa?".
A réplica não poderia ser mais realista: "Jogar na Portuguesa é ter que matar dois leões por partida. É não esperar que, na dúvida, algo seja dado a seu favor. Ser determinado o tempo todo. E, antes de mais nada, é ter coração. É realmente mais difícil do que jogar no Palmeiras, no Vasco, porque, na dúvida, vai ser sempre contra a Portuguesa. Estou triste por essa vergonha que passei. Só não paro com a minha carreira hoje porque eu gosto muito de jogar futebol e a minha família precisa. Mas foi muito triste sair do Morumbi da maneira que nós saímos".

Nos vestiários, Candinho faria o seu desabafo: "Deu o que todo mundo queria: o Corinthians. Eu sou realista com isso não é de hoje. Eu amo a Portuguesa, mas tenho que trabalhar no Palmeiras, Corinthians ou São Paulo se quiser ser campeão. Senão, não vou chegar nunca".

A repercussão do pós-jogo dura ainda hoje: o lado corintiano insiste em afirmar ter sido prejudicado, por conta de dois gols sofridos em impedimento e pela "injusta" expulsão de Marcelinho Carioca – sem jamais abordar a questão das duas penalidades inexistentes pró-Corinthians.

Em relação ao impedimento de Evair, no lance do primeiro gol, ele próprio afirmaria estar um pouco adiantado. Isso, em um programa apresentado por José Luís Datena, na TV Record, após a partida – e depois de rever o lance inúmeras vezes: "Por aquela câmera de cima, dá pra ver que eu estava um pouquinho adiantado".

A seu lado na bancada, Vanderlei Luxemburgo defendeu ferrenhamente a tese da isenção do juiz. E rasgou elogios ao ex-atleta: "Eu sempre tive o Evair como um grande profissional. Pela seriedade, foi um dos melhores com quem eu trabalhei como treinador. E a resposta dele prova isso: ver a imagem e reconhecer que realmente estava um pouquinho adiantado mostra o seu caráter". E o treinador corintiano reconheceria, corajosamente, que o lance que resultou no gol da classificação de seu time fora originado por uma penalidade máxima inexistente.

Se mal intencionado ou não, o fato é que Javier Castrilli veio da Argentina e acabou com o espetáculo: "A impressão que tínhamos dentro de campo é que ele queria ser o espetáculo. E conseguiu!". E tirou da Portuguesa a chance concreta de lutar pelo título de campeã depois de mais de duas décadas de espera. O que sobra daquela partida é a memória de dois gols lusos impedidos, ambos em lances difíceis de serem assinalados sem o auxílio do recurso eletrônico. E de dois pênaltis marcados para o Corinthians: um existente, em lance corriqueiro, ao qual a arbitragem já fizera vistas grossas durante o jogo; e outro, absurdo, inexistente, no qual o juiz se encontrava em posição de visão privilegiada. Erros para ambos os lados, é fato, mas, aparentemente, com pesos e medidas bem diferentes.

Ainda hoje, Evair não mede palavras ao comentar o episódio: "A Portuguesa não bateu campeã por um detalhe. Detalhe não, uma grande diferença. Logicamente que ainda teria o São Paulo na final, poderia ter perdido. Mas vencer o Corinthians já seria uma grande conquista! E tinha totais condições pra isso. Nós tínhamos a consciência de que aquele jogo do Castrilli foi, no mínimo...".

Ao falar sobre o choro convulsivo de César, endurece o discurso: "É uma injustiça tão grande que a pessoa não consegue se conter. Foi uma situação muito chata, poderia ter sido feito algo pra evitar aquilo. Eu, como capitão daquele time, pela primeira vez fui cumprimentar um árbitro antes da partida e ele mal quis estender a mão pra mim. Não iria falar nada pra ele antes do jogo, apenas cumprimentar, como todo capitão faz. Até nisso ele já estava diferente! O resto da história todos conhecem. Havia muitos comentários nos bastidores, mas nada que tivéssemos presenciado. No futebol, nunca tem nada que realmente se possa comprovar. Mas o que aconteceu dentro de campo responde por tudo".

Na outra semifinal, o São Paulo de Nelsinho Baptista atropelou o Palmeiras de Felipão com duas vitórias incontestáveis (2 a 1 e 3 a 1), avançando à decisão. Na partida de ida, Corinthians 2 a 1. Na volta, em jogo que marcou o retorno de Raí ao Morumbi, após cinco anos no Paris Saint Gemain, um verdadeiro baile tricolor: 3 a 1, gols de Raí e França (2). O título paulista de 1998 ficou com o São Paulo. Assim quiseram os deuses do futebol.

O futebol brasileiro parou por conta da disputa da Copa do Mundo naquele ano. Administrando parcos recursos para a manutenção de um elenco tão qualificado, a Portuguesa permaneceu inativa por longo tempo. O retorno aos gramados ocorreria mais de dois meses após a fatídica partida contra o Corinthians, em uma série de cinco amistosos preparatórios para o Campeonato Brasileiro. Inicialmente, vitória por 2 a 1 diante do Guarani, no Canindé (04/07); e derrota por 5 a 1 contra o Santos, na Vila Belmiro (10/07).

A vitória por 3 a 1 sobre o Marítimo de Portugal, em 16 de julho, comemorava a 500ª partida da Lusa atuando em seu estádio. Fechando a série, 3 a 1 sobre o Marília, no Canindé (17/07), e derrota por 2 a 1 para o Internacional-RS, na cidade de Poá (19/07). Apenas uma semana separava a Lusa da estreia no Brasileirão.

O CANTO DO CISNE?

1998 ficou marcado pela solidificação da televisão como protagonista do cenário futebolístico brasileiro. As cotas pagas pelas emissoras eram responsáveis pela agitação do mercado, fomentando contratações de impacto nos principais clubes do país. Os valores movimentados começavam a atingir números estratosféricos, muito acima da capacidade de absorção do nosso futebol. De Norte a Sul, torcidas comemoravam a chegada de seus craques. Mas tudo indicava que o Brasileirão seria acompanhado à distância das arquibancadas.

Donas do espetáculo, Globo, Bandeirantes e Sportv exigiam a adaptação da tabela às suas grades de programação. O resultado não poderia ser mais absurdo: quase 10% das partidas da primeira fase seriam disputadas às quartas-feiras de tarde. Alguns afirmavam ser apenas uma medida para driblar a obrigatoriedade de transmissão do horário eleitoral gratuito, em ano de eleições presidenciais. Outros diziam tratar-se de imposição que atendia aos interesses da Rede Globo, por conta do choque com o horário de exibição de sua tradicionalíssima "novela das oito". Seja a verdade qual for, tal medida contribuiu muito para o esvaziamento dos estádios.

O Campeonato Brasileiro de 1998 foi disputado por 24 equipes: Fluminense – enfim –, Bahia, Criciúma e União São João, rebaixados, dariam lugar a América-MG e Ponte Preta. Na primeira fase, todos contra todos em turno único: os oito primeiros avançariam às quartas de final.

A Portuguesa manteve toda sua equipe titular para a disputa do Brasileirão, gerando expectativas de uma nova performance de alto nível. Em 26 de julho, no Canindé, diante do América-MG, Evair marcou o primeiro gol rubro-verde na competição – seu 11º com a camisa da Lusa. E deu o passe para Alexandre ampliar: 2 a 1. Com direito a atuação de gala, começava o sonho de Evair em busca do tão sonhado título brasileiro pela Associação Portuguesa de Desportos.

A sequência confirmaria as boas expectativas: 1 a 0 no Paraná, em Curitiba; 1 a 1 com o Coritiba, no Canindé; 2 a 2 com o América, em Natal. A primeira derrota viria em 16 de agosto, em casa, diante do Vitória-BA: 1 a 0. Depois, cinco partidas sem derrota: dois empates por 2 a 2, fora de casa, contra Atlético Paranaense e Cuzeiro; 1 a 0 no Atlético-MG – gol de Evair, cobrando falta – e 2 a 1 sobre o Vasco da Gama, já campeão da Libertadores, com o time completo e em pleno São Januário.

A quinta partida da série ocorreu no domingo, 6 de setembro, no Canindé, contra o forte Botafogo-RJ de Paulo Autuori. Em vinte minutos de jogo, o placar já apontava 2 a 0 para os cariocas. Evandro diminuiu aos 31. E a Portuguesa seria implacável após o intervalo: Leandro Amaral aos 8, 22 e 26 minutos, decretou a virada. Já nos acréscimos, Alexandre estabeleceu o placar final: 5 a 2. A Lusa começava a despertar preocupação nos demais postulantes ao título.

9 de setembro de 1998, Pacaembu: de um lado, o Corinthians de Vanderlei Luxemburgo, técnico da Seleção Brasileira; do outro, a Portuguesa de Candinho, seu auxiliar-técnico. O confronto colocava frente à frente os dois comandantes do selecionado nacional. Frustrando as expectativas de sua modesta torcida, a Portuguesa foi derrotada por 3 a 0, adiando a tão sonhada vingança pela perda no Paulistão.

Quatro dias depois, a recuperação diante do Flamengo, em pleno Maracanã. 52.340 torcedores assistem Evair subir de cabeça para abrir o placar. Romário empata; Marcos Assunção, cobrando falta, vira, aos 3 minutos da etapa complementar. Pimentel é expulso em seguida. Alexandre marca duas vezes e decreta o vira-vira luso: 3 a 2.

Já nos acréscimos, o desesperado goleiro flamenguista Clemer vai à área tentar o gol em uma cobrança de escanteio. No rebote da zaga, Leandro Amaral arranca em direção à meta adversária vazia, perseguido pelo ensandecido arqueiro rubro-negro: uma verdadeira cena de comédia pastelão que ilustrou o péssimo momento vivido pela equipe carioca.

Ao completar a nona partida sem vencer no Brasileirão, o Flamengo protagonizaria uma das situações mais absurdas da história: dias antes, o então presidente do clube, Kléber Leite, prometeu devolver o dinheiro do ingresso aos torcedores em caso de derrota diante da Lusa. Teve que honrar a palavra.

Evair relembra o discurso que fez para o grupo, na subida ao gramado: "Se fosse outra equipe, eles não fariam essa bobagem, dizer que vão devolver o dinheiro do ingresso se perderem. Fizeram isso porque é a Portuguesa, pra nos humilhar, na certeza de que vão ganhar da gente. Nós vamos deixar isso barato ou vamos dar a resposta em campo?".

Surrealista seria a história de um vendedor ambulante instalado na região do Maracanã. Antevendo que poucos torcedores se dariam ao trabalho de correr atrás do ressarcimento do valor de seus bilhetes, fez uma promoção, imediatamente após a partida: "troque seu ingresso por um cachorro-quente". Juntou um saco enorme, cheio deles, trocou nas bilheterias nos dias seguintes... E entrou numa grana preta!

Em 20 de setembro de 1998, a Portuguesa foi ao Pacaembu enfrentar um São Paulo a apenas um ponto da zona de rebaixamento à Segunda Divisão. Candinho mandou a campo Fabiano; Alex, Émerson e César; Ricardo Lopes, Carlinhos, Alexandre, Evandro e Augusto; Leandro Amaral e Evair. O São Paulo, de Nelsinho Baptista, formou com Roger; Zé Carlos, Rogério Pinheiro, Bordon e Serginho; Alexandre, Sidney, Carlos Miguel e Fabiano; Dodô e França. Escalação que o torcedor tricolor faz absoluta questão de esquecer.

Diante de 7.250 torcedores, a Portuguesa marca o primeiro a 24 minutos, no cabeceio de Émerson. Três minutos depois, quem cabeceia é o outro zagueiro, César. Na reposição de bola são-paulina, recuperação lusa, Augusto cruza para Leandro Amaral marcar, também de cabeça. 32 minutos: Carlinhos bate seco, à meia altura: 4 a 0. Quatro gols em oito minutos! O São Paulo está destruído em campo. Grande parte de sua torcida abandona as dependências do estádio a partir desse instante. Os que optam por permanecer viram de costas para o gramado, em sinal de protesto. Melhor assim: não assistiriam à humilhação ainda maior que a equipe rubro-verde estava por impor ao Tricolor.

22 minutos do segundo tempo: no rebote, Evandro enche o pé para marcar o 5º. Não bastasse o histórico passeio luso, dois minutos depois, um lance antológico: Ricardo Lopes bate da meia-cancha, a bola atravessa toda a extensão do campo e encobre Roger: 6 a 0. O São Paulo desconta, com Serginho e Marcelinho. Mas Da Silva – que acabara de substituir Evair –, a um minuto do final, dá números finais à partida: Portuguesa 7 a 2 São Paulo. Estava decretada a maior derrota da equipe do Morumbi em toda a história do Campeonato Brasileiro. Até hoje!

Use o app e veja os gols da goleada histórica da Lusa contra o São Paulo, 7x2.

A acachapante goleada sobre o São Paulo traria ainda mais equilíbrio à Portuguesa. Na sequência, 2 a 0 no Sport, no Canindé – 15º gol de Evair pelo clube –; 1 a 0 na Ponte Preta, também em casa; e derrota para o Goiás (3 a 1), no Serra Dourada.

7 de outubro, Portuguesa x Palmeiras, no Canindé. O placar apontava 1 a 1 quando, aos 19 minutos do primeiro tempo, os 11.713 torcedores presentes, palmeirenses em sua grande maioria, presenciaram uma cena histórica – e indesejável: gol de Evair. Pela primeira vez na carreira, *El Matador* deixava sua marca contra o time de Parque Antártica: "Nunca tive problema em comemorar um gol contra o Palmeiras. Marquei o primeiro jogando pela Portuguesa e celebrei normalmente. Mesmo porque, o palmeirense vai me respeitar por tudo aquilo que eu fiz pelo clube". Tristeza esmeraldina diante do gol sofrido pelos pés do ídolo! Compensada pelos anotados por Oséas e Júnior Baiano: Palmeiras 3 a 2.

Na sequência do Brasileirão, 2 a 1 no Juventude, em 10 de outubro, no Canindé. Partida que reservaria uma alegria adicional a Evair: o reencontro com Lori Sandri, treinador do time gaúcho. O mesmo que, quinze anos antes, fora responsável por sua ascensão à equipe profissional do Guarani.

Próximo ao encerramento da primeira fase, a Lusa colecionaria três empates pelo mesmo placar: 1 a 1, contra Santos, Guarani e Internacional-RS. Ausente diante do Bugre, fato raríssimo em sua passagem pelo Canindé, Evair voltaria à equipe para marcar o gol de empate diante do Colorado, seu 17º pela Portuguesa.

Depois, 3 a 1 no Bragantino, também em casa – e vaga garantida antecipadamente às oitavas de final do Brasileirão. Fechando a primeira fase, derrota para o Grêmio (4 a 2), no Olímpico. Fato ao qual o torcedor luso, de bem com a vida, não daria a menor importância.

No final de outubro de 1998, o árbitro argentino Javier Castrilli se aposentaria. Sempre polêmico, dias antes de anunciar seu afastamento dos gramados fez uma pesada acusação contra Jorge Romo, então presidente do Colégio de Árbitros da Argentina. Segundo a nota veiculada pelo portal UOL Esporte, em 29 de setembro de 1998, Castrilli teria afirmado, em depoimento à AFA, que o dirigente de arbitragem orientava seus comandados a "olhar a camisa de cada clube antes de apitar". Aposentado com uma idade baixa para os padrões da época (41 anos), Castrilli deixava a impressão de ter assimilado exemplarmente as orientações do ex-chefe.

O Corinthians fechou a primeira fase do Campeonato Brasileiro na liderança, com 46 pontos, um a mais que o Palmeiras. Na sequência, Coritiba, Santos e Sport. A Portuguesa de Desportos vinha a seguir, na 6ª colocação, com 40. Cruzeiro e Grêmio fechavam a relação dos oito classificados às quartas de final. O 1º colocado enfrentaria o 8º, o 2º o 7º, e assim sucessivamente. Os confrontos decisivos seriam: Corinthians x Grêmio, Palmeiras x Cruzeiro, Coritiba x Portuguesa e Santos x Sport.

A novidade a partir dessa fase ficava por conta dos *playoffs*: poderiam ser realizadas duas ou três partidas. Na necessidade da realização do terceiro confronto – caso ninguém vencesse dois jogos seguidos –, este se daria novamente na casa da equipe de melhor campanha geral.

O primeiro passo luso no mata-mata foi dado no feriado pela Proclamação da República, contra o Coritiba, no Canindé. Nas arquibancadas, mais de 20 mil apaixonados torcedores rubro-verdes! Aos 7 minutos, o susto: Macedo marca 1 a 0 para o Coxa. Seis minutos bastariam para confirmar que aquela Lusa era um time diferenciado: Leandro Amaral cabeceia firme para deixar tudo igual; e Alexandre vira o placar.

Começo do segundo tempo: Fabrício amplia para 3 a 1. O que se vê daí em diante é um verdadeiro baile à portuguesa, até o apito final. Festa contagiante nas arquibancadas! Nada que leve Candinho e seus comandados a alterar o discurso. Respeito ao adversário e pés no chão: as armas rubro-verdes para bater o Coxa em seus próprios domínios e seguir adiante na competição.

Domingo, 22 de novembro, estádio Couto Pereira: uma vitória colocaria a Portuguesa entre os quatro melhores times do Brasil. Diante da forte pressão adversária, a experiência de Evair foi fundamental para o equilíbrio da equipe em campo. O 0 a 0 no placar deixava a Lusa a apenas um ponto das semifinais.

Três dias depois, o cenário seria novamente Curitiba: pela terceira vez consecutiva, a Portuguesa formava com Fabiano; Alexandre Chagas, Émerson, César e Augusto; Simão, Carlinhos, Alexandre e Evandro; Leandro Amaral e Evair. Aos 15 minutos, João Santos sobe livre para marcar de cabeça: ao abrir o placar, o Coritiba estava nas semifinais. No fim da primeira etapa, o susto: Kléber chuta de longe e a bola explode no travessão. O massacre é Coxa, mas a sorte parece estar do lado luso.

34 minutos do segundo tempo: Gélson Baresi aparece no meio da zaga para marcar o segundo do Coritiba – com pouco mais de dez minutos pela frente, a Portuguesa estava fora das semifinais. Dois minutos depois, Claudinho aparece cara-a-cara com Fabiano e tem a chance de consolidar a tragédia lusa: displicente, tenta o gol por cobertura, com um toque de efeito. Pecado capital!

Sete minutos: o tempo necessário para o sofrido torcedor rubro-verde viver uma inesquecível noite de sonhos. Aos 38, Augusto cruza e César sobe livre para diminuir o placar. Última volta do ponteiro, Aílton corta o zagueiro e bate no ângulo esquerdo: 2 a 2. Gol que colocava a Portuguesa de Desportos nas semifinais do Campeonato Brasileiro.

Três paulistas – Portuguesa, Corinthians e Santos – e o Cruzeiro fariam as semifinais do Brasileirão 1998. Graças à eliminação palmeirense, a competição por pouco não se transformou em um mini Paulistão. A essa altura despontavam como destaques do certame Valdir "Bigode", do Atlético-MG, e Petkovic, do Vitória-BA, além do jovem Leandro Amaral, de apenas 21 anos, artilheiro da Portuguesa com 14 gols até então. Boa parte deles marcados com a valiosa colaboração do Garçom Evair.

A melhor campanha geral daria à Portuguesa a vantagem de decidir os *playoffs* semifinais no Canindé. A caminhada em busca da vaga na decisão começou em 29 de novembro, no Mineirão, diante de 90.482 torcedores, recorde absoluto de público na competição. O onze luso foi o mesmo das três partidas contra o Coritiba. O Cruzeiro, de Levir Culpi, formou com Paulo César; Gustavo, João Carlos, Wílson Gottardo e Gilberto; Marcos Paulo, Djair, Caio e Müller; Marcelo Ramos e Fábio Júnior. Seis selecionáveis!

Carlos Eugênio Simon autoriza o início do jogo. 12 minutos: no rebote de Fabiano, Marcelo Ramos anota 1 a 0 para o Cruzeiro. A Portuguesa chega ao empate dez minutos depois, com Leandro Amaral. Segundo tempo: pênalti para o Cruzeiro, aos 6 minutos – lance duvidoso, que Fábio Júnior não desperdiça. E a Lusa sofre o terceiro gol nos acréscimos, com Alex Alves, de letra: 3 a 1.

Ainda hoje, Evair não se conforma com aquela jornada: "Nessas horas é que conta a experiência. Era o momento de usar a cabeça e ter o regulamento debaixo do braço. Fazer o gol é sempre importante, mas, naquele momento, evitar o terceiro era ainda mais. Pelo regulamento, com a derrota por um gol, bastaria vencer um jogo e empatar o outro. Com dois gols de diferença, teríamos que tirar o saldo: ou vencíamos um jogo por dois de diferença e empatávamos o outro; ou então teríamos que vencer as duas partidas restantes. Perdemos a vantagem ali".

Canindé, domingo, 6 de dezembro de 1998, 22.973 torcedores. A Portuguesa mantém a mesma formação por cinco jogos consecutivos. Do outro lado, um Cruzeiro também completo: Dida, Marcelo Djian e Valdo estão de volta à equipe. 12 minutos: Alexandre entra trombando para marcar o primeiro da Portuguesa. Muitos ainda comemoram quando Marcelo Djian aproveita o córner e deixa tudo igual, dois minutos depois. No fim do primeiro tempo, Fábio Júnior acerta a trave, a bola bate nas costas do arqueiro Fabiano e se perde pela linha de fundo. Sorte! Na sequência, pênalti para a Lusa: Leandro Amaral cobra, Dida faz firme defesa. Desilusão!

Começo do segundo tempo: Evair bate firme, a bola explode no travessão. Os ânimos se acirram nas arquibancadas. Em meio à pancadaria entre policiais militares e torcedores rubro-verdes, muitos nem assistem a cobrança de escanteio de Augusto, na cabeça de Alexandre, aos 31 minutos: 2 a 1. A Lusa está a uma vitória da final do Campeonato Brasileiro.

Quarta-feira, 9 de dezembro de 1998: mais de 25 mil torcedores abarrotam as dependências do Canindé. Cláudio Vinícius Cerdeira é o encarregado de arbitrar a terceira e decisiva partida entre Portuguesa e Cruzeiro. Os treinadores escondem suas escalações. O Cruzeiro entra em campo de camisas brancas, calções e meias azuis, mesmo uniforme da vitória sobre o Palmeiras, no Parque Antártica. Pura mística e superstição. A Lusa vai a campo com a formação repetida em todos os *playoffs*: após a dolorosa eliminação nas semifinais do Paulistão, vive novamente a perspectiva de chegar a uma decisão.

Djair destrói o clima de euforia logo a 2 minutos: Cruzeiro 1 a 0. A Portuguesa é obrigada a sair para o jogo e desanda a perder gols, debaixo de um verdadeiro temporal. Segundo tempo: a chuva aumenta e torna quase impossível o bom toque de bola luso. Na fúria das águas, a Portuguesa assiste seu sonho se esvair junto à torrente. Na última chance do jogo, o goleiro Fabiano vai ao ataque em busca do gol redentor, sem sucesso. Em cada expressão rubro-verde, gotas de chuva se misturam a lágrimas de desalento. Finda a partida, jogadores agradecem o apoio da torcida: seria a última manifestação de um elenco digno e qualificado, que merecia ter chegado mais longe. A Portuguesa estava eliminada do Campeonato Brasileiro de 1998.

A Lusa provara, dentro de campo, ter condições reais de avançar às finais. E Evair acreditava plenamente nessa possibilidade: "Perdemos aquela semifinal pro Cruzeiro. Muito triste! São coisas que acontecem. Com certeza, jogar na Portuguesa e ser campeão teria sido um dos maiores feitos da minha carreira". Palavras do maior craque daquele inesquecível elenco, que por algum tempo, levou o torcedor luso a reviver seus saudosos tempos de glórias.

Rebaixado em 1996, o Fluminense mantivera-se na Primeira Divisão graças à velha artimanha da "virada de mesa": o castigo viria a cavalo, com o Tricolor conseguindo a façanha inédita do bi-rebaixamento em 1997. Passada a apreensão de uma nova "armação", a justiça foi feita e o clube jogou a Série B em 1998. De onde, quiseram os deuses do futebol, desceria mais um degrau: graças a um novo e vexatório rebaixamento, a equipe das Laranjeiras seria a primeira, dentre as grandes, a disputar o Campeonato Brasileiro da Série C, em 1999 – fato jamais igualado. Já em relação às viradas de mesa...

Um título com a Portuguesa seria, provavelmente, a mais significativa conquista da carreira de Evair. Ao final da temporada, sem o apoio da Federação Paulista, o contrato do jogador não foi renovado. O futebol de alto nível apresentado pelo craque ao longo do ano despertara o interesse de vários clubes Brasil afora. Mas, aos 33 anos, pela primeira vez na carreira, Evair fechava uma temporada com o futuro incerto. Recolher-se-ia em Crisólia, de férias, sem saber seu novo destino. O Matador estava à disposição do mercado da bola. Ao torcedor da Portuguesa, restariam a saudade do ídolo e a lembrança da última grande temporada do clube em nível nacional. Pelo menos até o presente...

IL BUON FIGLIO RITORNA A CASA

Fortes especulações da imprensa davam conta de que o destino de Evair em 1999 seria o Corinthians. Havia sondagens de vários clubes ao jogador, mas nenhuma tão efetiva quanto a do Alvinegro. Para tristeza da nação esmeraldina, tudo indicava que *El Matador* seria um dos obstáculos do Palmeiras na busca pelo inédito título da Copa Libertadores da América. Adversários na competição, os arquirrivais montavam suas artilharias. E, sem sombra de dúvidas, Evair cairia como uma luva na já forte equipe do Parque São Jorge.

Apesar do aporte da Parmalat, o Palmeiras não obteve sucesso na temporada 1995, inicialmente sob comando de Valdir Espinosa, e depois, de Carlos Alberto Silva. A nove rodadas do fim do Brasileirão, a diretoria resolveu repatriar Vanderlei Luxemburgo: com remotas chances de classificação, a meta do treinador em sua segunda passagem pelo clube era planejar a temporada seguinte.

Com uma equipe recheada de craques, como Velloso, Cafu, Cléber, Júnior, Djalminha, Rivaldo, Luizão e Müller, o Palmeiras conquistou o Paulistão de 1996 marcando 102 gols em 38 jogos – e entrando para a história ao realizar a melhor campanha da era do futebol profissional no estado. Mas a perda do título da Copa do Brasil para o Cruzeiro, em pleno Parque Antártica, levaria a uma reformulação da equipe.

O ano de 1997 começou com a promessa de grandes conquistas, graças à contratação de Telê Santana. O frágil estado de saúde impediria o treinador de consolidar sua terceira passagem pelo Palmeiras: ainda em recuperação de uma isquemia cerebral, o Mestre anunciou seu desligamento do clube em meio à disputa do Paulistão. A foto de Telê, sorridente, ao lado da bandeira do Palmeiras, no dia de sua apresentação, seria sua última como profissional da bola.

Com Márcio Araújo no comando, o Palmeiras realizaria uma das mais vexatórias campanhas de sua história nas semifinais do estadual. E a diretoria apostaria num planejamento de longo prazo, trazendo do Japão o técnico Luiz Felipe Scolari: o ex-desafeto dos tempos de Grêmio – rejeitado por grande parte da torcida esmeraldina – tinha agora a responsabilidade de reconduzir o Palmeiras às conquistas.

O "novo" Palmeiras chegaria ao vice-campeonato Brasileiro de 1997. No ano seguinte, a redenção, com as conquistas da Copa do Brasil e da primeira edição da Copa Mercosul, considerada por Felipão uma espécie de "vestibular" para o maior objetivo da temporada 1999: a conquista da Copa Libertadores da América.

A cogestão Palmeiras-Parmalat não mediu esforços com vistas à formação do elenco. E, para não repetir os erros de um passado recente, deixou claro que o objetivo principal era a competição sul-americana. A base vitoriosa de 1998 foi mantida: Velloso, Arce, Júnior Baiano, Cléber, Roque Júnior, Júnior, Rogério, Alex, Zinho, Paulo Nunes, Oséas e o goleiro reserva Marcos, todos com passagens pelas seleções de seus países. Seguindo a premissa de contar com dois jogadores de alto nível para cada posição, a diretoria trouxe o meia-atacante Jackson, do Sport – revelação do Brasileirão 1998 –, e recontratou César Sampaio. O zagueiro Rivarola, do Grêmio e da Seleção do Uruguai, era nome quase certo. Uma verdadeira seleção!

Em 20 de janeiro de 1999, uma coletiva de imprensa foi convocada para a apresentação do mais novo reforço palmeirense. Na sala de troféus do Palestra Itália, Rivarola beijou o manto esmeraldino, posou para fotos e fez um rápido pronunciamento. Ao receber a primeira pergunta dos repórteres, foi interrompido pelo diretor de futebol Sebastião Lapola. "Antes de vocês conversarem com ele, vamos mostrar a surpresa que fizemos pra torcida do Palmeiras". E eis que surge Evair: "Fiquei escondido. Quando a imprensa estava preparada pra receber o Rivarola, dei a volta e apareci por trás de todo mundo. Foi uma surpresa geral! Os jornalistas palmeirenses soltaram um urro de satisfação. E a cara de chateação dos corintianos era visível. Percebia-se nitidamente quem era quem naquela hora. Muito engraçado. E foi bom demais, uma alegria muito grande! Porque ninguém sabia que eu estava voltando à minha casa". Estratégia de marketing digna da história do atleta no clube.

Evair retornava aos braços da torcida alviverde: "A volta ao Palmeiras foi uma surpresa pra mim. Eu já sabia que não ficaria na Portuguesa. Se falava muito no Corinthians. Chegamos a discutir a possibilidade de ir pra lá. Mas, de repente, apareceu o Palmeiras. A negociação foi tão rápida que já me apresentei no dia seguinte. Voltar foi gratificante... Um ambiente totalmente diferente, com um time já montado... Jogadores que estavam ali há algum tempo e tinham ganhado títulos... Outro treinador. Mas o torcedor ainda era o mesmo! Essa era a grande vantagem". E o craque sabia a importância de sua contribuição para a construção dessa nova realidade.

Na manhã daquele 20 de janeiro, Evair saiu cedo de Crisólia achando que acertaria com algum grande clube paulista. Especulações da imprensa davam conta de que seria o Corinthians. A caminho de São Paulo, recebeu um telefonema de seu procurador, informando que havia uma proposta oficial do Palmeiras. Dirigiu-se ao bairro das Perdizes.

O corintiano José Paulino viveria um dia de grandes expectativas, com a iminência da chegada do filho ao Parque São Jorge. Passou boa parte da manhã desfilando sua euforia pelas rodas de amigos formadas na pacata Crisólia. Após o almoço, se instalou confortavelmente diante do televisor, à espera da tão aguardada notícia: "Ele saiu daqui numa segunda-feira e disse: 'Papai, estou analisando uma proposta'. Como a imprensa falava muito, achei que fosse do Corinthians. Fiquei esperando dar a notícia na televisão".

Em um programa esportivo da TV Globo, após o suspense de praxe, chegara o momento do tão esperado anúncio: e o novo clube do Matador seria o... Palmeiras! Para surpresa e decepção de seu José: "No caminho, os dirigentes do Palmeiras o cercaram". Passada a chateação, confidenciou: "Eu não cheguei a sonhar muito com isso, não. Sabia que ele não iria pra lá mesmo!".

Reintegrado ao calendário a partir de 1997, sem o glamour dos tempos em que era o mais importante campeonato do país, o Torneio Rio-São Paulo da era moderna tinha o mérito de abrir o ano presenteando o torcedor com grandes clássicos interestaduais. Além de fomentar uma histórica rivalidade entre paulistas e cariocas, a "nova" competição – feita pela e para a televisão – recheava as contas dos clubes por conta das excelentes cotas de transmissão.

Na primeira fase, todos os participantes tinham garantida a soma de 1,1 milhão de reais. Ao campeão, caberia ainda o bônus extra de R$ 1,03 milhão. Cifras que justificavam a presença do Fluminense – integrante da Série C nacional – em detrimento da Portuguesa, por três anos seguidos figurando entre as seis melhores equipes do país.

O Rio-São Paulo 1999 foi disputado por oito equipes, divididas em dois grupos: o A com São Paulo, Flamengo, Corinthians e Botafogo, e o B, com Palmeiras, Vasco, Santos e Fluminense. Ao final dos jogos, em turno e returno, os dois melhores de cada chave avançariam às semifinais. A grande "mancada" do regulamento ficava por conta das punições com cartões, que não eliminavam automaticamente o infrator da partida seguinte: estratégia da televisão para não perder algum craque de relevância nos jogos decisivos.

Domingo, 24 de janeiro de 1999, Parque Antártica. O Palmeiras estreia no Rio-São Paulo, diante do Vasco, formando com Marcos; Neném, Júnior Tuchê, Wágner e Jorginho; Galeano, Paulo Assunção, Jackson e Pedrinho; Juliano e Tiago Silva. Nenhum titular em campo. Felipão utilizaria a competição para observar reservas e garotos da base alviverde. As novidades foram a estreia de Jackson e a reestreia de Evair, substituindo Jorginho na segunda etapa. E ele nada poderia fazer diante da já anunciada tragédia daquela tarde: 5 a 1 para os vascaínos.

A fase de observações para compor o elenco da Libertadores custaria caro ao Palmeiras: na sequência do Rio-São Paulo, derrota para o Santos (3 a 1), na Vila Belmiro – Evair entrou como titular, mas foi substituído pelo jovem Augusto –, e goleada sofrida (4 a 0) diante do Fluminense, no Maracanã. Três derrotas em três jogos. E o Verdão estava praticamente eliminado da competição.

4 de fevereiro de 1999: no estádio José de Araújo Cintra, em Amparo-SP, o Palmeiras disputou um amistoso contra o time local. Os pouco mais de 2 mil torcedores presentes ao acanhado estádio teriam o privilégio de ver, em primeira mão, o desfile de uma verdadeira constelação: Marcos, Velloso, Arce, Rivarola, Júnior Baiano, Júnior, César Sampaio, Rogério, Alex, Zinho, Paulo Nunes e Oséas fariam suas estreias na temporada. E, além do deleite com a goleada por 4 a 0, ainda veriam Evair marcar, aos 16 minutos do segundo tempo, seu primeiro gol no retorno ao time: de pênalti, como em sua estreia, quase oito anos antes – e, também, em um amistoso no interior paulista. Diante das eternas coincidências que nortearam sua carreira, o Matador chegava à extraordinária marca de 103 gols marcados com a camisa do Verdão. Números que o colocavam como 15º maior artilheiro palmeirense de todos os tempos.

Felipão acenou com a possibilidade de escalar um time quase completo contra o Fluminense, na 1ª rodada do returno do Rio-São Paulo. Fato que levaria 8.518 torcedores a se deslocarem ao Parque Antártica para assistir à primeira vitória do Palmeiras na competição: 2 a 1, de virada, dois gols de Jackson.

Dois fatores chamaram atenção: a primeira partida completa de Evair em seu retorno e a chuva torrencial que caiu sobre São Paulo naquele sábado, 6 de fevereiro. Nem tanto pela torrente, e sim pelo fato de um raio desabar no gramado do Parque Antártica durante a partida. Reincidência de um fato ocorrido durante um treinamento, em 1984, e que atingira o meia Carlos Alberto Borges: revelado pelo Marília, o jogador teve excelente passagem pelo Palmeiras, chegando à Seleção Brasileira. Mas, curiosamente, jamais exibiria novamente seu bom futebol após o episódio. E o clube de Palestra Itália entraria para a história derrubando a tese de que um raio não pode cair duas vezes no mesmo lugar.

Tenho um fato pessoal a relatar sobre a partida contra o Tricolor carioca: fui ao Palestra Itália naquela tarde exclusivamente para ver Evair jogar. Finda a partida, o cenário do lado de fora do estádio era desolador: carros empilhados, devido à violenta enxurrada que costuma castigar a Rua Turiassú – atual Palestra Itália – em dias de fortes chuvas. Aí começou minha apreensão: havia deixado meu Fusca marrom saveiro, ano 1978 – e que atendia pela alcunha de "Poderoso" –, num estacionamento localizado em uma das áreas mais baixas da região. Chegando ao local, meus temores se confirmaram: funcionários do estabelecimento se desdobravam tirando água de dentro dos veículos. A cara do gerente, seguramente contabilizando os prejuízos, era digna de piedade.

Um a um, proprietários iam chegando – e constatando a necessidade de remoção para os automóveis danificados. Qual não seria minha surpresa ao dar a partida e ver, de imediato, o motor 1.300 ressoar seu tradicional "ronco". Uma vez mais, o "Poderoso" não me deixara na mão. Fora a sujeira, nenhum prejuízo digno de nota. Dirigi-me tranquilamente à minha residência, obviamente fazendo uma rápida parada no tradicional Bar do Nelsão – palmeirense da mais pura cepa – para celebrar o triunfo. Pena que minha parceria com o Fusquinha seria interrompida catorze anos depois, devido a um furto realizado no bairro de Vila Jacuí, distrito de São Miguel Paulista, Zona Leste de São Paulo. Quanta saudade!

Um dia após a vitória sobre o Fluminense, jogadores que não atuaram realizariam um amistoso contra a seleção de Itapira, cidade paulista localizada próxima à divisa com o Sul de Minas Gerais. Evair não atuou na vitória por 6 a 0.

10 de fevereiro de 1999, estádio Vivaldo Lima – o "Vivaldão" –, em Manaus-AM: estreia do Palmeiras na Copa do Brasil contra o São Raimundo. Com um grupo tão qualificado em mãos, Luiz Felipe Scolari podia se dar ao luxo de realizar um rodízio constante entre os atletas. Zinho e Alex marcaram pelo Verdão, Luís Cláudio diminuiu: 2 a 1. O Palmeiras voltava da capital das Amazonas com a classificação praticamente assegurada.

EVAIR: O MATADOR

O Verdão encerrou sua participação no Rio-São Paulo ainda na primeira fase. Em 13 de fevereiro, derrota para o Vasco (2 a 0), em São Januário; quatro dias depois, 3 a 2 no Santos, no Palestra Itália – Evair foi poupado nessa partida.

21 de fevereiro, Parque Antártica: jogo da volta pela Copa do Brasil. O Palmeiras fez 3 a 1 sobre o São Raimundo e seguiu adiante. Agora, teria uma semana inteira de preparação para o primeiro embate da Libertadores, contra o Corinthians.

Sábado, 30 de maio de 1998, 45.237 torcedores presentes ao Morumbi. Palmeiras x Cruzeiro, dois Palestras em campo. Após ser derrotado pela equipe mineira (1 a 0) no jogo de ida, o Verdão precisava de uma vitória por dois gols de diferença para sacramentar a conquista da Copa do Brasil. E foi a campo com Velloso; Neném, Roque Júnior, Cléber e Júnior; Galeano, Rogério, Alex e Zinho; Paulo Nunes e Oséas. O Cruzeiro de Levir Culpi formou com Paulo César; Gustavo, Marcelo Djian, Wilson Gottardo e Gilberto; Valdir, Ricardinho, Marcos Paulo e Elivélton; Bentinho e Marcelo Ramos.

12 minutos: Oséas cruza da direita e Paulo Nunes surge entre dois adversários para abrir o placar. Na segunda etapa, tudo parece conspirar para a disputa das penalidades máximas. A um minuto do final, Zinho cobra falta, Paulo César salta no canto esquerdo baixo e não consegue encaixar; o endereço da bola parece certo, mas, antes de perder-se pela linha de fundo, encontra o pé direito de Oséas, totalmente sem ângulo, a centímetros da marca da cal. No chute seco, a bola sobe e morre no fundo das redes! O chamado gol "espírita": 2 a 0. A esmagadora maioria das arquibancadas podia soltar o grito: o campeão Palmeiras acabava de garantir sua participação na Copa Libertadores da América de 1999.

UMA VELHA CANTIGA DE RODA

A exemplo do que já ocorrera em 1998, a 40ª edição da Copa Libertadores da América contaria com a participação de times mexicanos, que, na fase pré-grupos, disputariam duas vagas contra equipes da Venezuela. Após essa etapa, 20 times seriam divididos em cinco grupos, com quatro equipes, cada, dos quais os três melhores avançariam às oitavas de final, somando-se ao campeão do ano anterior. Dessa fase em diante, o tradicional sistema mata-mata, até a decisão.

1999 registraria a última edição com esse regulamento, que incluía apenas dois times de cada país. A partir do ano 2000, a Libertadores incharia: a intenção de confrontar apenas equipes campeãs de seus respectivos países, princípio básico da disputa desde que fora fundada, seria sepultada. E, com ela, grande parte do nível de dificuldade que conferia à Libertadores um *status* diferenciado, valorizando sobremaneira sua conquista – tanto é verdade que, de 2000 em diante, nos acostumaríamos a ver times sem nenhuma expressão internacional atingindo as primeiras colocações do certame.

A primeira dificuldade enfrentada na disputa da Libertadores à época era a rivalidade entre países, estimulada já na composição dos grupos, o que conferia à primeira fase um verdadeiro clima de "guerra" entre nações. Em 1999, o Grupo 1 foi formado pelos uruguaios Nacional e Bella Vista contra os classificados da pré-Libertadores: Monterrey (México) e Estudiantes de Mérida (Venezuela).

No grupo 2, um embate equilibrado entre Argentina (Vélez Sársfield e River Plate) e Colômbia (Deportivo Cáli e Once Caldas); pelo grupo 4 se enfrentariam os chilenos Universidad Católica e Colo-Colo e os peruanos Universitário e Sporting Cristal; no Grupo 5, Equador x Bolívia: LDU e Emelec contra Jorge Wilstermann e Blooming. Palmeiras e Corinthians integrariam o Grupo 3, contra os tradicionalíssimos Olímpia e Cerro Porteño, do Paraguai. Pura pedreira!

Em 82 anos de confrontos, Palmeiras e Corinthians haviam se enfrentado em 292 ocasiões, com absoluta supremacia palmeirense: 107 vitórias, 88 empates, 97 derrotas, 438 gols marcados e 390 sofridos. Histórico que, seguramente, pouco contaria no embate seguinte entre as duas equipes. O jogo de número 293 trazia um componente novo: seria o primeiro Dérbi de toda a história valendo por uma competição internacional. E marcaria a arrancada dos maiores arquirrivais paulistas em direção à cobiçada conquista de um título inédito para ambos.

Sábado, 27 de fevereiro de 1999, Morumbi, Palmeiras x Corinthians. Dias antes da partida, a diretoria alvinegra surpreendeu a todos com a contratação do técnico Evaristo de Macedo: Oswaldo de Oliveira, realizando um belo trabalho até então, voltaria à função de auxiliar.

Luiz Felipe Scolari mandou a campo Velloso; Arce, Júnior Baiano, Cléber e Júnior; Roque Júnior, César Sampaio, Zinho e Alex; Paulo Nunes e Evair. O estreante Evaristo escalou Nei; Índio, Batata, Gamarra e Kléber; Vampeta, Rincón, Ricardinho e Marcelinho Carioca; Edílson e Fernando Baiano. No principal lance da primeira etapa, Evair é seguro por Kléber a um passo da linha da grande área: último homem de marcação, o corintiano recebe cartão vermelho.

10 minutos do segundo tempo: Francisco Dacildo Mourão interpreta uma bola dividida como recuo de Gamarra para o goleiro – falta em dois lances, dentro da grande área; bola rolada por Evair para a conclusão de Arce: Palmeiras 1 a 0. Chiadeira do lado alvinegro, compensada minutos depois, quando Batata corta um drible de Paulo Nunes com a mão, dentro da grande área, e o árbitro "não vê". Marcelinho finaliza em gol uma jogada na qual o auxiliar assinalara impedimento: reclama e recebe o cartão vermelho. Na saída de campo, acena para a torcida com o tradicional gesto de roubo. O Verdão largava na frente em busca do título sul-americano.

Imediatamente após a vitória sobre o Corinthians, a delegação alviverde viajou para Assunção. Em 3 de março, no estádio Defensores del Chaco, goleada sobre o Cerro Porteño (5 a 2), gols de Júnior Baiano (2), Cléber, Evair e Oséas. Animado com a goleada, o Verdão voltaria a campo contra o Olímpia, dois dias depois, e seria superado pelo cansaço. Apesar da derrota por 4 a 2, com dois gols de Júnior Baiano, a equipe de Parque Antártica liderava o Grupo 3 com seis pontos ganhos.

Ao encobrir o arqueiro do Cerro Porteño, concluindo em gol a bela jogada tramada por Júnior e Alex, Evair faria muito mais que ampliar a vantagem palmeirense na partida: chegaria a seu 104º gol com a camisa do Palmeiras, igualando a marca de Ministro, ídolo do Palestra Itália entre 1917 e 1928. Feito que o colocava como o 14º maior artilheiro do Palmeiras em todos os tempos.

O Campeonato Paulista de 1999 teve um regulamento confuso e pouco atrativo: dezesseis equipes participaram da disputa e, a exemplo do ano anterior, os quatro grandes ingressaram apenas na segunda fase.

O Palmeiras fez sua estreia em 7 de março, diante do Santos, no Morumbi: 1 a 1, sem Evair. Diante da estressante sequência de jogos, Felipão iniciaria um rodízio ainda maior entre seus atletas. O Matador também foi poupado na segunda rodada, 1 a 0 sobre a União Barbarense, no estádio Antônio Lins Ribeiro Guimarães. Atuando com seu "time B", o Verdão arrancava bem no estadual.

O regulamento da segunda fase era um verdadeiro absurdo, inchando ainda mais o já apertado calendário do futebol brasileiro: inicialmente, jogos em apenas um turno contra adversários do outro grupo; depois, turno e returno, dentro da própria chave. Maratona desnecessária para apontar os dois melhores de cada grupo que avançariam às semifinais.

Entre as duas jornadas pelo Paulistão, o Palmeiras disputou sua quarta partida na Libertadores, contra o Olímpia. Na sexta-feira 12 de março, 8.564 corajosos torcedores encararam a garoa tipicamente paulistana no Palestra Itália. A equipe foi a campo modificada taticamente, com Evair atuando na meia em lugar de Alex. No tempo complementar, falha da zaga paraguaia, gol de Paulo Nunes: 1 a 0. A três minutos do encerramento, Velloso falha na saída de um cruzamento e Dezotti toca por cobertura: 1 a 1.

Apesar de manter-se na liderança, com 7 pontos, o resultado ameaçava a classificação alviverde à fase seguinte, já que todos os adversários teriam mais jogos a realizar. Para afirmar-se na competição, o Verdão precisaria bater novamente o Corinthians – partida a partir da qual, em função da grave contusão de Velloso, a meta esmeraldina teria um novo guardião: Marcos.

O Palmeiras chegou ao segundo embate contra o Corinthians detendo a absurda marca de seis jogos em apenas duas semanas. A média de um jogo a cada dois dias e meio pesaria, mesmo sobre um elenco tão bom. Em 17 de março, no Morumbi, César Sampaio e Oséas foram poupados na etapa inicial – em que a equipe deixou o gramado derrotada por 2 a 1, placar que permaneceria até o final. O Alvinegro devolvia a derrota do jogo de ida e quebrava uma série de oito jogos sem vencer o rival, chegando à segunda colocação do grupo, um ponto atrás do Palmeiras – e com três jogos por realizar.

Dois dias depois, o adversário seria o Gama, em Brasília, pela Copa do Brasil. Um estádio Mané Garrincha lotado assistiria ao mistão esmeraldino vencer por 1 a 0, praticamente assegurando a vaga nas oitavas de final.

Na sequência, um breve período de conforto: seriam "apenas" três jogos em oito dias, todos pelo Paulistão: Guarani (2 a 1), no Palestra; Portuguesa Santista (4 a 1), na Vila Belmiro; e Corinthians (3 a 1). Evair atuou parcialmente nos três jogos, entrando sempre no segundo tempo.

31 de março de 1999, Parque Antártica, jogo de volta contra o Gama, pela Copa do Brasil: Rogério e Alex são os desfalques. O Palmeiras garante a classificação já na primeira etapa, ao virar vencendo por 2 a 0. Na volta dos vestiários, já com Evair em campo, o massacre: 5 a 0 – dois do Matador.

Ao deixar o gramado do Palestra Itália após a goleada sobre o Gama, *El Matador* acabara de construir mais uma marca histórica: os 106 gols marcados o colocavam na posição de 12º maior artilheiro palmeirense de todos os tempos, ao lado de Romeu Pelliciari – ídolo do Palestra Itália entre 1930 e 1942, considerado por muitos o maior jogador do clube até a chegada de Ademir da Guia – e Liminha, simplesmente o autor do gol do título mundial de 1951. E deixava para trás, com 105 gols, ninguém menos que o magistral Leivinha. Naquele momento, oito tentos separavam Evair de Echevarrieta – o "Homem dos Sete Instrumentos" –, atacante argentino que brilhou no Palestra Itália entre 1939 e 1942.

Em busca de entrosamento, a quatro dias da partida decisiva com o Cerro, o Palmeiras jogou contra o Mogi-Mirim, fora de casa, pelo Paulistão, com a mesma equipe que enfrentaria os paraguaios: poupando esforços, não iria além de um empate sem gols.

Na noite da quarta-feira, 7 de abril de 1999, a nação alviverde viveu o primeiro dos vários épicos que ocorreriam ao longo daquela temporada. 12.652 torcedores viram a equipe sufocar o Cerro Porteño durante toda a etapa inicial. Findos os primeiros 45 minutos, o placar do Parque Antártica apontava um preocupante 0 a 0.

O Palmeiras volta com Evair em lugar de César Sampaio. Nem dá tempo de sentir o efeito da modificação: aos 3 minutos, Gauchinho abre o placar para os visitantes. Apreensão total! Aos 14, Júnior Baiano, artilheiro da equipe na competição, cabeceia para deixar tudo igual. O Palmeiras ainda precisa de um gol para avançar na competição. E ele vem, em cobrança de falta de longa distância do paraguaio Arce, ex-ídolo do Cerro: 2 a 1.

A angústia vivida pela massa esmeraldina diante de cada investida paraguaia, até o final do jogo, era apenas a primeira prova de resistência. Fortes emoções acometeriam os corações palmeirenses ao longo daquele mítico 1999.

Aliviado após a suada classificação às oitavas de final da Libertadores, o Palmeiras voltou a campo em 9 de abril, contra o Vitória, na Fonte Nova. Júnior Baiano e Evair marcaram: 2 a 0. Mas o Verdão sucumbiria diante de seu maior adversário na temporada: o cansaço. Petkovic anotou os dois gols que levaram o Vitória à igualdade. Ainda assim, o 2 a 2 dava ao Alviverde boa vantagem para avançar às quartas de final da Copa do Brasil.

Dois dias depois, 2 a 1 sobre o Rio Branco, no Parque Antártica. Apoiado na força do elenco, o Palmeiras seguia navegando calmamente no Paulistão.

A vitória sobre o Cerro Porteño garantira ao Palmeiras a classificação às oitavas da Libertadores, mas não a primeira colocação do Grupo 3: após a derrota na estreia, o Corinthians cumpriu excelente campanha, garantindo a ponta da tabela. O Palmeiras fechou na segunda posição, três pontos à frente do Cerro, também classificado. Descuido que poderia custar caro: por conta do regulamento, times de um mesmo país teriam que se eliminar antes da decisão. Pior dos brasileiros, sobrou para o Alviverde a difícil missão de enfrentar o então campeão sul-americano: o Vasco da Gama, para muitos, o melhor time do país naquele momento.

14 de abril de 1999, noite de quarta-feira, 22.904 torcedores presentes ao Palestra Itália – público excepcional diante da tempestade que devastara a capital paulista naquele final de tarde. O Palmeiras daria seu primeiro passo na fase mata-mata da Libertadores. Márcio Rezende de Freitas trila o apito e dá início a um dos maiores jogos do futebol brasileiro em todos os tempos.

40 minutos do primeiro tempo: Oséas sobe de cabeça para fuzilar, sem dó. Explosão em verde e branco, sob a forte chuva que voltara a cair sobre Sampa: 1 a 0. Na volta do intervalo, Paulo Nunes perde um gol feito; Oséas, outras duas chances claras, confirmando uma das principais máximas do futebol. 18 minutos: Donizete tromba com a zaga alviverde e cruza para Guilherme carimbar. Quem não faz toma: 1 a 1. Silêncio fúnebre no Palestra.

Pouco depois, Donizete sobe livre e cabeceia, a bola choca-se contra o poste direito: um jogo aparentemente ganho transforma-se em pura angústia! Rogério entra em lugar de Galeano, Jackson na vaga de Zinho, Evair na de Alex – e na primeira bola recebida, gira o corpo e deixa Paulo Nunes livre: Carlos Germano salva, milagrosamente, com o pé direito! No minuto seguinte, Felipe dá uma cotovelada em Jackson, recebe o amarelo, reclama e é expulso. Daí em diante, um bombardeio palmeirense e a consagração de uma das maiores atuações de um goleiro já vistas, no segundo épico palestrino na competição.

Finda a jornada, o torcedor esmeraldino era pessimismo só. No entorno do estádio, espalhados pelas barracas dos ambulantes, palmeirenses de todos os cantos destilavam sua descrença. Um deles chegou a afirmar: "não tem jeito, o Palmeiras não nasceu pra ganhar a Libertadores". Frase captada *in loco*: eu estava lá naquela noite.

Focando a partida decisiva contra o Vasco, um mistão foi a campo diante do São Paulo, pelo Paulistão. E o que se anunciava uma despretensiosa partida de meio de campeonato, transformou-se em um Choque-Rei eletrizante. Dodô, Evair, Serginho, Galeano e Dodô, novamente, já nos acréscimos, estabelecem 3 a 2 para o Tricolor, antes do intervalo.

Segundo tempo: o torcedor alviverde espera 26 minutos, até Galeano igualar a fatura; oito minutos depois, é a vez de Evair escorar a cobrança de Arce e colocar o Palmeiras em vantagem, pela primeira vez na partida: 4 a 3 – quatro gols de cabeça, em lances de bola parada! Mas Rogério Ceni, cobrando pênalti, empata apenas três minutos depois: 4 a 4. *El Matador* atingia a marca de 109 gols com a camisa alviverde.

21 de abril de 1999, feriado de Tiradentes: em São Januário, diante de 15 mil fanáticos vascaínos – um verdadeiro caldeirão –, o Palmeiras tinha a árdua missão de vencer uma equipe que há dezoito meses não sabia o que era perder em casa! Marcos; Arce, Júnior Baiano, Cléber e Júnior; Galeano, César Sampaio, Zinho e Alex; Paulo Nunes e Oséas formam o onze alviverde, diante de um Vasco que tem Márcio; Zé Maria, Odvan, Mauro Galvão e Alex Oliveira; Nasa, Paulo Miranda, Juninho e Ramon; Donizete e Luizão.

Mal dá tempo de sentir o ambiente da partida. Com apenas 2 minutos, o ex-centroavante palmeirense Luizão recebe de Donizete e fuzila de canhota: Vasco 1 a 0. Seguramente, nenhum torcedor palestrino imaginou as emoções que estava prestes a viver, no terceiro épico alviverde na temporada.

Paulo Nunes passara a semana prometendo um gol à torcida. Aos 29 minutos, o cumprimento: 1 a 1. Na primeira tentativa de ataque cruzmaltina, contra-ataque alviverde e um tijolo rasteiro de Alex, sem chance para Márcio: virada na Cidade Maravilhosa! Em apenas quatro minutos, a prova de que os corações palmeirenses precisariam ser fortes durante toda aquela campanha: escanteio para o Vasco, Galeano desvia de leve, contra o patrimônio.

O Palmeiras volta arrasador para o segundo tempo: cruzamento de Paulo Nunes, Alex antecipa-se a Márcio e Zé Maria para anotar seu segundo gol na noite, logo no início. 3 minutos: falta pela esquerda, um mini escanteio, Arce bate direto e anota 4 a 2. Ao adentrar o gramado, aos 18 minutos, Evair constrói outra marca histórica: é seu 200º jogo com a camisa do Palmeiras. Wilson de Souza Mendonça trila o apito: em pleno dia do 72º aniversário do estádio de São Januário, o Vasco da Gama vê ruir uma longa série invicta em casa. O Palestra segue adiante na Libertadores. Próximo desafio? O Corinthians!

Classificado às quartas de final da Libertadores, o Palmeiras realizou duas partidas pelo Paulistão: nos empates contra Internacional (1 a 1) e Matonense (0 a 0), o torcedor teria a chance de acompanhar jogadores pouco utilizados nas demais competições. E, também, de ver Evair assinalar, de pênalti, em Limeira, seu gol de número 110 pelo Verdão.

28 de abril de 1999, Parque Antártica, jogo da volta contra o Vitória, pela Copa do Brasil: apesar do susto logo a 6 minutos, no gol de Hernandez para os baianos, o Palmeiras venceu por 3 a 2, avançando na competição.

A três dias do primeiro embate contra o Corinthians, o Palmeiras foi derrotado pela Portuguesa, no Canindé (1 a 0). Atuando em quase todos os jogos – ora como atacante, ora como meia-armador –, ainda que parcialmente, Evair era um dos poucos jogadores utilizados nas diversas competições. No planejamento proposto por comissão técnica e diretoria para aquela temporada, afirmar que o Palmeiras possuía 14 ou 15 titulares era mais que um mero exercício de retórica.

Quarta-feira, 5 de maio de 1999, quartas de final da Libertadores: Palmeiras x Corinthians, no Morumbi, diante de apenas 31.163 torcedores. Arbitragem a cargo de Paulo César Oliveira. O Corinthians está novamente sob comando de Oswaldo de Oliveira; a queda de Evaristo de Macedo, durante a semana que antecedeu ao Dérbi, expôs a crise de relacionamento vivida entre comando e jogadores. E serviu como arma corintiana na guerra de bastidores: transferir o favoritismo ao Verdão seria uma constante nas declarações dadas pelos lados do Parque São Jorge, aumentando a pressão sobre o Alviverde.

Jogo tenso e estudado desde o princípio. Até a cena habitual: cobrança de falta de Arce, desvio de Galeano, rebote de Nei nos pés de Oséas, Palmeiras 1 a 0. O Corinthians perde duas chances claras, graças a defesas espetaculares de Marcos. Aos 44 minutos, Ricardinho aparece livre, Marcos desvia com o pé, a bola explode na trave; no rebote, Edílson chuta à queima-roupa e o arqueiro alviverde faz nova defesa: dois milagres em um único lance. Dois minutos depois, Fernando Baiano cabeceia, na pequena área, para nova defesa espetacular do arqueiro. Fim do primeiro tempo: Palmeiras 1 a 0. No sufoco!

Segundo tempo: em 17 minutos, o Corinthians perde dois gols feitos. Aos 20, Felipão troca por atacado: Rogério por Alex, Oséas por Evair. Dois minutos depois, Marcelinho cobra falta, Galeano rebate, Amaral se atrapalha e a bola sobra limpa para Paulo Nunes; a zaga corintiana está aberta, o passe do camisa 7 encontra Rogério livre na área: Palmeiras 2 a 0. O Corinthians chutará 24 vezes a gol, e o rival, 9!

Aos 33, o lance emblemático do jogo: Fernando Baiano bate de fora da área, Marcos desvia, a bola explode no travessão, bate nas costas do arqueiro e se perde pela linha de fundo, raspando a trave. A sorte está do lado alviverde! Até o apito final são mais quatro chances reais alvinegras, mas o placar não se altera: o Palmeiras larga na frente. E, a partir daquela noite, ao final do quarto épico na temporada, teria um novo santo a integrar sua galeria de protetores: São Marcos.

Dois dias após o histórico Dérbi, o Palmeiras bateu o Rio Branco por 3 a 2, em Americana, pelo Paulistão. Depois, o Choque-Rei, no Morumbi. O São Paulo saberia tirar proveito do cansaço adversário impondo sonoros 5 a 1.

Por conta da vantagem obtida no jogo de ida da Libertadores, boa parte da imprensa paulistana colocava o Palmeiras classificado de antemão. O ambiente de euforia espalhava-se pela torcida. A grande preocupação de Felipão era evitar que o clima de "já ganhou" contaminasse o elenco: dois gols de vantagem não eram suficientes para cantar vitória antecipada, principalmente diante daquele Corinthians.

12 de maio de 1999, Morumbi, jogo de volta entre Palmeiras e Corinthians: apenas um avançará às semifinais. O Verdão vai a campo com Marcos; Arce, Júnior Baiano, Cléber e Júnior; Galeano, César Sampaio, Zinho e Alex; Paulo Nunes e Oséas. O Corinthians forma com Maurício; Índio, Gamarra, Nenê e Silvinho; Vampeta, Rincón e Ricardinho; Marcelinho Carioca, Edílson e Fernando Baiano. Oscar Roberto de Godói trila o apito: começa um sério candidato ao maior Dérbi de todos os tempos.

7 minutos: Marcos se prepara para a reposição, Edílson toma-lhe a bola no ar e arremata em gol; Godói impugna o lance, irregular, mas o corintiano atinge o intento de colocar a arbitragem sob pressão. Meia hora de jogo, o Palmeiras não chega nenhuma vez. E o que se desenha, acontece de fato aos 31: Edílson aparece entre a zaga para tocar no ângulo esquerdo, abrindo o placar. O Corinthians teria 60 minutos para chegar à igualdade na soma dos resultados. 42 minutos: Marcelinho acerta Júnior acirrando ainda mais o ambiente; no empurra-empurra, o lateral palmeirense e Edílson são expulsos.

O Palmeiras volta do intervalo com Evair em lugar de Oséas: mais que nunca, a experiência do Matador seria fundamental em campo. Principalmente após Ricardinho se antecipar a Marcos e Cléber: Corinthians 2 a 0, aos 9 minutos. Superior em campo, tudo aponta para uma histórica virada alvinegra.

Aos 35, a bola do jogo: quase na pequena área, Evair ameaça o arremate e rola para Paulo Nunes; Maurício manda a escanteio com os pés. Nos acréscimos, Vampeta rola para Índio, quase na pequena área, encobrir Marcos: a bola raspa o travessão e toca as redes pelo lado de fora. Último solavanco nos corações esmeraldinos: Godói apita o fim de jogo. A sorte dos maiores rivais paulistas será decidida na loteria das penalidades máximas – com o momento psicológico favorável ao Corinthians.

Use o app e veja a decisão por pênaltis contra o Corinthians.

1ª cobrança: Rincón bate firme, à meia altura, no canto esquerdo. Corinthians 1 a 0.
2ª cobrança: Arce bate no ângulo, indefensável. 1 a 1.
3ª cobrança: Dinei toma longa distância e "imita" o lateral paraguaio. A bola toca o travessão e se perde pela linha de fundo.
4ª cobrança: Evair rola a bola com precisão, rente à trave. Sempre decisivo, o Matador coloca o Verdão à frente: 2 a 1.
5ª cobrança: Vampeta toma longa distância e bate com força, no meio do gol. Para a santificada espalmada de Marcos!
6ª cobrança: Rogério toca no canto esquerdo, bola num lado, goleiro no outro. 3 a 1.
7ª cobrança: Silvinho na bola, replay do pênalti anterior. 3 a 2.
8ª cobrança: o experiente Zinho mostra-se visivelmente nervoso, balança as pernas de um lado a outro, como num espasmo. Em seus pés, milhões de sonhos esmeraldinos: se marcar, o Palmeiras estará nas semifinais; se perder, o Corinthians poderá igualar a fatura, empurrando a pressão para a última cobrança palmeirense. A batida do camisa 11 é ruim, fraca, rasteira, no meio do gol... Mas Maurício escolhera o canto direito cedo demais: ao final do quinto épico de 1999, o Alviverde Imponente garante-se entre os quatro melhores times da América do Sul.

Zinho gesticula, chamando os companheiros e apontando o meio de campo. A imagem de jogadores e membros da comissão técnica abraçados, de joelhos, em pleno círculo central, seria uma das mais emocionantes daquela campanha. Um quase ritual religioso, em total comunhão com a massa alviverde. Na saída de campo, visivelmente emocionado, Zinho diria apenas: "Foi a maior pressão da minha vida!".

Já nos vestiários, a cena do jogador, chorando e agradecendo aos céus, seria ainda mais tocante. A seu lado, Felipão estava com a palavra: "Fomos os escolhidos hoje porque trabalhamos. Mas eles também trabalharam. Fizemos alguma coisa, uma benção divina diferente, que nos protegeu. Eu quero que o Evair termine nosso trabalho aqui, antes da oração". Com a palavra *El Matador*: "Vamos ajoelhar. Se tivéssemos saído hoje, eles estariam na imprensa falando um monte de coisas. Só temos que agradecer a Deus. É isso aqui que nos faz diferentes, que nos faz vencer, ter um algo a mais nas nossas vidas". Um grupo de homens feitos, ajoelhados e de mãos dadas: poderia haver exemplo maior de companheirismo e união?

A expressão dos atletas alvinegros ao final do confronto era de absoluta decepção. Poucos dariam declarações depois de mais um fracasso diante do arquirrival. Quanto ao torcedor corintiano, impossível imaginar como atravessou aquela amarga madrugada. Principalmente aqueles presentes ao estádio, que, na saída, ainda teriam de aturar à torcida adversária cantando uma paródia pouco recomendável de uma tradicional cantiga de roda infantil: Passa, Passa Gavião!

ERA UMA VEZ NA AMÉRICA

Dois dias após eliminar o Corinthians, o Palmeiras estaria novamente em campo, diante do Flamengo, no Maracanã, pelas quartas de final da Copa do Brasil: o descabido calendário da época forçava à realização de partidas em praticamente todos os dias da semana. Em plena sexta-feira, o placar foi aberto aos 31 minutos do segundo tempo, no gol de Caio. E ampliado a quatro minutos do final, com Romário. Paulo Nunes diminuiu aos 45: 2 a 1. Uma vitória pelo placar mínimo, em casa, colocaria o Verdão na fase seguinte.

Com o time reserva e sob comando de Flávio Teixeira, o Murtosa, o Palmeiras bateu a Inter de Limeira por 4 a 1, no Palestra, em 16 de maio, pelo Paulistão. Três dias depois, derrota por 1 a 0 diante do River Plate, no Monumental de Nuñez, em Buenos Aires: placar que obrigava o Verdão a reverter mais um resultado na partida de volta, pelas semifinais da Libertadores.

Quatro derrotas sofridas nos últimos cinco jogos trariam certa desconfiança em relação ao desempenho do Palmeiras: apesar do forte elenco, a crônica esportiva insistia em apontar queda no rendimento da equipe, exatamente na fase aguda das três competições que disputava. O cansaço, de fato, era nítido: superá-lo seria o grande desafio na decisão à vaga pela Copa do Brasil.

Parque Antártica, quinta-feira 21 de maio de 1999: o Palmeiras vai a campo com Marcos; Arce, Agnaldo, Roque Júnior e Júnior; Rogério, César Sampaio, Zinho e Alex; Paulo Nunes e Oséas; o Flamengo tem Clemer; Pimentel, Luís Alberto, Fabão e Athirson; Jorginho, Maurinho, Beto e Rodrigo Mendes; Caio e Romário. Mal Antônio Pereira da Silva autoriza o início do jogo, Clemer dá um balão para o ataque; na falha de Roque Júnior, Rodrigo Mendes aparece livre para marcar Flamengo 1 a 0. Em apenas 55 segundos o Palmeiras começava a dar adeus à Copa do Brasil.

12 minutos do segundo tempo: Oséas aparece livre para deixar tudo igual. Com o resultado ainda favorável, Carlinhos substitui Romário, cansado, por Vágner. O alívio rubro-negro chega antes da estratégia do treinador ser testada: Rodrigo Mendes, de falta, acerta o ângulo direito de Marcos, colocando o Flamengo novamente à frente. Restando pouco mais de meia hora, o Verdão precisa vencer por dois gols de diferença. Diante da improvável reversão de um placar tão adverso em tão pouco tempo, alguns torcedores começam a deixar o estádio.

Nova saída de bola alviverde, Júnior avança pelo meio da intermediária e bate a gol: o chute longo, aparentemente despretensioso, quica e morre no canto esquerdo de Clemer. Em apenas um minuto, o Palmeiras está de volta ao jogo. Faltando 15 para o encerramento, Evair entra no lugar de César Sampaio. Aos 39, no chute de Alex, a bola se choca contra o poste direito; no rebote, Euller enche o pé, a pelota bate no travessão e pinga quase sobre a risca: a sorte parece ter abandonado o Palmeiras!

41 minutos: escanteio para o Verdão, pela esquerda, todo mundo na área – Marcos corre em direção ao ataque e é contido aos berros por Felipão. Júnior cobra aberto, Oséas cabeceia em direção ao canto esquerdo baixo; no meio do caminho, Euller corta a trajetória da bola, que bate no peito de Athirson e volta para ele mesmo cabecear: 3 a 2. Delírio total em Parque Antártica! Mas ainda faltava um gol...

Última volta do ponteiro, novo escanteio pela esquerda: Júnior, na cobrança, e Marcos, são os únicos jogadores fora da área rubro-negra. Bola alçada, Euller tromba com Clemer; na sobra, Evair bate de canhota, a pelota desvia em Agnaldo e sobe para a dividida entre Oséas e Luís Alberto... Bola no ar, gol aberto, Euller aparece para escorar. Lance embolado, gol chorado: 4 a 2. Explosão no Vecchio Palestra!

Já nos acréscimos, Rodrigo Mendes invade pela esquerda e cruza rasteiro, Marcos só observa e Pimentel entra livre, diante do gol vazio... Para acertar a trave! No desespero, Felipão utiliza o velho – e condenável – artifício de lançar bolas extras ao gramado para interromper a partida. Pimentel tem nova chance, um quase replay do lance anterior, mas não consegue dominar a bola. 48 minutos e 33 segundos, Antônio Pereira da Silva apita: está encerrado um dos maiores jogos da história do futebol mundial de todos os tempos!

Use o app e veja os lances da vitória contra o Flamengo.

A celebração dos jogadores em campo era comparável às das grandes conquistas. Ainda que acostumados às fortes emoções que envolviam cada decisão disputada pelo time de Scolari, os mais de 20 mil torcedores presentes ao Palestra sequer poderiam imaginar que aquele seria o sexto e mais eletrizante épico da temporada.

A cena de Evair, extenuado, chorando abraçado a Sérgio e Paulo Nunes, marcaria para sempre. Ao lado de outra imagem, gravada como símbolo da histórica virada: o choro emocionado do garoto Enzo Cid, captado pelas câmeras de TV, virou notícia. Mera obra do "acaso": o garoto assistira ao jogo das numeradas, ao lado do pai, por conta de um imprevisto que os impedira de chegar a tempo de encontrar ingressos nas arquibancadas. Enzo seria elevado por Scolari à condição de talismã alviverde, assistindo a todos os jogos da Libertadores disputados no Palestra Itália a partir de então. E ainda teria o privilégio de conviver com seus ídolos, nos bastidores das concentrações.

A poucos minutos do encerramento, um atleta rubro-negro – abalado pelo fato de ter perdido um gol feito durante a partida – aproximou-se de Evair e indagou, profundamente preocupado: "4 a 2 vai pros pênaltis, né?". Ao que o Matador respondeu, incisivo: "Com certeza". O flamenguista soltou um sonoro "ufa", com uma comovente expressão de alívio no rosto. Difícil para Evair seria, em meio à intensa comemoração ao final da partida, esconder-se do surpreso e frustrado adversário.

Após despachar o Flamengo, o Palmeiras encarou a Matonense, dois dias depois, em Matão, no penúltimo compromisso pela segunda fase do Paulistão, com oito reservas em campo: 2 a 0. Novo triunfo, diante da Lusa, colocaria o Verdão nas semifinais do estadual.

Parque Antártica, 26 de maio de 1999: derrotado em Buenos Aires, sem Evair e com uma série de baixas no elenco, o Palmeiras precisava de uma vitória por dois gols de diferença para avançar à decisão da Libertadores. Aos 16 minutos, Alex domina no peito, gira e arremata de fora da área: golaço! Dois minutos depois, cabeceio de Roque Júnior: 2 a 0. Em menos de vinte minutos o Palmeiras construía o placar almejado. 42 minutos do segundo tempo: Alex, livre na entrada da área, domina, balança o corpo e toca com precisão cirúrgica, no canto oposto do goleiro: 3 a 0. 31 anos depois, o Palmeiras estava de volta à final da Copa Libertadores da América.

Dois dias depois, a alternativa seria mandar um mistão para o jogo de ida pelas semifinais da Copa do Brasil. Desentrosado, o Palmeiras entrou na catimba do Botafogo: 1 a 1. A definição da passagem à decisão ficou para o Rio de Janeiro.

Novamente em campo no intervalo de apenas dois dias, o Palmeiras teria pela frente a Portuguesa, no Parque Antártica. No decorrer da semana, membros da comissão técnica lusa insinuariam que o Verdão só chegara em condições de brigar pela vaga às semifinais do Paulistão por conta da arbitragem. Jogando pelo empate, a Lusa abre o placar com Hernani; César Sampaio e Galeano viram para o Verdão.

20 minutos do segundo tempo: empate luso, novamente com Hernani. Euller, que acabara de entrar, cruza para Paulo Nunes marcar, aos 29. E amplia a vantagem alviverde, seis minutos depois: 4 a 2. Hernani, já nos acréscimos, desconta. Tarde demais: a Portuguesa morria na praia mais uma vez.

Vice-campeão da Libertadores em 1978, o Deportivo Cáli iniciara a edição de 1999 integrando uma das chaves mais parelhas da competição. Ao final de seis rodadas, terminou a primeira fase na segunda posição do Grupo 2, com os mesmos 9 pontos do Vélez Sarsfield. Nas oitavas de final, bateu o Colo-Colo, do Chile: 2 a 0, em casa, e perdeu por 1 a 0, fora. Na etapa seguinte, vitória (2 a 1) e empate (1 a 1) diante do Bella Vista do Uruguai, colocaram o time colombiano entre os quatro melhores da América do Sul. Considerado "azarão" diante da tradição dos outros semifinalistas – Cerro Porteño, River Plate e Palmeiras –, o Deportivo avançaria à decisão após incontestáveis 4 a 0 sobre o Cerro, em casa, e derrota por 3 a 2, no jogo da volta. 21 anos depois, os colombianos retornavam à decisão da Copa Libertadores da América.

2 de junho de 1999, primeira partida da decisão da Libertadores. Os mais de 30 mil torcedores presentes ao estádio Pascual Guerrero, em Cáli, compartilham uma única certeza: o campeão sul-americano será alviverde. 42 minutos: Candelo passa por dois marcadores e cruza para Bonilla fazer Deportivo 1 a 0.

Segunda etapa: Evair entra em lugar de Oséas – e, atuando como meia-armador, dá outra postura ao time em campo. Aos 21 minutos, quando desenha-se o empate, o auxiliar Juán Ernesto Varella é atingido por um objeto atirado das arquibancadas: o curto período de paralisação quebra o ritmo palmeirense. Uma vez mais, o Palestra teria que justificar a fama cantada por sua fanática torcida: ser o "time da virada".

Morumbi, sábado, 5 de junho de 1999: Palmeiras x Santos, primeiro jogo das semifinais do Paulistão. Visando a partida da volta contra o Deportivo, Felipão escalou um mistão. O Peixe soube tirar proveito e venceu por 2 a 1. Devido à melhor campanha geral, o Alviverde precisava de uma vitória simples no jogo da volta para avançar à decisão.

Terça-feira, 8 de junho, decisão contra o Santos, no Morumbi: a uma semana da final da Libertadores, Felipão faria das tripas coração para montar a equipe nos jogos decisivos das demais competições. Sem contar com Evair, mandou a campo Marcos; Arce, Cléber, Agnaldo e Rubens Júnior; Galeano, César Sampaio, Jackson e Edmílson; Euller e Oséas. Jogando pelo empate, diante de um adversário visivelmente prejudicado pelo excesso de jogos, Êmerson Leão escalou o Alvinegro Praiano com Zetti; Ânderson, Argel, Jean e Gustavo; Claudiomiro, Narciso, Jorginho e Paulo Rink; Alessandro e Viola.

O Santos complica ainda mais a situação alviverde aos 29 minutos, abrindo o placar com Viola: na soma dos jogos o Peixe chegava a 3 a 1. O Verdão volta para a segunda etapa com Júnior, Zinho e Paulo Nunes. Os minutos escoam rapidamente, levando o torcedor palmeirense a se conformar com a ideia da primeira eliminação na temporada: até Oséas deixar tudo igual, a dez minutos do final. Ainda em meio à comemoração, Paulo Nunes decreta a virada, aos 38. Três minutos: o tempo necessário para o Palmeiras carimbar o passaporte à final do Campeonato Paulista, no sétimo épico da temporada 1999.

Todos se perguntavam até onde iria a boa fase do Palmeiras. Diante de situações adversas, mesmo em partidas nas quais era inferior ao adversário, o time encontrava forças para superar-se. O momento da resposta se aproximava. Vivo nas três competições, o Verdão teria apenas jogos eliminatórios dali em diante. O próximo desafio viria três dias depois, diante do Botafogo, no Maracanã, pela Copa do Brasil.

Sexta-feira, 11 de junho de 1999: ainda sem Evair, o Palmeiras não foi além de um empate (1 a 1) no tempo regulamentar. Diante do campo pesado, em função da chuva torrencial que castigou o Rio naquela tarde, a combalida condição física do elenco ficaria explícita durante as penalidades máximas: Sandro perde a primeira cobrança; Arce acerta a trave; o Botafogo é preciso com Fábio Augusto, Rodrigo e César Prates; o Verdão derrapa na cobrança de Rogério. Última penalidade botafoguense: Sérgio Manoel bate com força, no canto esquerdo de Marcos. E impõe ao Alviverde Imponente sua primeira eliminação na temporada.

Dois dias após a derrocada no Rio de Janeiro, mirando o objetivo maior, Felipão teria que colocar em risco a conquista do Campeonato Paulista. Diante de um Corinthians sedento de vingança, o Palmeiras vai a campo com Sérgio; Taddei, Cléber, Agnaldo e Rubens Júnior; Roque Júnior, Galeano, Jackson e Pedrinho; Edmílson e Evair. O Corinthians escala força máxima: ainda assim, a primeira etapa termina em branco.

Segundo tempo: valendo-se da experiência de Evair, verdadeiro maestro em campo, o Palmeiras cadencia o jogo, equilibrando as ações. Até o gol de Edílson, aos 8 minutos. Aos 32, em falta anotada para o Corinthians, contestação alviverde e empurra-empurra geral:

Rincón tenta se impor pela força física, mas é peitado por Evair. Galeano chuta a bola para o local correto da cobrança e é expulso por Oscar Roberto de Godói: no momento em que o Corinthians dava os primeiros sinais de descontrole emocional, ganhou de "brinde" a chance de atuar por quinze minutos com a vantagem de um homem a mais.

A 5 minutos do final, pênalti para o Corinthians – rigor que a arbitragem não demonstraria diante da violenta entrada de Vampeta sobre o jovem Taddei. O capitão Evair dirige-se ao árbitro e é expulso. Aos 45, Marcelinho Carioca cobra com precisão: 2 a 0. Com dois a mais em campo, o Corinthians ainda faz o terceiro, com Dinei, aos 50 minutos! O Paulistão estava praticamente definido. À beira do gramado Felipão sorria ironicamente: o Corinthians, enfim, encontrara a "receita" para superar o arquirrival.

Segunda-feira, 14 de junho de 1999: milhares de palmeirenses, literalmente, abraçam o estádio Palestra Itália! Iniciada a venda de ingressos para a decisão da Copa Libertadores da América, a fila de torcedores – que começara a ser formada na tarde anterior – atingia duas voltas completas em torno da casa palestrina. Os pouco mais de 30 mil lugares do Parque Antártica seriam incapazes de acolher a imensidão de aficionados que objetivava presenciar uma das maiores glórias da história esmeraldina.

Já no meio da tarde, uma grande confusão mancharia o clima de festa: membros de torcidas organizadas simplesmente "furaram" a fila, indo direto aos guichês de vendas, desrespeitando torcedores "comuns" que esperavam pacientemente, muitos há quase 24 horas. Revolta geral e pancadaria. Fato que levaria centenas de pessoas a abandonar a fila, abdicando do sonho de viver de perto um momento tão especial da vida alviverde. Entre essas pessoas, o autor destas linhas.

Confirmando sua vocação pioneira, o Palmeiras foi o primeiro clube brasileiro a disputar uma final de Copa Libertadores da América. E já na segunda edição da competição, em 1961, diante do Peñarol, do Uruguai. Perdeu o jogo de ida por 1 a 0, no estádio Centenário de Montevidéu, diante de uma circunstância inusitada: "Errei feio no primeiro jogo. Tentei fazer uma embaixada, o atacante – Spencer – roubou a bola e tomamos o gol no último minuto" – a declaração é de ninguém menos que Djalma Santos, em entrevista à revista Placar. No jogo da volta, mesmo contando com Valdir; Djalma Santos, Valdemar Carabina e Geraldo Scotto; Aldemar e Zequinha; Julinho Botelho, Humberto, Geraldo II, Chinesinho e Romeiro, o time treinado por Armando Renganeschi não foi além de um empate por 1 a 1, no Pacaembu, deixando escapar a primeira taça continental do Verdão.

Na final de 1968, o quadro seria outro: derrotado por 2 a 1 pelo Estudiantes da Argentina, no estádio Bosque de La Plata, o Palmeiras faria incontestáveis 3 a 1 no Pacaembu, com uma atuação magistral de Tupãzinho, autor de dois gols. Prejudicado pelo regulamento da época, que não previa o saldo de gols como critério desempate, o Verdão teria que disputar uma terceira partida, em campo "neutro". No jogo marcado para Montevidéu, registrado como um dos mais violentos de todos os tempos – e tendo um gol legítimo anulado pelo peruano César Orozco –, o Palmeiras foi derrotado por 2 a 0. A Primeira Academia perdia sua segunda chance de conquistar a América.

Detalhe: Montevidéu está separada de La Plata apenas pelo Estuário da Prata. Quase uma mesma cidade, como Petrolina e Juazeiro, divididas pelo rio São Francisco. Neutralidade total mesmo! *Muy amigos los dirigentes de la Confederación Sudamericana de Fútbol!*

"Naquela época, era mais importante ganhar o Paulista do que a Libertadores. Entrávamos em campo sem a mesma determinação de um jogo contra o Corinthians ou o São Paulo" – palavras de Julinho Botelho que contextualizam com exatidão uma era do nosso futebol. Independente das finais perdidas, a herança desse período é a afirmação do Palmeiras como time de expressão internacional ao longo de toda a sua história. Algo de que poucos clubes no mundo podem se vangloriar. Épocas à parte, os soldados de Felipão sabiam muito bem o que a Libertadores significava naquele momento. E estavam mais do que preparados para a batalha pela sua conquista.

A ESTRELA MAIOR

Quarta-feira, 16 de junho de 1999, estádio Palestra Itália abarrotado. O Palmeiras adentra o gramado com Marcos; Arce, Júnior Baiano, Roque Júnior e Júnior; César Sampaio, Rogério, Zinho e Alex; Paulo Nunes e Oséas: o onze que poderá levá-lo ao topo da América. O surpreendente Deportivo Cáli vai a campo com Dudamel; Mosquera, Yepes e Bedoya; Pérez, Zapata, Viveros, Betancourt e Córdoba; Candelo e Bonilla: além da forte retranca, a esperança de, dez anos depois, dar à Colômbia o segundo título de sua história na competição.

A capital paulista estava parcialmente parada desde as 19 horas: a mobilidade em áreas próximas ao bairro de Perdizes tornara-se absolutamente impossível. Apesar da venda total divulgada pelos meios de comunicação, milhares de torcedores foram ao Parque Antártica na esperança de obter algum ingresso de última hora. Resultado: mais de 10 mil pessoas nos arredores do estádio, não se sabe se para deleite ou desespero dos comerciantes.

Paulo Nunes toca para Oséas: está aberta a decisão da Copa Libertadores da América de 1999.

Afoito na hora de definir, o Palmeiras perde duas chances claras em apenas dois minutos. Aos 21, o primeiro cartão amarelo, para Córdoba. No minuto seguinte, Júnior Baiano perde mais um gol. Aos 27, a primeira chegada do Deportivo: Bonilla bate de longe, Marcos toca de leve, a bola caminha lentamente em direção ao gol... E se perde pela linha de fundo. A euforia demonstrada pela torcida desde a abertura dos portões dá lugar ao silêncio – e a alguns longínquos assobios e vaias.

Apostando na conivência da arbitragem, o Deportivo bate sem dó nos minutos finais do primeiro tempo. Os números não mentem: 21 infrações, contra 5 do Palmeiras. Arce cruza na cabeça de Roque Júnior, a bola explode na trave direita. Dois minutos de acréscimo. E o Deportivo atinge seu primeiro objetivo no embate: não levar gols na etapa inicial.

Fora de campo, a adrenalina era ainda maior: um torcedor, acometido de mal súbito nas dependências do estádio, sofreu infarto fulminante pouco depois – um dos milhões de sonhos esmeraldinos encerrava-se ali, de modo trágico. Do lado de fora do estádio, o saldo pelo excesso de público não seria nada animador: agressões a cambistas que tentavam vender ingressos falsos a R$ 100,00 – enquanto os verdadeiros custavam R$ 15.

Com a mesma formação, o Palmeiras volta a campo para o último *round* da saga sul-americana. O Deportivo deixa clara sua estratégia: após um choque normal com Júnior, Córdoba despenca em campo; já com a bola reposta pelo gandula, Dudamel pega outra para cobrar um tiro de meta; ao, descaradamente, simular uma penalidade máxima, Bonilla levanta reclamando acintosamente da arbitragem – mais que nunca, cera e catimba seriam as armas colombianas.

E o resultado mostra-se melhor que o planejado: o nervosismo começa a se instalar no lado alviverde. Até a marca de seis minutos. Diante de tanta apreensão, poucos atentam para o fato: à beira do gramado, Evair começa a se aquecer em separado dos demais jogadores.

O Matador conversa com Felipão. Minutos depois, adentra o gramado em lugar de Arce: Rogério vai para a lateral direita e ele passa a ser a opção de armação pelo setor esquerdo. Falcão, comentarista da TV Globo, analisa: "O Evair é um jogador habilidoso, que joga no espaço curto. Agora, com essa entrada do Hurtado – zagueiro, em lugar do atacante Candelo –, o Deportivo reforça ainda mais o setor defensivo, vai ter menos espaço. Mas acredito que o Evair, no momento em que tiver uma bola dentro da área, com a tranquilidade que tem, ou por cima ou no pé, ele vai guardar. Só tem que chegar um pouco mais no Oséas, porque é ali, próximo da área, que ele sabe tudo".

Aos 16 minutos, Paulo Nunes cabeceia para o meio da área e Yepes, de modo infantil, põe a mão na bola: pênalti para o Palmeiras. Jogadores cercam o árbitro. Em meio à confusão, um fato não escapa aos olhares mais atentos: Zinho e Alex levam a bola até Evair. Roque Júnior ajoelha sobre a linha da grande área e faz uma oração. Concentrado, *El Matador* prepara-se para a cobrança.

Tensão no Palestra Itália: a experiência de Evair contra o talento do jovem Dudamel. O arqueiro cumprimenta o craque, no intuito de desestabilizá-lo. O filme na cabeça do Matador agora é outro, traz o histórico de uma carreira plena de conquistas. Mas, seguramente, uma apreensão: um erro naquele momento poderia suplantar a magia vivida seis anos e quatro dias antes, com aquela mesma camisa? Das arquibancadas, ecoa o grito: "É ô, é ô, Evair é um terror". Milhões de palmeirenses depositam seus sonhos nos pés do ídolo. Evair Aparecido Paulino, o moço de Crisólia, está muito próximo de outro passo gigantesco em sua trajetória de vida. Mira o goleiro, fixamente, pela última vez. E dá início às passadas que eternamente povoarão o imaginário da torcida esmeraldina...

19 minutos do segundo tempo: Dudamel pula para a esquerda, o chute é preciso, a bola morre firme, no canto direito da meta. Gol de Evair: Palmeiras 1 a 0. Alguém, em sã consciência, poderia imaginar outro desfecho? O craque relembra: "Eu já havia estudado o Dudamel. Ele ficava pulando e ia sempre pro lado esquerdo, andando sobre a linha".
Evair sabia que aquele era apenas o primeiro passo rumo ao título: o placar mínimo levava a decisão às penalidades máximas. Ao invés de comemoração inflamada, ele pega a bola no fundo da meta e a carrega rapidamente até o centro do gramado, acelerando a reposição adversária. Na caminhada, abraçado a Oséas, eleva as mãos ao alto em agradecimento ao Criador.

O Palmeiras parte em busca do segundo gol. Felipão pede atenção aos contra-ataques. Insuficiente! Bedoya corta em direção à linha de fundo e Júnior Baiano dá o carrinho, atrasado: pênalti para o Deportivo, aos 23 minutos. A torcida ensaia timidamente o grito: "Marcos, Marcos...". Aos 24, Zapata enche o pé: 1 a 1. Se atingir a igualdade já fora difícil, o que imaginar agora, diante de uma equipe experiente, catimbeira, e a apenas vinte minutos da conquista? Um gol: e o Palmeiras ainda teria que superar a estressante série de penalidades máximas.

27 minutos: Euller entra em lugar de Alex. Mosquera simula contusão e desaba, Ubaldo Aquino interrompe a partida para o atendimento ao jogador: o Deportivo faz o possível para arrastar a partida até o final. 30 minutos: cruzamento rasante de Júnior, Oséas, livre na pequena área, só tem o trabalho de escorar. O Palestra desaba, Palmeiras 2 a 1! E Evair repete o gesto: em meio à comemoração dos companheiros, corre com a bola para o centro do gramado.

11, o número místico do futebol. O gol 111 de Evair no Palmeiras reacendera as esperanças alviverdes. Entre o pênalti preciso do Matador, o susto no empate de Zapata e o gol de Oséas, transcorreram 11 minutos. E, caso o Palmeiras confirmasse o título, seria a 11ª conquista brasileira na Libertadores. Mais uma das inúmeras coincidências da carreira de *El Matador*.

O Parque Antártica se transforma num verdadeiro caldeirão: o histórico na temporada deixa no ar a convicção de que o gol do título é mera questão de tempo. 34 minutos: Mosquera sobe com o joelho na coxa esquerda de Oséas e é expulso. Dudamel desaba novamente, levando à absurda marca de oito minutos de paralisação por conta de simulações. Bolas extras são lançadas a campo pelos colombianos, travando de vez o andamento do jogo. Apenas cinco minutos de acréscimos: a série ininterrupta de faltas impede a bola de rolar. *Así se pasaron los minutos finales, hasta que...*

...49 minutos: o árbitro assinala falta de ataque do Palmeiras. Irritado, Evair mostra pela segunda vez a camisa puxada pelo beque. Diante de outro jogador colombiano caído na área, sua reclamação se torna mais raivosa. E Ubaldo Aquino estraga o espetáculo de vez, expulsando Evair! Seu descontrole ao deixar o gramado é o retrato fiel do lamentável final de jogo: impossível manter-se impassível diante de um adversário que simplesmente abdicara do direito de jogar futebol, sob as vistas generosas da arbitragem.

50 minutos e 50 segundos: o tempo regulamentar está encerrado, o juiz trila o apito. Palmeiras e Deportivo Cáli buscarão o título, inédito para ambos, na "loteria" dos pênaltis. O especialista não poderia ajudar o Verdão no momento agudo da decisão. E viveria um dos mais angustiantes momentos de sua vida: acompanhar as penalidades à distância, ao lado de Padre Pedro Bauer, nos frios vestiários do Palestra Itália.

Imediatamente após o apito final, jogadores palmeirenses cercam o árbitro. A cena aponta para o sucesso da questionável estratégia colombiana: a irritação brasileira é a prova de que o momento psicológico favorece à equipe de Cáli. A comemoração explosiva do goleiro Dudamel reforça a tese. O planejamento iniciado dois anos antes seria, enfim, colocado à prova: em poucos minutos, o torcedor palmeirense saberia se a meta traçada desde a chegada de Luiz Felipe Scolari ao Palestra Itália fora alcançada.

Felipão define seus batedores: trinta e oito anos de espera depositados em seus pés. Nas arquibancadas, apoio irrestrito. Em campo, expressões apreensivas. A sorte está lançada: na trave do placar eletrônico começa a decisão da Copa Libertadores da América de 1999.

1ª cobrança: Zinho toma longa distância. A bola ganha altura, resvala o travessão e se perde pela linha de fundo. O sonho palmeirense começa a ruir.

2ª cobrança: Dudamel bate rasteiro, no canto direito. E faz questão de mostrar a camisa para Marcos, em tom provocativo. Aumenta a agonia no Jardim Suspenso.

3ª cobrança: Júnior Baiano toma longa distância e bate mal, rasteiro, no meio do gol. Mas a bola entra: 1 a 1.

4ª cobrança: Gaviria praticamente imita o zagueiro palmeirense. Marcos toca na bola, mas não consegue evitar. O Deportivo segue em vantagem: 2 a 1.

5ª cobrança: Roque Júnior toma longa distância e ameaça a bomba. Toca com categoria, no canto esquerdo, e extravasa sua tensão agitando os braços freneticamente para as numeradas: 2 a 2.

6ª cobrança: Yepes solta a canhota, sem chances para o goleiro. Cem por cento de aproveitamento colombiano: 3 a 2.

7ª cobrança: Rogério está visivelmente tenso. Fora ele o responsável pelo erro que eliminou o Palmeiras da Copa do Brasil. Uma nova falha e, invariavelmente, o sonho de conquistar a América estará desfeito. A caminhada rumo à bola é titubeante, mas a cobrança, precisa, morre no ângulo direito. O Verdão continua vivíssimo na disputa: 3 a 3.

8ª cobrança: Bedoya se posiciona. A Nação Alviverde reza pelo primeiro milagre de São Marcos na noite. O coro da torcida ganha corpo: "Fora, fora, fora...". O chute é violento, o arqueiro acerta o canto, mas não chega a tempo. A bola explode na trave, atendendo à súplica das arquibancadas! Igualdade no placar.

9ª cobrança: toda a fé palestrina direcionada a Euller. Se ele acertar, colocará o Palmeiras em vantagem pela primeira vez, transferindo a pressão para o outro lado. Bola no cantinho direito, na "bochecha" da rede. Dudamel nem sai na foto: 4 a 3.

10ª cobrança: apreensão total no Palestra Itália, assobios e vaias. Marcos versus Zapata. O Palmeiras a uma penalidade máxima do título sul-americano. O volante inicia sua passada firme: chute forte, no canto direito baixo, Marcos está batido, no outro extremo da meta. E, ao perceber a bola saindo pela linha de fundo, corre alucinadamente em direção às arquibancadas. A América do Sul, finalmente, estava pintada em verde e branco. O Palmeiras de Evair e cia acabara de se tornar campeão da Copa Libertadores da América.

Use o app e veja os lances da conquista da Libertadores da América.

Do bairro paulistano de Perdizes às mais distantes regiões do planeta, uma gigantesca euforia invadiu os milhões de corações palmeirenses. A angústia acumulada nas últimas semanas era passado: Felipão, tal e qual uma criança feliz, correu na contramão de todos os integrantes do banco, em direção aos gandulas; Euller, herói da última cobrança, celebrava junto às numeradas descobertas; Zinho, ajoelhado, solitário no centro do gramado, balançava a cabeça com as mãos no rosto e agradecia aos céus – que teria sido do craque caso a equipe saísse derrotada por conta de sua penalidade não convertida? Nos arredores do Palestra Itália, moradores de edifícios piscavam as luzes de seus apartamentos em saudação ao campeão. Imagens e mais imagens de torcedores em profunda comoção se sucediam. Em cada coração alviverde, uma celebração. Nos pênaltis, com sofrimento, o mais cobiçado troféu das Américas iria para a galeria de Parque Antártica, ocupar um lugar de destaque para todo o sempre.

Evair tomou ciência da conquista através do manifesto ensurdecedor das arquibancadas: "O momento mais difícil foi o da minha expulsão. Parecia que o mundo tinha desabado sobre a minha cabeça! Foi terrível, não dá pra explicar o que estava sentindo: ter que ir ao vestiário, descer aquelas escadas e ficar lá embaixo sem poder fazer nada. Foi duro! Tínhamos um homem a mais, até então estávamos absolutos em campo. Não sei porque cargas d'água o árbitro resolveu expulsar alguém. E tinha que ser justamente eu?! Aquele foi o desgaste maior: eu sabia que poderia bater um dos pênaltis depois. E ouvir as cobranças, lá de baixo, é muito pior do que ter a responsabilidade de resolver em campo. Parece que o tempo não passa, as coisas não acontecem. E, pra piorar, o Zinho ainda erra o primeiro! Eu, que já estava que nem louco no vestiário, fiquei ainda mais desesperado. Aí, eles só foram errar na quarta cobrança... Meu Deus! Aquilo pra mim foi... Quando soube que tínhamos ganho, não sabia nem o que fazer!".

César Sampaio, exemplo de dedicação, desabafou: "Sempre achei que ia dar. Estou com a minha perna travada, passei a semana inteira fazendo tratamento. Tive um primo baleado: eu falei que ele ia viver e íamos consagrar esse título a ele".

Zinho, com a voz embargada, era o retrato da superação do elenco: "Quando perdi o pênalti tive uma sensação horrível. Temia ser o responsável pelo fim do sonho de todos os palmeirenses. Esse título está em boas mãos: um time guerreiro, que não desiste nunca. Tantas dificuldades! Mas Deus abençoou". Na virada da meia-noite, o craque completaria 32 anos. Presente melhor impossível!

Marcos tinha um motivo a mais para comemorar: eleito o melhor jogador da competição, teve a honra de ser o primeiro goleiro, em 40 anos de história, a conseguir tal feito.

Oséas foi sucinto: "O importante é que conseguimos ficar na história do Palmeiras". O discurso do centroavante merecia destaque especial: tudo começara no histórico gol espírita marcado por ele, contra o Cruzeiro.

O capitão César Sampaio recebe a bandeja comemorativa de campeão da Copa Libertadores da América e, imediatamente, a repassa às mãos de Evair: sem sombra de dúvida, a principal imagem daquela inesquecível saga. Na sequência seria a vez de repetir o gesto com o troféu. Depois, a volta olímpica, ansiosamente esperada por longos 38 anos.

O primeiro prêmio da extração da Loteria Federal de 16 de junho de 1999 apontou o número 53.770. Porco na cabeça!

Evair guarda as melhores lembranças daquela conquista: "Foi um título mais do que sonhado, esperado a todo custo. Um time com jogadores experientes, acostumados a conquistas. Um ou outro se destacava em alguns momentos, mas tínhamos um grupo, montado pra ser campeão. Com todas as dificuldades, em nenhum momento aquele time baqueava. Era uma equipe que sabia seus limites, mas também ciente de que tinha condições de vencer a competição. Em nenhum momento duvidamos disso, apesar do Vasco, do Corinthians, do River... Todos fortes! Pesavam as outras decisões perdidas em Libertadores, mas sentíamos que daquela vez poderia ser diferente. Aos poucos, as peças foram se encaixando. E aí vinha aquele carisma do Felipão, porque, mais uma vez, era um time de estrelas. Mas, diferente de 1993, em que as estrelas precisavam brilhar, aquelas já tinham brilhado, em outros times e no próprio Palmeiras. Era preciso saber administrar tudo aquilo. E o Felipão soube fazer isso muito bem".

Ao comparar o ambiente da Libertadores com o de sua primeira passagem pelo clube, Evair demonstra profundo conhecimento dos bastidores palestrinos: "Em 1999 era melhor, gente mais madura, mais experiente. Em 1993 tínhamos Edílson, Edmundo, Roberto Carlos, todos muito jovens. Qualquer coisa que se falava repercutia na imprensa. Com o grupo mais experiente, todos já sabiam lidar bem com essa questão. Tinha-se muito cuidado ao abordar determinados assuntos, criava-se menos polêmica. E tem outra coisa também: depois que você ganha títulos, a torcida se acalma. Esse mérito cabe à geração anterior: jogar no Palmeiras de 1993 pra cá se tornou mais fácil. Duro era jogar daí pra trás. Acredito que nem em tempos mais recentes – a triste era dos rebaixamentos – a coisa seja pior do que nos dezesseis anos de fila".

O projeto que levou à conquista da Copa Libertadores foi montado em novembro de 1998, durante uma reunião entre Gianni Grisendi, presidente da Parmalat na América Latina, Paulo Angioni, Mustafá Contursi e Luiz Felipe Scolari. Ali, definiu-se pela formação de um elenco composto por 26 jogadores, com pelo menos dois bons nomes para cada posição. A multinacional entraria com a verba para as contratações, e o Palmeiras teria que investir mais recursos na folha de pagamento dos craques. Caberia a Felipão a tarefa mais complexa: convencer os atletas a deixarem de lado o conceito de titularidade, aceitando a condição de rodízio permanente na equipe, por conta das várias competições. A prática, comum nos grandes times europeus, jamais havia sido aplicada em terras brasileiras. Uma vez bem sucedida, configurou mais um pioneirismo do Palmeiras.

25 jogadores foram inscritos para a disputa da Libertadores de 1999. Por mais que soe estranho, o time "titular" computava quinze atletas: Marcos, Arce, Júnior Baiano, Cléber, Roque Júnior, Júnior, César Sampaio, Rogério, Galeano, Zinho, Alex, Paulo Nunes, Oséas, Euller e Evair, uns mais, outros menos, atuaram constantemente durante toda a competição. Jackson, Rubens Júnior, Agnaldo e Tiago Silva entrariam esporadicamente. Sérgio, Rivarola, Pedrinho, Edmílson e Juliano não sentiram o gosto de entrar em campo nem por um minuto. E Velloso, contundido ainda na primeira fase – mas ao lado do grupo até o final do certame –, seria um dos principais exemplos da união daquele inesquecível elenco.

Fora de campo, a equipe de suporte aos craques alviverdes era formada pelo auxiliar técnico Murtosa; pelos preparadores físicos Paulo Paixão e Carlos Pacheco; pelo treinador de goleiros, Carlos Pracidelli; pelos médicos Rubens Sampaio e Marcelo Saragiotto; pelo fisiologista Paulo Zogaib; e também por José Belmiro e Miguel de Oliveira (massagistas), mais Chiquinho e João Araújo (roupeiros). Na alta cúpula, o presidente Mustaphá Contursi; Paulo Angioni, diretor da Parmalat; e Sebastião Lapola, diretor de futebol do Palmeiras.

A homenagem oficial da Federação Paulista de Futebol à conquista alviverde se daria através de um anúncio de página inteira, publicado nos cadernos esportivos de todos os periódicos da imprensa paulistana. Nele, em letras garrafais, a entidade fazia alusão à "supremacia paulista" no futebol brasileiro. E o nome da Sociedade Esportiva Palmeiras aparece em nada menos que três das cinco conquistas mencionadas: campeão da Copa do Brasil e da Copa Mercosul de 1998 – títulos ainda em aberto no ano de 1999 –, e campeão da Copa Libertadores da América. Não restava a menor sombra de dúvidas: o Palmeiras de Evair e cia era o maior esquadrão do futebol brasileiro de então.

26 de maio de 1999, estádio Camp Nou, em Barcelona: na mesma data em que o Palmeiras triturou o River Plate, o Manchester United bateu por 2 a 1, de forma dramática, o poderoso Bayern de Munique. Os Diabos Vermelhos chegaram ao empate somente nos acréscimos da segunda etapa, aos 46 minutos. Quando tudo apontava para a prorrogação, o norueguês Solskjaer, marcou, aos 48: vitória ao estilo do Palmeiras de Felipão. Além da Liga dos Campeões da Europa, o Manchester faturaria ainda o Campeonato Inglês e a Copa da Inglaterra, acumulando 36 vitórias, 22 empates e apenas 5 derrotas em toda a temporada. Em 30 de novembro, Tóquio iria tremer diante do embate entre os dois melhores times do planeta naquele momento.

Diante de tanta felicidade, impossível não saborear de modo especial o hilário anúncio veiculado em alguns jornais paulistanos, um dia após a conquista palmeirense. E pago pela torcida uniformizada Camisa 12, do Corinthians: "A gente é Manchester desde criancinha". Ainda mais após o fracasso da empreitada antes da decisão: no intuito de desestabilizar os atletas palmeirenses, torcedores alvinegros fizeram um foguetório ensurdecedor em frente ao hotel onde se concentrava a delegação esmeraldina, em plena madrugada: "Esses pequenos detalhes da Libertadores deixam a conquista ainda mais gostosa. A alvorada feita pelos corintianos, aquele barulho todo às quatro horas da manhã... Aquela situação de todo mundo estar contra. Então, era a hora de nós crescermos".

A conquista da Copa Libertadores pelo Palmeiras escancarou, uma vez mais, a eterna "má vontade" dos mandatários do futebol brasileiro com determinadas equipes: poucos dias antes do término da competição – na iminência concreta da conquista alviverde –, a Conmebol indicou o Vasco da Gama, campeão da Libertadores em 1998, como seu representante para a disputa do 1º Campeonato Mundial Interclubes da Fifa, a ser realizado no Brasil, em janeiro de 2000.

Para piorar, a CBF seguiria na mesma toada, indicando o Corinthians, campeão brasileiro do ano anterior, como representante do país sede. A argumentação para tais decisões não poderia soar mais esdrúxula: segundo os cartolas, os times anteriormente campeões estariam mais preparados para a disputa! Absurdo: quem, senão o campeão do momento, estaria em melhores condições para tal embate?

Saldo da manobra: o Palmeiras cedeu a vaga para o Vasco, de Eurico Miranda. E a indicação prévia do representante brasileiro desviou o foco das equipes em relação à disputa do Brasileirão de 1999: uma vez que a conquista do título não mais credenciaria à disputa do Mundial, muitos clubes passaram a mirar a Libertadores da América de 2000, que contaria com quatro vagas para clubes brasileiros.

Tempos depois, Evair externaria o único senão cometido pela diretoria do Palmeiras em relação à memorável conquista da Libertadores: "Aquele título foi algo muito marcante. Na chegada aos vestiários, resolvemos registrar, literalmente, aquele momento: deixamos todos os nossos nomes escritos lá. Um registro vivo da história. Depois de alguns anos, voltei aos vestiários pra rever aquilo... Pintaram a parede!!!".

BYE, BYE BRASIL

O Palmeiras curaria a ressaca direcionando as atenções à decisão do Paulistão: reverter um placar com desvantagem de três gols não era tarefa fácil. Do lado alvinegro, vencer o campeão da América significava muito mais que a conquista do estadual: seria a prova cabal de que a eliminação diante do arquirrival, na Libertadores, fora mero acidente de percurso. Nos seis embates diretos na temporada, equilíbrio total: três vitórias para cada lado. O tira-teima valia, além do título, a hegemonia no confronto em 1999.

Morumbi, domingo, 20 de junho de 1999. Sem contar com César Sampaio e Júnior Baiano, contundidos, o Palmeiras forma com Marcos; Arce, Roque Júnior, Cléber e Júnior; Rogério, Zinho, Evair – expulso no primeiro jogo e "anistiado" pelo tribunal da FPF – e Alex; Paulo Nunes e Oséas. Rodrigo Taddei é outra baixa no elenco: a entrada "normal" de Vampeta, no primeiro jogo da final, lhe rendera ruptura parcial nos ligamentos do joelho direito e três semanas "de molho".

34 minutos do primeiro tempo: Marcelinho Carioca abre o placar; dois minutos depois, Evair empata; aos 39, na confusão entre Maurício e Índio, a bola sobra novamente para ele: 2 a 1. Com um homem a menos – Cléber havia sido expulso –, o Palmeiras voltava a sonhar com a conquista do Paulistão. Mas, apesar de toda a garra, sofreria o golpe de misericórdia aos 28 do segundo tempo, com Edílson: 2 a 2.

Imediatamente após igualar o placar, o "Capetinha" realizou embaixadinhas na lateral do campo, próximo à linha divisória do gramado. Ao parar a bola na nuca, provocou os atletas alviverdes: Júnior foi o primeiro a desferir um pontapé no corintiano; Paulo Nunes fez o mesmo, na sequência. Uma verdadeira batalha campal levou Paulo César de Oliveira – novamente apitando jogos decisivos do Corinthians – a encerrar o embate ali mesmo, quinze minutos antes do esgotamento do tempo regulamentar.

Evair relembra: "Quando vi alguns jogadores do Palmeiras pintando a cara nos vestiários e se preparando pra entrar em campo com a faixa de campeão da Libertadores, percebi que aquilo não ia dar certo. Eles já tinham feito 3 a 0, o título estava bem encaminhado; nós já éramos campeões da América. Depois ainda vem o Edílson fazendo embaixadinhas! Provocações de lado a lado. Só podia terminar em confusão".

Ao marcar duas vezes na decisão, Evair chegava ao 113º gol com a camisa do Palmeiras. Números que o colocavam a apenas um de alcançar a posição de 10º maior artilheiro da história alviverde.

Encerrado o primeiro semestre, elenco e comissão técnica do Palmeiras teriam duas semanas de férias para recarregar as baterias com vistas ao restante da temporada. Mais que merecido: em um período de 157 dias, a equipe havia entrado em campo 52 vezes. Absurda média de um jogo a cada três dias!

No intuito de voar baixo nas três competições do segundo semestre – Campeonato Brasileiro, Copa Mercosul e Mundial Interclubes –, a cogestão Palmeiras-Parmalat reforçaria o elenco: para o bem de todos e felicidade geral da Nação Alviverde, a primeira medida tomada foi a prorrogação do contrato de Evair até o final do ano. Galeano e Roque Júnior renovariam na sequência.

Velloso foi para o Atlético Mineiro, e Rubens Júnior para o Porto, de Portugal. Chegaram Zé Maria, lateral direito revelado pela Portuguesa, e o atacante Faustino Asprilla, astro internacional do Parma e da Colômbia. E, ao término da Libertadores, Felipão mudou radicalmente o discurso: "Se deixarem, fico no Palmeiras mais uns 30 anos".

Como preparação para o Brasileirão, o Palmeiras disputou dois jogos na Itália. No primeiro, em 11 de julho, no estádio Comunale de La Sale, bateu o Grand Paradis por 7 a 0. No segundo, realizado quatro dias depois, no estádio U. S. Villeneuve, em Val D'Aosta, o que era para ser um despretensioso amistoso contra o combinado local, se transformou em marco alviverde: a vitória por 15 a 0 constitui a maior goleada aplicada pelo Palmeiras em toda sua história.

Evair foi às redes duas vezes naquela tarde de quinta-feira: na segunda, aos 43 da etapa inicial, marcou seu 115º gol com a camisa do Verdão, feito que o colocava na 10ª posição entre os maiores goleadores esmeraldinos de todos os tempos. E o craque ainda tinha outra marca para comemorar: o gol marcado aos 18 minutos do primeiro tempo, era o de número 300 em sua carreira. Feito atingido por poucos.

O Campeonato Brasileiro de 1999 seguiu a mesma fórmula da edição anterior: todos contra todos em turno único, dos quais os oito melhores classificados avançariam às quartas de final. A diferença ficava por contava da redução do número de participantes, de 24 para 22.

Parque Antártica, 24 de julho: estreia do Palmeiras diante do Juventude. Evair, aos 8 e 29 minutos do primeiro tempo, e aos 44 do segundo, sacramentou a vitória palmeirense: 3 a 1. Os três gols marcados provavam que, do alto de seus 34 anos, o Matador mantinha intacto seu enorme faro de goleador.

Campeão do ano anterior, o Palmeiras integrou o Grupo A da Copa Mercosul 1999, ao lado do Cruzeiro e dos argentinos River Plate e Racing. Em 27 de julho, fez sua estreia no estádio Monumental de Nuñez, diante do River. Até a marca dos 25 minutos da segunda etapa, o placar era amplamente favorável ao Verdão: 3 a 1. Quando tudo apontava para o triunfo, Rivarola marcou contra, a um minuto do encerramento. E Cardetti deu números finais à partida, já nos acréscimos: 3 a 3. Empate com sabor amargo! Assim começava a trajetória do Palmeiras em busca de seu terceiro título sul-americano consecutivo.

31 de julho: derrota por 2 a 1 para o Vitória, no Barradão. Desde a final do Campeonato Paulista, Evair entrara como titular em todos os jogos, sempre atuando como meia-armador.

5 de agosto, Parque Antártica: Palmeiras x Racing, segunda rodada da Copa Mercosul. Vivendo uma das piores crises de sua história, o time argentino foi massacrado pelo Alviverde, que abriu cinco de vantagem ainda no primeiro tempo – gols de Euller (2), Oséas (2) e Paulo Nunes. Rogério anotou outros dois na segunda etapa, dando números finais à partida: 7 a 0. Em mais um épico na temporada, o Palmeiras por pouco não decretou, literalmente, a falência do tradicional clube de Avellaneda.

Com um calendário menos apertado que no primeiro semestre, o Palmeiras realizou quatro jogos seguidos pelo Brasileirão, demonstrando a irregularidade que o acompanharia ao longo da competição: Atlético-PR (2 a 2), em casa; Atlético-MG (derrota por 2 a 0), no Independência; Botafogo-SP (1 a 1), no Santa Cruz; e Gama (revés por 2 a 0), em pleno Parque Antártica. Há cinco jogos sem vencer na competição, o Verdão começava a se distanciar das primeiras posições.

Palmeiras e Cruzeiro se enfrentariam várias vezes desde a final da Copa do Brasil de 1996, quase sempre em situações decisivas, o que gerou uma das maiores rivalidades no futebol brasileiro de então. Brigando palmo a palmo pela primeira posição no Grupo A da Copa Mercosul, os Palestras foram a campo em 26 de agosto, no Parque Antártica. O placar de 2 a 2, em plena data de comemoração dos 85 anos do Palmeiras, confirmava o equilíbrio entre as equipes. E mantinha o time paulista na ponta da tabela, um ponto à frente do rival.

O Palmeiras faria as pazes com a vitória ao bater a Ponte Preta por 2 a 1, no Moisés Lucarelli, em 28 de agosto. Evair fora alçado à condição de titular: atuando ora como atacante, ora como meia, deixava ninguém menos que Oséas e Asprilla como opções de banco.

2 de setembro de 1999, Parque Antártica, jogo do returno entre Palmeiras e River Plate, pela Copa Mercosul. 18 minutos do segundo tempo: Júnior rola na medida para Evair arrematar com precisão, de primeira, da entrada da área: golaço que nocauteou os argentinos, irreconhecíveis a partir daí. Placar final: 3 a 0.

Três dias após a vitória sobre o River, o Palmeiras enfrentaria novamente o Cruzeiro, em casa, dessa vez pelo Brasileirão: 2 a 2. Tranquilos na Mercosul, Evair e cia custavam a engrenar na competição, gerando fortes especulações sobre uma suposta "acomodação" da equipe após a conquista da Libertadores. E certa impaciência nos setores mais intransigentes dos bastidores de Parque Antártica.

O Palmeiras atropelou novamente o Racing (4 a 2), em 9 de setembro, no estádio Juan Domingo Perón, com gols de Alex, Paulo Nunes, Zinho e Edmílson. Líder absoluto do Grupo A, com 11 pontos, o Verdão abria quatro de vantagem sobre o Cruzeiro, que tinha dois jogos a menos. Virtualmente garantido na fase seguinte, era hora de se firmar no Brasileiro. E o momento não podia ser melhor...

Palmeiras e Corinthians jamais haviam se enfrentado tanto numa única temporada como em 1999. E o equilíbrio era impressionante: pela Libertadores, duas vitórias para cada lado – e triunfo alviverde nas penalidades máximas. No Paulistão, uma vitória cada, mas o empate na partida decisiva dera o título ao Corinthians. Em números exatos: 7 confrontos, 3 vitórias para ambos e um empate. Em gols marcados, ligeira vantagem alvinegra: 10 a 9. Mas a taça mais cobiçada por ambos repousava serena, na sala de troféus de Parque Antártica.

Morumbi, 12 de setembro: dia do tira-teima. O Verdão foi a campo sem contar com Evair, lesionado. Após atuar poucos minutos diante do Cruzeiro, o atacante Pena – revelado pelo Vitória da Conquista-BA –, recém-contratado junto ao Grasshopers Zurich, da Suíça, faria sua estreia como titular. Líder isolado e com apenas uma derrota na competição, o Corinthians veria o arquirrival abrir larga vantagem ainda na primeira etapa: 4 a 0. Completamente atordoado, chegaria ao gol de honra com Luizão. E teria que digerir a dura realidade: o arquirrival era um time superior naquele momento. No último Dérbi da temporada, o Palmeiras levara apenas dez minutos para provar sua supremacia.

A vitória sobre o Corinthians aprumou o Palmeiras no Brasileirão: na sequência, 1 a 0 sobre Sport e Paraná; e 1 a 1 com o Santos, em casa – 122º gol do Matador, igualando a marca de Tupãzinho, 9º maior artilheiro da história alviverde. Depois, mais dois clássicos regionais: 3 a 2 na Portuguesa, no Palestra, e 0 a 0 com o São Paulo, no Morumbi. Sequência que alçava o Verdão à 6ª colocação na tabela.

Enquanto o Palmeiras direcionava o foco para o Brasileirão, o Cruzeiro realizou as duas partidas pendentes pela Mercosul: na Argentina, bateu Racing (4 a 0) e River Plate (3 a 0), chegando a 13 pontos, dois a mais que o Verdão. Para garantir a primeira posição no grupo, Evair e cia teriam que vencer o confronto em Belo Horizonte: mas o revés por 3 a 0 deixou o Cruzeiro ainda mais líder. O Alviverde avançava às quartas de final como o melhor entre todos os segundos colocados.

Parque Antártica, 13 de outubro de 1999, Palmeiras x Grêmio, pelo Brasileirão. O Palmeiras forma com Marcos; Zé Maria, Roque Júnior, Agnaldo e Júnior; Galeano, Rogério, Zinho e Alex; Paulo Nunes e Evair.

Aos 29 minutos, cobrança de falta precisa de Alex, Danrlei nem se mexe: 1 a 0. A um minuto da descida aos vestiários, pênalti de Ronaldo Alves em Paulo Nunes. E a cena tantas vezes repetida: goleiro num lado, bola no outro. Gol de Evair – o 123º tento o colocava como 8º maior goleador do Verdão, ao lado de Luizinho Mesquita – ídolo do Palestra entre 1935 e 1941 e astro da Seleção Brasileira nas Copas de 1934 e 1938.

Primeiro minuto do segundo tempo, cobrança de falta de Alex, no ângulo. O mesmo Alex que, em noite de gala, deixou Júnior livre, na cara do gol, cinco minutos depois: 4 a 0. Atordoado, o Grêmio assiste passivamente ao show alviverde, cujo desfecho ainda teria dois atos. 26 minutos: em cobrança de falta na intermediária, Zé Maria percebe o arqueiro adiantado e manda um balaço, no ângulo. Gol antológico! A noite gremista é tão desastrosa, que Ronaldinho Gaúcho escorrega ao cobrar uma falta. Lance bizarro, que antecede ao último ato da tragédia gaúcha. Jogada rápida entre Jackson e Edmílson, na volta derradeira do ponteiro: 6 a 0. O Palmeiras acabara de impor ao Grêmio a maior goleada registrada nos confrontos entre as duas equipes ao longo dos tempos. Marca que permanece ainda hoje.

Após atropelar o Grêmio, em mais um épico de 1999, o Palmeiras faria uma miniexcursão ao Rio de Janeiro, para dois confrontos pelo Brasileirão. E o saldo não foi bom: derrota de 2 a 1 diante do Vasco e 1 a 1 com o Flamengo. Resultados que o colocavam na 9ª posição, fora da zona de classificação aos *playoffs* decisivos.

Desde o início do Brasileirão, Evair entrara em quase todos os jogos como titular. Seria novamente assim na primeira partida das quartas de final da Copa Mercosul: o regulamento previa o confronto entre o time de melhor campanha geral contra o melhor 2º colocado. O Palmeiras teria pela frente novamente o Cruzeiro, no primeiro mata-mata! A acirrada rivalidade entre as equipes teria mais um assalto.

Parque Antártica, sexta-feira, 22 de outubro de 1999. O Verdão forma com Marcos; Zé Maria, Roque Júnior, Galeano e Júnior; Rogério, César Sampaio, Zinho e Alex; Paulo Nunes e Oséas. 16 segundos de bola rolando, Alex cruza com precisão para Paulo Nunes, quase na pequena área, escorar de cabeça: 1 a 0. O Cruzeiro precisa de pouco tempo para retomar as rédeas da situação: Isaías, aos 19, e Ricardinho, aos 28, decretam a virada – e Müller ainda perde um gol feito no último minuto do primeiro tempo.

Fui às arquibancadas do Jardim Suspenso naquela fria noite de garoa acompanhado do meu então cunhado Oscar Eduardo, o Dudu. O clima de desalento reinante no intervalo de jogo era assustador – e inexplicável, diante de uma equipe acostumada a viradas espetaculares, que recentemente conquistara a América. Coisas do Palmeiras! Após um sem fim de comentários carregados de negatividade, o até então calado Dudu perdeu as estribeiras: "Calem a boca! Só de raiva, o Palmeiras vai meter 7 nesses caras. Vai ser 7 a 3". Acesso de fúria juvenil, que os torcedores mais próximos fariam questão de tratar com escárnio absoluto.

Segundo tempo: Evair volta em lugar de Oséas. E mostra o cartão de visitas logo a 11 minutos, em cobrança de falta, com providencial ajuda do goleiro reserva Maizena, que acabara de entrar: 2 a 2. Aos 32 minutos: toque magistral de Evair para Alex e vira-vira alviverde. Dois minutos depois, Zinho cobra escanteio, a zaga rebate e Evair fuzila de canhota: 4 a 2. Aos 39, Marcelo Ramos aproveita o vacilo da zaga alviverde para diminuir: 4 a 3.

Faltando 4 minutos para o encerramento, o torcedor alviverde presenciaria outra noite eterna em Parque Antártica: César Sampaio cruza rasteiro e Euller marca 5 a 3. Já nos acréscimos, um lance antológico: Euller acha Paulo Nunes na entrada da área, o corte no zagueiro é seco, o arremate de canhota, preciso – a bola espirra no travessão e morre no fundo das redes: 6 a 3.

Aos 49, o desfecho de uma noite de gala: tabela entre Paulo Nunes e Zinho, Euller aparece livre, na marca do pênalti, para escolher o canto e dar o tiro de misericórdia na Raposa. O placar de 7 a 3 é a maior goleada de todos os tempos no confronto entre os dois Palestras! E o adolescente Dudu deixou as arquibancadas do Parque Antártica aclamado em êxtase: tal e qual um verdadeiro guru!

Use o app e veja os gols da goleada do Palmeiras por 6x0 sobre o Grêmio.

Use o app e veja os gols da goleada do Palmeiras por 7x3 sobre o Cruzeiro.

Com os dois anotados sobre o Cruzeiro, Evair atingiu a marca de 125 gols com a camisa esmeraldina: números que o colocavam como 7º maior artilheiro do Palmeiras, ao lado de Rodrigues – o Rodrigues Tatu, ponta-esquerda que formou uma inesquecível ala canhota com Jair Rosa Pinto –, campeão mundial pelo Verdão em 1951, e craque da Seleção Brasileira nas Copas de 1950 e 1954.

Após triturar o Cruzeiro, o Palmeiras continuaria sua trajetória irregular no Brasileirão: derrota de 2 a 1 para o Coritiba, no Alto da Glória; e 0 a 0 com o Guarani, no Palestra. Resultados que o deixavam em 11º lugar, dois pontos atrás do Bugre, último do G-8.

Entre as duas jornadas pelo Brasileirão, o Alviverde foi a Belo Horizonte podendo perder por até três gols de diferença para avançar às semifinais da Mercosul. Com o time quase completo, derrota por 2 a 0, carimbando a vaga entre os quatro melhores do continente. Asprilla estava plenamente recuperado da lesão no joelho. O rodízio no ataque era cada vez mais frequente – e o ponto de interrogação na cabeça de Felipão, sobre qual a melhor dupla, cada vez maior. Isso, a menos de um mês do duelo contra o Manchester!

Parque Antártica, sábado, 6 de novembro de 1999: Palmeiras x Botafogo, penúltima rodada do Brasileirão. Aos 4 minutos, Evair lança Asprilla em profundidade: 1 a 0. Oito minutos depois, a zaga botafoguense para, antevendo a saída da bola; Evair acredita e cabeceia para o meio da pequena área, deixando Asprilla na cara do gol: 2 a 0. Seria aquela a dupla de ataque alviverde ideal? Cléber, de cabeça, amplia ainda no primeiro tempo.

33 minutos da etapa final: Zé Maria bate escanteio, Pena desvia e Agnaldo bate rasteiro para fazer 4 a 0. Seis minutos depois, uma preciosidade de Evair: lançado na esquerda, ele corta o zagueiro com sua habitual elegância e cruza milimetricamente na cabeça de Pena. Coroando uma das maiores atuações da carreira, *El Matador* aproveita o rebote de Wagner para liquidar a fatura: 6 a 0.

126º gol com a camisa do Verdão, feito que alçava Evair à posição de 6º maior goleador palmeirense de todos os tempos, ao lado de Humberto Tozzi – artilheiro do Campeonato Paulista de 1954 (36 gols) e integrante da Seleção Brasileira na Olimpíada de Helsinque, em 1952, e na Copa do Mundo de 1954, na Suíça.

No vira três, acaba seis, o Palmeiras atingia a 8ª colocação com 31 pontos, apenas um à frente do Atlético Mineiro. Teria que bater o desesperado Internacional-RS, no Beira-Rio, para depender apenas de si mesmo e avançar à fase decisiva do Brasileirão. De quebra, acabara de impor ao Botafogo carioca a maior derrota de sua história em campeonatos brasileiros! Mais um recorde daquela inesquecível temporada.

Os preparativos do Palmeiras para o Mundial Interclubes começariam no início de outubro. O fracasso recente dos times brasileiros – Grêmio (1995), Cruzeiro (1997) e Vasco (1998) – no Japão aumentava as expectativas sobre o desempenho esmeraldino. Havia um consenso de

Use o app e veja os gols da goleada do Palmeiras sobre o Botafogo.

que, para chegar tinindo ao Mundial, era necessário manter o foco no Campeonato Brasileiro: a atividade em uma competição importante manteria o entrosamento e a competitividade do elenco. No mais, os problemas gerais: adaptação ao fuso horário; às temperaturas médias abaixo dos 10ºC, normais em Tóquio no mês de novembro; e a definição dos 22 atletas que seriam relacionados para a disputa.

10 de novembro, Gigante da Beira-Rio, Porto Alegre. O Internacional-RS precisava desesperadamente da vitória sobre o Palmeiras: um empate e o clube gaúcho disputaria a Segunda Divisão do Campeonato Brasileiro no ano seguinte. Do lado alviverde, um empate e a equipe daria adeus à competição nacional. Aos 36 minutos do segundo tempo, falta para o Colorado, quase sobre a meia-lua: Celso cobra, a bola resvala na barreira e sobra para Dunga desviar de cabeça, na pequena área. Internacional-RS 1 a 0. Os gaúchos garantem a permanência na elite do futebol brasileiro. E, a exatos vinte dias da batalha de Tóquio, o Verdão estava eliminado do Brasileirão.

O Palmeiras teria uma semana de preparação para a primeira partida das semifinais da Copa Mercosul, diante do San Lorenzo. Em 18 de novembro, no estádio Nuevo Gasómetro, em Buenos Aires, sucumbiu pelo escore mínimo. Novamente a equipe teria que reverter a vantagem no jogo da volta, em casa. Preocupação adicional às vésperas do embarque para o outro lado do planeta.

UN FINE INDESIDERATO

Vinte e dois atletas foram relacionados para representar o Palmeiras em Tóquio: os goleiros Marcos e Sérgio; os laterais Arce, Zé Maria, Júnior e Tiago Silva; os zagueiros Júnior Baiano, Roque Júnior, Cléber e Agnaldo; os volantes César Sampaio, Galeano e Rogério; os meias Zinho, Alex e Jackson; e os atacantes Evair, Paulo Nunes, Oséas, Asprilla, Edmílson e Euller. Os homens que teriam de fazer frente a um poderoso esquadrão, recheado de craques internacionalmente consagrados como Philip Neville, Jaap Stam, Roy Keane, Ryan Giggs, Dwight Yorke, Andy Cole, Ole Solskjaer e David Beckham.

Início de madrugada do dia 22 de novembro de 1999: escoltado em caravana pela torcida Mancha Alviverde, o Palmeiras decola para a disputa de uma das partidas mais importantes dos seus 85 anos de história. Formada por 22 jogadores, 12 membros da comissão técnica, 4 dirigentes, um mordomo e seu auxiliar, a delegação deixou o aeroporto de Cumbica, em Guarulhos, por volta de 1h30.

Segundo o planejamento elaborado pelos fisiologistas Paulo Zogaib e Ivan Piçarro, a adaptação ao fuso horário de 11 horas em relação ao Japão começaria já na aeronave, com o "almoço" servido imediatamente após o embarque; por volta das 17 horas, no horário de Tóquio, seria servido o lanche da tarde: o horário biológico dos atletas marcaria seis horas da manhã. Aí começava a parte mais crítica da viagem: "Eles estarão com sono, mas faremos passatempos para que não durmam".

No desembarque em Los Angeles – por volta das 23 horas, horário local –, após um ligeiro trabalho de movimentação, os atletas seriam induzidos a dormir com auxílio de medicação. Depois de quase sete horas de sono, a chegada ao aeroporto de Nagoya e café da manhã – em pleno início de tarde japonês! O "brinde" pelas desgastantes 26 horas de voo seria o traslado de ônibus de Nagoya para Yokohama, trinta quilômetros ao sul de Tóquio, onde a delegação ficaria concentrada até a véspera da decisão.

Era difícil acreditar que o fracasso no Brasileirão atrapalharia o Palmeiras durante os preparativos para o Mundial, afinal, a equipe atuara em alto nível, aplicando goleadas históricas até vinte dias antes do embate.

Felipão tinha poucas dúvidas sobre a equipe que mandaria a campo: Roque Júnior conquistara a vaga de Cléber; Galeano, mais alto e eficaz no combate ao jogo aéreo inglês, ganhara a queda de braço com Rogério. Apenas uma questão perseguiria o comandante até momentos antes do embate: Evair ou Asprilla?

Outrora totalmente inclinado à velocidade do colombiano, Scolari começava a ser convencido pelo futebol apresentado por Evair nos treinos: reter a bola por mais tempo no ataque, inibindo a velocidade e os contragolpes do time inglês, talvez fosse o mapa da mina para a conquista. Entre os torcedores, nenhuma dúvida: o histórico com a camisa alviverde fazia com que a esmagadora maioria da massa esmeraldina preferisse Evair.

Desmerecer a importância da Copa Intercontinental era um velho estratagema utilizado pelas equipes europeias: ao alegarem não reconhecimento da partida como um legítimo título mundial, toda a carga pela conquista era transferida ao oponente sul-americano. Acreditar no engodo poderia ser letal. Ávido pelo posto de melhor time do mundo, o Manchester United tinha ainda outro motivo para entrar focado na decisão: levar a Inglaterra a seu primeiro título na competição.

Os inventores do futebol colecionavam uma série de fracassos no Mundial Interclubes: em 1980, o Nottingham Forest fora batido pelo Nacional do Uruguai; no ano seguinte, o Liverpool foi massacrado pelo Flamengo de Zico (3 a 0); o Aston Villa sucumbiu diante do Peñarol, em 1982; fato ocorrido também com o Liverpool, em 1984, contra o Independiente, da Argentina.

Mas a trajetória inglesa na competição se iniciara muito antes, em 1968, com a derrota do Manchester United para o Estudiantes. E o curioso é que, não fosse a armação na "Batalha de La Plata", o adversário dos Diabos Vermelhos naquela decisão teria sido o Palmeiras da Academia. Agora, 31 anos depois, o Manchester – representante de um país há 15 edições ausente da disputa – tinha a chance da primeira conquista britânica. Ineditismo a que almejavam também Evair e cia.

Na 38ª edição da Copa Intercontinental, o Palmeiras buscava o sétimo título para o futebol brasileiro – anteriormente conquistado por Santos (2), Flamengo, Grêmio e São Paulo (2). E, também, a igualdade com os rivais argentinos, campeões em sete oportunidades. Desde a instituição do jogo único em território japonês, em 1980, os times sul-americanos tinham três vitórias de vantagem sobre os europeus: 20 a 17. Entretanto, desde 1994, apenas os europeus saíam vitoriosos. Um minitabu no caminho palestrino. Com um componente motivador a mais: a maior parte da torcida japonesa definira sua preferência pelo Palmeiras.

30 de novembro de 1999, estádio Olímpico Nacional de Tóquio: Luiz Felipe Scolari manda a campo Marcos; Arce, Júnior Baiano, Roque Júnior e Júnior; Galeano, César Sampaio, Zinho e Alex; Paulo Nunes e Asprilla. Evair fica como opção no banco de reservas, ao lado de Sérgio, Cléber, Rogério, Tiago Silva, Euller e Oséas. Bosnich; Neville, Stam, Silvestre e Irwin; Keane, Scholes, Butt e Beckham; Solskjaer e Giggs formam o onze de Alex Ferguson. Chegara a hora de saber qual o melhor time do planeta na temporada.

Hellmut Krug – árbitro alemão que já estivera no Brasil apitando o clássico entre São Paulo e Santos, pelo Paulistão 1997 – trila o apito. Paulo Nunes toca para Asprilla: está aberta a partida mais importante da história alviverde recente. Na qual Evair era apenas mais um, dentre os milhões de torcedores palmeirenses espalhados ao redor do mundo.

Início de jogo: estranhamente, os ingleses fazem a bola girar, e o Palmeiras tenta vencer o forte bloqueio adversário à base de ligação direta e bolas pelo alto! 21 minutos: Alex recebe de Asprilla e, cara a cara com o goleiro, perde um gol inacreditável! O Manchester passa mais de cinco minutos acuado, vendo o Alviverde tocar a bola. Aos 34, Júnior deixa Asprilla livre, em condição legal; o auxiliar, erroneamente, marca impedimento. Àquela altura, percebia-se nitidamente nos semblantes ingleses o temor de que o gol alviverde era mera questão de tempo. Até...

...Giggs avançar pela esquerda, passar por Júnior Baiano, cruzar na área, Marcos falhar e Roy Keane aparecer livre para escorar: Manchester 1 a 0.

Por pouco Butt, não amplia na sequência. 41 minutos: Júnior cruza na cabeça de Alex, Silvestre salva quase sobre a linha fatal. O Palmeiras desce aos vestiários em desvantagem.

O time brasileiro é o mesmo na segunda etapa; os ingleses voltam com Yorke em lugar de Solskjaer. Asprilla aparece livre, Bosnich fecha o ângulo e a bola toca a rede pelo lado de fora. No banco, Felipão começa a conversar com o Matador. 8 minutos: Galeano, principal homem de marcação, dá lugar a um atacante. Evair tinha pouco mais de 30 minutos para levar o Palmeiras à conquista do título mundial.

Em seu primeiro lance no jogo, tabela com Júnior e recebe a bola no bico da grande área: é desarmado na hora do arremate. No minuto seguinte, deixa Alex livre: gol do Palmeiras! Que a arbitragem, desastradamente, anula – o camisa 10 partira na mesma linha do zagueiro.

Oséas entra em lugar de Asprilla. Aos 13 minutos, a zaga palmeirense erra e Giggs perde um gol inacreditavelmente feito. Oséas gira e arremata firme, para difícil defesa de Bosnich – o ex-reserva do lendário Peter Schmeichel começava a se transformar no herói daquela decisão. Zinho cobra escanteio, Evair sobe com a zaga, a bola sobra limpa para Oséas, na pequena área: arremate de canhota, firme... Em cima do arqueiro! No desperdício do gol mais feito da partida, a desesperança começa a se instalar nos semblantes alviverdes.

Paulo Nunes dá lugar a Euller. 38 minutos: o "Filho do Vento" sai livre em direção ao gol, na mesma linha da zaga, a arbitragem novamente assinala impedimento inexistente – e sem levar em conta que a bola fora tocada para trás pelo zagueiro inglês. Involuntariamente?

42 minutos: Evair arranca em direção ao gol e é derrubado a poucos metros da meia-lua. Ao levantar-se, é a imagem viva da agonia alviverde: "Manda a bola, manda a bola, c...". Ele tem pressa, sabe que o tempo se esvai e aquela pode ser a última chance de chegar à igualdade. A posição é ideal para Alex; a barreira adianta-se exageradamente: a bola resvala na muralha e se perde pela linha de fundo.

Na cobrança do escanteio, Keane é tocado e, malandramente, utiliza-se de um manjado artifício latino: desabar na área em busca de segundos preciosos. A placa sobe assinalando três minutos de acréscimo. Na última volta do ponteiro, Júnior avança e é derrubado na lateral da grande área: seria a derradeira oportunidade alviverde, caso Hellmut Krug não tivesse dado prosseguimento à jogada...

O Palmeiras fora superior; à arbitragem, faltara aplicar o mesmo critério para ambos os lados; o Manchester United chegara uma única vez com perigo real, construindo o placar mínimo na falha do oponente – mas teria méritos inquestionáveis na administração da vantagem adquirida. Eis o resumo do primeiro título mundial interclubes conquistado por uma equipe inglesa.

Terminado o embate, as luzes do estádio Nacional de Tóquio foram apagadas: foco apenas sobre o pódio onde se apresentariam os campeões mundiais. A imagem dos jogadores palmeirenses, desolados na penumbra, acompanhando a cerimônia de premiação, seria o desfecho melancólico da saga alviverde naquele inesquecível 1999: "Aquela foi a derrota mais sofrida que presenciei! A volta de lá pra cá foi terrível, ninguém falava com ninguém. Quase vinte e seis horas de um silêncio perturbador!".

Manhã de quinta-feira, 2 de dezembro de 1999, aeroporto internacional de Guarulhos. A delegação palmeirense teve uma calorosa recepção no retorno ao Brasil: aproximadamente duzentos torcedores fizeram questão de manifestar sua solidariedade aos vice-campeões mundiais. Faixas de apoio direcionavam um carinho especial ao goleiro Marcos, que assumira a condição de responsável pela derrota: "Parabéns, Palmeiras! Marcos, graças às suas grandes defesas chegamos a Tóquio". Apoio do torcedor à parte, os reflexos da derrota no Japão seriam devastadores para o ambiente interno do clube.

Ainda em Tóquio, imediatamente após o jogo, numa declaração bombástica, Evair deixou no ar que aquela poderia ter sido sua última atuação com a camisa alviverde: "Alguns não entenderam a importância desta partida para um jogador que se dedicou tanto ao Palmeiras". Ao desembarcar com a delegação, em Cumbica, o artilheiro foi um dos mais solicitados pela imprensa. E, apesar da visível chateação, teve um discurso mais ameno: "Meu contrato está no fim. Não houve um pedido de renovação, então vamos ver no que vai dar. Eu treino amanhã, como todos os demais. Vamos resolver tudo nos próximos dias".

O diário Lance estampou, na edição de 7 de dezembro de 1999, a manchete que o torcedor palmeirense jamais gostaria de ter lido: "Verdão dispensa Matador". Logo abaixo, a resposta do craque ao questionamento da reportagem sobre o absurdo de tal decisão, uma vez que se tratava de um ídolo eterno da torcida: "Mas isso aí, ser ídolo, não vale muito no Palmeiras". A medida, tomada pela diretoria na véspera da partida contra o San Lorenzo – em que o atleta treinou em separado do grupo –, pelas semifinais da Copa Mercosul, traria à tona um sem fim de declarações desencontradas e contraditórias.

Segundo a mesma matéria, Evair dissera apenas que não havia ligação entre sua chateação e o fato de ter iniciado a decisão do mundial no banco de reservas. Membros da diretoria afirmariam, posteriormente, que o pedido de rescisão contratual partira do próprio jogador. Em entrevista, também ao Lance, o diretor de futebol Sebastião Lapola foi incisivo: "Quando chegamos aqui, ele afirmou que queria ir embora. Eu disse que seu contrato estava prestes a terminar, mas ele argumentou que prefere ir agora mesmo. Não será uma rescisão litigiosa. Ninguém quer brigar com o Evair. Respeitamos a sua posição. Será tudo amigável. É desagradável ficar com alguém contrariado, por isso, vamos liberá-lo". E, ao afirmar que antes do empate contra o Guarani, pelo Brasileirão, a comissão técnica pedira à diretoria a renovação do vínculo com Evair para a temporada 2000, adicionou a dose certa de pimenta à questão.

À mesma publicação, Evair deu sua versão do fato: "Como não estava relacionado pro jogo contra o San Lorenzo, pedi à diretoria que arrumasse uma solução, pra que eu não ficasse ali e me tornasse uma polêmica prejudicial ao grupo". Sobre a insatisfação por entrar apenas no segundo tempo contra o Manchester, foi categórico: "Fiquei seis meses na reserva e não falei nada. Por que iria falar justamente em Tóquio? Tenho alguns dias de contrato e quero sair do Palmeiras da mesma maneira que entrei: amigo de todo mundo". Desejo do jogador à parte, as declarações de Lapola deixavam claro que o ciclo do maior ídolo recente da história do Palmeiras havia chegado ao fim. Para profunda tristeza da imensa Nação Alviverde.

A vida teria que seguir. E sem Evair. Em 7 de dezembro, o Palmeiras bateu o San Lorenzo por 3 a 0, no Parque Antártica, classificando-se à decisão da Copa Mercosul. Na final, contra o Flamengo, derrota por 4 a 3 na partida de ida, em 16 de dezembro, no Maracanã. Quatro dias depois, em Parque Antártica, os 3 a 3 no placar daria o título sul-americano ao time da Gávea. A equipe carioca estava vingada da eliminação na Copa do Brasil.

Um dia após carimbar o passaporte à decisão da Copa Mercosul, a diretoria palmeirense anunciou oficialmente a rescisão amigável do contrato de Evair, alegando que pagaria ao atleta o 13º salário e todos os seus direitos trabalhistas. Após 245 jogos e 126 gols, chegava ao fim uma das mais brilhantes trajetórias com a camisa esmeraldina em todos os tempos.

> Em 2000, após a perda do bicampeonato da Libertadores para o Boca Juniors, nos pênaltis, em pleno Morumbi, Felipão foi para o Cruzeiro. Sob comando de seu auxiliar, Flávio Teixeira, o Palmeiras conquistaria a inédita Copa dos Campeões, em julho, garantindo presença na Libertadores de 2001. No segundo semestre, já com Marco Aurélio no comando, após um gigantesco desmanche e finda a parceria com a Parmalat, ainda chegaria à decisão da Copa Mercosul, pelo terceiro ano consecutivo. Onde viveu um de seus maiores vexames: após ir ao intervalo vencendo por 3 a 0, sofreu uma virada inacreditável! Os 4 a 3 no placar davam o título ao Vasco da Gama. E o Palmeiras mergulharia no mais tenebroso período de sua gloriosa história.

Anos depois, Evair daria uma declaração extremamente franca sobre o ambiente do Palmeiras no segundo semestre de 1999: "Na minha cabeça não era importante o Brasileiro daquele ano. O time não chegou nem entre os oito, porque estávamos esperando a hora do bolo. Claro que é importante ganhar o Brasileiro, mas estávamos pra disputar um título mundial! E se alguma coisa saiu do controle, todos têm culpa. A gente não sabia quem ia jogar, estávamos esperando aquilo ansiosamente. Se houve mesmo alguma declaração do Felipão sobre o ambiente ter piorado após a conquista da Libertadores, não entendo o porquê: o ambiente continuou sendo de rivalidade, porque tínhamos muitas estrelas, mas de convívio tranquilo. Eu tinha a firme convicção de que seríamos campeões mundiais. Queria ter começado, mas sabia que ia ficar no banco e entrar depois. Acho até que o Felipão demorou pra mexer, colocar eu, ou o Oséas, o Euller. Esperou dez minutos, o time já estava perdendo. É a opinião dele, uma situação que só ele poderia resolver, ali na hora. Acho que aqueles poucos minutos a mais poderiam ter feito uma grande diferença. Não tenho mágoa por não ter sido escalado, tenho mágoa de não ter ganhado. Do Felipão, nenhuma. Já conversei com ele várias vezes. Em Goiânia, temos amigos em comum".

Nas lembranças sobre aquele 30 de novembro, impossível não externar certa melancolia: "Eu poderia ter encerrado minha carreira naquele dia. Já tinham me convidado pra ser treinador de aspirantes do Palmeiras, categoria que ainda existia. Recusei, porque queria jogar mais. Como campeão do mundo pelo Palmeiras, eu poderia ter dito: 'Aceito o cargo, agora posso encerrar minha carreira de jogador'. Por isso, afirmei que não entenderam a importância daquele jogo pra mim. Lógico que era importante pra todo mundo, todos queriam ser campeões mundiais. Mas, naquele momento, era importante demais pra mim".

No final de 1999, a Confederação Brasileira de Futebol anunciou o resultado de seu ranking, apontando qual o maior campeão do futebol brasileiro ao longo de toda a história. O resultado não dava a menor margem a dúvidas: o Palmeiras era o Campeão do Século XX. Além de um sem fim de taças conquistadas em torneios pelos quatro cantos do planeta, o Palestra contabilizava 3 títulos internacionais, 9 nacionais, 4 interestaduais e 21 estaduais, atingindo a invejável marca de 37 conquistas expressivas em 85 anos de vida – um grande título a cada 2,2 anos! Seis deles obtidos graças à valorosa contribuição de Evair.

No mesmo período, a revista Placar publicou seu tradicional ranking, dessa vez abrangendo times de todo o planeta e competições internacionais nos mais diversos níveis. Segundo os critérios da principal publicação esportiva do Brasil, o Palmeiras ocupava a 18ª posição geral, com 264 pontos – apenas um atrás do Santos, melhor brasileiro da lista –, integrando um seleto grupo que tinha equipes do peso como Real Madrid, Juventus de Turim, Peñarol, Milan, Ajax, River Plate, Nacional do Uruguai, Boca Juniors, Bayern de Munique, Benfica, Barcelona, Internazionale de Milão e Manchester United. E isso sem computar o Campeonato Mundial de 1951!

Os números de Evair com a camisa do Palmeiras impressionam: 127 gols em 245 jogos, extraordinária média de 0,51 por partida – jogo sim, jogo não, o Matador ia às redes. E isso em apenas quatro temporadas e meia! Quanto às estatísticas, existem pequenas divergências, em função da adoção de critérios diferenciados: o diário Lance, na edição de 7 de dezembro de 1999, apontava 125 gols do craque pelo clube – confrontando os dois a mais apontados nos levantamentos em geral, inclusive oficiais do próprio Palmeiras.

Após exaustiva pesquisa, creditamos 126 gols para Evair com a camisa alviverde. Em vários levantamentos, acrescenta-se à lista do craque o gol marcado na decisão por pênaltis contra o Corinthians, na Libertadores de 1999 – gols marcados em decisões por penalidades máximas não integram estatísticas oficiais de artilharia em nenhuma competição disputada, tanto aqui quanto no exterior. Provavelmente, os números do Lance desconsideram também o gol marcado contra a Inter de Limeira, pelo Torneio Início de 1991, por tratar-se de jogo não oficial – partidas com 30 minutos de duração. Esse tento fora incluído em nosso levantamento.

De todo modo, essa diferença de apenas um gol não altera a posição de Evair como 6º maior artilheiro alviverde de todos os tempos: se computados os 126, que consideramos adequado, *El Matador* dividiria essa condição com Humberto Tozzi; se registrado o contra o Corinthians, a marca de 127 gols o deixaria nessa mesma posição, só que isoladamente. À sua frente apenas Heitor (284 gols, segundo o Almanaque do Palmeiras), César Maluco (180), Ademir da Guia (153), Lima (149) e Servílio (140).

Mas um número é incontestável: com os 54 gols marcados em 1994, Evair é, ainda hoje, o maior artilheiro do Palmeiras em uma única temporada ao longo de toda a história. Fato que, provavelmente, jamais será igualado.

Em depoimento gravado no Ano do Centenário do Palmeiras, Evair reafirmou seus laços eternos com o clube: "Jogar no Palmeiras não é só ser bom jogador. Você precisa ter mais caráter, mais disposição, estar mais preparado. No Palmeiras, as críticas são maiores, os elogios são maiores, e a cobrança também. E isso te proporciona uma alegria maior. São situações que fazem com que aqui se torne muito melhor, muito mais gostoso de ganhar".

Em 1999, as letras brasileiras ficaram mais pobres com a perda de João Cabral de Melo Neto, autor de um magistral poema em homenagem a Ademir da Guia. E uma triste ironia marcaria a coletividade esmeraldina: no ano em que o Palmeiras viveu uma das mais brilhantes temporadas de sua história, Ernesto Filpo Núñez, treinador argentino que montou o fantástico time da Primeira Academia, morreu pobre e completamente esquecido, morando de favor nas dependências do projeto Jerusalém, ação social do bairro de Heliópolis, Zona Sul de São Paulo.

O OUTRO LADO DO MURO

"Evair é um grande jogador, e não é de hoje que o clube tem interesse nele". A declaração de Antônio Rodrigues, vice-presidente de futebol do Botafogo-RJ, dava conta de que o "destino do craque seria General Severiano. Segundo a diretoria palmeirense, Ponte Preta e Al Walsa, dos Emirados Árabes, também haviam manifestado interesse no futebol do Matador. Dono do próprio passe, Evair escolheria tranquilamente seu destino para 2000.

Um telefonema da diretoria do São Paulo mudaria completamente o andar da carruagem: em poucas conversas, Evair acertou sua ida para o Tricolor. Para profunda tristeza dos corações alviverdes: a histórica rusga com o time do Morumbi criava um abismo entre o torcedor palmeirense e um de seus maiores ídolos. E, ao mesmo tempo, uma irônica proximidade: os centros de treinamento das duas equipes, no bairro da Barra Funda, são vizinhos. Evair e Palmeiras, um amor antigo, separado apenas por um muro.

Fundado em 16 de dezembro de 1935 – embora a diretoria Tricolor considere a data oficial 1930, ainda como São Paulo da Floresta –, o São Paulo Futebol Clube é o mais jovem dentre os chamados grandes do futebol brasileiro. O "Mais Querido", como é conhecido, ostenta em seu currículo o tricampeonato da Copa Libertadores da América e do Mundial Interclubes, além de duas Recopas Sul-Americanas. Em termos nacionais, detém seis títulos de campeão brasileiro e 20 campeonatos paulistas.

Na manhã da sexta-feira, 7 de janeiro de 2000, durante reapresentação de parte do elenco no CT da Barra Funda, Evair foi apresentado ao lado do lateral direito Luís Paulo, jovem promessa revelada pelo Botafogo-RJ. E vestiu a camisa do São Paulo pela primeira vez. No discurso, a convicção de que sua trajetória ainda estava longe do fim: "Enquanto estiver conseguindo correr, vou jogar futebol, a coisa que mais gosto de fazer na vida". No Tricolor, ele atuaria ao lado de um dos maiores ídolos da história do clube: Raí. E também do já consagrado Rogério Ceni, patrimônio intocável do Morumbi.

Vivendo um período de vacas magras, o São Paulo investiu forte para recuperar as glórias em 2000. A primeira medida foi a contratação do treinador Levir Culpi, vindo de vitoriosa passagem pelo Cruzeiro. Com três disputas no primeiro semestre – Rio-São Paulo, Paulistão e Copa do Brasil –, a diretoria começou o planejamento com uma verdadeira "faxina": nada menos que doze atletas foram dispensados. Com quatro integrantes da Seleção Olímpica – Fábio Aurélio, Álvaro, Fabiano e Edu –, o São Paulo manteve Rogério Ceni, Raí, Marcelinho Paraíba e França, suas principais peças. E ainda contratou Álvaro (zagueiro do Goiás), Belletti (meia do Atlético-MG), Pimentel (lateral direito do Flamengo) e Evair.

EVAIR: O MATADOR

O primeiro compromisso tricolor na temporada foi a disputa do Torneio Constantino Cury, competição criada pelo São Paulo para homenagear um de seus mais ilustres membros. Integrante do corpo diretivo da Fundação Cásper Líbero por mais de 30 anos, o empresário falecera em 16 de julho de 1999, em pleno exercício do cargo de vice-presidente são-paulino. A competição ocorreu nos dias 15 e 18 de janeiro, em um quadrangular do qual participaram o Avaí, de Santa Catarina; o Uralan Elista, da Rússia; e a Seleção do Haiti.

Em 15 de janeiro, contra o Avaí, Evair fez sua estreia com a camisa 8 do... Paulistano! Tratava-se de uma homenagem prestada ao extinto Club Athlético Paulistano – maior papa-títulos do futebol paulista na era do amadorismo –, que completaria 100 anos em 2000. O São Paulo venceu por 3 a 2, mas um fato raro ocorreu naquela tarde: aos 32 minutos do primeiro tempo, Evair desperdiçou um pênalti! E perdeu a chance de marcar em seu début no Morumbi. Três dias depois, 5 a 1 no Uralan Elista. Evair passou em branco, novamente, mas acrescentou mais uma taça em seu currículo de conquistas.

No Rio-São Paulo de 2000, o São Paulo integrou o Grupo A, ao lado de Santos, Flamengo e Botafogo. Na outra chave, Palmeiras, Corinthians, Vasco e Fluminense. E o tradicional torneio poderia se tornar um atalho para a Libertadores: o campeão disputaria a primeira edição da Copa dos Campeões, em julho – competição criada para apontar mais um representante brasileiro na principal competição das Américas.

Em 23 de janeiro, o Tricolor fez sua estreia oficial na temporada diante do Flamengo, no Maracanã. Formando com Rogério Ceni; Paulão, Edmílson e Wilson; Belletti, Vagner, Souza, Marcelinho Paraíba e Ricardinho; Evair e França, venceu por 2 a 1. Em uma de suas primeiras declarações na nova casa, Evair foi enfático: "Ninguém ficou mais chateado do que eu com a derrota pro Manchester. O Rio-São Paulo é a primeira oportunidade de colocar o São Paulo na Libertadores. E, eventualmente, no Mundial". O primeiro passo estava dado.

Use o app e veja o primeiro gol de Evair com a camisa do São Paulo.

26 de janeiro: São Paulo x Santos, no Morumbi. Diante de um adversário em reestruturação, o Tricolor foi implacável: 5 a 1. Aos 45 da primeira etapa, Evair marcou seu primeiro gol com a camisa tricolor – o terceiro da partida –, e fechou a goleada, aos 20 do segundo tempo.

Na sequência, 3 a 2 no Botafogo, no Maracanã, e 1 a 0 no Santos, na Vila Belmiro. Evair marcou o terceiro sobre os cariocas, chegando à marca de três gols no novo clube.

A perda da invencibilidade não poderia vir de forma mais desastrosa: em 6 de fevereiro, no Morumbi, o São Paulo foi massacrado pelo Flamengo (5 a 2). No encerramento da primeira fase, nova derrota em casa: 2 a 0 para o Botafogo. Nada que ameaçasse a consolidação do primeiro lugar no grupo A.

No grupo B, o Palmeiras conquistou a liderança – e a melhor campanha geral do Rio-São Paulo – com 13 pontos ganhos, superando em dois o Vasco da Gama, futuro adversário do Tricolor pelas semifinais da competição.

O início de temporada arrasador se transformaria em absoluta desilusão para o torcedor são-paulino: nas semifinais do Rio-São Paulo, 3 a 0 para o Vasco, terceira derrota seguida no Morumbi. Na volta, em São Januário, novo revés: 2 a 1. Ao fechar a série de quatro derrotas consecutivas, o São Paulo dava adeus ao torneio interestadual.

O regulamento do Paulistão 2000, de tão absurdo, ganharia *status* de "o pior de todos os tempos" – pelo menos até então. Primeira lambança: as séries A-1 e A-2 novamente se cruzariam na mesma edição, "herança" da virada de mesa tricolor, em 1991. Por conta disso, a primeira fase praticamente não servia para nada, exceto pela indicação do único rebaixado à série A-2, que seria o América.

8 de março, estádio Santa Cruz: o São Paulo estreia no Paulistão, diante do Botafogo. Após longo período às voltas com lesões, Raí foi a campo na segunda etapa. Aos 28, Evair abriu o placar; sete minutos depois, Raí ampliou: 2 a 0. Ainda longe do melhor padrão, o Tricolor arrancava bem no estadual.

Domingo, 12 de março, Morumbi: dia de Choque-Rei. E, pela primeira vez, Evair estaria do outro lado. O São Paulo abre 2 a 0, Euller desconta a nove minutos do fim, quando Evair já fora substituído por França. Melhor assim: dos vestiários, o craque não veria a dor do torcedor esmeraldino diante da exuberante atuação do eterno ídolo.

Embalado pela vitória no clássico, o São Paulo fez os dois jogos que fechavam a primeira etapa da segunda fase do Paulistão: União São João (2 a 2), em Araras; e Rio Branco (5 a 1), no Morumbi. Abrindo a segunda etapa, 1 a 0 na União Agrícola Barbarense; uma semana depois, 3 a 2 no Guarani, em Campinas, primeira partida na temporada da qual Evair não participou.

Obcecado por retornar à Libertadores, o São Paulo faria da Copa do Brasil seu principal alvo. O primeiro obstáculo seria o Comercial, do Mato Grosso do Sul, no estádio Pedro Pedrossian, em Campo Grande: irreconhecível no primeiro tempo, não foi além de um empate sem gols. Nem as entradas de Carlos Miguel, Fabiano e Raí, no tempo complementar, evitariam a derrapada: 2 a 1 para os adversários, resultado que colocava um ponto de interrogação na cabeça do torcedor são-paulino.

Nada melhor que uma goleada para esquecer o deslize em Campo Grande. Em 9 de abril, no Morumbi, o São Paulo fez 4 a 2 na Portuguesa Santista, chegando a 19 pontos e disparando na liderança do Grupo 3 do Paulistão. Há sete jogos sem marcar, Evair se destacava cada vez mais na função de garçom: fora fundamental para levar o parceiro França à artilharia do certame, com 8 gols em apenas sete jogos.

Na abertura do returno, o troco da Portuguesa Santista (3 a 1), no Ulrico Mursa. Apostando na recuperação definitiva de Raí, Levir testou uma nova formação diante do Guarani, em casa: Edu, mais veloz, formou o ataque ao lado de França – Evair iniciou a partida no banco. A vitória por 1 a 0 viria no final, gol de França, já com O Garçom em campo.

No jogo da volta pela Copa do Brasil, o São Paulo bateu o Comercial por 3 a 0, carimbando vaga na fase seguinte. Encerrando sua participação na segunda fase do Paulistão, goleou a União Agrícola Barbarense por 4 a 1, na Toca do Leão, em Santa Bárbara d'Oeste: Evair, aos 28 do segundo tempo, marcou o terceiro gol tricolor, após um mês e meio sem ir às redes.

Desde a derrota para a Portuguesa Santista, Evair não fora mais escalado como titular, entrando em todos os jogos na segunda etapa. Não seria diferente em 27 de abril, diante do Sinop do Mato Grosso, pela Copa do Brasil. Massacre tricolor: 4 a 0 – com direito a gol de Evair, no último minuto de jogo.

Inacreditavelmente, a segunda fase do Paulistão contara com mais participantes que a primeira! Das 16 equipes, dispostas em quatro grupos, as duas melhores de cada chave avançaram à terceira fase. Insaciáveis na afronta ao bom senso, os dirigentes da Federação Paulista de Futebol dividiriam os oito sobreviventes em dois grupos de quatro equipes. Novos turno e returno para apurar os quatro semifinalistas. O grupo 7 seria formado por São Paulo, Guarani, Portuguesa e Santos. No grupo 8, Palmeiras, Corinthians, Ponte Preta e Rio Branco. Sem comentários!

O São Paulo estreou na terceira fase do Paulistão diante da Portuguesa, no Morumbi: Evair acompanhou do banco de reservas o empate em 1 a 1. Depois, despachou o Sinop pela Copa do Brasil: 2 a 0, em casa. Após cinco jogos entrando no decorrer das partidas, Evair, contundido, sequer foi relacionado.

Garantido nas oitavas de final da competição nacional, o Tricolor iniciaria uma difícil sequência pelo Paulistão, que poderia levá-lo às semifinais: Guarani (3 a 1), fora de casa; Santos (derrota por 2 a 1) – Evair entrou em lugar de Edu no segundo tempo, sentiu novamente a lesão e foi substituído por Fabiano –; e Santos novamente, na Vila Belmiro (1 a 1).

Com alguns remanescentes da temporada 1998, a Portuguesa chegava à penúltima rodada da terceira fase em boas condições de avançar às semifinais. No Canindé, o São Paulo nem tomou conhecimento disso e goleou por 4 a 2. A confirmação da classificação veio em 20 de maio, no Morumbi: 3 a 0 no Guarani. Com 11 pontos, o São Paulo garantiu a segunda posição no grupo 7. E enfrentaria o Corinthians. Santos e Palmeiras fariam o outro embate na fase decisiva do Paulistão.

Em 24 de maio, no estádio municipal João Cláudio Vasconcelos Machado, o São Paulo bateu o América-RN por 3 a 1. Evair foi às redes duas vezes, colocando o time a um passo das quartas de final da Copa do Brasil. A excelente atuação em Natal faria Levir Culpi repensar seus conceitos.

Contra o Corinthians, quatro dias depois, no Morumbi, primeira partida das semifinais do Paulistão, a experiência do atleta poderia fazer a diferença: o Alvinegro foi batido por 2 a 1. No jogo da volta, a vantagem do empate era tricolor.

Antes do segundo embate contra o arquirrival, o São Paulo recebeu o América-RN, jogo de volta pela Copa do Brasil – terceira partida consecutiva de Evair como titular. Poupando esforços, venceu por 3 a 2, gols de Fábio Aurélio, Evair e Marcelinho Paraíba. 9º tento do Matador com a camisa são-paulina.

3 de junho de 2000, Morumbi: Corinthians x São Paulo. Alfredo dos Santos Loebling e Luciano Calabietto Quilichini seriam os árbitros – a Federação Paulista de Futebol instituíra dois juízes por partida, um para cada metade da cancha. 35 minutos: Fábio Aurélio cruza, Edu antecipa-se à zaga e desvia para fazer 1 a 0. No segundo tempo, o São Paulo chega apenas uma vez, aos 38, com Edu, em arremate rasteiro de fora da área: 2 a 0. Findo o confronto, restaria ao Corinthians apenas a Libertadores da América. Por pouco tempo: pela segunda temporada seguida, a equipe de Parque São Jorge seria eliminada, nos pênaltis, pelo Palmeiras. O São Paulo, finalista do Paulistão, assistia a tudo de camarote.

Para quebrar a sina de dezesseis anos sem o título paulista, o Santos apostara na permanência dos atacantes Dodô e Deivid, e nas contratações de Carlos Germano, Márcio Santos, Rubens Cardoso, Caio, Rincón, Valdo e Robert – um elenco de respeito – para chegar à conquista.

Sábado, 10 de junho de 2000, primeira partida da decisão: mando do Santos, mas como sempre naqueles tempos, os jogos decisivos eram disputados na casa tricolor – que ainda tinha a vantagem de dois resultados iguais, pela melhor campanha geral. Paulo César de Oliveira trila o apito. O torcedor santista, confiante como há tempos não se via, ainda afinava seus gritos de guerra quando França bateu de bico, da entrada da área: São Paulo 1 a 0. Em apenas 43 segundos, o sonho alvinegro começava a desmoronar. Para ficar com a taça, o São Paulo poderia perder por até um gol de diferença no jogo da volta.

Domingo, 18 de junho de 2000, Morumbi. Arbitragem a cargo de Alfredo dos Santos Loebling e Ilson Honorato dos Santos. O São Paulo vai a campo com Rogério Ceni; Belletti, Edmílson, Rogério Pinheiro e Fábio Aurélio; Maldonado, Vágner, Raí e Marcelinho Paraíba; Edu e Evair. O Santos forma com Carlos Germano; Baiano, Claudiomiro, André Luís e Rubens Cardoso; Anderson Luís, Rincón, Valdo e Robert; Caio e Dodô. Para a torcida tricolor, a possibilidade de uma reversão no placar era inimaginável. Mas uma questão preocupava: França, artilheiro do Paulistão com 18 gols, apresentara uma leve contratura no músculo adutor da coxa direita, e estava fora da decisão.

Aos 28 minutos, Baiano cruza na cabeça de Dodô: na primeira chegada efetiva, o Santos abre o placar. 39 minutos: falta para o São Paulo próxima à área. Rogério Ceni atravessa toda a extensão do campo e mete a bola no ângulo esquerdo de Carlos Germano.

Segundo tempo: as duas equipes voltam a campo com a mesma formação. 8 minutos: Rincón, de pênalti, marca 2 a 1 para o Peixe. Levir Culpi coloca Carlos Miguel em lugar de Edu, e Sandro Hiroshi na vaga de Evair. Aos 23 minutos, em cobrança de falta da intermediária, Marcelinho Paraíba acerta o ângulo direito de Carlos Germano: 2 a 2.

A cinco minutos do final, os gritos de "Olé! Olé!" e "É campeão!" eclodem com força pelas arquibancadas. 45 minutos e 40 segundos: Loebling toma a bola nas mãos. O São Paulo Futebol Clube acabara de conquistar seu 19º título de campeão paulista. França, com 18 gols, foi o artilheiro do certame.

Ao conquistar o Paulistão 2000, o São Paulo garantia também o título simbólico de Campeão da Década: nos anos 1990, vencera quatro edições da competição (1991, 1992, 1998 e 2000), contra três dos arquirrivais Palmeiras (1993, 1994 e 1996) e Corinthians (1995, 1997 e 1999).

Consumado o título paulista, o São Paulo voltaria atenções à Copa do Brasil. No caminho, o Palmeiras. Na primeira batalha das quartas de final, no Morumbi, sem a presença de Evair, o Tricolor venceu por 2 a 1.

No jogo da volta, em pleno Parque Antártica, Vagner, Raí – de letra – e Sandro Hiroshi determinaram o placar final: 3 a 2. Com duas vitórias sobre o rival, o São Paulo avançou na Copa do Brasil.

O adversário do São Paulo nas semifinais seria o Atlético Mineiro. No jogo de ida, em 29 de junho, 3 a 0, no Morumbi. Na volta, o empate por 3 a 3, no Mineirão – com três gols de Marcelinho Paraíba –, colocava o Tricolor, pela primeira vez em sua história, na final da Copa do Brasil.

Morumbi, 5 de julho, primeiro jogo da decisão, contra o Cruzeiro: o 0 a 0 no placar frustrou os torcedores que lotaram o estádio naquela noite de quarta-feira.

9 de julho, jogo de volta. Aos 29 minutos do segundo tempo, o que já era bom ficou ainda melhor: Marcelinho Paraíba, cobrando falta, quase sem ângulo, faz 1 a 0 para o São Paulo. Dezesseis minutos separavam o Tricolor do título. Aos 35, Fábio Júnior deixa tudo igual. Já nos acréscimos, uma bola mal recuada obriga Rogério Pinheiro a segurar Geovanni pela camisa: falta frontal e expulsão do zagueiro tricolor. 46 minutos: Geovanni bate rasteiro, a barreira abre e a bola morre no fundo das redes de Rogério Ceni. O Palestra de Minas é campeão da Copa do Brasil. E a busca são-paulina pelo título da competição persiste até hoje.

Ironias da vida: na vitória sobre o Palmeiras, pelas quartas de final da Copa do Brasil, Evair atuou poucos minutos. Seriam os últimos em que estaria em campo vestindo a camisa do Tricolor Paulista.

Antes da decisão em Belo Horizonte, Evair manifestou sua insatisfação em função da perseguição que sofria por parte da torcida são-paulina. A diretoria iniciou uma reformulação no dia seguinte à derrota para o Cruzeiro, e o primeiro alvo seria, justamente, *El Matador*. Com vínculo até o final do ano, seu contrato foi rescindido a pedido de Levir Culpi: "Foi uma decisão do treinador. O Levir achou que esse era o momento de deixar o jogador livre para procurar um novo time, já que todas as equipes estão se reforçando pro Brasileiro", afirmou o diretor de futebol José Dias. Após 31 jogos, 9 gols e mais um título expressivo no currículo, Evair estava desempregado: "Quando saí do Palmeiras e fui jogar no São Paulo, não achei que sofreria algum tipo de perseguição. E realmente houve muita rejeição a mim, fiquei surpreso! Não esperava que fosse acontecer, mas senti isso na pele".

Anos depois, estabeleceria uma comparação entre os arquirrivais: "Não sei se os profissionais da imprensa enxergam dessa maneira, mas pra nós, que sentimos lá dentro, a pressão no Palmeiras é muito maior. Joguei no São Paulo, conquistamos o Paulista e perdemos uma Copa do Brasil, na final, e eu não via aquela cobrança, aquela crítica toda. No Palmeiras, me desculpem os outros, isso é impressionante, e as coisas ruins, quando acontecem, são mais faladas, aparecem mais. No São Paulo é mais tranquilo: o título paulista que conquistei lá foi o mais fácil que ganhei na carreira. A gente percebia que as coisas fluíam a favor da equipe".

VERDE QUE TE QUERO VERDE

O "desemprego" de Evair duraria exatos quinze dias. Em 25 de julho de 2000, sua contratação foi anunciada pela diretoria do Goiás Esporte Clube. Dono do próprio passe, o alugaria até o final do ano. E não poderia ter chegado em melhor hora: em 1º de março, após goleada por 5 a 1 sobre o arquirrival Vila Nova, o Goiás conquistara a Copa Centro-Oeste, título que o credenciou à disputa da primeira edição da Copa dos Campeões, em junho. E mais: a equipe acabara de sagrar-se pentacampeã estadual, igualando um feito que apenas o Goiânia conseguira, entre 1950 e 1954.

Evair chegou ao Goiás na semana da estreia no Campeonato Brasileiro. E ainda não sabia se teria condições de enfrentar o Corinthians. Em Goiânia, o craque vestiria novamente uma camisa alviverde. O clube, desde sua fundação, fora tratado por seus aficionados como Verdão. E a mascote da equipe era um periquito. Qualquer semelhança com outra situação vivida anteriormente pelo Matador não era mera coincidência.

Noite de terça-feira, 6 de abril de 1943: na calçada da Rua 23, região central de Goiânia, nascia o Goiás Esporte Clube. O inusitado local da fundação tem uma explicação simples: a reunião para definir a criação da nova agremiação iniciara-se na residência dos irmãos Lino e Carlos Barsi. Porém, o entusiasmo dos idealizadores tornaria o debate deveras inflamado, levando a matriarca da família a "sugerir" que a discussão prosseguisse na rua – ou seja, literalmente, mandou todo mundo para fora de casa. Ao grupo restaria o abrigo sob um poste de iluminação pública. Fato que originaria o sarcasmo dos esmeraldinos mais antigos, ao afirmarem ser o Goiás um clube "iluminado" desde o berço.

A intenção de Lino Barsi era batizar a equipe como Palestra Itália, numa homenagem explícita ao Palmeiras. Foi voto vencido quanto ao nome, mas fez prevalecer o alviverde no uniforme. Em 1960, o Goiás daria início à construção da atual sede, na Serrinha, onde está erguido seu estádio, o Hailé Pinheiro.

Em 1966, conquistou seu primeiro título de campeão goiano – feito que se repetiria outras 23 vezes, transformando-o no maior campeão do estado. Depois viriam o vice-campeonato da Copa do Brasil, em 1990; as taças de campeão brasileiro da Série B, em 1999 e 2012; o tricampeonato da Copa Centro-Oeste (2000-2002); a participação na Copa Libertadores da América, em 2006 – fato inédito em Goiás –; e o vice-campeonato da Copa Sul-Americana, em 2010. Feitos que fazem do Goiás, inquestionavelmente, o maior time da Região Centro-Oeste do Brasil.

Após o título da Série B, em 1999, a diretoria do Goiás conseguiria manter os atletas que garantiram o retorno do clube à elite do futebol brasileiro: os meias Josué e Marabá, e os atacantes Dill, Araújo e Fernandão, continuavam na Serrinha – mas, assediados por diversos grandes clubes, deixavam transparecer o desejo de alçar voos maiores. O Esmeraldino buscaria poucas peças para ajustar sua máquina, e Evair era a principal delas. Conter o desejo de emancipação de parte do elenco, recuperar a motivação e devolver o sentido coletivo à equipe: eis a missão nada simples do treinador Hélio dos Anjos.

Findo o Brasileirão 1999, o rebaixado Botafogo-RJ entrou na Justiça requisitando os pontos da partida contra o São Paulo – que, supostamente, escalara o jogador Sandro Hiroshi de modo irregular. Vencida a causa no STJD, ganhou o direito de permanecer na Série A, despachando o Gama para a Segundona. O clube de Brasília também recorreu. E com um argumento mais coerente: o CBDF – Código Brasileiro Disciplinar do Futebol previa, então, que, caso um clube escalasse um jogador irregularmente, deveria ser punido com a perda de cinco pontos. Que não seriam revertidos para nenhum outro time!

Uma verdadeira seleção de advogados entrou em campo, na tentativa de "resolver" o imbróglio. Enquanto isso, jogadores, técnicos e torcedores aguardavam pela definição de como seria disputado o Brasileirão 2000. O resultado foi a mais indigesta pizza de todos os tempos: ambos permaneceram na Série A. Pior: a competição seria dividida em quatro módulos – azul, amarelo, verde e branco –, estabelecendo o cruzamento entre nada menos que 109 times! Manobra encontrada para trazer Fluminense e Bahia de volta à elite. A competição sequer seria denominada Campeonato Brasileiro – em seu lugar, dar-se-ia a disputa da Copa João Havelange.

Domingo, 30 de julho de 2000: o Goiás recebe o Corinthians, no Serra Dourada, para sua estreia na Copa João Havelange. O ataque; formado por Dill, Fernandão e Araújo; tratou de atropelar o bicampeão brasileiro: 3 a 0 – três gols de Dill. Evair atuou poucos minutos, tempo suficiente para saborear a vitória sobre uma de suas principais vítimas ao longo da carreira.

Na 2ª rodada, o Goiás venceu o Internacional-RS por 1 a 0, fora de casa, partida que marcava sua 500ª atuação em Campeonatos Brasileiros. No embate seguinte, diante da Portuguesa, no Canindé, Evair entrou como titular pela primeira vez. Atuando com um quadrado ofensivo (Evair, Dill, Fernandão e Araújo) e apenas dois homens de marcação no meio, Túlio e Josué, vitória por 2 a 0 – dois gols de Dill.

Diante do Coritiba, em casa, Hélio dos Anjos manteria o 4-2-4, esquema praticado na Era de Ouro do futebol brasileiro: Evair atuava como meia-armador, respondendo pela criação das jogadas, mas com total liberdade de ir à frente. Os paranaenses atuaram com três zagueiros. Insuficientes para brecar Dill: 1 a 0. Goiás líder isolado, quatro pontos à frente do Botafogo.

11 de agosto de 2000: criador e criatura frente à frente no Palestra Itália. Evair está de volta à velha casa. O Palmeiras de Marco Aurélio, sem o aporte da Parmalat, nem de longe lembra o poderoso esquadrão de outrora: Dill fez o seu, mas o Palmeiras só não venceu porque Asprilla acertou a trave nada menos que quatro vezes – uma, em cobrança de pênalti. 1 a 1, placar final.

Use o app e veja o primeiro gol de Evair com a camisa do Goiás.

Ao realizar, diante do Vitória, o terceiro jogo em apenas seis dias, o Goiás cairia: 5 a 4. Apesar da primeira derrota, a dianteira na tabela estava assegurada, e Dill disparava na artilharia da competição. Evair marcou seu primeiro gol com a camisa do Goiás, comemorado com a vibração de um aspirante.

A liderança poderia soar ilusória, já que algumas equipes haviam disputado vários jogos a menos. Mas o fato é que o Verdão estava "botando pra quebrar"! E manteria o pique ao bater o Botafogo, em casa (3 a 2). Na sequência, Gama (1 a 1), no Mané Garrincha – gol de falta de Evair; e Santa Cruz (1 a 1), em casa. Um dos segredos do sucesso esmeraldino era a manutenção do time titular: Harlei; Luciano Baiano, Silvio Criciúma, Júlio César e Marquinhos; Túlio e Josué; Araújo, Fernandão, Dill e Evair – a escalação que começava a soar como música aos ouvidos do torcedor alviverde.

O jogo com o Sport, na Ilha do Retiro, ganharia *status* de tira-teima: tratava-se do duelo entre o artilheiro da competição e o goleiro menos vazado; do melhor ataque contra a melhor defesa; do líder diante do único time ainda invicto. Os pernambucanos impuseram ao Goiás sua segunda derrota no certame: 2 a 0.

Após folgar por duas rodadas, por conta dos jogos atrasados, o Verdão voltaria a campo em 9 de setembro, diante do América-MG, no Serra Dourada: Evair abriu o placar; Danilo decretou números finais: 2 a 0. Na sequência, Flamengo (derrota por 3 a 1), no Maracanã; Guarani (0 a 0), em Campinas; e Cruzeiro (2 a 0), em Goiânia – dois gols de Dill, artilheiro cada vez mais isolado, com 13 gols. E o Goiás seguia na liderança, com 25 pontos, ao lado dos tricolores paulista e carioca.

30 de setembro de 2000, Serra Dourada, Goiás x São Paulo: no jogo dos líderes, empate por 2 a 2, com direito a um belo gol de Evair em Rogério Ceni. O resultado mantinha as duas equipes na liderança, mas outro fato marcaria essa data na vida de Evair: "Esse foi o dia em que meu filho Guilherme nasceu. Antes da partida, recebi um telefonema da Gisele dizendo que estava indo pro hospital. Na saída do jogo, o tumulto era tanto que não tinha como ir de carro. Saí caminhando pelo meio da massa, em direção a um lugar mais calmo, onde pudesse apanhar um táxi pro aeroporto. As pessoas me parando, pedindo autógrafo, e eu apressado pra pegar o voo. Quando entrei no táxi, liguei pra São Paulo e tive uma surpresa: o Guilherme já tinha nascido! O apressadinho queria ver o gol que marquei em homenagem a ele!".

Use o app e veja o gol de Evair no empate por 2 a 2 entre Goiás e São Paulo

A Copa João Havelange caminhava para o fim da primeira fase. Em 7 de outubro, no Mineirão, o Goiás foi derrotado pelo Atlético Mineiro (2 a 1). Três dias depois, nos 2 a 1 sobre o Juventude, em Caxias do Sul, Evair chegou a seu 5º gol pelo Verdão. Nos 3 a 1 sobre o Santos, mais um de Evair. A essa altura, o time não era mais líder, mas lutava cabeça a cabeça pela ponta, com Cruzeiro, Vasco, São Paulo e Fluminense.

25 de outubro, São Januário: o Vasco estava um ponto à frente do Goiás e venceu por 2 a 1, abrindo quatro de vantagem. A sequência do Alviverde teria Grêmio (2 a 2); Atlético-PR (1 a 1), em Curitiba; e Fluminense (3 a 3), gols de Dill (2) e Evair.

No Serra Dourada, em 16 de novembro, diante da Ponte Preta, Araújo abre o placar aos 24 minutos; Evair, esbanjando a vitalidade de um garoto, faz o segundo, chegando a 8 gols com a camisa alviverde; aos 32 do segundo tempo, Dill deixa sua 20ª marca na competição: 3 a 0. Com uma atuação estupenda do Garçom, o Goiás estava garantido entre os dezesseis melhores clubes do país. Três dias depois, na Fonte Nova, 1 a 0 sobre o Bahia: o Verdão fechava a fase de classificação na 4ª posição, com 41 pontos – a apenas quatro do líder Cruzeiro.

As oitavas de final da Copa João Havelange estavam assim definidas: Goiás x Paraná, Palmeiras x São Paulo, São Caetano x Fluminense, Grêmio x Ponte Preta, Remo x Sport, Bahia x Vasco, Internacional-RS x Atlético-PR e Malutrom x Cruzeiro.

22 de novembro, estádio Durival de Britto, em Curitiba: Harlei; Luciano Baiano, Índio Alagoano, Sílvio Criciúma e Marquinhos; Túlio, Marabá e Josué; Araújo, Dill e Evair seriam os responsáveis por iniciar a caminhada que poderia conduzir o Goiás ao tão sonhado título nacional. 6 minutos do segundo tempo: Hélcio abre o placar para os paranistas. Araújo empata dois minutos depois: 1 a 1. Diante de sua inflamada torcida, o Goiás seguramente garantiria vaga entre os oito melhores da competição.

Sábado, 25 de novembro de 2000, Serra Dourada completamente lotado. Aos 26 minutos do segundo tempo, Gil Baiano abre o placar para os visitantes; dois minutos depois, Flávio Guilherme amplia; o pesadelo alviverde se consolida a um minuto do fim, no gol contra de Índio Alagoano: 3 a 0. Já sem Evair em campo, substituído por Fernandão, um dos melhores times da história esmeraldina estava desclassificado do campeonato nacional. Para desespero e dor de sua incrédula torcida!

Restaria ao torcedor esmeraldino um "prêmio de consolação": Dill, camisa 9 da equipe, terminou a Copa João Havelange como artilheiro da competição, ao lado de Magno Alves (Fluminense) e Romário (Vasco), com 20 gols. A bem da verdade, o artilheiro geral foi Adhemar, do São Caetano, com 22 – boa parte deles oriundos da segunda divisão. Novamente, um parceiro de ataque de Evair terminava na ponta da tabela de goleadores, como já ocorrera com Edmundo, no Vasco, e França, no São Paulo. Mera coincidência?

Em 2000, o esporte brasileiro teria um grande motivo para orgulhar-se: Gustavo Kuerten, o Guga, tornou-se o primeiro tenista brasileiro a ocupar a posição de número 1 do mundo, ao conquistar a Masters Cup de Lisboa, derrotando ninguém menos que o americano André Agassi na final.

Mas nada, na esfera esportiva, seria mais marcante que a segunda morte de Moacir Barbosa Nascimento: a primeira fora decretada quando o então goleiro vascaíno "falhou" no gol que levou a Seleção Brasileira à derrota diante do Uruguai, na final da Copa do Mundo de 1950, no Maracanã. Estigmatizado como símbolo do fracasso, Barbosa pagaria pelo "erro" até o fim de seus dias, vividos com intensa dificuldade financeira, às custas de auxílio dos amigos que cultivara em Praia Grande, município da Baixada Santista, litoral paulista.

EVAIR: O MATADOR

Finda a temporada 2000, Evair não renovaria seu vínculo com o Goiás. A "famosa" hérnia de disco, que tanta polêmica causara quando de sua saída do Guarani, quase treze anos antes, exigiria cuidados mais específicos no início de 2001. Às vésperas de completar 36 anos, o craque encarava a possibilidade de uma intervenção cirúrgica. Somente depois de resolvida a questão, poderia definir qual o seu destino no primeiro ano do novo milênio.

VERDE QUE TE QUERO MAIS

Pau que nasce torto morre torto. O desfecho da famigerada Copa João Havelange não poderia ser outro: em 30 de dezembro, a decisão entre Vasco e São Caetano foi transferida para São Januário, após dirigentes cruzmaltinos alegarem problemas com reformas no estádio municipal. Resultado: superlotação de público, queda do alambrado e um saldo de mais de 150 torcedores feridos. Após duas horas de paralisação, foi ordenada a suspensão do jogo. Agendou-se uma nova data: em 18 de janeiro de 2001, no Maracanã, o Vasco sagrou-se campeão.

Quando desembarcou em Curitiba, em janeiro de 2001, Evair carregava duas certezas. A primeira: ao submeter-se a uma cirurgia de hérnia de disco, pelas mãos do doutor Luís Roberto Vialle – uma das maiores autoridades brasileiras no assunto –, colocaria fim a uma dor que o incomodava desde o início da carreira. A segunda: finda a recuperação, já com 36 anos completos, anunciaria seu afastamento dos gramados. Além de torcedor fanático do Coritiba, o cirurgião era irmão de João Carlos Vialle, também ortopedista e ex-dirigente do clube, fato que levaria *El Matador* a reconsiderar seus planos: "Recebi o convite pra jogar no Coritiba dentro do hospital, momentos antes de ir pra mesa de operação". Ao optar pelo procedimento cirúrgico, Evair acreditava não mais interessar a nenhum grande clube. Ledo engano.

Em plena recuperação, Evair acompanhou a notícia estampada nos jornais, na segunda-feira, 26 de fevereiro de 2001: "Provavelmente na sexta-feira, a diretoria do Coritiba terá a resposta sobre a vinda ou não do experiente atacante Evair". Segundo Caio Júnior, supervisor técnico do clube, a conversação estava adiantada: "O Evair está estudando nossa proposta, de vir por empréstimo até o final do ano. Ele é dono do passe e entendeu a realidade salarial do clube".

Questionado sobre as condições do atacante, Caio foi enfático: "Ele está fazendo treinamentos por conta própria pra manter a forma física. A vinda do Evair se somaria à liderança de outros atletas experientes do elenco. Todo jogador quer atuar ao lado dele, porque acaba virando artilheiro graças a seus passes. Foi assim nos outros clubes que ele defendeu".

Muitas caras novas integrariam o elenco do Coritiba na temporada 2001. O treinador Ivo Wortmann teria à sua disposição jovens valores, como os atacantes Juliano e Neto – recém-chegados do Palmeiras –, e atletas com a experiência do zagueiro Edinho Baiano e do meia Mabília. O atacante Marquinhos Cambalhota começava a confirmar a condição de goleador, caindo definitivamente nas graças da torcida. Mas a cereja do bolo pretendida pelo técnico continuava sendo aguardada com ansiedade. Reestabelecido da cirurgia e indiferente à desconfiança de parte da imprensa local, Evair aceitou atuar pelo Coxa. Após quase cinco meses de recuperação, estava próximo de voltar aos gramados, novamente vestindo uma camisa alviverde!

1905: um grupo de associados do Clube Ginástico Teuto-Brasileiro, em Curitiba, começa a jogar futebol em um terreno baldio localizado entre as ruas Marechal Floriano Peixoto e João Negrão. Na capital paranaense do início do Século XX, a prática desse esporte não era vista com bons olhos. Fato que levaria os jovens descendentes de alemães a idealizarem a fundação de um novo clube, dedicado exclusivamente ao foot ball.

Quatro anos depois, em 12 de outubro de 1909, chegaria o convite do Club de Foot Ball Tiro Pontagrossense para a disputa de um jogo no interior paranaense. No mesmo dia, a turma de Curitiba se reuniu no Teatro Hauer para ajustar os detalhes da viagem. Esse encontro marca, oficialmente, a fundação do Coritiba Foot Ball Club.

A estreia em competições oficiais ocorreu em 30 de maio de 1915, no empate por 1 a 1 contra o Rio Branco, valendo pelo Campeonato Regional, que contava com clubes da capital e cidades próximas, credenciando o vencedor à disputa do título de campeão estadual. Já no ano seguinte, o Coritiba conquistaria seu primeiro título de campeão paranaense, feito atingido outras 36 vezes, levando-o à primeira posição no ranking do estado. Glórias às quais se juntariam a conquista do Campeonato Brasileiro, em 1985 – feito pioneiro no Paraná –; e os dois vice-campeonatos da Copa do Brasil, em 2011 e 2012.

O Coritiba passara tranquilamente pela primeira fase da Copa do Brasil, contra a Desportiva Ferroviária-ES: 3 a 2, no Engenheiro Araripe, e 3 a 0, em Curitiba. Na segunda fase, uma surpreendente dificuldade diante do Nacional do Amazonas: 2 a 2, em Manaus, e um apertado 2 a 1, em casa, levariam o Coxa Branca – ou simplesmente Coxa, apelido cunhado em função da cor da pele de seus fundadores – às oitavas de final.

Couto Pereira, 10 de maio de 2001, Coritiba x Goiás, jogo da volta pela Copa do Brasil: após o 1 a 1 no Serra Dourada, um empate sem gols levaria o Coxa adiante. Faltou combinar com o adversário: a derrota parcial (2 a 1) no intervalo exigia a virada. Daí em diante, qualquer igualdade classificaria os goianos.

Evair entra na segunda etapa e, aos 10 minutos, deixa Juliano na cara do gol: 2 a 2. Era necessário mais um. Dill joga um balde de água fria nas pretensões do Coxa, aos 16: 3 a 2. Forte apreensão toma conta das arquibancadas, mas não da equipe: aos 22, Índio Alagoano desvia contra a própria meta, igualando a fatura. O Goiás sente, e sofre o golpe fatal apenas três minutos depois, com Danilo: 4 a 3. Na estreia de Evair, com uma virada histórica, o Alviverde curitibano colocava-se entre os oito melhores times do Brasil.

Quando da chegada de Evair ao Coritiba, a primeira fase do Paranaense já havia se encerrado. Ao final de nove rodadas, o Atlético terminara a disputa na 1ª colocação. Após um início titubeante, o Coxa ficaria em segundo, doze pontos atrás! Paraná e Malutrom fechavam o grupo das quatro equipes que avançariam às semifinais.

Domingo, 13 de maio de 2001, Couto Pereira: jogo da volta entre Coritiba e Paraná. A derrota por 3 a 1, na Vila Capanema, uma semana antes, obrigava o Coxa a vencer por dois gols de diferença para avançar à decisão. Alexandre, aos 9 do segundo tempo, abre o placar. Sempre decisivo, Evair marca seu primeiro gol pelo Coxa, aos 30: 2 a 0. Bastava administrar o resultado por pouco mais de 15 minutos. Quando a torcida alviverde já celebrava, Fernando descontou, aos 48: 2 a 1. O Coritiba estava fora da decisão do Campeonato Paranaense.

Apesar da desclassificação, Evair viveu fortes emoções naquela jornada: "Foi um acidente. Bonito foi ver a torcida nos aplaudindo na saída de campo. A diretoria pagou o bicho pela vitória!". Recém-chegado ao clube, tudo apontava para o fato de que o craque começara a construir, naquela tarde, uma forte identificação com o torcedor coritibano.

Três dias depois, o Coritiba enfrentaria o Flamengo, em casa, pelas quartas de final da Copa do Brasil. Mais de 30 mil torcedores assistiram o Rubro-Negro abrir o placar, logo a 6 minutos, com Rocha. Aos 39, Enílton cruza na cabeça de Evair: 1 a 1. A um minuto do intervalo, Rocha, novamente, não perdoa: 2 a 1. O Coxa chega ao empate com Mabília, aos 13 do segundo tempo. Quando tudo apontava para a igualdade, o gol salvador veio através de Messias, no último minuto: 3 a 2.

Em 23 de maio, a empreitada seria no Rio de Janeiro. 26.401 torcedores nas arquibancadas do Maracanã em plena tarde de quarta-feira: empregos em risco, em nome da paixão pelo time do coração. A pequena torcida coxa chegaria ao estádio somente aos 40 minutos, e se decepcionaria ao ver a massa rubro-negra ainda a celebrar: Edílson acabara de marcar, de pênalti, 1 a 0 para o Flamengo.

27 minutos do segundo tempo: Maurinho joga contra o patrimônio e deixa tudo igual. Na súmula, Alfredo dos Santos Loebling dá o crédito a Alan. O que importa é que aquele era o gol da classificação. Uma forte dose de arrependimento deve ter acometido boa parte dos rubro-negros: mas somente na manhã seguinte, assim que chegaram a seus trabalhos.

Se Evair era a grande aposta da equipe, o torcedor coxa-branca teria sérios motivos para colocar as barbas de molho: uma fisgada na virilha, no final da partida no Maracanã, tiraria o craque do primeiro embate pelas semifinais da Copa do Brasil, diante do Grêmio. Em 30 de maio, no Olímpico, duas escritas estavam em jogo: os gaúchos haviam vencido todos os confrontos em seus domínios; já o Coritiba continuava invicto na competição. Mas só até ali: 3 a 1. O Tricolor colocava um pé na decisão.

6 de junho de 2001, segunda partida semifinal: a recuperação de Evair não veio, muito menos a classificação. Ao perder para o Grêmio por 1 a 0, em casa – gol de Zinho –, o Coxa dava adeus ao sonho de conquistar a Copa do Brasil.

Nove equipes disputariam a Copa dos Campeões em 2001: Corinthians (campeão paulista), Flamengo (campeão carioca), São Paulo (campeão do Torneio Rio-São Paulo), Cruzeiro e Coritiba (respectivamente, campeão e vice da Copa Sul-Minas), Bahia e Sport (campeão e vice da Copa do Nordeste), Goiás (campeão da Copa Centro-Oeste) e São Raimundo (campeão da Copa Norte). Sport, Goiás e São Raimundo jogaram um Torneio Triangular Classificatório, ao final do qual, amazonenses e pernambucanos avançaram na competição.

Atalho para a Libertadores, o torneio teria, a exemplo do ano anterior, as cidades de Maceió e João Pessoa como sedes. E seria disputado integralmente no sistema mata-mata, com os seguintes confrontos na primeira fase: Coritiba x Corinthians, Flamengo x Bahia, São Paulo x Sport e Cruzeiro x São Raimundo.

Após receber da diretoria a confirmação de que Marquinhos Cambalhota e Mabília permaneceriam no elenco até o fim da Copa dos Campeões, Ivo Wortmann definiu seu time-base no esquema 3-5-2: Marcelo Cruz; Max Sandro, Alan e Paulo Roberto; Juliano, Reginaldo Nascimento, Messias, Mabília e Fabinho; Enílton e Evair. Assim, o Coritiba foi a campo em 23 de junho, no estádio Rei Pelé, em Maceió, para sua estreia na competição. Enílton, aos 29 do primeiro tempo, marcou o gol que deu a vitória ao Coxa.

O jogo da volta seria em 27 de junho, no estádio José Américo de Almeida Filho, em João Pessoa-PB. Diante de aproximadamente 20 mil torcedores, corintianos, em sua grande maioria, o Coritiba utilizou a mesma formação da ida. E foi ainda mais implacável: Evair, aos 16 do primeiro tempo, e Alexandre, no último minuto de jogo, decretaram a vitória por 2 a 0. O Alviverde avançava às semifinais da Copa dos Campeões. Ao Corinthians, de Marcelinho Carioca e Vanderlei Luxemburgo, restava tomar o avião de volta para casa.

O Coritiba teria outro grande paulista como adversário nas semifinais da Copa dos Campeões: o São Paulo. A coincidência parou aí. Em 30 de junho, derrota por 2 a 0, em João Pessoa; em 4 de julho, em Maceió, uma acachapante goleada por 4 a 1. E o Coxa dava adeus ao sonho de mais uma conquista.

Embora sem nenhum título, 2001 se mostrava satisfatório para o Coritiba: vice-campeão da Copa Sul-Minas, o time chegara ainda em três semifinais (Campeonato Paranaense, Copa do Brasil e Copa dos Campeões). Comparados à péssima temporada anterior, com a antepenúltima colocação da Copa João Havelange, os resultados eram expressivos. O grande responsável pela evolução da equipe fora, sem sombra de dúvidas, o treinador Ivo Wortman. A chegada de Evair dera o toque final no ajuste da equipe. Melhor entrosado, o Coxa poderia ser a grande surpresa do Brasileirão?

UMA OVAÇÃO PARA POUCOS

O panorama no Alto da Glória sofreu várias alterações às vésperas do Brasileirão – que, na primeira fase, seria disputado por 28 equipes, todos contra todos em turno único, ao final do qual os oito melhores avançariam ao mata-mata. A falta de recursos obrigou a diretoria a divulgar um "listão" de dispensas: Patrício, Ânderson e Paulo Roberto foram os primeiros. A relação de atletas em disponibilidade apresentava nomes como Mabília e Marquinhos Cambalhota. Reintegrar jogadores que retornavam de empréstimo seria a alternativa para compor o elenco.

A aposta em reforços recairia sobre jovens revelações, como o zagueiro Chris, do vice-campeão paulista Botafogo, o goleiro Eduardo (Bangu), o atacante Reginaldo (Garça) e Rincón, não o colombiano, mas sim o atacante que andava esquecido no futebol turco. A poucos dias da estreia, chegaram Edmílson, ex-Palmeiras, e o lateral esquerdo De Los Santos. Reformulação à parte, a base estava mantida. O otimismo do torcedor, também.

O Coritiba estreou no Brasileirão em 1º de agosto, no Mineirão, diante do Atlético-MG: 1 a 1. Na rodada seguinte, 3 a 2 sobre o Internacional-RS, no Couto Pereira – ao converter o segundo, de pênalti, Evair atingia 85 gols, chegando à 10ª posição entre os maiores artilheiros do Campeonato Brasileiro em todos os tempos, ao lado de Tarciso, ex-Grêmio. Roberto Dinamite (190 gols), Zico (135), Túlio (125), Serginho Chulapa (124) e Dadá Maravilha (113) eram metas inatingíveis; Edmundo, 6º maior, com 95 e ainda na ativa, praticamente também. Mas Reinaldo, com 90, Careca (89) e Bebeto (86) poderiam ser superados ainda na temporada 2001.

A ducha de água fria veio imediatamente após a vitória sobre os gaúchos: seduzido por uma proposta salarial muito maior, Ivo Wortmann foi para o Cruzeiro. O gesto deixou a torcida coxa enfurecida. Em Belo Horizonte, Ivo duraria apenas dez rodadas. E o Coritiba?

Sem Evair, sob comando do interino Paquito, o Coritiba bateu o Vasco por 1 a 0. Na sequência, derrotas para Santos (2 a 0), na Vila Belmiro, e Portuguesa (1 a 0), no Canindé – estreia do treinador Ricardo Gomes. Lesionado, Evair seguia fora da equipe.

De volta ao Couto Pereira, o Coxa reencontrou o caminho da vitória em 19 de agosto: 3 a 2 no Cruzeiro. Evair entrou na segunda etapa e ditou o ritmo do jogo; Ivo Wortmann foi saudado pela torcida com uma chuva de moedas. A sequência irregular continuaria: São Caetano (1 a 1), Flamengo (1 a 0), em pleno Maracanã, e Botafogo-RJ (derrota por 3 a 2) – Evair foi às redes nas duas partidas contra os cariocas.

Uma tendência negativa começava a se configurar: o retrospecto da equipe era pior quando atuava em seus domínios. Mas, contra o Fogão, o resultado adverso tinha justificativa, embora um tanto insólita: intoxicados, provavelmente por conta da água no Couto Pereira, seis atletas da equipe titular não foram a campo.

Na rodada seguinte, nova derrota (3 a 2), para o Corinthians, no Pacaembu – mais um gol de pênalti do Matador. Após dez rodadas, o Coxa ocupava a 15ª posição, com 14 pontos, a apenas dois da zona de classificação para as oitavas de final.

Apesar do início oscilante da equipe, a boa fase do "vovô" Evair saltava aos olhos: crítica especializada e torcedores das mais diversas agremiações teciam elogios contínuos ao jogador. Tanto que, em plena semana da derrota para o Botafogo, o craque ocupava a 4ª posição no cobiçado Troféu Bola de Ouro, da Revista Placar.

A situação do Coritiba ficou pior nas rodadas seguintes: derrotas para Grêmio (2 a 0), no Olímpico; São Paulo (1 a 0), em casa; e Fluminense (3 a 1), no Maracanã. Desde a ascensão de Ricardo Gomes, a equipe se perdera em campo. Desfecho inevitável: o treinador deixou Curitiba acrescentando um péssimo retrospecto ao currículo. Após cinco derrotas seguidas, a euforia vivida desde o início da temporada definitivamente abandonara o torcedor coxa.

Distante das primeiras posições, o Coritiba adentrou o gramado do Couto Pereira, em 30 de setembro de 2001, formando com Marcelo Cruz; Maxsandro, Edinho Baiano e Paulo Roberto; Juliano, Messias, Reginaldo Nascimento, Evair e Fabinho; Enílton e Edmílson. De volta ao esquema 3-5-2, opção predileta de seu novo treinador: Ivo Wortman! Do outro lado, o Palmeiras de Celso Roth, líder da competição.

Para vencer São Marcos, o Coxa tinha a receita ideal: Evair. Aos 40 do primeiro tempo, ele deixa Enílton na cara do gol: 1 a 0. 2 minutos do segundo tempo, Evair para Edmílson: 2 a 0. A reclamação efusiva de Marcos parecia prever o que estava por vir. 15 minutos: *El Matador* recebe na entrada da área, corta Galeano e bate de canhota, no ângulo: 3 a 0. 31 minutos: pênalti de Galeano em Enílton. Marcos nada pôde fazer diante da precisão cirúrgica de Evair: 4 a 0.

Use o app e veja os gols da vitória por 4x1 sobre o Palmeiras.

Pedrinho ainda descontaria, aos 37, pouco depois da cena mais marcante da noite: ao deixar o gramado, após destruir o Palmeiras, Evair foi saudado calorosamente pelas duas torcidas! E, na descida aos vestiários, ouviria ao longe o coro tão conhecido: "Eô, eô, Evair é um terror". Entoado pelos poucos palmeirenses que se aventuraram pelas arquibancadas do Couto Pereira, naquele frio final de tarde dominical.

Pela segunda vez na carreira, Evair foi ovacionado pela torcida adversária. Ao participar dos quatro gols na goleada sobre o Palmeiras, acabara de construir uma de suas maiores jornadas no futebol: "Na véspera desse jogo foi aniversário do meu filho, Guilherme. Convidei o time todo para um almoço, na minha casa, e logo depois, fomos pra concentração. Aquilo ficou marcado, o grupo inteiro reunido. Todos sabiam do meu respeito pelo Palmeiras, mas, após cinco jogos sem vencer, o Coritiba precisava muito daquela vitória. E o time encaixou bem demais naquele dia. Pronto: queriam que eu fizesse almoço para o grupo inteiro em toda véspera de jogo!".

Ao marcar seu segundo gol contra o Palmeiras, Evair atingia a marca de 90 em campeonatos brasileiros. Números que o colocavam como 7º maior artilheiro da competição em todos os tempos, ao lado de Reinaldo, o Rei, ídolo do Atlético Mineiro.

O episódio Ivo Wortmann pegou mal: idas e vindas do treinador dividiram as opiniões da torcida a seu respeito. A goleada sobre o Palmeiras se comprovaria um hiato na vida alviverde. Na sequência do Brasileirão, 1 a 1 com Juventude e Sport; 0 a 0 com o Botafogo-SP; e derrota por 1 a 0 para o Guarani. Sequência catastrófica, que faria a equipe despencar na tabela.

7 de outubro de 2001: a cambaleante Seleção Brasileira de Futebol bateu o Chile por 2 a 0, no Couto Pereira, em jogo válido pelas eliminatórias da Copa de 2002. A vitória afastaria, momentaneamente, a ameaça de ficarmos fora do Mundial pela primeira vez na história. Vivendo situações distintas no Brasileirão – o Coxa flertando com a zona de rebaixamento; o Atlético-PR brigando pela ponta –, diretorias de ambos os lados aproveitariam a passagem da Seleção por Curitiba para iniciar um festival de provocações: "Nosso estádio, além de maior, é pé quente", declarou o presidente coxa – em alusão ao fato do Brasil ter vencido todas as partidas em que atuara na casa alviverde. A reação atleticana não deixou por menos: "Ganhamos com a divulgação para a imprensa nacional e internacional. O Coritiba ficou um dia na mídia. Nós, seis. Foi mais uma goleada". Referência ao fato de que a Seleção passara toda a semana preparando-se no CT rubro-negro. Há tempos, os dois maiores clubes do estado travavam uma luta acirrada fora de campo, para provar quem tinha a melhor estrutura. O 312º confronto entre ambos daria a resposta. Dentro de campo.

O quadro do Coxa se agravou: uma contusão na panturrilha impediria Evair de enfrentar o arquirrival. Em 21 de outubro, no Couto Pereira, há quatro jogos sem vencer, o empate sem gols manteve o Coritiba na 20ª colocação. Já o Furacão, a 5 pontos do líder São Caetano, começava a ser visto como um dos principais postulantes ao título.

A má fase do Coritiba não afetou o prestígio de Evair. Ao contrário: muitos creditavam ao atleta o fato da derrocada não ser ainda maior. Seu cartaz continuava em alta entre torcedores e imprensa, a ponto dos comentaristas Tostão e Casagrande pedirem sua presença no Escrete Canarinho. Evair não alimentava ilusões: "Sei que o momento da Seleção é difícil. Sinto-me honrado pela lembrança. Mas sou realista e acho muito difícil isso acontecer. Estou num ponto da carreira em que só penso no que é possível".

Em 28 de outubro, diante do Gama, em casa, o Coritiba fez as pazes com a vitória: 1 a 0. Durante a sequência ruim da equipe, Evair atuara apenas dois jogos completos – e o time-base não era mais o mesmo do início da competição. E o ânimo de elenco e torcida, também não. Na sequência, 2 a 1 no América-MG, no Mineirão; 1 a 1 com o Paraná; e 2 a 0 sobre o Vitória, em casa.

Pela 24ª rodada, contra o Goiás, Evair estava de volta à equipe titular. E pouco faria na derrota por 2 a 1. Em 18 de novembro, contra o Santa Cruz, no Couto Pereira, o Coritiba tinha a árdua missão de tirar uma diferença de sete pontos em três rodadas. Mais do que vencer, precisaria torcer por uma improvável combinação de resultados para chegar à classificação. Fez a sua parte: 1 a 0, gol de Liedson. Mas a vitória da Ponte Preta (2 a 1) sobre o Santos, colocava os campineiros sete pontos à frente do Coxa. Restando duas rodadas, Evair e cia estavam fora da fase final do Brasileirão.

Evair não atuou contra o Santa, mas estaria em campo no 1 a 1 com o Bahia, na Fonte Nova, e na derrota para a Ponte Preta (2 a 1), em casa. Diante das férias antecipadas, teria tempo para refletir se aquele era o momento ideal para encerrar a carreira.

Apesar da frustração por não ter conquistado nenhum título, Evair encerrou o ano de 2001 com um saldo extremamente positivo: além de manter-se na condição de atleta de ponta, com os 9 gols marcados pelo Coritiba, chegou ao total de 338 ao longo da carreira. Já o torcedor coxa-branca teria poucos motivos para sorrir: após despachar São Paulo e Fluminense, o arquirrival Atlético bateria o São Caetano por duas vezes nas finais (4 a 2 e 1 a 0), conquistando o título de campeão brasileiro de 2001. E igualando o histórico feito do Coritiba, dezesseis anos antes.

A entrada em vigor da Lei Pelé, em 26 de março de 2001, causou uma verdadeira ebulição no futebol brasileiro. Seu ponto mais polêmico previa a extinção da Lei do Passe. Até então, os atletas mantinham-se vinculados aos clubes mesmo depois de encerrados seus contratos, o que caracterizava um regime quase escravocrata. A partir da nova lei, poderiam firmar pré-contratos com outras equipes às vésperas do encerramento de seus vínculos, por vontade própria, o que levaria a uma debandada de nossos maiores craques para centros econômicos mais fortes – e a um significativo empobrecimento na qualidade técnica do futebol praticado por aqui.

A NOBRE ARTE DO PERDÃO

Com poucos recursos à disposição, o Coritiba passaria por uma completa reformulação, já em fins de 2001: Ivo Wortman deixou o clube – e a seu lado, boa parte dos jogadores por ele indicados. Quase todos os atletas emprestados retornaram às suas equipes. O atacante Liedson, destaque na fase final do Brasileirão, estava garantido. No mais, as apostas recairiam sobre jogadores revelados na base – como Allan, Danilo, Badé e Pepo – e no ídolo Evair, que, de contrato novo, se reapresentou em 9 de janeiro de 2002. Homem de confiança do novo técnico, Joel Santana, o Matador acreditava que a temporada reservaria boas alegrias ao torcedor alviverde.

Grêmio, Internacional-RS, Juventude, Pelotas, Tubarão, Criciúma, Figueirense, Joinville, Coritiba, Atlético-PR, Paraná, Malutrom, Cruzeiro, Atlético-MG, América-MG e Mamoré seriam os 16 participantes da Copa Sul-Minas. Quatro clubes por estado, que na primeira fase se enfrentariam em turno único, todos contra todos. Os quatro melhores classificados avançariam às semifinais.

A estreia do Coritiba na temporada 2002 foi em 20 de janeiro, em Uberlândia, contra o Mamoré. Vitória por 3 a 2 e um fato provavelmente inigualável: arquibancadas completamente vazias. Evair atuaria pela primeira vez no ano três dias depois, pela Copa do Brasil, contra a Ponte Preta: ao marcar duas vezes, foi o grande nome do jogo na vitória por 2 a 1.

Nas rodadas seguintes da Sul-Minas, o Coritiba bateria Internacional-RS e Malutrom, em casa, pelo mesmo placar: 3 a 1. Quatro jogos, quatro vitórias, Evair marcara quatro vezes, em três partidas disputadas: o velho faro de gol se mantinha intacto.

A primeira derrota na temporada viria em 3 de fevereiro, no Mineirão, pela Sul-Minas, diante do Cruzeiro de Edílson, Sorín, Ricardinho, Fábio Jr. e cia: 3 a 1. O gol de honra foi marcado por Evair, de falta: o titular absoluto da camisa 10 fora às redes em todos os jogos que atuou. Na sequência da competição, Pelotas (3 a 2), e um ligeiro tropeço em casa: 2 a 2 com o Figueirense.

O Campeonato Paranaense de 2002 teve início na mesma data em que o Coxa tropeçou diante do Figueira. Iraty, Londrina, Maringá, Ponta Grossa, Portuguesa de Londrina, Prudentópolis, Rio Branco de Paranaguá e União Bandeirante brigariam pelo título, pela primeira vez na história sem a concorrência de Coritiba, Atlético e Paraná. A rivalidade entre os grandes ficaria condicionada à disputa do Supercampeonato Paranaense, competição de tiro curto, entre meados de maio e início de junho.

Cinco vitórias em sete jogos, apenas uma derrota na temporada, atuações convincentes e a vantagem obtida no jogo de ida: essa a realidade do Coritiba ao adentrar o gramado do Moisés Lucarelli, em 20 de fevereiro. Ao time de Joel Santana bastava um empate para seguir adiante na Copa do Brasil. Do outro lado, a perigosa Ponte Preta de Vadão, num esquema 3-4-3 extremamente ofensivo. O duelo de artilheiros seria uma atração à parte: Washington – cada dia mais ídolo da torcida pontepretana – versus Evair, cria do arquirrival Guarani.

Ao final da primeira etapa, o placar já aponta 2 a 0 para a Ponte. Washington deixa sua marca aos 5 do segundo tempo, cobrando falta. Pouco depois, pênalti para o Coxa: Ronaldo, aquele do Corinthians, defende a cobrança de Evair. A noite fica ainda mais trágica aos 30 minutos, no gol de Adrianinho. Evair diminui, a quatro minutos do encerramento: 4 a 1. O Coritiba estava fora da Copa do Brasil. Na primeira fase!

Após a tragédia em Campinas, restaria ao Coritiba apenas a Copa Sul-Minas. E nada poderia ser pior para agravar ainda mais a crise do que a derrota por 2 a 0 para o rival Atlético, três dias depois, na Arena da Baixada. Na sequência, 1 a 1 com o Criciúma, em casa, e 4 a 0 no Joinville, fora. Depois, três derrotas consecutivas: Tubarão (2 a 1), América-MG (1 a 0) e Atlético-MG (3 a 1) – as duas últimas em pleno Couto Pereira. Longe das primeiras colocações e mergulhado em crise, o Coritiba parecia apenas contar os dias até a desclassificação.

A derrocada prosseguiu na derrota por 4 a 3 para o Grêmio, em Porto Alegre. Mas o auge da vergonha ocorreria em 6 de abril, na histórica goleada por 6 a 1 sofrida diante do arquirrival Paraná – a maior do confronto em todos os tempos. Fato que levaria ao esvaziamento do Couto Pereira na despedida da Sul-Minas: 0 a 0 com o Juventude. Após cinco derrotas seguidas – uma das piores séries da carreira de Evair –, o Coritiba fechava sua participação na competição ocupando a vexatória 11ª posição.

Após a goleada para o Paraná, ocorreu o inevitável: demitido, Joel Santana deixou o comando do Coritiba. O anúncio do novo treinador foi feito na quinta-feira, 18 de abril: Paulo Bonamigo, ex-técnico paranista e um dos responsáveis pelo impiedoso massacre que derrubara Joel. Ligado ao Paraná por um simples acordo verbal, Bonamigo seria seduzido pelo desafio de reestruturar o Coxa. E chegou ao Alto da Glória afirmando que manteria a filosofia de trabalhar com jovens valores, sem abrir mão da experiência.

A notícia veiculada pela imprensa paranaense, em 23 de abril de 2002, mostrava que, se Paulo Bonamigo tinha intenções de se valer da experiência na formação de seu elenco, esse plano não incluía Evair: "O principal ídolo do Coritiba nas duas últimas temporadas dará adeus ao Alto da Glória nos próximos dias. Diretoria e comissão técnica confirmaram que o atacante Evair, de 37 anos, está fora dos planos do clube para o Supercampeonato Paranaense". O contrato iria até o final do ano. Especulações davam conta de que Guarani e Ponte Preta tinham interesse no Matador.

Findos os Estaduais, o futebol brasileiro entrou em recesso para acompanhar a Copa do Mundo. Dividido entre Japão e Coréia do Sul, o principal evento futebolístico do planeta seria disputado na Ásia, pela primeira vez. Além de acompanhar o Mundial, Evair aproveitaria a estiagem para pensar calmamente sobre o futuro.

A Seleção Brasileira de Luiz Felipe Scolari chegou totalmente desacreditada à Copa do Mundo. Em 30 de junho de 2002, no International Stadium de Yokohama, bateu a Alemanha por 2 a 0 – dois gols de Ronaldo – e conquistou o pentacampeonato mundial. Com a maior campanha de uma Seleção em toda a história das Copas: sete vitórias em sete jogos.

Após quase um ano e meio, Evair deixaria a capital paranaense: com 15 gols marcados pelo Coxa e um total de 344 na carreira, avaliava a possibilidade de pendurar as chuteiras. Até receber o chamado de um velho e aconchegante lar.

11 de junho de 2002, a notícia veiculada pelo jornal O Popular, de Goiânia, alvoroçou o futebol local: "O Goiás anunciou nesta terça-feira o primeiro reforço da equipe para a Copa dos Campeões, que começa dia 3 de julho: a contratação do meia-atacante Evair, que defendeu o Coritiba nessa temporada. O veterano jogador esteve no Goiás em 2000 e teve boa passagem". Analisando a frase dita pelo craque, anos depois, pode-se imaginar sua felicidade naquele momento: "Já morei em doze cidades e três países, mas Goiânia é o melhor lugar do mundo".

O retorno de Evair ao Goiás Esporte Clube deu-se às vésperas da decisão do Campeonato Goiano, diante do Novo Horizonte. Em 16 de junho, no Serra Dourada, vitória por 3 a 0. Na volta, uma semana depois, também em Goiânia, 2 a 0, gols de Finazzi e Araújo. O Verdão, do técnico Edinho – ex-zagueiro da Seleção Brasileira nas Copas de 1978, 1982 e 1986 –, conquistava seu 19º título estadual. *El Matador* chegava em boa hora.

Após o drama do rebaixamento, em 1998, o Goiás passaria uma única temporada no pelotão de baixo. No retorno à elite do Brasileirão, jamais avançara à fase mata-mata. Para evitar o "quase" dos dois anos anteriores, a diretoria prometia um projeto ousado para 2002. A primeira medida foi repatriar Evair, ajuste ideal para uma equipe que manteve a espinha dorsal das últimas temporadas: Harlei, Josué, Túlio, Marabá, Danilo e Araújo permaneciam na Serrinha. Recuperado de lesão, o lateral esquerdo Marquinhos reassumiria seu posto; na outra lateral, Neném retornava ao clube, após passar por Etti Jundiaí, Palmeiras e Cruzeiro.

Dores musculares incomodaram Evair após suas atuações contra Atlético-PR e Cruzeiro, pela Copa dos Campeões. Problema que o impediria de participar da estreia do Goiás no Brasileirão, diante da Portuguesa, em 10 de agosto, no Serra Dourada. Formando com Harlei; Neném, Milton do Ó, João Paulo e Marquinhos; Túlio, Josué, Marabá e Danilo; Zé Carlos e Araújo, o Verdão iniciou sua caminhada com o pé direito: 3 a 1. O otimismo cairia por terra na 2ª rodada, depois da goleada para o Vitória, no Barradão: 4 a 1.

A tragédia esmeraldina assumiria proporções ainda maiores após a notícia veiculada pelo jornal O Popular, em 16 de agosto de 2002: "Durou pouco mais de dois meses a permanência no Goiás do atacante Evair. O jogador retornou ao clube no início de junho e já vai embora. Evair rescinde contrato hoje, junto com o zagueiro Célio Lúcio, que ficou pouco mais de um mês e sequer jogou. O presidente João Gualberto afirmou ontem que ainda está em processo de negociação com os jogadores, mas adiantou que eles terão seus contratos rescindidos. Entregue ao departamento médico nas últimas semanas, Evair ainda não havia estreado no Campeonato Brasileiro. A diretoria confirmou que a saída dos dois deve-se à situação financeira do clube: em fase de contenção de despesas, o Goiás dará prioridade aos jogadores revelados em suas categorias de base".

Sem Evair, a sequência do Goiás no Brasileirão não seria animadora: Flamengo (1 a 1), no Maracanã; Bahia (1 a 1) e Vasco (derrota por 4 a 2), ambos jogos em casa. Confirmando a má fase, mais duas derrotas: São Paulo (2 a 0), no Morumbi, e Guarani (2 a 1), no Serra Dourada. Resultados que colocavam a equipe na 22ª colocação, com apenas 5 pontos em 7 jogos. Ao folgar na 8ª rodada, o Goiás seria superado por Bahia e Palmeiras, chegando pela primeira vez à zona do rebaixamento. Sobrou para Edinho, que deixou o comando da equipe. Em seu lugar assumiria um velho "desafeto" de Evair: Nelsinho Baptista.

Ao chegar em Goiânia, uma das primeiras medidas tomadas por Nelsinho foi chamar Evair para uma conversa: "A equipe estava passando por dificuldades financeiras. Mal retornei e começaram a dizer que o meu salário era muito alto. A diretoria me passou que deveria procurar outro time. Aí chegou o Nelsinho. Ele me ligou e fomos conversar. Era nosso reencontro, desde o afastamento no Palmeiras. Tive a oportunidade de estender a mão a ele e dizer: 'Professor, independentemente de qualquer coisa, se eu voltar ou não para o Goiás, já é uma vitória poder estender a mão pro senhor de novo. Acho que nós já passamos por uma fase e agora temos que seguir pra outra'. E voltei ao Goiás pra ser jogador dele novamente". Graças a Nelsinho Baptista, Evair foi reintegrado ao elenco. E poderia continuar se dedicando à sua maior paixão!

A reestreia de Evair ocorreu no Dia da Independência: nos 2 a 2 com o Botafogo-RJ, no Serra Dourada, marcou os dois gols esmeraldinos. Nas rodadas seguintes, ao ser derrotado por Corinthians (3 a 0), no Pacaembu; e Coritiba (3 a 1), em casa, o Goiás chegava ao fundo do poço, ocupando a última colocação. Por apenas uma rodada: ao bater o São Caetano (3 a 0), em casa, passou a lanterna da competição ao Palmeiras.

O empate (1 a 1) com o Santos, na Vila Belmiro, confirmou a tendência de alta do Goiás. Solidificada na goleada por 4 a 1 sobre o forte Grêmio, de Tite, em Goiânia. Àquela altura, a equipe já contava com os veteranos André Cruz e Bismarck, recém-contratados. Ainda assim permanecia como primeira equipe na zona de rebaixamento. A derrota para o Juventude (2 a 1), em Caxias do Sul, traria à tona velhos fantasmas. Mas, graças a uma improvável combinação de resultados, o Verdão permaneceu na mesma posição da tabela. Situação que perduraria após o 0 a 0 diante do Atlético-PR, em casa.

Dores musculares tirariam Evair da equipe por algumas rodadas. Voltou a campo em 9 de outubro, no Serra Dourada, pela 18ª rodada do Brasileirão. Do outro lado, o desesperado Palmeiras de Levir Culpi, primeira equipe dentro da zona de rebaixamento. Os donos da casa abrem o placar a 23 minutos, com Fabão. Araújo amplia sete minutos depois. Aos 34, Evair faz o terceiro – quarto gol dele contra o Palmeiras na carreira.

A situação dos paulistas complica ainda mais no comecinho do segundo tempo: gol de Araújo. Arce ainda converte duas penalidades. Com a goleada por 4 a 2 sobre o criador, o Goiás deixava a zona da degola. Por uma dessas ironias do destino, a atuação de Evair foi decisiva para desmoronar o Palmeiras. Justamente no ano em que, pela primeira vez na história, o gigante de Parque Antártica seria alçado à segunda divisão do futebol brasileiro.

O calvário do Goiás durou até 13 de outubro: derrota por 3 a 2 para a Ponte Preta, em Campinas. As vitórias sobre Internacional-RS (2 a 1), no Beira-Rio – um gol de Evair –, e Figueirense (1 a 0), em casa, dariam novo fôlego: o Verdão abria dois pontos da zona de descenso.

Em busca de ascensão, Evair e seus companheiros teriam um adversário a mais. Por um desses absurdos que só a péssima organização do futebol brasileiro pode explicar, a equipe faria três partidas fora de casa: Fluminense (2 a 2); Gama (1 a 0) e Paysandu (2 a 1) – ótima sequência, que o alçava à 11ª colocação. Na louca ciranda do futebol, apenas um ponto separava o Goiás do Fluminense, último integrante do G-8: o foco agora era a vaga nas quartas de final. E um fator saltava aos olhos: a efetivação de Evair na equipe titular fora preponderante para a consolidação dessa nova realidade.

Restavam três jogos para o encerramento da primeira fase do Brasileirão 2002: em 2 de novembro, no Serra Dourada, 4 a 0 no Paraná – dois gols de Evair; que faria mais dois nos 3 a 1 sobre o Atlético-MG, em Goiânia. O Goiás entrou em campo na última rodada ocupando a 10ª colocação, com 36 pontos. O Fluminense, 8º, tinha 37. Além de bater o Cruzeiro, no Mineirão, Evair e cia tinham que torcer contra Flu e Coritiba para avançar às finais. Nem foi preciso: a derrota por 2 a 0 sepultou as chances goianas. Mas deixou uma questão no ar: e se Evair tivesse sido reintegrado um pouco antes?

El Matador provara, uma vez mais, fazer a diferença em todas as equipes por onde passou. Defendendo as cores de um time de médio porte em nível nacional, sentira novamente o gosto de realizar uma grande campanha: "Em meu reencontro com o Nelsinho, conseguimos ajudar a equipe, que frequentou a zona de rebaixamento durante muitas rodadas. E quase chegamos entre os oito! A última vaga acabou ficando com o Santos. O curioso é que a nossa derrota praticamente deu a vaga a eles, já que haviam perdido pro São Caetano. Veja como é o futebol: se tivéssemos avançado na competição, talvez aquela geração do Diego e do Robinho nem tivesse acontecido, tamanha a crise que o Santos enfrentava naquele momento".

E Evair faz questão de lembrar a importância que teve a psicóloga Suzy Fleury na recuperação do Goiás durante o Brasileirão: "Pena que ela chegou muito tarde. Acabamos ficando em 9º lugar".

Findo o Campeonato Brasileiro de 2002, com os oito gols marcados, em doze partidas, Evair chegou à marca de 98 no certame nacional. Números que o colocavam na 7ª colocação entre os maiores artilheiros de todos os tempos. Há apenas dois gols de ninguém menos que... Pelé!

Em 27 de outubro de 2002, após três tentativas, Luiz Inácio Lula da Silva foi eleito Presidente da República Federativa do Brasil: pela primeira vez em nossa história, um ex-operário ocuparia o cargo de mandatário máximo da Nação. Mas, sem sombra de dúvidas, o fato mais marcante do começo do século XXI foi o atentado às torres gêmeas do World Trade Center, em 11 de setembro de 2001, que levaria ao total acirramento das relações entre o Ocidente Cristão e o Mundo Islâmico. Depois dele, o planeta nunca mais seria o mesmo.

Encerrado o Campeonato Brasileiro, terminaria o contrato de Evair com o Goiás. Ao olhar para trás, o craque via nada menos que dezoito anos de uma carreira marcada por 352 gols e muitas conquistas. Mas os quase 38 anos de idade começavam, definitivamente, a pesar. A hora da mais difícil das decisões se aproximava.

A MAIS DIFÍCIL DAS DECISÕES

Evair não renovou seu vínculo com o Goiás para 2003. A possibilidade de encerrar a carreira ganhava vulto. Mas o belo futebol apresentado durante o Brasileirão ainda o tornava alvo de especulações.

A matéria publicada pelo jornal A Notícia, de Santa Catarina, em 25 de março de 2003, confirmava o que era aguardado há tempos pelos torcedores do bicampeão catarinense: "Título estadual garante novo contrato a Vágner Benazzi. O técnico aceitou a proposta financeira e renovou seu vínculo com o Figueirense, para comandar o time durante a Copa do Brasil e o Campeonato Brasileiro da Série A". Respaldado pelo feito de ter levado o Figueirense à Primeira Divisão nacional, Benazzi – modesto ex-lateral direito com passagens por Portuguesa e Palmeiras – reivindicaria reforços à diretoria. Seu principal pedido foi anunciado pela imprensa florianopolitana menos de 24 horas após a conquista estadual: "Veterano Evair está entre os reforços do Figueirense para a Série A. O jogador é o segundo com participação na Seleção Brasileira a ingressar no clube". O outro era o zagueiro Cléber, companheiro dos tempos de Palmeiras.

Evair demonstrou entusiasmo em sua apresentação: "Tenho uma motivação especial para este novo desafio na carreira. O Figueirense está crescendo a cada ano. E se eu puder contribuir para que cresça ainda mais, o farei com todas as minhas forças". Duas semanas seriam necessárias para que apresentasse condições físicas ideais. Aos 38 anos, Evair vestiria uma camisa alvinegra – com um marcante detalhe em verde no escudo.

Em maio de 1921, um seleto grupo; que incluía Jorge Albino Ramos, Balbino Felisbino da Silva, Domingos Joaquim Veloso e João Savas Siridakis; se reuniu à sombra da centenária figueira localizada na praça XV de Novembro, em Florianópolis, para definir detalhes da fundação de um novo clube de futebol. Em 11 de junho, na barbearia de Jorge Ramos, foram definidos os nomes que comporiam a primeira diretoria. No dia seguinte, João dos Passos Xavier seria empossado presidente: estava fundado o Figueirense Futebol Clube.

A primeira glória do Figueira viria nos anos 1930, com a conquista do tricampeonato Catarinense (1935-1937). Em 1941, o Alvinegro conquistou os títulos de todos os certames que disputou: Torneio Início, Campeonato da Cidade e Campeonato Estadual. Em 1949, entraria para a história como o "Esquadrão de Aço", ao conquistar o Tricampeonato do Torneio Início. O apelido Furacão do Estreito – bairro onde fica localizado – veio em 1951, ao conquistar, de forma invicta, o Torneio de Paranaguá, numa série de amistosos contra clubes paranaenses.

Os altos custos para a construção de um novo estádio levariam o Figueirense a uma longa estiagem de 31 anos. Quebrada com a conquista do Campeonato Estadual, em 1972. A partir de meados da década de 1990, o Furacão viveria sua fase áurea, com as conquistas do

> Torneio Mercosul – embrião da futura Copa Mercosul –, em 1995, sua primeira conquista internacional; do Supercampeonato Catarinense, em 1996; e dos cinco títulos estaduais nos anos 2000. Feitos que elevam o Figueirense à condição de time catarinense com o maior número de conquistas em todos os tempos.

Reforçado por Evair, Émerson Ávila (lateral esquerdo), Márcio Martins (zagueiro) e Vagner Mancini (volante), o Figueirense fez sua estreia na Copa do Brasil diante do Americano, em 19 de fevereiro, no estádio Godofredo Cruz, em Campos-RJ: derrota por 2 a 1. Resultado revertido nos 4 a 2, em casa. O primeiro embate pela segunda fase ocorreria um dia após o anúncio da contratação de Evair, contra o Fortaleza, no Orlando Scarpelli: 2 a 0, gols de Roberto e Filipe Luís.

Uma competição disputada no sistema de pontos corridos – com a Série B quase tão forte quanto a divisão principal –, tabela completa divulgada antes do início da disputa e tribunais em silêncio: pode soar surreal, mas esse era o quadro do nosso futebol às vésperas do Brasileirão 2003. Continuaríamos sujeitos à debandada de craques para a Europa, no meio do ano, mas quanto aos regulamentos, o bonde parecia, enfim, estar nos trilhos. Evair, que disputara seu primeiro certame nacional dezessete anos antes, acompanhou a transformação de perto: "É o campeão mais justo, apesar de que estávamos tão acostumados a ter um jogo final... Hoje há maior apoio para que o torcedor possa ir a campo: mais facilidades na compra de ingressos, maior policiamento, melhor estrutura dos estádios, etc.".

A última contratação do Figueirense seria o veterano atacante Zinho, com passagens por Sport, Bahia e Portuguesa. Em 30 de março de 2003, a estreia no Brasileirão: 1 a 1 diante do Vitória, no Barradão. Evair, em fase final de condicionamento, não atuou.

2 de abril de 2003, estádio Presidente Vargas, em Fortaleza: jogo de volta pela 2ª fase da Copa do Brasil. Ainda sem Evair, o Figueirense defende a boa vantagem obtida em Floripa. Em menos de 30 minutos, 2 a 0 para o Fortaleza e tudo igual na soma dos resultados. Na volta do intervalo, Wesley faz mais um. Quando tudo parece perdido, Zinho cabeceia no ângulo: 3 a 1, aos 47 minutos do segundo tempo. A vaga nas oitavas de final era do Figueira.

2ª rodada do Campeonato Brasileiro: em casa, o Figueirense vai a campo com Edson Bastos; Márcio Goiano, Cléber e Filipe Luís; Luís Simplício, Bilu, Marcinho Guerreiro, Luciano e Danilo Cruz; Renato Santiago e Evair. Do outro lado, o Corinthians de Geninho. 20 mil torcedores ansiosos por assistir à primeira performance dos ex-palmeirenses Cléber e Evair.

Use o app e veja o gol de Evair contra o Corinthians.

Danilo Cruz, aos 9 minutos do primeiro tempo e aos 15 do segundo, anota 2 a 0 para o Figueira. O Corinthians chega ao empate em apenas sete minutos. O Furacão tem Evair: a dez do encerramento, ele faz 3 a 2. Mas o Corinthians iguala a fatura, a poucos segundos do apito final. O 3 a 3 deixava um gosto de derrota na boca do torcedor catarinense – e também a convicção de que as garras de *El Matador* continuavam afiadas.

Três dias depois, o Figueirense recebeu o São Paulo, pelas oitavas de final da Copa do Brasil. E não teve o mesmo desempenho: revés por 2 a 0.

Na sequência, Santos (derrota por 2 a 0), na Vila Belmiro; Atlético-PR (1 a 1), em casa; e Coritiba (novo resultado negativo, 1 a 0), fora – partida em que Evair não atuou. Com cinco jogos e ainda sem vencer, o Figueira ocupava a 22ª posição no Brasileirão, última antes da zona de rebaixamento, com apenas 3 pontos.

Após a derrota para o Coritiba, Benazzi optou pela mudança para o 3-4-3. Na zaga, manteve Paulo Sérgio, Cléber e Márcio Goiano; na meia-cancha, os volantes Bilu, Luciano Sorriso e Jeovânio teriam a missão de trancar o setor; ao meia Luiz Fernando caberia a responsabilidade de municiar o ataque, formado por Felipe Oliveira, Sandro Hiroshi e Evair – que também deveria recuar para auxiliar na armação. O novo esquema não levaria a equipe à primeira vitória: o empate sem gols com a Ponte Preta, em casa, colocava o Figueira na zona de rebaixamento.

Mal das pernas no Brasileirão, o Figueirense teria a missão quase impossível de bater o São Paulo por uma diferença de dois ou mais gols, em 1º de maio, no Morumbi. Reinaldo, aos 21 minutos da etapa final, sepultou qualquer resquício de esperança do alvinegro. Na derrota por 1 a 0, o Figueira dava adeus à Copa do Brasil.

O Figueirense nem retornou à Santa Catarina após a eliminação, já que enfrentaria novamente o São Paulo, três dias depois, pelo Campeonato Brasileiro. Evair foi poupado na derrota (3 a 2) que mantinha a equipe com os pés cravados na zona da degola!

Sem contar com Evair, liberado para tratar de problemas familiares, Benazzi seria forçado a modificar a equipe contra o São Caetano, em casa. Primeira vitória no Brasileirão: 3 a 0. A euforia durou pouco: na rodada seguinte, derrota por 3 a 0 diante do Fluminense, no acanhado estádio Giulite Coutinho, casa do América-RJ, em Édson Passos. No retorno de Evair – entrando durante o jogo –, vitória apertada sobre o Bahia: 1 a 0, no Orlando Scarpelli.

1º de junho, Florianópolis, Figueirense x Grêmio pela 11ª rodada do Campeonato Brasileiro. O placar aponta 1 a 0 para os donos da casa quando, aos 30 minutos, Sandro Hiroshi cruza na medida para Evair. O cabeceio é firme, no chão. Ao vencer por 2 a 1, o Figueirense abria sete pontos de vantagem do Z-4.

Mas o principal fato daquela tarde de domingo foi que, ao ir às redes, Evair anotou seu 100º gol em Campeonatos Brasileiros, marca que o colocava na condição de 10º maior artilheiro da competição em todos os tempos, ao lado de Pelé! Nada mal, em se tratando do jogador mais idoso em atividade no Campeonato Brasileiro de 2003.

A sequência confirmaria a irregularidade do Figueirense no Brasileirão: Atlético (1 a 1), no Mineirão; Criciúma (derrota por 1 a 0), fora de casa, resultado que causou a queda de Vágner Benazzi; e Fortaleza (2 a 2), em Floripa, na estreia do treinador Artur Neto.

Use o app e veja o gol de Evair contra o Flamengo.

Maracanã, sábado, 28 de junho de 2003. Artur Neto escalou o Figueirense com Édson Bastos; Paulo Sérgio, Cléber, André Luís e Triguinho; Bilu, Carlos Alberto, Luiz Fernando e William; Léo Macaé e Evair. Do outro lado, o Flamengo de Nelsinho Baptista. Gols, somente no segundo tempo: Luiz Fernando, de pênalti, aos 22 minutos; e Evair, também de pênalti, aos 39: 2 a 0. Oito pontos separavam o Furacão do Estreito do risco de queda à Série B.

O Figueirense ratificou sua ascensão no Campeonato Brasileiro ao bater o Cruzeiro, líder da competição, por 1 a 0, em casa. No reencontro com Zinho, Alex e Vanderlei Luxemburgo, Evair deixou o gramado para a entrada de Léo Macaé. Os 38 anos de idade começavam a pesar. E o estado de saúde de seu José Paulino inspirava cuidados rigorosos. Ainda assim, Evair atuou durante toda a derrota para o Paysandu (1 a 0), sob o forte calor de Belém do Pará.

Na rodada seguinte, não estaria em campo nos 4 a 2 sobre o Paraná – fato repetido nos 2 a 1 sobre o Juventude. Ao não participar da derrota para o Internacional-RS (3 a 0), no Beira-Rio, completava a terceira partida consecutiva fora da equipe.

Quarta-feira, 23 de julho de 2003: no empate sem gols contra o Vasco da Gama, em casa, Evair, novamente, não estaria em campo. Ocupando a 13ª posição, distante dez pontos da zona de rebaixamento, a situação do Figueirense parecia estável no Brasileirão. A vida pessoal de Evair, nem tanto: o estado de saúde de seu José Paulino se agravara. Àquela altura, administrar a carreira e prestar os socorros necessários ao pai tornara-se absolutamente inconciliável.

Evair permaneceu afastado da equipe nas partidas contra Guarani (derrota por 3 a 0), Goiás (novo revés, 1 a 0), Corinthians (1 a 0), no Pacaembu, e Vitória (derrota por 2 a 1), jogo de abertura do returno.

O Figueirense teria uma semana de preparação para seu próximo desafio: o Santos, em Florianópolis. Evair era aguardado ansiosamente para retornar à equipe contra o ex-time do coração. Mas os deuses do futebol traçariam outro destino para ele: após a derrota para o Vitória, o craque comunicou à diretoria que estava encerrando a carreira.

A manchete veiculada pelos principais periódicos catarinenses, em 13 de agosto de 2003, trazia a notícia, tão indesejada quanto inevitável: "O atacante Evair rescindiu contrato com o Figueirense e anunciou que vai parar de jogar". Seguida da declaração do atleta: "Psicologicamente, você tem que estar bem para desempenhar um bom papel dentro de campo. E fica difícil separar os problemas pessoais do trabalho. Tive glórias no futebol que, para mim, já estão de bom tamanho".

Quarta-feira, 9 de julho de 2003: ao deixar o gramado do estádio Jornalista Edgar Augusto Proença – também conhecido como Olímpico do Pará, ou simplesmente Mangueirão –, Evair ainda não sabia; os milhares de torcedores apaixonados por sua arte, espalhados pelas várias equipes que defendeu, também não; mas aquela havia sido sua última partida como atleta profissional: chegava ao fim a carreira de um dos maiores jogadores de futebol de todos os tempos.

A verdade é que, no fundo, *El Matador* já tinha essa sensação: "Quando chegamos ali na subida pro campo, falei pra todo mundo que aquela, talvez, fosse minha última partida. Eu sentia que ali seria minha última partida. Disse a eles que jogaria como se fosse a última vez, e pedi que fizessem o mesmo, por mim".

"Minha parada foi, também, por conta do problema do meu pai. Assim como o meu começo teve tudo a ver com ele, graças àquele conselho que ele me deu. Meu pai ficou muito doente e eu tive que cuidar dele. Fumante desde os quinze anos, com problemas de circulação, teve que amputar dois dedos do pé e parar com o cigarro. Durante o período de acompanhamento, enquanto a equipe médica tinha dúvidas se amputaria ou não, pedi ao Figueirense que me desse um tempo pra estar ao lado dele. A cirurgia foi muito séria, não conseguiam sequer achar uma veia pra bombear o sangue para a parte de baixo: corria-se o risco de amputar o pé, depois a perna... E aí bate o desespero! Meus irmãos não tinham coragem de entrar no quarto. Tinha que ser eu pra levá-lo, fazer os curativos dos dedos amputados, presenciar aquilo tudo, todos os dias. Eu ia de Crisólia a Pouso Alegre, quarenta minutos de carro. Depois, passei a dormir no hospital, acabei virando hóspede deles (risos). Após a operação, a circulação foi voltando ao normal, mas o processo de cicatrização seria lento. E a dor dele, muito grande. Quando dei conta, já tinha passado mais de um mês. Só então percebi que meu tempo também tinha passado. Não dava mais pra voltar".

A vida é cheia de encontros e desencontros. E por uma dessas ironias que ela nos reserva, Evair marcaria o último gol de sua carreira no dia 28 de junho de 2003, na vitória do Figueirense sobre o Flamengo, em pleno Maracanã, templo sagrado do futebol mundial. No banco rubro-negro, o treinador Nelsinho Baptista, a pessoa com a qual vivera os momentos mais emblemáticos de sua trajetória no futebol. E com quem compartilharia, mesmo sem saber, seu último instante mágico como profissional da bola.

"Quando parei de jogar, tinha dia que eu acordava agitado, pensando que estava atrasado pro treino. Eu não sinto nenhuma falta das viagens, das concentrações. Eu sinto falta da competição, da entrada em campo, da adrenalina".

Ao abandonar os gramados, Evair viveria a sua segunda morte. A primeira fora a não convocação para a Copa do Mundo de 1994. Numa belíssima alegoria sobre a envolvente paixão entre craque e bola, a declaração do Matador sobre a frustração de não ter ido ao Mundial transmite um pouco da inimaginável dor que envolve o ato de "pendurar as chuteiras". Restava-lhe apenas a terceira e última: a morte de fato. Impossível! Pelo conjunto de sua imensurável obra, Deus já havia lhe reservado a imortalidade!

CADEIRA CATIVA

Mesmo sem disputar boa parte do Campeonato Brasileiro de 2003, Evair estabeleceu uma marca histórica: com os três gols marcados, chegou a 101, ocupando, naquele momento, o posto de 9º maior goleador do certame em todos os tempos.

Longe dos gramados, Evair iria se dedicar ao sonho de consolidar a carreira de treinador de futebol: "Vim amadurecendo a ideia de ser treinador no final da carreira. Comecei a pensar no que faria depois de parar. Além de não gostar e nem saber fazer outra coisa, procurei me adaptar à nova situação. Busquei tudo o que é necessário para ser um bom treinador. Quando eu tinha 34, 35 anos, bem antes de me aposentar como atleta, comecei a fazer os cursos, me preparar pra ter uma oportunidade nessa nova profissão".

Aposentadoria consolidada, Evair escolheu Goiânia como residência. E, seis meses após deixar os gramados, teria a chance de iniciar-se na nova função: o Vila Nova o convidou para conduzir a equipe durante o Campeonato Goiano.

Quinta-feira, 29 de janeiro de 2004: aos 39 anos, Evair assinou seu primeiro contrato como treinador de futebol. A vigência, de um ano, cobria também a disputa do Campeonato Brasileiro da Série B, no segundo semestre.

O primeiro compromisso do novo técnico seria no maior clássico do estado, diante do Goiás. Ao pisar o gramado do Serra Dourada, seu destino era o banco de reservas. E o ex-Matador atendia agora por "professor" Evair Paulino: "Como desafio pouco é bobagem, estreei logo no maior clássico local. A sensação é totalmente diferente daquela dos tempos de jogador. Como treinador, você delega poderes, você privatiza". O resultado deixou a desejar: derrota por 1 a 0.

> A história do Vila Nova Futebol Clube começou a ser escrita em 1938, quando o padre José Balestiere fundou a Associação Mariana, clube amador cujo objetivo era estimular o congraçamento entre as comunidades católicas de Goiânia.
>
> A fundação oficial com o nome Vila Nova Futebol Clube – homenagem ao famoso bairro da capital goianiense – ocorreu em 29 de julho de 1943, mesmo ano da inscrição na Federação Goiana de Desporto. De lá para cá, o Tigrão – alcunha pela qual é chamado, por conta de sua mascote – contabiliza três títulos da Taça Cidade de Goiânia (1961/1962/1972), três da Copa Goiás (1969/1971/1976), 15 de campeão estadual e o Campeonato Brasileiro da Terceira Divisão, em 1996, de forma invicta.

Contra a Anapolina, pela 6ª rodada do Campeonato Goiano, Evair conseguiria a primeira vitória na nova profissão: 1 a 0. Vice-líder do grupo B, o Vila Nova iniciou o segundo turno com dois empates. Nas quatro partidas remanescentes somaria sete pontos, mantendo acirrada a disputa com o Crac pela ponta da tabela.

Se havia alguma dúvida sobre o potencial do Tigrão e de Evair Paulino como treinador, ela começaria a ser sanada na abertura do terceiro turno: 1 a 0 sobre o Crac. Depois, uma sequência arrasadora: Rioverdense (2 a 0), Anápolis (1 a 0), Real Clube (8 a 1) e Goiatuba (3 a 0).

36 pontos em 17 jogos, 34 gols marcados, saldo de 23 e a primeira posição no grupo B consolidada. Defesa menos vazada, o Tigre só não tinha o melhor ataque da competição – três gols a menos que o Goiás. As semifinais do Campeonato Goiano de 2004 seriam: Goiás x Crac e Vila Nova x Jataiense.

No primeiro embate, no estádio Jerônimo Fraga, em Jataí, empate por 2 a 2. No domingo, 4 de abril, em Goiânia, a decisão iria aos pênaltis, após o 0 a 0. Evair reviveu a agonia de não poder resolver dentro de campo. Mas seria presenteado com a vitória por 3 a 0. Após duas temporadas assistindo ao triunfo do rival Goiás, o Vila Nova avançava à disputa do título estadual.

O torcedor alvi-rubro não cabia em si de tanta euforia, diante da possibilidade de conquistar seu 16º título estadual. Em 11 de abril, num Serra Dourada lotado, Williams jogou contra o patrimônio: o Crac largava na frente. No último minuto antes do intervalo, o alívio no gol de Heleno: 1 a 1. Na segunda etapa, o nó na garganta levaria 25 minutos para ser desatado – gol de Mendes Baiano, artilheiro da competição: 2 a 1. De virada, o Vila Nova largava na dianteira.

Domingo, 18 de abril de 2004: no acanhado estádio Genervino Fonseca, em Catalão, completamente abarrotado, o Vila Nova precisava de um simples empate para levantar a taça. Evair Paulino mandou a campo Kiko; Bosco, Higo, Williams e Michel; Fábio Bahia, Heleno, Robson e Evandro; Mendes Baiano e Wando.

Cleiber Elias trila o apito: 90 minutos separam Evair Paulino de sua primeira conquista como treinador. Um minuto de jogo, o tempo necessário para jogar seu plano por terra: Sandro Oliveira bate cruzado e Kiko aceita. Crac 1 a 0: o estádio vira um verdadeiro caldeirão!

No segundo tempo, Williams desvia levemente – segundo gol contra do zagueiro nas duas partidas decisivas. Impossível não acusar o golpe. Desnorteado, o Tigre ainda sofre o terceiro, aos 40 minutos: 3 a 0.

O regulamento não previa vantagem pelo saldo de gols. Uma vitória para cada lado levava ao suplício das penalidades. O Vila Nova perdeu apenas uma, o Crac converteu todas. A festa atravessaria a noite em Catalão. Após 37 anos, a cidade se cobria de azul e branco: o modesto Clube Recreativo e Atlético Catalano acabara de conquistar o segundo título estadual de sua história.

Um fato ocorrido na decisão ilustra com exatidão o que é o ambiente do futebol pelos "interiores" do Brasil: "Antes de entrarmos em campo, uma torcedora tomou uma pedrada e a equipe médica do Vila Nova teve que socorrer. Em meio àquela agonia, um dos nossos diretores não queria que o time entrasse em campo, alegando falta de segurança. Discordei. E demorou pra convencê-lo do contrário. Até hoje ele me cobra pela perda do título".

Após "bater na trave" em sua primeira experiência como treinador, restava a Evair Paulino o consolo de ter reconduzido o Vila Nova à Copa do Brasil, competição da qual o time se afastara há tempos. Mas a perda do título, exatamente em uma de suas especialidades, deixaria marcas: "Por ironia do destino, perdemos a final nos pênaltis. Isso me deu um grande aprendizado na nova profissão: as dificuldades são muitas, você acaba fazendo um pouco de tudo, aconselhando esse, aconselhando aquele. Com certeza é muito difícil do banco, sofre-se muito mais. Dentro de campo você pode resolver, fora dele, o máximo que se pode fazer é orientar, trocar uma peça. Mas você nunca vai poder resolver! E nem ter a certeza de que, quem vai a campo, poderá fazê-lo. Mesmo num pênalti, você pode treinar a pessoa, orientá-la, mas não pode bater por ela".

Devido ao bom desempenho no estadual, Evair Paulino permaneceu no comando do Vila Nova para a disputa do Campeonato Brasileiro da Série B. Depois de um início promissor, onde chegou a liderar a competição, o Tigre cairia vertiginosamente de produção, levando à demissão do treinador após 12 rodadas. Em sua primeira experiência como técnico, Evair deixava um saldo de 14 vitórias, 9 empates e 10 derrotas, em 33 jogos.

Os resultados do primeiro trabalho foram satisfatórios, mas insuficientes para seu perfeccionismo: Evair passaria um longo período preparando-se para o desafio de consolidar a nova carreira. O retorno ao trabalho ocorreu no início de 2007, em um episódio carregado de polêmica. Sua contratação como coordenador das categorias de base da Ponte Preta causou reações nas duas "bandas" de Campinas: bugrinos declaravam-se decepcionados por um de seus maiores ídolos vestir as cores adversárias; pontepretanos resistiam em confiar o futuro do futebol da equipe às mãos do "inimigo": "Honestamente, não esperava aquela reação. Fiz uma reunião com representantes da torcida e expliquei minha situação. Não tinha mais nenhum contato com o Guarani desde que saí de lá, dezenove anos antes".

Após um início de Paulistão ruim, Wanderley Paiva seria afastado do comando. No dia seguinte, 30 de janeiro, Nelsinho Baptista foi anunciado como novo técnico da Macaca. E chegou ao clube sem um auxiliar, função para a qual convidou Evair: "Atendi de pronto ao pedido dele". Já no dia seguinte à apresentação de Nelsinho, a Ponte teria uma parada duríssima, contra o Palmeiras.

O ano era 1900. A cidade, Campinas. No bairro da Ponte Preta – nome originado por conta da ponte de madeira tratada com piche, construída pelo serviço ferroviário local –, um grupo de alunos do Colégio Culto à Ciência varava as tardes jogando futebol, em campos improvisados de terra batida. Em 11 de agosto, resolveram fundar um time. Sem titubear, o batizaram com o nome do bairro: nascia a Associação Atlética Ponte Preta, primeiro clube brasileiro em funcionamento ininterrupto.

Ao longo de sua história, a Macaca – mascote adotada como símbolo – tornar-se-ia um celeiro de craques como Valdir Peres, Sabará, Oscar, Odirlei, Marco Aurélio e Dicá, dentre tantos outros. Conquistou os títulos de vice-campeã paulista em 1970, 1977, 1979, 1981 e 2008; e de vice-campeã da Copa Sul-Americana de 2013.

Moisés Lucarelli, 31 de janeiro de 2007: na estreia da dupla Nelsinho Baptista-Evair Paulino, a Macaca bateu o Palmeiras, de Caio Júnior, por 2 a 1. Na partida seguinte, derrota para o Juventus (1 a 0), na Rua Javari – primeira de cinco rodadas em que o desempenho da equipe seria totalmente irregular.

Na segunda metade do 1º turno, a Ponte ameaçou uma recuperação após engatar três vitórias consecutivas. Mas não conseguiria engrenar. E o desempenho contra os grandes deixava a desejar: a derrota para o Santos (4 a 2), em Campinas, tirava a chance de avançar às semifinais.

Restava ainda o Torneio do Interior, mas haveria um Noroeste no meio do caminho: derrota em casa (2 a 1) e empate fora (1 a 1), eliminavam a Ponte Preta do Paulistão 2007.

Nelsinho Baptista foi mantido no comando da Ponte Preta para a disputa do Campeonato Brasileiro da Série B, junto com toda sua comissão técnica: em função de inúmeros problemas internos, a Macaca não iria além de um modesto 11º lugar na competição. No final de setembro, bem antes do término do certame, mesmo estando na 4ª colocação, a comissão técnica foi demitida.

Evair saiu junto com o comandante em chefe, mas não o acompanharia até seu novo destino, o Corinthians: "O Nelsinho queria me levar junto, mas não pude acompanhá-lo. Por tudo aquilo que foi a minha vida no futebol, achei melhor não ir. Minha presença não cairia bem lá. Eu gosto de respeitar a torcida do Palmeiras e, também, a do adversário. Não tem dinheiro que pague o respeito que o palmeirense tem por mim. Sou ídolo do Palmeiras. Iria desgastar muito o trabalho do Nelsinho, criar um constrangimento enorme pra ele. Tenho de respeitar essa rivalidade, que é muito grande. Seria a realização de um sonho do meu pai, mas...". Sábia decisão: o Corinthians foi rebaixado à Série B do Brasileirão naquele ano. À disposição do mercado, Evair Paulino aguardava nova chance.

O modesto Trindade Atlético Clube – popularmente conhecido como Tacão –, sediado na cidade homônima, em Goiás, foi fundado em 7 de setembro de 1955. Sua estreia no futebol profissional ocorreria somente cinquenta anos depois. E com o pé direito, ao conquistar o título de campeão goiano da Terceira Divisão. Na temporada seguinte, o vice-campeonato da Segunda Divisão o levaria à disputa da Divisão Principal. No ano de 2008, em sua segunda temporada na elite, o tricolor (azul, vermelho e branco) – cuja mascote é o cão bulldog – apostaria suas fichas em um treinador que buscava se firmar na nova profissão: Evair Paulino.

O início de temporada não foi promissor para o Trindade, com derrotas nas duas primeiras rodadas, para Mineiros e Vila Nova. A partir da 3ª rodada, duas vitórias seguidas por 1 a 0 (Canedense e Anápolis) e um bom empate (1 a 1), com o Atlético. A derrota para o Crac (3 a 0), em Catalão, encerrava o 1º turno.

As três vitórias seguidas no início do 2º turno criaram boas expectativas. Frustradas pelas derrotas para Anápolis (2 a 1) e Atlético (4 a 1). O Tacão encerraria o turno batendo o Crac por 3 a 1, em casa.

O 3º turno do Campeonato Goiano teve início em 15 de março: um dia depois, o Trindade foi derrotado pelo Itumbiara (2 a 1), em casa; na rodada seguinte, nova derrota, diante da Anapolina (3 a 1). Seria a última jornada de Evair Paulino como comandante: "O time não tinha nenhuma ambição na competição. Não cairia, nem chegaria entre os quatro que disputariam o título. Chamei o diretor e disse: 'Olha, acho melhor ir embora. Por que você vai me pagar mais um mês de salários, se o destino do time já está traçado?'. Ele, prontamente, concordou".

Na sexta-feira, 28 de março de 2008, o periódico O Popular, de Goiânia, estampava a seguinte manchete: "Alfinete é demitido do Anápolis – diretoria anuncia Evair Paulino como novo comandante do Galo da Comarca". Desligado do Trindade desde 26 de março, Evair foi confirmado como técnico até o fim do estadual. E faria sua estreia já no domingo, diante do Vila Nova.

O Anápolis Futebol Clube foi fundado em 1º de maio de 1946, por um grupo de carroceiros da cidade homônima, em Goiás. Inicialmente, adotaria o nome de Operário Futebol Clube. A mudança para Anápolis ocorreu em 1951. Dez anos depois, a equipe aderiu ao profissionalismo – no mesmo período em que vieram as alcunhas Galo da Comarca e Tricolor da Manchester. Em 1965, a glória máxima, com a conquista do título de campeão goiano, ao bater o Vila Nova por 3 a 2, em uma virada espetacular, no estádio Jonas Duarte. A taça iria para o interior do estado pela primeira vez na história.

30 de março de 2008. Diante do Vila Nova, no Jonas Duarte, Evair Paulino faria sua estreia no comando do Anápolis: a vitória por 2 a 1 sacramentou a classificação à fase decisiva do estadual. A derrota para o Atlético na última rodada não alteraria o quadro: o Tricolor fechava a etapa classificatória na segunda colocação do grupo A. As semifinais estavam assim definidas: Goiás x Anápolis e Atlético x Itumbiara.

13 de abril de 2008, estádio Jonas Duarte, primeira partida semifinal do Campeonato Goiano: ao vencerem o forte Goiás de Caio Júnior por 3 a 1, Evair Paulino e seus comandados colocavam um pé na decisão estadual.

O Anápolis podia perder por até um gol de diferença no jogo de volta. E, no Serra Dourada, abriu o placar logo a 9 minutos de jogo, com Dinei. Mas não teve forças para impedir a virada: Ânderson Aquino (2) e Paulo Baier igualaram a contagem das duas partidas. Lançando-se à frente, em busca do gol da classificação, o Anápolis sofreria mais um, no arremate de Fabinho, aos 38. O sonho de repetir a façanha de 1965 estava desfeito. O da primeira conquista de Evair como treinador, também.

No início de 2009, Evair Paulino foi confirmado como técnico do Crac para a disputa do Campeonato Goiano: ele teria a oportunidade de dirigir o clube que fora seu primeiro algoz na nova carreira.

Segundo time mais antigo do estado em atividade, o Crac foi fundado em 13 de julho de 1931. Alviceleste, adotaria o leão como mascote, recebendo a partir de então a alcunha de Leão do Sul. Em 1965, foi campeão invicto da Segunda Divisão estadual. Na Primeira Divisão, conquistou o Campeonato Goiano em 1967 e 2004. Números que o colocam como clube do interior com a maior quantidade de títulos goianos em todos os tempos.

O Crac iniciaria o Campeonato Goiano de 2009 de modo instável, mas evoluiria no decorrer da disputa: fechando o 1º turno com 11 pontos, integrava o grupo dos quatro classificados às semifinais. No 2º turno, a mesma instabilidade. E o mesmo desfecho: com três vitórias, um empate e duas derrotas, o Leão se mantinha na zona de classificação.

Na estreia do 3º turno, em 15 de março, 1 a 1 com o Anápolis, fora de casa. Três dias depois, uma "bomba" cairia sobre Catalão: por conta de sua expulsão na partida diante do Santa Helena, Evair Paulino fora suspenso por 60 dias. Após levar a equipe à liderança do grupo A, o treinador não poderia acompanhar o desempenho de seus atletas nas semifinais.

O rigor da punição devia-se ao fato de constar na súmula que Evair ofendera o árbitro Elmo Alves Resende e o quarto árbitro. Enquadrado em dois artigos do CBDF, ele poderia ser suspenso por até um ano. Visto por essa ótica, ficou de bom tamanho. E o Crac seguiria adiante sem seu comandante.

2009 foi um ano agitado para Evair. E terminaria com a confirmação de uma nova oportunidade: assumir o comando do Itumbiara, com a missão de planejar a montagem da equipe para a disputa do Campeonato Goiano de 2010. Sua apresentação ocorreu na segunda-feira, 16 de novembro. Após conhecer as instalações da Vila Olímpica do clube, falou sobre seus planos: "A expectativa é de contratarmos bons jogadores. Agora temos que definir a data para apresentá-los. Alguns precisam manter fidelidade com seus times até o fim do Brasileiro. Por isso, ainda não podemos divulgar nomes".

Em Itumbiara, na divisa com Minas Gerais, a década de 1960 ficaria marcada pela rivalidade no clássico "NaGo". Disputado por Nacional e Goiazinho, a rixa era tanta, que expandia os limites do esporte, atingindo aspectos político-partidários. Em 1968, com o ingresso de ambos na Segunda Divisão estadual, Modesto de Carvalho, diretor do Nacional, propôs a fusão entre as duas equipes, que seria oficializada em 9 de março de 1970: nascia o Itumbiara Esporte Clube – popularmente conhecido como Tricolor da Fronteira e Gigante do Vale –, que viveria sua maior glória no ano de 2008: a conquista do título de campeão goiano da Primeira Divisão.

Com um elenco repleto de jogadores "rodados" – cujos principais destaques eram o meia Geraldo e o atacante Aílton –, o Itumbiara estreou no Goianão 2010 em 17 de janeiro, contra o Trindade, em casa. Decantado pela imprensa local como um dos favoritos ao título, patinou logo de cara: 1 a 0. E Evair Paulino não gostou do que viu: "Estivemos abaixo do que eu esperava e do que o torcedor queria. Criou-se uma expectativa muito grande para este time e faltou caprichar mais nas finalizações. O adversário teve seus méritos, soube se defender e se entregou dentro de campo. Talvez tenha faltado isso ao meu time: mais entrega e confiança". Indicativo de trabalho árduo pela frente.

Na sequência viriam Atlético (2 a 2) e Vila Nova (3 a 1). Mas a equipe não conseguiria deslanchar: os três empates seguidos – Anapolina (2 a 2), Santa Helena (0 a 0) e Goiás (1 a 1) – colocavam o Tricolor na parte de baixo da tabela. E a cabeça de Evair Paulino a prêmio.

Domingo, 7 de fevereiro de 2010, estádio Plínio José de Souza, em Senador Canedo: Canedense x Itumbiara. Ailton abre o placar aos 16 minutos do primeiro tempo. Na segunda etapa, a tragédia: Erivelton, duas vezes, e China, decretam a virada do Canedense (3 a 1). Ainda nos vestiários, Evair pediu demissão – após sete jogos e a 8ª colocação, que deixava o Itumbiara a uma posição da zona de rebaixamento, ele conhecia seu primeiro fracasso como treinador de futebol.

Quando da chegada de Evair Paulino ao Itumbiara, o município ainda vivia sob a euforia da conquista do Campeonato Goiano, no ano anterior. Se, entre os torcedores, o ambiente era de otimismo, a realidade interna do clube se demonstrava totalmente oposta: "Assumi o Itumbiara no fim de 2009. Quando saí de férias, tínhamos definido alguns nomes com a diretoria. Ao retornar, além de não encontrar os atletas que sugeri, me deparei com alguns que não queríamos. Aí cometi um erro: havia levado o Gian de preparador-físico, que tinha proposta de outros times; um dos auxiliares, o Rubinho, estava no Trindade, e eu o tirei pra trabalhar comigo; o mesmo que fiz com o Vacil, treinador de goleiros que estava no Crac. Pensei neles, não podia deixá-los desempregados naquele momento. Se estivesse sozinho, pegava minha mala e ia embora na mesma hora. Foi um equívoco, eu tinha que ter chutado o balde, porque tinha jogadores que eu havia até vetado. Começou o trabalho e o pior se confirmou: alguns atletas já chegaram machucados. Quando o campeonato começou, arrebentaram de vez. A preparação física deles era até boa, mas, pela idade, já sabíamos que isso ia acontecer. Trouxeram jogadores que estavam fisicamente comprometidos e os atletas jovens não vieram, então não tinha como dar certo. Saí antes do final porque, em determinado momento, queriam interferir na escalação do time. Então, não tive dúvidas na hora de me afastar".

Evair Paulino ficaria desempregado por pouco tempo. Em situação desesperadora no Campeonato Mineiro, o Uberlândia anunciou-o como novo treinador em 24 de fevereiro de 2010: "No Itumbiara, já se falava que a comissão técnica ia ser dispensada. Aí veio a proposta do Uberlândia, que tinha boa estrutura, mas com uma equipe mal montada desde o início. Faltavam cinco partidas pra terminar o campeonato, o time estava mal condicionado fisicamente e bastante desmotivado. Sabíamos que a missão era tentar salvar do rebaixamento. Situação difícil: sem dinheiro pra contratações, não tinha muito que fazer!". No Verdão do Triângulo Mineiro, ele teria sua primeira oportunidade como treinador fora do futebol goiano.

Fundado em 1º de novembro de 1922, como Uberabinha Sport Club – o município ainda chamava-se São Pedro de Uberabinha –, o Uberlândia Esporte Clube teria sua nova denominação a partir de 1929, com a mudança do nome da cidade. O Verdão – ou Máquina Verde, cuja mascote é o Periquito – conquistaria o Torneio Início do Campeonato Mineiro, em 1983; a Taça Minas Gerais, em 2003; o Campeonato Mineiro do Interior, em 1970 e 1987; e o título mais importante de sua história: a Taça CBF, equivalente ao Campeonato Brasileiro da Série B, em 1984.

Com apenas dois dias para preparar a equipe, Evair Paulino faria sua estreia em 28 de fevereiro de 2010, no Parque do Sabiá, contra o Atlético, treinado por Vanderlei Luxemburgo. O Galo precisava desesperadamente da vitória, uma vez que realizava campanha decepcionante no estadual. Evair falou sobre o reencontro com o ex-treinador: "Reencontrá-lo nessa situação é meio estranho, mas encaro com naturalidade. Não tenho pretensão de dizer que vamos pra cima de um grande adversário e venceremos. Vamos procurar fazer um bom jogo, acreditando que um resultado positivo é possível". Luxemburgo não poupou elogios ao ex-pupilo: "É mais um ex-atleta meu trabalhando como treinador. Foi um baita profissional como jogador e espero que tenha sucesso como técnico. Mas somente a partir do próximo jogo (risos)". Dentro de campo deu a lógica: Galo 5 a 2. A estreia não poderia ter sido pior.

Na sequência, mais duas derrotas: América de Teófilo Otoni (2 a 0), fora, e Villa Nova (1 a 0), em casa. Todas as esperanças alviverdes concentravam-se na penúltima partida da primeira fase. Na Fazendinha, em 21 de março, Ituiutaba – lanterna do certame – e Uberlândia não foram além de um melancólico 1 a 1, resultado que praticamente carimbava o passaporte de ambos à Segunda Divisão estadual. Fato consumado uma semana depois, em Juiz de Fora, diante do Tupi (derrota por 2 a 1).

Cinco jogos, quatro derrotas e um empate depois, Evair Paulino dava adeus ao Uberlândia – pela primeira vez, vivendo um fracasso sob as cores verde e branca: "Quando cheguei o time, já era penúltimo. Não tínhamos um jogador de destaque, e a tabela prejudicava muito. Não sei como aceitaram realizar os últimos dois jogos fora de casa!". Chegara a hora de retornar ao lar e aguardar nova oportunidade.

UM DIA DE FÚRIA

Na segunda-feira, 15 de agosto de 2011, a diretoria do Americana anunciou a contratação de Sérgio Guedes, cuja missão seria recuperar a equipe na sequência do Campeonato Brasileiro da Série B, após a demissão de Toninho Cecílio. Junto com Sérgio, chegariam o preparador físico Rui Palomo Filho e seu auxiliar técnico: Evair Paulino. Que retornava ao trabalho após mais de dezesseis meses de inatividade.

A apresentação oficial da dupla ocorreu na tarde de 17 de agosto, um dia após observarem o desempenho da equipe nos 2 a 1 sobre o Sport, que encerrava uma série de seis jogos sem vitória.

O Americana Futebol era, na verdade, o Guaratinguetá Esporte Clube. Fundado em 1º de outubro de 1998, o Guará disputaria sua primeira competição profissional em 2000, na extinta 5ª Divisão do Futebol Paulista. O acesso à 4ª Divisão veio na temporada seguinte, marcando o início de uma trajetória meteórica.

Em 2004, com a chegada de uma empresa para gerenciar o futebol, a agremiação mudou seu nome para Guaratinguetá Futebol Ltda., tornando-se um dos primeiros clube-empresa do Brasil. Bem sucedido, o novo modelo de gestão levaria o time à elite do futebol paulista dois anos depois. Em 2007, ao disputar pela primeira vez a Série A-1, o Guará conquistou o título de campeão paulista do interior. No ano seguinte, após realizar a melhor campanha da primeira fase, chegou às semifinais do Paulistão. Em 2009, conseguiria o acesso para a disputa da Série B nacional.

No início do Campeonato Brasileiro, o Americana chegou a frequentar o G-4. Mas entrou em inexplicável declínio a partir da 11ª rodada. Sérgio Guedes e Evair Paulino engatariam três vitórias seguidas: Vila Nova (3 a 1), em Goiânia; ABC de Natal (2 a 1), no Décio Vitta; e Duque de Caxias (2 a 0), em Volta Redonda. Resultados que reconduziam o time à briga pelo acesso.

Baixada a poeira da má fase, a nova comissão técnica teria tranquilidade para implantar seu estilo de comando. E o auxiliar Evair teria uma função a mais: treinar meias e atacantes no fundamento finalização. O eterno Matador tinha muito a contribuir com os homens de frente comandados por Sérgio Guedes: "Eles me escutam. Quando você tenta passar determinadas coisas aos atletas, é preciso que tenha feito isso com qualidade. Nossos jogadores conhecem minha história, e por isso me respeitam".

O primeiro tropeço do Americana com o novo comando ocorreu em 3 de setembro: 1 a 1 com o ASA de Arapiraca, em casa. Depois, 1 a 0 sobre Paraná e Icasa, 1 a 1 com o São Caetano, e derrota por 2 a 1 para o Guarani. Ao bater o Salgueiro por 1 a 0, fora, a equipe confirmava sua excelente recuperação na Série B, vislumbrando o sonho, cada vez mais palpável, de chegar à elite do futebol brasileiro. Mas, nos bastidores, algo não caminhava bem...

Na 27ª rodada, 1 a 0 sobre o Grêmio Barueri. Depois, uma sequência ruim: Bragantino (1 a 1), empates sem gols com Boa Esporte e Náutico, e derrota para o Goiás (3 a 1), no Serra Dourada – resultado aparentemente normal, mas que fechava uma série de quatro jogos sem vitória.

Apesar disso, o torcedor seguia confiante – só que, sem saber, em total descompasso com o ambiente interno do clube. No dia seguinte, a notícia surpreendente: "O Americana anunciou na tarde desta quarta-feira as demissões do técnico Sérgio Guedes e do auxiliar Evair Paulino. De acordo com o comunicado, publicado no site do clube, a dispensa da comissão técnica ocorreu devido aos últimos resultados do time na Série B do Campeonato Brasileiro".

A nota oficial publicada pela diretoria do Americana, em 19 de outubro de 2011, ia na contramão das declarações de Sérgio Guedes. Segundo o treinador, a derrota para o Goiás era apenas a justificativa que o clube esperava para demiti-lo: sua saída teria sido impulsionada pelo fato de ter contrariado uma ordem da cúpula americana. No duelo com o Salgueiro, a diretoria teria imposto a escalação do jogador Fran, cujos direitos de imagem pertenciam ao Corinthians. Evair reforça o discurso: "Fomos demitidos porque o dono do time queria que escalássemos o Fran, e não aceitamos essa ingerência. Isso estava acontecendo desde o jogo contra o Salgueiro. No momento em que não aceitamos, nos tornamos alvos deles, que apenas esperavam a oportunidade adequada pra nos demitir. E ela veio ontem, com a derrota pro Goiás, a segunda em 15 jogos. Os números que obtivemos são a melhor resposta para qualquer coisa que venha a ser dita. Trabalhar com o Sérgio Guedes foi uma grande honra, pois ele tem postura e caráter".

Dias depois, pelo Twitter, Evair faria um novo desabafo: "Infelizmente, o futebol é assim. Profissionalismo e honestidade não valem nada quando certos interesses querem se sobrepor. Já paguei o preço por agir corretamente algumas vezes e sempre farei isso. Não vou mudar, minha consciência é meu árbitro. Corro o risco de ficar marcado por isso. Mas, se alguém não falar, ficará dessa maneira a vida toda, o futebol brasileiro vai continuar uma bagunça generalizada, com pessoas que não entendem nada fazendo o que querem no comando dos clubes. É a segunda vez que acontece comigo: a primeira foi no Itumbiara, quando quiseram escalar o time".

Sérgio Guedes e Evair Paulino deixaram o Americana após 15 jogos, com oito vitórias, cinco empates e apenas duas derrotas, na zona de classificação à Primeira Divisão. Quando de suas chegadas, a equipe encontrava-se a um ponto da zona de rebaixamento. Sob novo comando, seriam mais sete jogos: com uma vitória, três empates e três derrotas, o time fechou a Série B em oitavo lugar. E permaneceu na 2ª Divisão.

No início do Campeonato Goiano de 2012, Lucho Nizzo foi confirmado como técnico do Crac. Após resultados inesperados, dirigentes catalanos optariam pela troca da comissão técnica. Para dar sequência ao trabalho, recorreriam a um velho conhecido do torcedor alviceleste: Evair Paulino.

O novo treinador foi anunciado em 15 de março de 2012: "É bom ter o trabalho reconhecido. Passei por aqui em 2009, fomos bem e somos lembrados por isso até hoje. Volto ao clube entusiasmado e ciente de que podemos surpreender".

A reestreia de Evair Paulino no comando do Crac ocorreu em 18 de março, contra o Goianésia, em casa: 2 a 1. Depois, o mesmo placar sobre a Anapolina. Mas a sequência do trabalho seria marcada por três derrotas consecutivas. Somente uma vitória sobre o Vila Nova, na última rodada, colocaria o Leão do Sul na semifinal.

E ela viria em 15 de abril de 2012, no estádio Onésio Brasileiro Alvarenga, em Goiânia: o gol de André Leonel, marcado aos 22 minutos do primeiro tempo, colocava a equipe de Evair na fase decisiva do Campeonato Goiano.

O Crac seria o único representante do interior nas semifinais, condição que tornava ainda mais árdua a missão de Evair Paulino. E ele assumiu a condição de "zebra": "O Atlético é o favorito. Precisamos saber jogar contra eles, tirar um resultado positivo dentro de casa. Temos uma boa oportunidade de mostrar nosso trabalho. É preciso aproveitá-la".

Seguramente, nem o mais pessimista torcedor catalano imaginava que o favoritismo atleticano fosse tão grande: com humilhantes derrotas por 4 a 1, em casa, e 8 a 0, em Goiânia, o Crac despediu-se do Campeonato Estadual de 2012.

O River Atlético Clube, sediado em Teresina, capital do Piauí, surgiu em 1º de março de 1946, fundado por um grupo de estudantes do Ginásio Leão XIII. Em 15 de fevereiro de 1948, disputou sua partida de estreia, na cidade de Amarante-PI: 4 a 3 sobre o Amarantino. Carinhosamente chamado de Galo Carijó por sua torcida, o Tricolor (vermelho, preto e branco) era, até 2013, a equipe que mais vezes conquistara o campeonato piauiense, somando 27 títulos estaduais.

A partir dos anos 1990, a correlação de forças no Piauí ganhou novos contornos: equipes do interior, como Picos, 4 de Julho e Parnahyba, passaram a frequentar a lista de campeões estaduais. O torcedor riverino teria de se acostumar à dura missão de comemorar títulos esporadicamente. Após cinco participações como mero figurante e o amargo vice-campeonato em 2013, a diretoria tricolor optou por uma solução de impacto para acabar com o jejum em 2014: trazer para o comando técnico um ex-jogador, com carreira internacional e passagens por alguns dos gigantes do futebol brasileiro. Seu nome? Evair Paulino.

Evair desembarcou em Teresina no dia 19 de novembro de 2013, para sua apresentação oficial como treinador do River. Falou sobre os desafios em assumir o principal time do estado: "Estudei a história do River antes de aceitar o posto. É um time tradicional no cenário local, tem a maior torcida e o maior número de títulos estaduais. Isso é muito bom, mas temos que mostrar resultados e fazer valer toda essa tradição. Quero contar com profissionais daqui para completar minha comissão técnica. O preparador físico tem que ser piauiense, por conhecer melhor as condições do clima e os limites dos atletas. Vou precisar do apoio de gente da casa para que essa empreitada dê certo. Vejo na ausência de conquistas um elemento motivador a mais e a possibilidade de começar fazendo história. Conseguir títulos e fazer o River reviver seus tempos de glória é minha principal meta. Sinto-me honrado com a confiança depositada em mim pela diretoria".

Durante a apresentação, as palavras do presidente riverino Elizeu Aguiar davam o tom exato da pressão a que Evair Paulino seria submetido: "Sua principal missão é acabar com nosso jejum de sete anos sem títulos no Campeonato Piauiense, mas esperamos também a conquista de uma vaga para o Campeonato Brasileiro da Série C. Pelo tamanho do River, não podemos continuar assistindo da arquibancada a tantos clubes brigando por esse acesso. Queremos ser protagonistas na ascensão do futebol piauiense". O sucesso recente alcançado pelas equipes do Sampaio Corrêa-MA e Santa Cruz-PE, nas divisões inferiores do Campeonato Brasileiro, criara grande expectativa em relação à projeção do futebol nordestino no cenário nacional. E a diretoria Tricolor almejava trilhar o mesmo caminho.

Em 26 de dezembro de 2013, Evair Paulino assumiu oficialmente o comando técnico do River. O centro de treinamento do clube, no bairro Porto Alegre, Zona Sul de Teresina, ficou pequeno para a quantidade de torcedores que ovacionaram o treinador assim que ele vestiu a camisa tricolor pela primeira vez. O trabalho junto aos atletas começaria na manhã seguinte: o elenco agrupava alguns remanescentes do grupo vice-campeão em 2013. E o primeiro desafio já estava lançado: a conquista do título simbólico do primeiro turno, que garantiria ao time uma vaga na Copa do Nordeste de 2015.

O River faria dois amistosos na pré-temporada: em 11 de janeiro de 2014, na cidade maranhense de Caxias, 1 a 1 contra o Juventude local. Quatro dias depois, contra a seleção do município de José de Freitas, o escore não saiu do zero.

O turno inicial do Campeonato Piauiense de 2014 receberia o nome de Taça Estado do Piauí. Evair Paulino fez sua estreia oficial como técnico riverino diante do Parnahyba, em 26 de janeiro, com 1.971 pessoas presentes ao estádio Lindolfo Monteiro – público muito bom para a realidade piauiense: a reedição da final do ano anterior não saiu do zero. Começava a busca do River por um título sonhado há seis temporadas. E a nova caminhada de Evair rumo à conquista de uma carreira vitoriosa também como treinador.

Diante do Caiçara, que não vencia uma partida pelo campeonato piauiense há cinco anos, o River conquistou sua primeira vitória na temporada: 7 a 0. Contra o 4 de Julho, nova goleada: 4 a 1. Com a liderança absoluta e o artilheiro da competição – Marciano, com 6 gols –, o torcedor riverino vivia um clima de absoluta euforia.

Durante a semana que antecedeu ao Rivengo, principal clássico local, a diretoria do Flamengo optou pela substituição de Denis Borges por Daniel Frasson – ex-companheiro de Evair na conquista do Paulistão 1993 – no comando do time. Em campo, o que se viu ficou abaixo do esperado: 0 a 0.

Novo empate (1 a 1), em casa, contra o Cori-Sabbá, custaria caro ao River: o Campeonato Piauiense tinha um novo líder a partir de então, o Barras. Definitivamente, não era o presente esperado por Evair Paulino, dois dias após completar 49 anos de idade.

A penúltima rodada seria decisiva para definir o campeão da Taça Estado do Piauí: clássico entre River e Piauí. Depois de sair atrás no placar, por conta de duas falhas absurdas de sua zaga, o River chegaria à virada já no crepúsculo do jogo. A alegria durou apenas até a bola voltar a rolar: cobrança de escanteio, a zaga riverina assiste Fabiano cabecear sozinho e decretar o 3 a 3. Vendo a ponta da tabela escorrer por entre os dedos, Evair demonstrou toda a sua insatisfação após o jogo: "Poderíamos ter ganho. Infelizmente, no último lance da partida, não fomos suficientemente homens pra levar até o final da maneira que a gente gostaria".

Em meio à chateação pelo resultado adverso, Evair ainda teria que passar por outro incômodo: "Eu tinha uma viagem marcada pra São Paulo, para comemorar o meu aniversário. A imprensa lá era tão mal acostumada, que se achava no direito até de interromper os treinos para darmos entrevistas. Aí um repórter vem e me pergunta se eu estava mesmo indo pra São Paulo pelo meu aniversário ou pra fugir. Respondi: – Quem foge é ladrão. Eu sou pai de família".

Havia um clima de incerteza quanto ao desempenho do River na reta final do primeiro turno. A equipe estava invicta sob o comando de Evair Paulino, mas ainda não convencera. Às vésperas da última rodada, a disputa estava totalmente embolada: Barras, Cori-Sabbá, River, Flamengo, Parnahyba e Piauí, nessa ordem, brigavam pelo G-4. O líder Barras, futuro adversário do River, era o único a depender de um simples empate para avançar. O Tricolor precisava da vitória: caso empatasse, ficaria na torcida para que Flamengo e Parnahyba não vencessem – essa combinação de resultados, bastante improvável, o eliminaria da fase semifinal.

9 de março de 2014: a vitória sobre o Barras tornara-se obrigatória após os triunfos de Piauí e Flamengo. A massa tricolor tomou todas as dependências do Lindolfo Monteiro em apoio à equipe. Começo de jogo, Marclei confere a penalidade máxima, para explosão das arquibancadas: River 1 a 0. Segundo tempo: Igor sobe, entre três zagueiros, e desvia em direção ao gol: 1 a 1. O River está fora da decisão do primeiro turno; a vaga na próxima edição da Copa do Nordeste vira fumaça; e o futuro de Evair Paulino à frente do Galo Carijó torna-se incerto.

Evair havia colocado seu cargo à disposição da diretoria antes da última partida do primeiro turno: "Não tenho multa contratual. Estou aqui por um desafio de vida. Foi assim em toda a minha carreira e não vai ser uma eliminação que vai me fazer baixar a cabeça agora. Tudo depende do presidente. Se ele achar que devo sair, tudo bem. Se não, continuo no clube". Não foi atendido. Mesmo após a decepção pela desclassificação, a responsabilidade em reconduzir o River aos dias de glória continuaria em suas mãos.

26 de março de 2014, abertura do segundo turno do Campeonato Piauiense: Parnahyba x River, no estádio Dirceu Arcoverde. Ao adentrar a cancha, o Tricolor ostenta o *status* de único invicto na competição. E abre o placar logo a dois minutos de jogo. Insatisfeito com a arbitragem, Evair reclama e é expulso. Enquanto as atenções se voltam ao lance, os donos da casa chegam à igualdade: 1 a 1. Seria o começo de um dos maiores pesadelos da carreira de Evair.

Ao dirigir-se aos vestiários, caminhando pela lateral do campo, onde se concentrava a maior parte da torcida adversária, Evair discutiu com o quarto árbitro, que afirmaria posteriormente: "Ele me disse que pra apitar eu tinha que ter colhões, que ser homem". Ao dirigir um gesto obsceno para o auxiliar – tocando a genitália –, Evair revoltou os torcedores locais, levando à tentativa de invasão do gramado.

Jogadores de ambos os lados correram para o local da confusão, o que gerou intervenção da Polícia Militar. O roupeiro adversário alegou ter sido agredido pelo treinador riverino. A confusão prosseguiria por todo o intervalo. Nos vestiários, mantido sob escolta da PM durante todo o segundo tempo, o clima de terror vivido por Evair seria ainda maior: foi orientado de que receberia voz de prisão caso deixasse as dependências do estádio.

O clima hostil, insustentável, instalou-se dentro de campo. A poucos minutos do encerramento, o River sofreu o golpe fatal, no gol de Wesley: 2 a 1. E, mesmo atuando com um jogador a mais – Gilmar Bahia fora expulso –, perdeu a invencibilidade na competição.

27 de março de 2014: um dia após sua única derrota no comando da equipe, Evair Paulino foi demitido do River Atlético Clube. O anúncio foi feito no final da tarde: "Somos muito gratos ao trabalho do Evair, pelo nome emprestado à Nação Tricolor. Ele nos deu uma dinâmica muito forte, além da dedicação durante esses meses. Infelizmente, não saiu como esperávamos, as vitórias dentro de campo não vieram. Não fizemos um grande primeiro turno e, no returno, patinamos logo no primeiro jogo. Houve uma pressão natural. Não é culpa dele, e sim dos longos anos que não obtemos o título piauiense. Isso deixa o torcedor intranquilo. E tínhamos preocupações também em relação às expulsões: o Evair é reincidente, então poderia prejudicar o clube se pegasse quatro, cinco jogos de punição".

A repercussão do lamentável episódio atingiria proporções nacionais. Baixada a poeira, Evair deu sua versão sobre o fato: "Os diretores do clube não me deram o apoio que eu precisava logo após o jogo. Não tinha ninguém do River na hora do incidente. Cuspiram em mim antes da partida e cuspiram depois. Foi aí que aconteceu a confusão. Eu fui falar pro delegado da partida que cuspiram na gente e eles não fizeram nada. Nisso, o policial tomou as dores e quis me prender. O abuso de autoridade foi tanto que eu tive que ficar dentro do vestiário, detido, sem poder sair. Me colocaram lá sob ameaça de ser preso: eles diziam que eu estava agitando a massa! Esses caras têm de prender ladrão! Depois do jogo, vi esse mesmo policial batendo a mão com os jogadores deles, comemorando.

E, depois, o vi dando entrevista, dizendo que eu causei tudo aquilo. Sua função era evitar a violência, e quem mais estava querendo violência era ele. E agora saiu como vítima. Infelizmente, tive que passar por isso e não pude responder. Gostaria de ter dado a entrevista lá, ter ido à delegacia dar queixa, mas não tinha ninguém da diretoria pra ir comigo. A arbitragem é muito ruim e a Federação do Piauí não faz nada pra evitar isso. No jogo anterior, eu já tinha sido expulso, porque o juiz deu um pênalti, voltou atrás e ninguém falou nada. A imprensa local tem medo de se posicionar contra a Federação. Imagina, tomar cusparada na cara!".

Sábado, 24 de maio de 2014, estádio Governador Alberto Tavares Silva – o Albertão –, em Teresina, decisão do Campeonato Piauiense, entre River e Piauí. Sob comando de Josué Teixeira, o Galo Carijó vai a campo com Éverson; Alex Santos, Bruno Lopes, Gabriel e Rian; Amarildo, Thiago Dias, Kássio e Marclei; Esquerdinha e Rodolfo. Ao empatar por 0 a 0, o Tricolor conquistou o 28º título de campeão piauiense em sua história. A equipe, montada meses antes por Evair Paulino, devolvera a alegria ao torcedor riverino.

REENCONTROS

Ídolo de vários clubes por onde passou, Evair vive, continuamente, momentos de particular emoção junto a milhares de torcedores apaixonados por sua arte. Impossível descrevê-los em sua totalidade...

Em 12 de junho de 2003, vivendo o crepúsculo da carreira no Figueirense, Evair foi convidado para um jantar em comemoração aos dez anos da conquista do Campeonato Paulista de 1993. O Salão Nobre do Palmeiras, repleto de ex-craques, viveu uma noite de gala: um a um, cada atleta daquele imortal esquadrão ia sendo chamado ao palco, onde, além do agradecimento pela inestimável contribuição ao clube, recebeu uma camisa alusiva ao feito. Chamado ao palco, *El Matador* foi surpreendido pela narração do inigualável Fiori Gigliotti: "Quero voltar ao passado. Imaginem 1993...". Seguida da narração do gol que colocou fim ao longo martírio esmeraldino: "A narração do Fiori sempre toca. Todo mundo ficou emocionado, chorando, feliz da vida. Eu saí de lá arrasado! Pensei: vou continuar a jogar futebol, não vou encerrar a carreira agora. Que dia inesquecível! Eh, Fiori!".

17 de dezembro de 2005: Evair retornaria ao gramado do Palestra Itália para receber, pela primeira vez como ex-jogador, o carinho do torcedor palmeirense. A partida beneficente, envolvendo duas equipes do Palmeiras – uma formada por ex-atletas dos anos 1990; outra, agrupando jogadores do time profissional à época –, tinha causa mais que nobre: arrecadar fundos para o ex-lateral esquerdo Jefferson, campeão em 1993. Portador, desde os 32 anos, da raríssima Síndrome de Behcet – que lhe tirara fala e movimentos –, Jefferson necessitava de recursos urgentes, que lhe garantissem melhor qualidade de vida diante do grave drama que o vitimara. O placar final apontaria, como esperado, 3 a 1 para os atletas ainda em atividade – com direito a gol de cabeça do goleiro Marcos. Mas o tento de honra dos "velhinhos" seria marcado por ele: Evair. 356º gol da carreira do Matador. Extraoficialmente.

Domingo, 14 de junho de 2009: Palmeiras x Cruzeiro, no Palestra Itália, pela 6ª rodada do Campeonato Brasileiro. A dois dias de completar dez anos da conquista da Copa Libertadores da América, a diretoria do Palmeiras prestou uma homenagem aos ex-atletas que ajudaram a construir essa importante página da história alviverde. Antes do embate entre os Palestras, craques da histórica campanha desfilaram no gramado, para deleite dos torcedores. Entre eles, Alex, Galeano, Cléber e, claro, Evair.

9 de julho de 2010: o velho estádio Palestra Itália, de tantas histórias e conquistas, viveria sua última jornada. Os 17.786 torcedores presentes assistiriam à última atuação do Palmeiras nos Jardins Suspensos de Parque Antártica. Em seu lugar seria erigido o Allianz Parque, uma das mais modernas arenas multiuso do planeta. O adversário escolhido para a festa de despedida foi o tradicional Boca Juniors, que se mostraria um visitante inconveniente: bateu o Verdão por 2 a 0.

Mas o verdadeiro show ocorreria na preliminar: dois Palmeiras, um Verde, outro Branco, nos quais desfilaram craques eternos como Dudu, César Maluco, Velloso, Djalminha, Ademir da Guia e Evair, dentre tantos outros. Ao confirmar presença no evento, o Matador demonstrou todo o seu amor ao Palestra: "Será emocionante pisar no gramado do estádio novamente. É sempre um prazer, pois o Palmeiras representa tudo o que eu tenho na vida até hoje. Foi neste clube que conquistei as minhas principais glórias. O torcedor sabe do carinho e do respeito que tenho por todos. E espero que cheguem mais cedo ao estádio, para prestigiar àqueles que deram uma importante parcela de contribuição às conquistas e glórias do clube".

Antes do jogo, o goleiro Marcos recebeu uma placa comemorativa, por ser o atleta a ter atuado mais vezes no Parque Antártica: 211 partidas. O ponto alto da festa viria com a bola rolando: de falta, Evair marcou um golaço, no ângulo. A despedida do "Vecchio Palestra" não seria a mesma sem um gol do eterno Matador. Atuando pelo Palmeiras Verde, ainda faria mais um, na derrota por 4 a 2 diante do Palmeiras Branco. Nos dois jogos de maior expressão dos quais participara após encerrar a carreira, Evair colecionava duas derrotas. Em contrapartida, marcara todos os gols das equipes em que atuou!

Em 28 de maio de 2011, nova emoção alviverde na vida de Evair, dessa vez em Campinas: por conta das celebrações dos 100 anos do Guarani, a diretoria bugrina convocou seus torcedores a elegerem os 60 maiores craques da história do clube, que seriam agraciados com a Medalha do Centenário. No intervalo da partida diante do Sport, no Brinco de Ouro da Princesa, válida pela 2ª rodada do Brasileirão da Série B, os três primeiros ídolos escolhidos pela massa receberam suas condecorações: Amoroso, João Paulo e Evair.

Ao assumir a condição de titular do Palmeiras, durante a Libertadores 1999, em substituição a Velloso, o goleiro Marcos utilizou a camisa 12. Ao consagrar-se herói da inédita conquista, imortalizou o número, adotando-o pelo restante da carreira. Em 11 de dezembro de 2012, "São Marcos", um dos maiores nomes da tradicionalíssima escola de goleiros alviverde, penduraria as chuteiras.

Seu jogo de despedida, disputado no estádio do Pacaembu – o Palestra Itália dava lugar à construção da nova arena –, reuniu ex-jogadores do Palmeiras de 1999 e da Seleção Brasileira pentacampeã do mundo em 2002, na qual Marcos fora titular absoluto.

17 minutos do primeiro tempo, pênalti em Edmundo: Evair, imediatamente, convoca o goleiro para a cobrança. Após três minutos de resistência, Marcos cede ao apelo dos companheiros e das arquibancadas: Palmeiras 1 a 0. Paulo Nunes, Edílson e Luisão construiriam o placar final: 2 a 2.

Exatamente à meia-noite, no raiar do dia 12 do 12 de 2012, a partida foi interrompida: São Marcos era, a partir daquele momento, mais uma lenda na rica história palestrina. Evair passou em branco, mas deixou um breve relato sobre o companheiro de tantas jornadas: "O Marcos representa muito, como jogador e como pessoa. Ele atravessou fases tão distintas e soube se sair muito bem em todas. É um símbolo do futebol brasileiro".

REENCONTROS

15 horas do dia 12 de junho de 2013, Rua Augusta, Zona Sul de São Paulo: uma pequena fila começa a formar-se em frente à Academia Store, franquia da Sociedade Esportiva Palmeiras. Dentre os presentes, chama atenção um senhor de 85 anos de idade. Seu objetivo? Agradecer a Evair pela inesquecível felicidade vivida vinte anos antes, na fria tarde de sábado que encerrou a longa espera palestrina pela conquista de um título.

Para alcançar seu intuito, o veterano torcedor teve que esperar por pelo menos mais quatro horas: ali mesmo, já no início da noite, o eterno Matador estaria presente – ao lado dos coautores Fernando Galuppo e Mauro Beting – para autografar seu livro Sociedade Esportiva Palmeiras 1993 – Fim do Jejum, Início da Lenda, que descreve minuciosamente cada jornada daquela memorável conquista. Essa seria apenas uma, dentre as inúmeras histórias, que os mais de três mil torcedores presentes ao evento teriam para contar ao ídolo. Tempo para ouvi-las, Evair teria: a intensa maratona de autógrafos avançou até às duas horas da madrugada!

Em 16 de agosto de 2014, quatro equipes se reuniram para a disputa da Taça Oberdan Cattani: Juventus, Germânia, Paulistano e Palestra Itália. Como parte das comemorações do Centenário Alviverde, a equipe de Parque Antártica organizou um torneio "retrô", com direito a ex-atletas uniformizados à moda antiga, bola marrom de capotão e convidados paramentados com trajes de época. Carros antigos foram estacionados em frente ao portão principal da Rua Javari, enfeitada como na virada do ano de 1941 para 1942, quando o Palestra Itália passou a se chamar Palmeiras.

Na abertura da competição, Juventus e Germânia – atual Esporte Clube Pinheiros – ficaram no 0 a 0. O Moleque Travesso acabou eliminado no critério desempate: o número de escanteios, norma clássica do saudoso Torneio Início. Além de avançar à final, o Germânia ficava com a Taça Claudio Mortari – um dos gigantes do basquete brasileiro, ex-atleta e treinador do Palmeiras.

Na outra semifinal, o Palestra Itália fez o clássico contra o Paulistano. O técnico Dudu tinha à disposição, dentre outros, Gilmar, Rosemiro, Polozzi, Edu Bala, Toninho Catarina, Pires, Jorginho Putinatti, Ademir da Guia e Evair. E deu Palestra, com direito a duas viradas no placar: 3 a 2, gols de Evair, Jorginho e Odair. A Taça Joelmir Beting – homenagem ao célebre jornalista, fanático torcedor palestrino, falecido em 2012 – iria para a Sala de Troféus de Parque Antártica.

Na disputa do terceiro lugar, o Juventus atropelou o Paulistano (5 a 0) e garantiu a conquista da Taça Heitor Marcelino, homenagem ao maior artilheiro da história alviverde. Ao Paulistano caberia a Taça Imparato, outro monstro do Palestra.

Manhã de domingo no italianíssimo bairro paulistano da Mooca: Palestra Itália x Germânia, decisão da Taça Oberdan Cattani. Dois tempos de 25 minutos. A poucos instantes do encerramento, pênalti sobre Evair. O camisa 9 vai para a cobrança: aos 49 anos de idade, a recente cirurgia no joelho não permite mais o trote elegante de outrora. Mas a precisão permanece "cirúrgica": a bola beija a rede no canto esquerdo baixo da meta. Gol do Matador. Palestra Itália campeão!

Use o app e veja os gols da decisão da Taça Oberdan Cattani.

Evair conta a versão real do lance: "Eu não queria bater o pênalti. Por insistência do goleiro adversário, aceitei. Quando fui cobrar, ele, que é torcedor do Palmeiras, me disse: – Evair pode bater tranquilo, este é um pênalti que eu não quero pegar. E pulou pra cima! (risos)".

26 de agosto de 2014, dia do Centenário da Sociedade Esportiva Palmeiras. Uma história que somava, até então, 22 Campeonatos Paulistas (mais duas edições extras), 4 Taças dos Campeões Rio-São Paulo, 5 Torneios Rio-São Paulo, 11 Campeonatos Nacionais (8 Brasileiros, 2 Copas do Brasil e 1 Copa dos Campeões), 1 Copa Mercosul, 1 Taça Libertadores da América e o 1º Campeonato Mundial Interclubes da história, em 1951. E centenas de taças e troféus estaduais, regionais, nacionais e internacionais, em diversas modalidades.

Além de craques aos montes: Heitor, Bianco, Caiera, Echevarrieta, Gabardo, Imparato, Junqueira, Romeu Pellicciari, Oberdan, Waldemar Fiúme, Jair Rosa Pinto, Lima, Rodrigues, Mazzola, Chinesinho, Vavá, Romeiro, Valdir de Morais, Djalma Santos, Djalma Dias, Valdemar Carabina, Geraldo Scotto, Dudu, Servílio, Tupãzinho, Julinho Botelho, Leão, Eurico, Luís Pereira, Alfredo Mostarda, Leivinha, Edu Bala, César Maluco, Nei, Jorge Mendonça, Jorginho Putinatti, Velloso, Sérgio, Antônio Carlos, Cléber, Roberto Carlos, César Sampaio, Mazinho, Edmundo, Zinho, Rivaldo, Djalminha, Alex, Arce, Oséas, Alex Mineiro, Denílson, Pedrinho, Marcos Assunção, Hernán Barcos, Fernando Prass, Ventura Cambon, Oswaldo Brandão, Vanderlei Luxemburgo e Luiz Felipe Scolari, dentre uma infinidade de outros astros.

Impossível descrever as emoções contidas em uma única cerimônia que celebre um século de glórias. Basta dizer apenas que, na memorável Noite de Gala no Salão Nobre de Parque Antártica, as três estrelas de primeira grandeza da moderna história alviverde ocuparam lugar de destaque entre os vários homenageados: Marcos, Ademir da Guia e Evair.

Sábado, 25 de outubro de 2014, dia da primeira partida de futebol no Allianz Parque. Ainda não seria um jogo oficial, mas uma justíssima reverência: a despedida de Ademir da Guia. O Divino recebera uma homenagem em 1984, no estádio do Canindé, quando o Parque Antártica passava por reformas. Agora, teria as honras de despedir-se em casa. Aproximadamente dez mil torcedores prestigiaram o evento: o tradicional embate entre Palmeiras Verde e Palmeiras Branco.

Do lado verde, destaques para Gilmar, Sérgio, Rosemiro, Cafu, Polozzi, Cléber, Tonhão, Pires, Gérson Caçapa, César Sampaio, Ney, Claudecir, Carlos Alberto Seixas e Esquerdinha. Leivinha, apoiado por uma bengala – em plena recuperação de uma intervenção cirúrgica –, "atacou" de treinador. Dentre as feras do lado branco, Velloso, Marcos, Eurico, Arouca, Toninho Cecílio, Edmílson, Adãozinho, Jorginho Putinatti, Edu Bala, Toninho Catarina, Denílson e o dono da festa, com Dudu de técnico.

8 minutos do primeiro tempo, pênalti sobre Denílson: Ademir da Guia bate e a bola choca-se contra a trave. Quatro minutos depois, pênalti para o time verde. Ademir troca de camisa e atravessa o campo para cobrar rasteiro, no meio da meta: aos 72 anos, o Divino acabara de marcar o primeiro gol da nova casa palmeirense. Célio, Reinaldo Xavier, Galeano, Jorginho e Reinaldo fariam os demais: 3 a 3.

Evair jogou de branco, não fez gols, mas viveu duas grandes emoções: ao ter seu nome anunciado, foi o único a ser recebido em coro pela torcida, aos gritos de "Eô, eô, Evair é um terror". Depois, teve a honra de dar a saída, ao lado de Ademir: uma cena de sonho, registrada para sempre nas retinas da imensa Nação Alviverde.

Sexta-feira, 28 de novembro de 2014: a Câmara Municipal de Ouro Fino concede a Evair Aparecido Paulino o título de Honra ao Mérito, como reconhecimento a seu filho mais ilustre. O vereador Antônio José Constantini, autor da proposta, aprovada por unanimidade, se emocionou ao relatar a trajetória do atleta que levou o nome de Crisólia e Ouro Fino ao cenário mundial. A presença de Vanderley Andrade no plenário, companheiro de Evair desde a várzea até o profissionalismo no Guarani, abrilhantou a noite.

Após discursos de autoridades locais das mais diversas áreas, Rui Palomo exaltou o craque e fez questão de demonstrar o orgulho por ver o amigo manter-se fiel às origens. Comovido, Evair relembrou o dia em que saiu de Crisólia para realizar testes no Guarani, os dias difíceis durante a infância e a profecia – agora concretizada – do avô, de que vestiria a camisa da Seleção Brasileira. Depois, foi às lágrimas.

Sábado, 28 de março de 2015, Allianz Parque: dando prosseguimento à proposta de reverenciar seus ídolos – adotada a partir da gestão Paulo Nobre –, o Palmeiras realizou uma grande festa de despedida para o craque Alex. De um lado, ex-atletas do Verdão de 1999, campeão da Copa Libertadores da América, reforçados pelas presenças de Edmundo e Ademir da Guia. O Divino e seu sucessor Alex atuariam com o número 10 às costas; Edmundo com a camisa 93; e os demais com as numerações utilizadas à época da conquista sul-americana. No banco, Felipão.

Do outro lado, uma seleção dos Amigos de Alex, formada por craques – alguns ainda em atividade – que atuaram ao lado do meia nos clubes por onde passou: Rustu, Gamarra, Sorín, Leonardo, Athirson, Gilberto Silva, Djalminha, Aristizábal, Marcelo Ramos, Denílson, Amoroso e Tuncay, dentre outros. Sob comando de ninguém menos que Zico, ex-técnico de Alex no Fenerbahçe, da Turquia, e um dos maiores ídolos do "Divininho".

Pouco mais de 21 horas, Sálvio Spínola Fagundes Filho trila o apito e dá início a um dos mais belos jogos festivos de todos os tempos. Tuncay marca duas vezes para os Amigos de Alex. Logo depois, uma obra de arte: Alex, como nos velhos tempos, bate colocado, no ângulo. Aristizábal e Alex, mais uma vez, definem: 3 a 2 para os Amigos, placar da primeira etapa.

Na segunda etapa, Evair entra em campo. 8 minutos: Edmundo deixa o Matador na cara do gol, o toque é preciso. Eufórico, o craque sobe as escadas em direção à galera: a alegria pelo gol no novo estádio palmeirense é incomensurável. A do torcedor, que o agarra e beija acaloradamente, também. Mais um momento mágico na vida de Evair. Interrompido pela marcação do auxiliar: impedimento! A decepção do eterno camisa 9 só não é maior que os gritos históricos da torcida a seu redor. Olhar incrédulo, Evair tira a camisa, numa quase ameaça de não voltar à cancha.

EVAIR: O MATADOR

Use o app e veja os gols da despedida de Alex.

Três minutos depois, Euller toca para Evair – da marca do pênalti, poucos foram tão mortíferos quanto ele: 3 a 3. A mesma corrida em direção à torcida; a mesma saudação ao imortal Matador do Parque Antártica! Poderia ter parado por ali. Mas, aos 23, o Garçom fez questão de reeditar a mágica parceria com Edmundo – aquela do Vasco da Gama. Lançamento preciso e gol do Animal: 4 a 3. Para o desfecho com chave de ouro, só faltava um gol de Ademir da Guia. E ele veio, em cobrança de pênalti, de três dedos: 5 a 3. Na festa de Alex, também brilharam Edmundo, Evair e Ademir. Os deuses do futebol não poderiam ter escrito um roteiro mais impecável.

POR OUTROS CAMPOS

Fora das quatro linhas, Evair sempre esteve envolvido em causas sociais relevantes. Reservado, faz absoluta questão de manter-se anônimo em quase todas. Mas duas não poderiam nos escapar...

Tornar-se jogador de futebol sempre foi o desejo de nove entre dez garotos brasileiros. E não seria diferente com Marlon Brito. Nascido em Teresópolis-RJ, desde jovem começou a frequentar a Granja Comary, sede da Seleção Brasileira de Futebol. Após várias tentativas frustradas de profissionalizar-se, percebeu que sua missão era outra: ensinar os segredos da bola às crianças.

Em 1998, depois de atuar como treinador em uma escolinha de futebol na terra natal, mudou-se para Goiânia. Ali, recém-chegado, teve um sonho: "Sonhei que ensinava futebol para crianças carentes. Em uma mão carregava uma bola, e em outra, a Bíblia". A figura do Livro Sagrado levou-o a compreender que se tratava de algo maior, uma visão relacionada a seu futuro: nascia o Crianças Através da Bola – Projeto Crescer. Iniciado em 21 de março de 1998, com apenas 21 crianças, já atendeu mais de três mil ao longo do tempo.

Além do futebol, atividade central, a iniciativa oferece cursos de inglês, jiu jitsu, computação, discipulado bíblico e atividades culturais diversas. Fixada há mais de uma década no bairro Madre Germana, atende atualmente em torno de duzentas crianças e adolescentes.

O Projeto Crescer possui nove núcleos em atividade: sete no Brasil (4 em Goiás – Goiânia, Aparecida, Cidade de Goiás e Vianópolis –; 2 no Amazonas – Urucará e Sebastião do Uatumã –; e 1 em Teresópolis) e dois no exterior (Paraguai – Cidade Del Leste; e Honduras – Tegucigalpa). Os ex-craques Evair e Baltazar se juntaram a Marlon no decorrer dessa nobre caminhada: "É um projeto em que estou desde 2005, quando ainda morava em Goiânia".

Segunda-feira, 9 de setembro de 2013. Na Câmara Municipal de Aparecida de Goiânia-GO, Evair Aparecido Paulino foi agraciado com o título de Cidadão Benemérito Aparecidense, homenagem aos serviços prestados à cidade através do Projeto Crescer – Projeto Social Desportivo da Criança e do Adolescente, por ele incentivado. Reconhecimento mais que justo à iniciativa, cujo objetivo central é tirar pessoas do crime e das drogas, através do esporte e da cultura.

Autor da proposta que rendeu a homenagem, o então vereador Gustavo Mendanha – eleito prefeito em primeiro turno, no pleito de 2 de outubro de 2016, com expressiva votação – rasgou elogios ao ídolo: "É um imenso prazer render esta homenagem ao Evair. Além do incrível jogador que foi, realiza um trabalho que faz toda a diferença na vida de muitas famílias da região". Sempre sereno, o eterno Matador faria um pronunciamento bem menos entusiasmado: "É gratificante poder oferecer oportunidades. Mas o que faço ainda é muito pouco. Se Deus quiser, vamos aumentar o número de crianças atendidas".

A paixão por Crisólia é tanta que levaria Evair a um forte engajamento político. No começo da década de 1990, o craque foi um dos principais ativistas do movimento pela emancipação de sua terra natal em relação a Ouro Fino: "Eu e minha esposa transferimos nossos títulos de eleitor pra lá". Apesar de toda euforia e empenho da comunidade local, o referendo não foi aprovado. Crisólia continuaria distrito de Ouro Fino. E Evair, o seu filho mais ilustre.

Diversos relatos atestam a paixão do Matador pela terra natal. Uma das melhores descrições sobre o cidadão Evair Aparecido Paulino vem do depoimento de Riva: "Sempre conversamos sobre os problemas de Crisólia. Ele quer saber se tudo está em ordem, principalmente como anda a molecada – Riva é o técnico do time de futebol infanto-juvenil local. O alambrado que cerca o campo atual foi ele quem cedeu pra nós: pedi e fui prontamente atendido. A garotada treina lá. Um dia ele me falou que tinha de trazer a fábrica dele pra Crisólia, pra poder dar trabalho pro povo daqui. Num primeiro momento, disseram que não seria permitido, por lei, mas depois acabou saindo. E ele sempre disse que queria deixar uma contribuição pra cidade, acha que deve isso pra gente. Aí conversei sobre a creche, disse que a cidade está crescendo, e as mulheres saindo pra trabalhar fora. Essa seria uma obra fundamental pra nós".

Evair faz questão de deixar transparecer o amor pela terra onde nasceu. É Riva, novamente, quem descreve: "A rivalidade com Ouro Fino é "braba", e ele é crisoliense roxo. Aonde vai, defende a bandeira e eleva o nome de Crisólia. Hoje, eu tenho ainda mais orgulho de ser crisoliense por causa dele. Toda reportagem em que aparece, ele diz que é de Crisólia, nunca de Ouro Fino. E isso enche toda a nossa gente de orgulho".

O ourofinense Rui Palomo reforça, sem perder a chance de ironizar: "A rivalidade sempre foi grande. E apesar de Crisólia ser distrito de Ouro Fino, saiu muito mais jogador profissional de lá: Evair, Dito Cola, Escurinho, Flamarion, Wanderley. Só que os outros diziam ser de Ouro Fino. Ele foi o primeiro a romper com isso e afirmar que era natural de Crisólia. O problema é que as pessoas procuravam no mapa e não achavam, né?".

Até o apresentador Milton Neves, famoso pelas tiradas de gosto duvidoso, aproveitou a menção que o craque sempre faz à terra natal para mandar uma das suas, questionando-o em um programa de TV: "Evair, eu nunca vi um carro com placa de Crisólia. Fotografa e traz pra gente". Ao que o jogador rebateu: "Não tem, mas um dia vai ter".

CASOS E CAUSOS

Evair teve a chance de adquirir seu primeiro carro na época em que atuava pelo Guarani: "Comprei um Chevette velho, do João Paulo. O duro é que todo mundo brincava dizendo que o carro tinha três marchas novinhas: terceira, quarta e ré". Um dos maiores velocistas do futebol brasileiro de todos os tempos, João Paulo era "paradão" demais fora das quatro linhas. Daí o folclore de só dirigir em primeira e segunda marchas. E o motivo de tamanha gozação.

Além da presença constante, Evair procura ajudar os amigos de Crisólia e de Ouro Fino sempre que possível. Rui Palomo descreve uma das ações mais tocantes do craque: "Tinha um garoto aqui em Ouro Fino com leucemia. Ele passava por mim, em direção à farmácia, com uma seringa enorme e dizia: 'Seu Rui, estou indo tomar injeção porque eu não quero morrer'. Sabendo disso, o Evair ajudou a organizar uma partida beneficente e trouxe o profissional do Guarani pra jogar aqui. Arrecadamos por volta de 16 mil cruzados na época. Vai ver o tamanho desse menino hoje, o Carlão. Forte pra caramba".

Essa é imbatível! Durante um amistoso preparatório para o Campeonato Paulista de 1991, a pancadaria comia solta. Entusiasmados pela possibilidade de enfrentar o gigante alviverde, atletas adversários abusavam do vigor físico. Após uma forte "pegada", o atacante Lima saiu rolando pelo gramado e só parou ao encontrar os pés do ponta-esquerda Edivaldo, que, vendo o corpo caído do companheiro, rapidamente fez o gesto sinalizando substituição ao banco de reservas. Apreensão, correria, maqueiros em campo. No momento da remoção, a equipe médica viu que Lima estava bem e, surpresa, perguntou para quem seria a substituição. Edivaldo não titubeou: "Pra mim. Os caras estão batendo muito!".

O torcedor, seguramente, já esqueceu. Provavelmente, nem o próprio Evair se lembre. Mas, em 23 de janeiro de 1992, patrocinado pela Cervejaria Brahma – cujo slogan era "A Número 1" –, o jogo de abertura da temporada do futebol brasileiro foi uma grande festa em prol dos meninos de rua de todo o país: um combinado formado pelos arquirrivais paulistas Palmeiras e Corinthians enfrentaria o combinado carioca Flamengo e Vasco. No banco bandeirante, o treinador da Seleção Brasileira, Carlos Alberto Parreira. Do outro lado, seu auxiliar Mário Jorge Lobo Zagallo.
O histórico embate teria um festival de cenas inusitadas: o ídolo rubro-negro Júnior adentrou o gramado com a camisa do Vasco; Bebeto voltou a envergar o manto rubro-negro; feito repetido por Neto, novamente paramentado como atleta palmeirense. Diante de tantas atrações, quase 30 mil torcedores enfrentaram a fina garoa daquela noite de quinta-feira, no Maracanã, e, a 34 minutos do primeiro tempo, assistiram Evair deixar Paulo Sérgio na cara do gol: Paulistas 1 a 0. O lançamento do craque trazia no bojo um "pequeno" detalhe: *El Matador* envergava a camisa 11 do Corinthians!

No segundo tempo, devidamente esmeraldino, Evair daria o passe também para o segundo gol, marcado por Tupãzinho: 2 a 0. Bebeto descontou, mas não impediu que o velho

Use o app e veja os gols de Palmeiras/Corinthians 2x1 Vasco/Flamengo.

Maraca se tornasse, uma vez mais, o "Recreio dos Bandeirantes": Palmeiras/Corinthians 2 a 1 Vasco/Flamengo. No dia em que a fiel torcida pôde se orgulhar de ter Evair em seus quadros. Por apenas 45 minutos.

Lazinho, fervoroso torcedor santista, crisoliense e conhecedor de Evair desde a mais tenra infância, carrega uma ponta de "ressentimento" do Matador: "Quando ele chegou ao profissional, pedi pra me trazer uma camisa do Santos de presente, assim que ele jogasse contra o meu Peixe. E nada dele cumprir o combinado! Passados alguns anos, num jogo lá na Vila Belmiro que estava empatado em 1 a 1, ele fez o gol da virada. Chegou aqui uns dias depois e teve a cara de pau de me dizer: 'Lembrei de você quando desempatei o jogo, tá aqui a camisa do Santos'. Pior é que eu não fiquei triste! Ficava sempre feliz quando ele fazia um gol. Sempre torci por ele, afinal, é parte da gente, né? Pena que não jogou no Santos! Pensei que fosse terminar a carreira por lá. Ele era santista quando garoto".

"Um dia, bastante apressado, descendo pra garagem do prédio em que morava, encontrei no elevador um garoto com uma bola na mão. Comecei a puxar assunto com ele":
– Qual o time que você torce?
– Palmeiras.
– Ah, é?! E você gosta muito de futebol?
– Muito.
– Vai ser jogador quando crescer?
– Vou sim. E vou ser igual ao Evair.
"Ele desceu no térreo, fui até a garagem e entrei no carro, normalmente. Somente um tempo depois, percebi que tinha recebido o maior elogio da minha vida! Cheguei chorando ao treino".

A enorme diferença cultural encontrada no Japão só fazia aumentar a saudade de casa. Pode-se imaginar a tremenda fuzarca que era a reunião de três famílias, organizando o retorno ao Brasil para o período de férias. Um interminável ritual de arrumação de malas, carregamento de bagagens, etc, etc, etc. E todo mundo entrava no samba. Ou quase: César Sampaio cultivara o hábito de "comandar" a atividade. E, entre uma e outra "ordem", ia escapando de pegar no pesado.

Certa ocasião, subiu na caçamba do caminhão alugado para carregar a bagagem até o aeroporto e pôs-se a "organizar" a arrumação, deitando falação sobre os demais – particularmente Evair e Zinho. Ao perceber uma japonesa típica, que passava observando-o atentamente, Sampaio emendou essa, na maior gozação: "E você aí, tá olhando o quê? Vem ajudar a carregar alguma coisa também". A resposta não poderia ser mais desconcertante: "Tô olhando nada não. Eu hein! Parece louco!".

Diante da gargalhada geral, sem saber onde enfiar a cara, o "capitão" desapareceu, como num passe de mágica. Só foi visto novamente na hora de ir embora. E, para alegria geral, passou o trajeto inteiro pianinho, pianinho. No mais absoluto silêncio.

No final de 2008, houve uma partida entre as equipes masters de Palmeiras e Mogi-Mirim, disputada em Mogi. Terminado o evento, já dentro de seu carro, Evair foi identificado por um fanático torcedor palmeirense, completamente embriagado. Após o cumprimento festivo, o

elemento insistia em lhe pedir um dinheiro 'pro ônibus'. Olhando para o lado e vendo o amigo Geraldo Magela – o Gera – dentro do veículo à direita, Evair aproveitou-se da calva do parceiro na tentativa de ludibriar o ébrio: "Pede dinheiro ali pro Marcão".
Entusiasmado com a presença de mais um ídolo eterno, o bêbado tornou o suposto "São Marcos" alvo preferencial de sua mendicância. Ao saber que a tal passagem pretendida era para o centro da cidade, Gera devolveu de pronto: "Você deu sorte! O Evair está indo pra lá e tá te chamando pra carona". Deu o que fazer para "desgrudar" o bebum do para-choque do carro do Matador!

Apaixonado pela terra natal, Evair sempre fez questão de apresentar Crisólia aos amigos que conquistou ao longo da vida – em que pese o fato do tamanho da cidade, em geral, tornar-se um prato cheio para comentários jocosos. Durante a visita de Esquerdinha, a coisa tomou maiores proporções: "Ele ficou me enchendo o tempo todo. Dizia sempre: – Mas Evair, Crisólia é só isso aqui!?".
Sem demonstrar reação de desagravo, o craque emendou, depois de certo tempo: "Não, aqui é a parte velha da cidade. Como é tombada pelo patrimônio histórico, não podemos deixar crescer. Tá vendo aquele morro? Atrás dele fica a cidade nova. Lá é tudo planejado em alto padrão: todo mundo com TV digital; nunca dá enchente, as galerias subterrâneas foram construídas de acordo com a mais alta tecnologia europeia; cada baita prédio; dois shoppings... Fica tudo do lado de lá. Tem mais de 110 mil habitantes".
Diante da indisfarçável curiosidade do amigo, o Matador sacramentou: "Dessa vez não vai dar, mas na próxima visita te levo lá pra conhecer". Reza a lenda, que o camarada está procurando a Nova Crisólia até hoje!

Bem mais novo que Evair, Odair Paulino tem poucas lembranças da convivência com o irmão durante a infância, mas nos legou uma das mais saborosas histórias sobre o Matador. Evair declara-se exímio pescador. E, para não fugir à regra, tem no histórico um curioso "causo" de pescaria. Ou quase. Certa feita, pescava com o irmão num sítio em Ouro Fino, quando o celular começou a tocar insistentemente. Compenetrado no "ofício", o Matador esbravejou: "Pô, nem na pescaria me dão sossego! Mas vamos atender pra ver o que é, né?".
Do outro lado, um animado produtor da Rádio Difusora solicitava entrevista com o craque para a manhã do dia seguinte, no que foi prontamente atendido: "Pode confirmar. Amanhã estarei aí". Finda a ligação, o craque tornou à lida. Que seria concluída numa bela peixada preparada por um funcionário do sítio.
No outro dia, Evair compareceu à emissora como de hábito em seus compromissos: pontualmente. E a recepção seria uma das mais calorosas que recebeu ao longo da vida! Funcionários da rádio de Ouro Fino, extasiados e surpresos com a visita do filho ilustre, corriam para abraçá-lo. O craque chegou a ficar constrangido diante da confusão causada por sua presença e da surpresa dos funcionários: pareciam não saber o que fazer para recepcioná-lo! O disque-jóquei Marco Antonio, em pleno andamento de seu programa dedicado à música sertaneja, desajeitadamente conduziu Evair ao estúdio e começou a indagá-lo sobre as belezas do cancioneiro da roça, uma das predileções do Matador.
Como vida de craque não é fácil, o celular continuou tocando insistentemente durante o bate-papo. Compenetrado em seu compromisso, Evair deixou o aparelho no vibra e passou a dedicar-se exclusivamente à entrevista, discorrendo sobre os mais diversos assuntos da música

caipira – e aguardando ansiosamente o momento de falar um pouquinho sobre... futebol! Programa encerrado, rodeado pelos funcionários que não cansavam de agradecê-lo, *El Matador* resolveu, enfim, atender ao impertinente telefonema. Do outro lado, uma voz desesperada indagou com veemência: "Evair, você não vem? Anunciamos sua entrevista o dia inteiro e você vai me dar o cano?!". Era o mesmo produtor que um dia antes havia combinado o compromisso com o craque. Da Rádio Difusora... de Bueno Brandão!

Evair atribui o erro de emissora ao fato de, exatamente na hora em que o celular tocou, estar fisgando um peixe gigantesco: "Aquilo me desconcentrou. Quando cheguei à rádio, vi que era um programa de música sertaneja, que discorria também sobre as coisas do homem do campo. Só quando acabou a entrevista descobri que era pra ter ido à Rádio Difusora, mas não de Ouro Fino. Foi assim que, por um dia, virei crítico musical". E, também, técnico em Agronomia e Zootecnia! Nova data foi marcada para a entrevista à Rádio Difusora de Bueno Brandão. Como sempre, Evair chegou no horário combinado. E, dessa vez, falou sobre futebol.

Apesar de ser um dos atletas mais vitoriosos de todos os tempos, Evair perseguiu um feito durante toda a carreira, sem sucesso: "Gostaria de ter marcado um gol como o que fiz no teste pelas categorias de base do Guarani. A bola veio rolando e eu bati de canhota, de fora da área, de três dedos. Depois disso, a perna cega nunca mais acertou uma daquela". Nem poderia. Como todo abençoado, Evair recebeu de presente do Criador aquele gol, único e exclusivo, gravado para sempre apenas em sua retina. Sua função era, tão somente, abrir-lhe os caminhos dos gramados. Para que pudesse exibir seu exuberante futebol e maravilhar plateias pelos quatro cantos do mundo!

"Certa vez, morando em Goiânia, eu e minha esposa Gisele saímos pra jantar. Meu filho Guilherme, então com 5 anos, cismou de assistir o DVD com o jogo final do Campeonato Paulista de 1993. Dias antes, para educá-lo, havia dito a ele que nem tudo o que se vê na televisão é verdade, que existem muitas coisas fantasiosas e, portanto, era preciso saber distinguir aquilo que assistíamos. Quando voltamos pra casa, já tarde, ele estava deitado na minha cama, com os pés pra cima. E a pergunta veio direta: – Pai, e isso aí que está passando na TV? É tudo verdade né?". Disse a ele: "Sim filho, essa é uma história verdadeira. É a história do seu pai".

PARA TODA A ETERNIDADE

"Quando saí de Campinas e fui vendido pra Atalanta, eu dava entrevistas sempre com receio. Naquela época, quem ia pra Europa era tido como mercenário, porque trocaria um time pela possibilidade de ganhar mais dinheiro. Nos tratavam assim, mesmo sabendo que era bom também pro clube em termos de faturamento. Hoje em dia, é muito comum o jogador afirmar que quer sair o quanto antes, em busca de estabilidade financeira. Muitos jogadores se preocupam mais com o empresário do que em ganhar títulos, construir uma trajetória. É mais importante ganhar dinheiro rápido do que escrever seu nome na História".

"Em Bérgamo, os jogadores da Atalanta são tratados como semideuses. Durante o período em que permaneci por lá, além do excelente salário, eu raramente pagava uma conta. Chegava no comércio, nos restaurantes, em qualquer lugar, e ninguém queria cobrar pelo que eu consumia. A reverência ao jogador é grande em toda a Itália. Mas, em Bérgamo, isso atinge uma dimensão gigantesca".

"Noventa e cinco por cento do que se falava era mentira. Nosso ambiente de grupo, no Palmeiras, não era ruim. Um vestiário rachado não ganha campeonato. Éramos um grupo feliz e tínhamos prazer em compartilhar aquele momento. Nosso principal objetivo era não permitir que as coisas criadas lá fora impedissem nossas conquistas. Muitas vezes, nos surpreendíamos com a repercussão de certos fatos. Situações de momento, que estavam bem resolvidas internamente, chegavam de outra maneira aos jornalistas. Tínhamos um dedo-duro lá dentro, que até hoje não identificamos. O foco era sempre nas coisas ruins, nas discussões, que eram normais, como em qualquer clube. O que nos deixava chateados era que o torcedor não se manifestava! Eles deveriam estar do nosso lado. Os repórteres palmeirenses que faziam a cobertura do time não nos tratavam bem! Nunca quiseram conhecer meu ambiente familiar, os meus pais. Depois que fomos campeões, apareceu uma moça lá em Crisólia, do nada! No Palmeiras, realmente é assim: você primeiro precisa provar, pra depois ter direito a ser ouvido. A própria torcida, puxada pela imprensa, se volta rápido demais contra o time. Lá, é preciso ter mais personalidade do que em qualquer outro lugar. Naquela época, fugíamos das polêmicas. Evitávamos comentários sobre companheiros de clube. Antes do título de 1993, a cobrança era tanta, que tínhamos dificuldades em sair de casa para ir a um restaurante. Hoje, vejo jogadores gerando polêmica através das redes sociais. Eu tive que ser campeão pra virar ídolo, a torcida demorou muito pra me reconhecer. Hoje, o jogador faz três bons jogos e já é um astro. Naquela época, só mostrar vontade não era suficiente".

Sobre o parceiro de ataque Edmundo: "Eu sempre digo isso, mas as pessoas não acreditam. Discutíamos só por questões do futebol. Passa pra mim... Eu vou bater o pênalti... Essas coisas. No Palmeiras, quando um fazia gol e não ia comemorar com o outro, já virava polêmica. E aquilo foi se avolumando. Em 1997, eu estava no Rio de Janeiro e ouvia menos isso. A imprensa carioca é diferente: eles enfatizavam o Vasco campeão, os atacantes que davam certo. Na imprensa paulista, eu ouço essa pergunta como se convivesse com o Edmundo até hoje! E eu não consigo fazer as pessoas acreditarem no orgulho que eu sinto em ter jogado com aquele cara! E eu tenho o maior orgulho de ter jogado com ele, porque é um cara autêntico, não esconde nada de ninguém. E extremamente valente! Dentro de campo você podia contar com ele a qualquer momento. E, fora de campo, ele se mostra uma pessoa espetacular também. Dizem que eu só fui pro Vasco porque ele pediu. Nunca perguntei isso a ele, mas não duvido que seja verdade, porque sei que ele me ajudaria em qualquer circunstância".

Pênalti é loteria? Segundo um dos maiores especialistas de todos os tempos, não: "Pênalti é a soma da capacidade com a preparação. É o momento em que o psicológico deve se sobrepor. Perdi uns cinco ou seis pênaltis em toda a carreira. Pelo Palmeiras, foram dois: um na Copa Parmalat e outro, na Copa do Brasil. Tem vários segredos. O primeiro é treinar bastante. Depois, você precisa estar melhor psicologicamente do que fisicamente. São apenas 11 metros, e se o psicológico estiver bom, a chance de êxito é grande. Se o físico não estiver nas melhores condições, é só você imaginar o que fez no treino e reproduzir. Eu tomava distância para, durante a caminhada, observar a movimentação do goleiro. Chegava na bola mais lento, de cabeça erguida, mas o movimento pra bater na bola era sempre rápido. Dava a distância certa da perna de apoio pra ter tempo de virar o pé, se necessário, de acordo com a projeção do goleiro. E, já naquele tempo, mesmo sem a quantidade de vídeos que se tem hoje, eu estudava muito os goleiros. Considero o pênalti o momento em que eu represento um grupo. No pênalti não pode bater só aquele que se acha batedor. Eu treinava muito porque imaginava que, naquele momento, eu era o representante de todo o meu grupo, pela expectativa que todos tinham de que aconteceria o gol".

"Eu, que morei três anos na Itália e dois no Japão, acho que o que mais sintetiza o Brasil é o jeito como nós acolhemos os outros povos, como tratamos os estrangeiros que aqui chegam. Essa é nossa maior identidade. Não é o futebol, não é o samba. Nós não somos apenas isso".

Sobre a vida político-social brasileira: "O Brasil anda numa situação tão dependente de honestidade! A gente vê tanta coisa acontecendo, que já nem sabe se é tudo verdade. Se for verdade o que noticiam, precisamos mudar tudo, né? Não é possível! Vai chegar um dia em que alguém vai tentar ser honesto, mudar isso que aí está. Não pode haver uma desigualdade tão grande, pessoas passando fome e gente utilizando helicóptero como transporte. Olhe a nossa situação: nós somos um país rico em terra, em alimentação, mas não sabemos aproveitar. Alguém está sendo desonesto demais! Passou da hora de fazer algo! Somos um povo muito bom, mas que aceita tudo passivamente! Somos capazes de passar um dia inteiro na fila do banco e não reclamar... Somos capazes de identificar uma pessoa desonesta e reelegê-la! Uma hora isso vai ter que acabar. E eu espero estar vivo para ver".

A melhor definição sobre a personalidade do Matador vem de Riva: "Pros garotos que eu treino, não costumo dar exemplo do Evair como atleta, apesar dele ter sido extraordinário nesse aspecto. O que eu cito sempre é o Evair pessoa. Digo à garotada que, antes do atleta vem o homem. Você precisa ser antes de tudo um grande homem, pra daí, quem sabe, poder se tornar um grande atleta. E ele como ser humano é sensacional. Praticamente tudo o que desejou realizar, realizou. E continua exatamente a mesma pessoa de quando era garoto, aqui em Crisólia!"

Evair por Evair: "Um sonhador! Desde criança, um sonhador que acredita que tudo tem jeito, sempre. E uma pessoa que... Você precisa me provar que é desonesto, senão eu vou sempre continuar acreditando na sua honestidade. Uma pessoa que acredita no ser humano! Eu ainda acredito no ser humano... Que o homem e a mulher possam ser honestos, dignos".

12 de junho de 2013, evento de lançamento do livro Sociedade Esportiva Palmeiras 1993 – Fim do Jejum, Início da Lenda: um dos milhares de torcedores que aguardavam pacientemente na fila pelo autógrafo do Matador viu-se, enfim, diante do ídolo. Quase paralisado de emoção, soltou a frase em alto e bom som: "Você é um monstro!". E completou, apontando para o filho que carregava nos braços: "Ele se chama Evair em sua homenagem. Hoje é o segundo dia mais feliz da minha vida! O primeiro foi quando ele nasceu!". Depois, abraçou tão intensamente o craque, que comoveu todos os que estavam à volta. Cenas de rara beleza que só ídolos da grandeza de Evair podem proporcionar. O nome do pai do pequeno Evair? Esqueci de perguntar!

SOBRE EVAIR

Ele significa tantas coisas... É um exemplo de profissional. É movido a desafios. Comemora conquistas, mas valoriza muito o caminho de construção de algo. Ele me ensinou muito. É um líder, uma liderança de vida. Ele gosta de ser questionado, de ter pessoas duvidando dele. Cresce muito nas adversidades. Ele traduz para mim essa palavra: amigo. É um dos grandes amigos que fiz. Um exemplo de homem, de caráter e de profissional. Sou seu admirador e fã. Falar dele é muito bom, faz bem para minha alma.

Tenho grandes lembranças dele. O Evair é um cara muito ranzinza. Ele tem hábitos de velho ainda novo. E, muitas vezes, foi mal interpretado por algumas pessoas. Estávamos jogando no Japão, eu, ele e Zinho, e ele voltou antes de nós, quando terminou o contrato. E nós sempre discutíamos. Éramos três caras chatos, mas sempre brigávamos no sentido positivo. Algumas vezes, o Evair falava só o essencial: bom dia, boa tarde e boa noite. Nesse período, pouco antes de voltar para o Brasil, ele ficou com poucas palavras conosco. Uma semana antes de sair do Japão, nos chamou no quarto, e falei para o Zinho: "Agora quero ver, vai dar uma dura em nós", porque sempre respeitamos ele. Aí ele disse: "Foi um orgulho estar com vocês nesse tempo. Eu e minha família agradecemos muito o que vocês fizeram por nós. E se alguém falar mal de vocês, eu estiver perto e não defender, não me considerem mais seu amigo". Eu e Zinho olhamos para ele e começamos a chorar. Achávamos que íamos tomar uma dura, mas ele disse isso. Lembro como se fosse hoje.

Teve uma vez que fomos em um parque aquático no Japão, nós três, e não sabíamos ler as informações, pois estavam todas em japonês. Compramos um pacote completo porque não sabíamos o que era cada brinquedo. Tinha um show de golfinhos que ia demorar uns 40 minutos, e um barco parado em um píer, que estava escrito "15 minutos" (pelo menos foi o que conseguimos ler). Aí o Zinho falou para a gente dar uma volta de barco, e saímos com o barco... Aí começou: 15 minutos, 30, 40, uma hora... No fim, esse barco levou a gente de Tóquio para Yokohama, e descobrimos que pegamos um barco de volta para casa (risos)! Chegamos em Yokohama e nossos carros estavam em Tóquio. Na volta, depois de uma hora, tinha uma fila gigante. Voltamos com o barco para Tóquio e o parque tinha fechado com nossos carros presos lá (risos). Aí o Evair começou: "Tá vendo, tinha que confiar em vocês? Sou burro, mesmo" (risos).

Na final de 1993, no jogo contra o Corinthians, antes de entrar em campo, eu era o capitão do time e o Evair pediu a palavra no túnel. Aí ele fechou a roda e falou: "Eu vou descer essa escada campeão. Quem não tiver esse sentimento, torce o tornozelo para subir a escada, mas não atrapalha. Quem estiver com medo, não atrapalha". Aquilo foi algo que moveu muito o grupo todo. Já estávamos pilhados para aquele jogo, mas aquilo foi uma motivação muito forte, tanto que o Edmundo quase foi expulso com um minuto, depois de dar uma voadora nos caras (risos).

No quarto gol, já na prorrogação, teve um pênalti para nós. E, antes de qualquer pênalti, eu sempre ia e falava uma mensagem para o Evair. Naquele jogo, a adrenalina estava tão alta que o juiz apitou para cobrar e eu não tinha ido falar com ele (risos). Ele ficava olhando para trás, me procurando, porque usava isso de amuleto. E começou a me chamar: "Sampaio, Sampaio!".

Aí eu percebi que não tinha falado nada e corri para ele. Disse: "Que o senhor esteja contigo. Faz esse gol, Evair, por favor" (risos). O restante, você já sabe: bola para um lado, goleiro para o outro, gol, 4 a 0 e nós campeões! Essa conquista, para mim, foi a mais importante, e o Evair foi o cara. Tínhamos uma grande equipe, mas o Evair foi essencial. Esse é o jogo mais marcante que tive com ele, que é uma das maiores heranças que tenho no futebol.

CÉSAR SAMPAIO

Para mim, o Evair significa, além de um grande jogador, um atleta fora de série, de muita qualidade e inteligência, e, acima de tudo, uma pessoa sensacional. Convivemos muito tempo juntos, apesar de ter sido apenas um ano no mesmo clube. Sempre nos entendíamos muito bem. O que mais me marcou, em termos de futebol, foi quando ele aceitou jogar um pouco mais atrás no Vasco, deixando o Edmundo ficar um pouco mais livre. Ali, ele mostrou uma compreensão do que era importante e uma grandeza enorme. Com a qualidade dele, Evair seguiu jogando muito bem. Fora do campo, o principal foi o exemplo que ele deu de profissionalismo e de como o cara tem de se comportar. Isso foi importante, porque nosso time tinha muitos jovens. Se você não tiver referências, começa a perder um pouco o sentido do negócio. Nós éramos os mais experientes, e ele ajudou muito nisso, servindo de exemplo para todos. Foi muito bom ter trabalhado com o Evair. O jogo mais marcante com ele foi contra o Flamengo, que vencemos por 4 a 1 no Campeonato Brasileiro de 1997. Jogamos uma parte do jogo com dez e, logo no começo, teve um lance que o Edmundo tocou para ele quase no meio do campo. Vieram uns três jogadores em cima do Evair. Ele só deu um toque na bola, de primeira, e colocou o Edmundo na cara do gol: nosso time começou a vencer ali. Com um toque, ele desmontou a equipe do Flamengo.

MAURO GALVÃO

Na parte profissional, ele foi um dos melhores jogadores com quem atuei. Como meia, joguei com grandes atacantes, então você acaba criando uma parceria, porque você é o responsável por municiar o companheiro. E o Evair era um jogador com uma capacidade técnica diferenciada. E um matador, como a gente sempre cantou: "Eô, Eô, Evair é matador!". Ele me consagrou, pois meus passes se tornaram destacados depois dos gols dele. No meu DVD de melhores momentos (e no dele de gols), estaremos sempre juntos (risos)! E aí vem o mais importante, que é o fora de campo. Ao longo da carreira, você convive com muita gente. Mas poucos posso dizer que são meus amigos, convivem comigo. E o Evair é um deles. Um cara que posso contar como companheiro de família. Tivemos essa benção que a vida dá e que o futebol proporcionou. Extrapolou o convívio profissional.

Eu e Evair tivemos até um momento de briga, no início da carreira. Em 1993 para 1994, em uma concentração em Atibaia, a gente brigou depois de uma brincadeira. Os caras seguraram ele, eu fiquei dando soco, e ele não sossegou enquanto não me pegou. Ele não conseguiu me pegar para me bater, mas quando chegou perto de mim, mordeu a minha cabeça (risos)!

Algo que poderia causar uma inimizade, não atrapalhou. A gente foi amadurecendo, nos acostumamos um com o jeito do outro e acabamos aprendendo a gostar da pessoa como ela é. Daí em diante, passamos a nos admirar, mas isso começou com uma briga (risos)!

O Evair não era aquele cara falante, extrovertido, sempre foi mais fechado... Mas quando ele falava, todo mundo prestava atenção. Ele era tímido, mas tinha o respeito de todo mundo. Batendo pênalti, ele tinha uma frieza tão grande... A gente ficava nervoso só de vê-lo bater. Aquela calma, andando devagar em direção ao goleiro... Mas isso até bater... Ah, nessa hora ele nos transmitia uma confiança gigante!

ZINHO

Evair é responsável por algumas das minhas melhores lembranças como palmeirense. Um jogador que sempre se doou em campo, inteligente, identificado com o time, que superou todo tipo de adversidade e que presenteou toda a torcida com o melhor presente do "Dia dos Namorados de 1993": 4 a 0, dois gols e um show em cima do maior rival, o Corinthians, para acabar com uma fila de títulos que ninguém aguentava mais. O Palmeiras sempre foi uma presença muito forte na minha família, desde o meu avô, que jogou pelo Palestra, até São Marcos e Fernando Prass, mas Evair tem um lugar especial entre as minhas memórias palmeirenses.

MAGIC PAULA

Evair marcou os dois gols mais importantes dos últimos 40 anos do Palmeiras. Em 1993, a angústia dos 16 anos de fila acabou depois do pênalti convertido contra o goleiro Wilson, do Corinthians.

Em 1999, o sonho da Libertadores materializou-se com outra cobrança de pênalti, que permitiu o empate e depois a virada contra o Deportivo Cali. Incrível que Evair Aparecido Paulino tenha chegado ao Parque Antártica quase como contrapeso, parte do pagamento feito pela Atalanta para levar o atacante Careca Bianchesi para a Itália.

Evair chegou em 1991 como herói solitário de um time fraco, que se fortaleceu no ano seguinte e foi vice-campeão Paulista. A partir de 1993, tornou-se ídolo eterno pelos gols históricos e pela maneira como se identificou com o clube. Sua maior frustração foi a mesma da torcida: não ter vencido o Mundial de Clubes. Também por não ter disputado aquela partida, preterido por Felipão, que preferiu Asprilla.

O ex-presidente Paulo Nobre costuma dizer que Evair é o melhor jogador da história, seguido por Pelé. Imagine o que seria se tivesse também vencido o Mundial.

PAULO VINÍCIUS COELHO

Defino o Evair em apenas uma palavra: matador. Como jogador era genial e, como pessoa, fantástico. Ele foi um exemplo de atleta. Na minha memória fica o último gol dele no Campeonato Paulista de 1993. Quando o Edmundo sofreu aquele pênalti, eu sabia que o Evair ia bater e marcar. E aquilo fechou o resultado para o Palmeiras voltar a ser campeão. O Evair é um dos maiores ídolos do clube, mesmo tendo atuado em equipes rivais. E isso apenas mostra o quanto ele é querido por todos. No fundo, só tenho a agradecer ao Evair por tudo que ele fez para o Palmeiras e para nós, torcedores.

HUGO HOYAMA

Quando eu fui promovido para o time de profissionais do Palmeiras, em 1992, fiquei muito feliz por integrar a equipe de primeiro escalão do Verdão.

Só de estar dividindo, ou melhor, somando com os jogadores profissionais, era, para mim, motivo de orgulho e conquista. E com o passar do tempo fui conhecendo os atletas a quem me espelhava e seguia. Entre vários amigos que conquistei, posso falar de coração aberto de um profissional companheiro, amigo e acima de tudo guerreiro. E é claro, um dos maiores finalizadores na posição de centroavante com quem joguei: Evair Paulino!

Me lembro de várias situações adversas que ele enfrentou e posso dizer que, mesmo mais jovem, acompanhei o episódio de seu afastamento do time, em 1992, pelo treinador Nelsinho Batista, quando passou a treinar separado do grupo. Depois, Evair foi reintegrado pelo Otacílio Gonçalves, treinador que lhe abriu as portas do sucesso novamente. Percebi, nesse momento de humilhação, que só uma pessoa muito estruturada emocionalmente e espiritualmente poderia superar um momento tão difícil.

E assim pude acompanhar e participar junto com ele de todas as vitórias e conquistas que alcançou.

Treinar com Evair era sempre uma competição à parte, pois ele era um matador nato de frente para o gol e me dava a oportunidade de experimentar da sua audácia em campo. Lembro-me de uma ocasião em que fizemos uma aposta: ele cobraria 10 pênaltis e, se eu pegasse 3 desses, ele pagaria o jantar... Adivinha quem pagou o jantar? Eu! Ele fez os 10 pênaltis. Foi o melhor cobrador de pênalti que enfrentei. Por isso, quando ele foi bater o pênalti em 1993, no jogo Palmeiras e Corinthians, eu só não comemorei antes por respeito ao adversário.

Vou mencionar um fato que passamos juntos e que me marcou muito: No segundo jogo da final do Campeonato Brasileiro de 1993, contra o Vitória da Bahia, no Estádio do Morumbi, eu estava ao lado dele no vestiário antes do início da partida calçando minhas chuteiras e fiz o seguinte comentário:
- Evair, hoje você vai fazer o primeiro gol do jogo!
Ele falou:
- Se eu fizer, vou lá te abraçar.
Para minha surpresa, ele atravessou todo o campo pra me dar um abraço. Foi uma honra!

Esse título completou a tríplice coroa do ano. Fomos campeões Paulista, Rio-São Paulo e Brasileiro.

Tive o prazer de comemorar outros títulos que vieram nos anos subsequentes e a honra de dividir vestiários, concentrações e jogos com essa pessoa que até hoje considero vencedor em todos os aspectos.

Até hoje somos amigos, dividimos trabalhos, momentos de alegria e descontrações.

Evair é um amigo que ocupa um lugar na minha mão, pois amigos de verdade contamos nos dedos, e nesse eu posso confiar.

Obrigado por tudo, amigo. Graças a você, eu venci também.

SÉRGIO LUÍS DE ARAÚJO

Era o ano de 1993. Eu, com 13 anos, até então, nunca havia visto o Palmeiras ser campeão. Foram anos e anos na escola primária passando vergonha... Eis que, naquele ano, o Palmeiras conseguiu chegar à final do Campeonato Paulista. E quem temos por lá: Evair, que me encheu de orgulho! Quando eu era pequeno, ele foi uma de minhas referências, não apenas como jogador, mas por tudo o que acompanhei de longe sobre sua vida.

Hoje, conhecendo um pouco desse cara pessoalmente, tenho a impressão de que já nos conhecíamos há anos, pois, dentro ou fora de campo, suas habilidades e qualidades só aumentam. Evair é uma pessoa dedicada em tudo o que faz, íntegro com as amizades e bastante humilde.

Posso dizer que o Palmeiras não teve apenas um "matador" em campo: Evair reúne qualidades e características de um líder sempre agregador, de carácter irrepreensível. Ele é, certamente, um dos maiores ídolos do Palmeiras, que, com esta biografia, está deixando um enorme legado para milhares de pessoas que conhecerão a sua história e entenderão que, mais do que obter sucesso, devemos nos transformar sempre em uma pessoa de valor.

THIAGO OLIVEIRA - PROSEFTUR

Palmeirense e amante do bom futebol desde os idos de 1960, tive a oportunidade de ver desfilar pelos gramados muitos craques da bola, mas o personagem deste livro – Evair, a quem vi em campo por muitas vezes – encantava-me pela singularidade de seu futebol objetivo. Foi para mim um dos melhores e indiscutivelmente o mais eficiente goleador de sua geração.

Evair Aparecido Paulino, o Evair, ou também *"El Matador"*, apelido que carinhosamente lhe foi dado pela apaixonada torcida do clube que mais tempo defendeu, a Sociedade Esportiva Palmeiras, fez jus a essa qualificação. Ali fez história. Muitos jogos, muitos gols, ainda lembrados com saudades pela maioria dos torcedores que tiveram o privilégio de acompanhar a sua brilhante carreira.

Lembrado também é pela sua categoria no trato da bola. Frio, às vezes parecendo que a bola lhe pertence, a tratava com o carinho de quem dedica-se a um ente querido, e a colocava no gol com a elegância de quem reverencia uma dama.

Vou além. Passados os anos, tive ainda o maior dos privilégios: conhecer pessoalmente esse ser maravilhoso – o Evair – que eu tanto admirava nos campos de futebol. Aquele temido artilheiro dos gramados se revelou para mim uma pessoa afável e de uma simplicidade incrível. Um ser humano na mais pura acepção da palavra.

Por tudo isso, o livro que retrata sua vida e imortaliza o ídolo de milhares de fãs é justo e merecido. Um verdadeiro gol de placa.

LAERCIO ALBINO CEZAR - LAC

A história do Evair se confunde com a do próprio Palmeiras, pois representa pioneirismo, superação e glórias. Ele fez uma geração de milhões de torcedores voltar a sorrir não apenas com gols e títulos, mas principalmente por ter deixado a alma e o coração dentro do gramado em momentos fundamentais, que fizeram o Gigante despertar, como no fim da fila, em 1993, e na inédita Copa Libertadores de 1999, quando estava em campo para bater o pênalti durante os 90 minutos. O Evair sempre disse que, para ser ídolo no Palmeiras, era preciso dar um algo a mais, e não tenho dúvida que ele conseguiu com doses extras de brilhantismo. Tanto é verdade que hoje é um dos ex-atletas mais requisitados nos eventos realizados pela nossa rede de lojas oficiais".

MÁRCIO BUENO - MELTEX FRANCHISING

A Hersil é uma empresa familiar que está intimamente ligada ao Palmeiras, a começar pela escolha da cor verde em nosso logo. O Palmeiras esteve presente em todas as gerações da família, e se essa paixão alviverde ainda perdura, muito se deve aos feitos do Evair. Para nós é uma honra ajudar a contar a história desse grande homem e jogador.

FERNANDA AZEVEDO SILVA - HERSIL

Evair representa, para a maioria de duas gerações de palmeirenses, o grito de "É campeão!" entalado, preso na garganta por 16 anos. Só vi meu time ser campeão quando cursava a faculdade, e foi muito difícil até lá aguentar as gozações. Não bastasse ser o símbolo do fim desse jejum, ele é o motivo da maior emoção que vivi até hoje, em 1993. O Matador também fez o gol na final da primeira conquista da Libertadores pelo Palmeiras, em 1999 — o maior título que vi até hoje, tão grande quanto sua importância no Palmeiras, seu caráter e humildade. Extremamente carismático, Evair faz parte do *hall* dos 10 maiores centroavantes da história do nosso futebol. Foi uma gigante honra ter participado dessa biografia. Que Deus sempre abençoe o Evair e a sua família. *"Eô, Eô, Evair é um terror!"*

JOHN KAGE - MSEJK SPORT AND MARKETING

TÍTULOS CONQUISTADOS

- 1987: Torneio Pré-Olímpico (Seleção Brasileira)
- 1987: Jogos Pan-Americanos (Seleção Brasileira)
- 1993: Troféu Athiê Jorge Coury – 1º Turno do Campeonato Paulista (Palmeiras)
- 1993: Campeonato Paulista (Palmeiras)
- 1993: Torneio Rio-São Paulo (Palmeiras)
- 1993: Campeonato Brasileiro (Palmeiras)
- 1994: Bicampeonato Paulista (Palmeiras)
- 1994: Torneio Brasil-Itália, em São Paulo (Palmeiras)
- 1994: Torneio Lev Yashin, em Moscou (Palmeiras)
- 1994: Taça Nagoya, em Nagoya-JAP (Palmeiras)
- 1994: Bicampeonato Brasileiro (Palmeiras)
- 1995: Supercopa da Ásia (Yokohama Flügels)
- 1997: Troféu Achille e Cesare Bortolotti, em Bérgamo-Itália (Vasco da Gama)
- 1997: Campeonato Brasileiro (Vasco da Gama)
- 1999: Copa Libertadores da América (Palmeiras)
- 1999: Taça Valle d'Aosta (Palmeiras) Maior Goleada da História do Palmeiras
- 2000: Torneio Constantino Cury (São Paulo)
- 2000: Campeonato Paulista (São Paulo)
- 2014: Taça Joelmir Beting (Palestra Itália) Torneio Comemorativo ao Centenário do Palmeiras
- 2014: Taça Oberdan Cattani (Palestra Itália) Torneio Comemorativo ao Centenário do Palmeiras

ARTILHARIAS

- 1986: Vice-artilheiro do Campeonato Brasileiro, com 24 gols (Guarani)
- 1987: Artilheiro do Campeonato Brasileiro (Módulo Amarelo), com 09 gols (Guarani)
- 1988: Artilheiro do Campeonato Paulista, com 19 gols (Guarani)
- 1993: Vice-artilheiro do Campeonato Paulista, com 18 gols (Palmeiras)
- 1994: Artilheiro do Campeonato Paulista, com 23 gols (Palmeiras)
- 1994: Vice-artilheiro do Campeonato Brasileiro, com 14 gols (Palmeiras)

GOL A GOL

As estatísticas do universo futebolístico são controversas. Uma olhada pela lista dos principais artilheiros brasileiros de todos os tempos deixa isso bem claro: Pelé, o maior de todos, computa, entre seus 1.282 gols, aqueles marcados pelas seleções da Sexta Guarda Costeira de Santos, das Forças Armadas e do Sindicato dos Atletas Profissionais de São Paulo. Nada que altere suas excepcionais marcas, mas...

Há quem jure que Arthur Friedenreich marcou mais que o Rei. No entanto, um ranking publicado pela revista Placar, em meados dos anos 1990, o colocava na quinta posição geral, com "apenas" 554 gols – atrás de Zico, Roberto Dinamite e Cláudio Adão.

Romário e Túlio são os que mais se aproximam de Pelé, superando a marca dos mil gols — números contestados por computarem o período em que ainda atuavam como atletas das categorias de base de seus clubes.

No caso de Evair, trabalhamos estritamente com números oficiais – e não incluímos gols marcados em campeonatos disputados pelas categorias de base. Ainda assim, algum erro sempre é possível, devido à precária historiografia brasileira na área. Por vezes, os equívocos são provenientes das próprias súmulas oficiais. Não raro, encontramos fichas técnicas de jogos com dados divergentes, quando comparadas duas ou mais fontes. Mas a margem de erro em relação ao Matador, seguramente, é pequena.

A seguir, o histórico dos gols de Evair por todas as equipes que defendeu, temporada a temporada, com as devidas observações:

GUARANI FUTEBOL CLUBE (Campinas-SP)

Ano Competição	Gols
1984: Copa Rayovac	1
1985: Copa São Paulo de Juniores (Equipe Sub-20)	1
1985: Campeonato Paulista	1
1986: Campeonato Paulista	13
1986: Campeonato Brasileiro	24
1987: Campeonato Paulista	3
1987: Copa Libertadores da América	1
1987: Campeonato Brasileiro	9
1988: Amistosos	1
1988: Campeonato Paulista	19
1988: Copa Libertadores da América	1
Total de Gols pelo Guarani:	74

Observações:
1) Incluímos o gol marcado na Copa São Paulo de Juniores por dois fatores: a visibilidade da competição e o fato de Evair já integrar o elenco profissional do Guarani à época. 2) Em alguns levantamentos é creditado 1 gol a Evair na disputa de pênaltis da decisão do Campeonato Brasileiro, contra o São Paulo. Gols marcados em decisões por penalidades máximas não são acrescentados às listas oficiais de artilharia – tanto que, nos registros oficiais da CBF, Evair aparece como vice-artilheiro do Brasileirão 1986, com 24 gols.

Fontes de Referência:
– Levantamento de todos os gols de Evair no portal People, servidor de páginas pessoais. *
– Revista Placar (Ed. Abril) – Tabelão *
– Futpédia – A História do Futebol em Números (http://futpedia.globo.com) *
– RSSSF - Rec. Sport. Soccer Statistics Foundation (http://www.rsssf.com) *
– Jogos do Guarani (http://www.jogosdoguarani.com)

SELEÇÃO BRASILEIRA DE FUTEBOL (OLÍMPICA)

Ano Competição	Gols
1987: Amistosos	2
1987: Jogos Pan-Americanos	3
Total de Gols pela Seleção Brasileira Olímpica:	5

Observações:
3) Apesar de não constar nas estatísticas da CBF, incluímos aqui o gol marcado por Evair na vitória por 4 a 1 sobre o Canadá, pelos Jogos Pan-Americanos de 1987, erroneamente creditado a Ricardo Gomes na súmula da partida.

Fontes de Referência:
– Livro: Seleção Brasileira 1914-2006, de Antonio Carlos Napoleão e Roberto Assaf (Ed. MAUAD, 2006)

ATALANTA BERGAMASCA CALCIO (Bérgamo-ITA)

Ano Competição	Gols
1988-89: Campeonato Italiano	10
1988-89: Copa da Itália	1
1989-90: Campeonato Italiano	5
1990-91: Copa da Itália	2
1990-91: Campeonato Italiano	10
1990-91: Copa da UEFA	2
Total de Gols pela Atalanta:	30

Observações:
4) Pela Atalanta, Evair marcou, de pênalti, seu centésimo gol na carreira, em 3 de outubro de 1990, no empate por 1 a 1 diante do Dínamo Zagreb, da Croácia, pela Copa da UEFA. 5) Evair marcou outros gols pela Atalanta, em amistosos de pré-temporada, mas pela falta de registros oficiais não foram incluídos na presente relação.

BRASIL ALL-STARS

Ano Competição	Gols
1991: Amistosos	3
Total de Gols pelo Brasil All-Stars:	3

Observações:
6) No jogo de despedida do atacante Altobelli, Evair marcou 3 gols - número que, até então, não constava em suas estatísticas oficiais.

SELEÇÃO BRASILEIRA

Ano Competição	Gols
1993: Eliminatórias da Copa do Mundo	1
1993: Amistosos	1
Total de Gols pela Seleção Brasileira Principal:	2

Observações:
7) Conforme já mencionado, computamos o gol anotado contra o Canadá, pelos Jogos Pan-Americanos de 1997. Sendo assim, são 7 gols marcados por Evair pela Seleção Brasileira de Futebol – e não 6, como constam dos números oficiais.

SOCIEDADE ESPORTIVA PALMEIRAS (São Paulo-SP)

Ano Competição	Gols
1991: Amistosos	1
1991: Torneio Início do Campeonato Paulista	1
1991: Campeonato Paulista	7
1992: Campeonato Brasileiro	2
1992: Copa do Brasil	4
1992: Campeonato Paulista	9
1993: Campeonato Paulista	18
1993: Copa do Brasil	2
1993: Campeonato Brasileiro	5
1994: Campeonato Paulista	23

1994: Copa do Brasil	2
1994: Copa Libertadores da América	3
1994: Amistosos	9
1994: Copa Parmalat	1
1994: Campeonato Brasileiro	14
1994: Troféu Santiago Bernabéu	1
Total de Gols pelo Palmeiras (1991-1994):	102

Observações:
8) As partidas do Torneio Início, com apenas 15 minutos de duração, não são consideradas oficiais. Entretanto, a tradição histórica da competição justifica o registro do gol marcado por Evair na vitória por 1 a 0 sobre a Internacional de Limeira, na edição de 1991. 9) Pelo Palmeiras, Evair marcou seu gol de número 200, em 24 de julho de 1994, na derrota por 2 a 1 diante do São Paulo, pelas quartas de final da Copa da Libertadores da América.

Fontes de Referência:
– Livro: Almanaque do Palmeiras, de Celso Dario Unzelte e Mário Sérgio Venditti (Ed. Abril, 2004) **

YOKOHAMA FLÜGELS (Yokohama-JAP)

Ano Competição	Gols
1995: J-League	14
1995: Supercopa da Ásia	1
1996: J-League	20
1996: Recopa Asiática	2
Total de Gols pelo Yokohama Flügels:	37

CLUBE ATLÉTICO MINEIRO (Belo Horizonte-MG)

Ano Competição	Gols
1997: Amistosos	2
1997: Copa do Brasil	2
1997: Campeonato Mineiro	3
Total de Gols pelo Atlético Mineiro:	7

CLUB DE REGATAS VASCO DA GAMA (Rio de Janeiro-RJ)

Ano Competição	Gols
1997: Campeonato Brasileiro	8
1997: Torneio Achille e Cesare Bortolotti	2
1997: Supercopa Libertadores da América	1
Total de Gols pelo Vasco da Gama:	11

ASSOCIAÇÃO PORTUGUESA DE DESPORTOS (São Paulo-SP)

Ano Competição	Gols
1998: Copa do Brasil	3
1998: Campeonato Paulista	7
1998: Campeonato Brasileiro	7
Total de Gols pela Portuguesa:	17

Fontes de Referência:
−Alma Lusa (http://almalusa.net)

SOCIEDADE ESPORTIVA PALMEIRAS (São Paulo-SP)

Ano Competição	Gols
1999: Amistosos	3
1999: Copa Libertadores da América	2
1999: Copa do Brasil	3
1999: Campeonato Paulista	5
1999: Campeonato Brasileiro	7
1999: Copa Mercosul	4
Total de Gols pelo Palmeiras (1999):	24

Observações:
10) Em quase todas as fontes consultadas acrescenta-se à lista de gols de Evair aquele marcado na decisão por pênaltis contra o Corinthians, pelas quartas de final da Libertadores de 1999, que não incluímos nos números acima. 11) Pelo Palmeiras, Evair marcou o gol de número 300 na carreira, em 15 de julho de 1999, na vitória por 15 a 0 diante do Combinado de Valle d'Aosta.

SÃO PAULO FUTEBOL CLUBE (São Paulo-SP)

Ano Competição	Gols
2000: Torneio Rio-São Paulo	3
2000: Campeonato Paulista	2
2000: Copa do Brasil	4
Total de Gols pelo São Paulo:	9

GOIÁS ESPORTE CLUBE (Goiânia-GO)

Ano Competição	Gols
2000: Campeonato Brasileiro	8
Total de Gols pelo Goiás:	8

CORITIBA FOOT BALL CLUB (Curitiba-PR)

Ano Competição	Gols
2001: Campeonato Paranaense	1
2001: Copa do Brasil	1
2001: Copa dos Campeões	1
2001: Campeonato Brasileiro	6
2002: Copa do Brasil	3
2002: Copa Sul-Minas	3
Total de Gols pelo Coritiba:	15

GOIÁS ESPORTE CLUBE (Goiânia-GO)

Ano Competição	Gols
2002: Campeonato Brasileiro	8
Total de Gols pelo Goiás (2002):	8

Observações:
12) Em sua segunda passagem pelo Goiás, Evair atingiu a marca de 350 gols na carreira, em 3 de novembro de 2002, nos 4 a 0 sobre o Paraná Clube, pelo Campeonato Brasileiro. 13) Evair marcou outros gols pelo Goiás em partidas amistosas, mas, pela falta de registros oficiais, não foram incluídos na presente relação.

FIGUEIRENSE FUTEBOL CLUBE (Florianópolis-SC)

Ano Competição	Gols
2003: Campeonato Brasileiro	3
Total de Gols pelo Figueirense:	3

Observações:
14) Pelo Figueirense, Evair chegaria a seu 100º gol em Campeonatos Brasileiros, marcado em 1º de junho de 2003, na vitória por 2 a 1 sobre o Grêmio.

SOCIEDADE ESPORTIVA PALMEIRAS – MASTERS (São Paulo-SP)

Ano Competição	Gols
2005: Palmeiras x Palmeiras Master (Jogo Beneficente ao ex-Jogador Jefferson)	1
2010: Palmeiras Verde x Palmeiras Branco (Última Partida do Estádio Palestra Itália)	2
2015: Amistoso (Despedida de Alex)	1
Total de Gols pelos Masters do Palmeiras:	4

PALESTRA ITÁLIA (São Paulo-SP)

Ano Competição	Gols
2014: Taça Joelmir Beting (Jogo Comemorativo ao Centenário do Palmeiras)	1
2014: Taça Oberdan Cattani (Jogo Comemorativo ao Centenário do Palmeiras)	1
Total de Gols pelo Palestra Itália:	2

Observações:
15) Numa homenagem por sua contribuição à história do Palmeiras, adicionamos aqui os gols marcados por Evair nas partidas mais importantes em que atuou pela equipe Master do clube.
* Fontes utilizadas como referência em todas as etapas da carreira de Evair.
** Fonte utilizada também para o ano de 1999, quando do retorno de Evair ao Palmeiras.

TOTALIZAÇÃO DE GOLS (POR EQUIPES)

EQUIPE	PERÍODO	GOLS
Guarani	1984-1988	74
Seleção Olímpica	1987	5
Atalanta	1988-1991	30
Brasil All-Stars	1991	3
Palmeiras	1991-1994	102
Seleção Brasileira	1993	2 (7 ao todo)
Yokohama Flügels	1995-1996	37
Atlético-MG	1997	7
Vasco da Gama	1997	11
Portuguesa	1998	17
Palmeiras	1999	24 (126 ao todo)
São Paulo	2000	9
Goiás	2000	8
Coritiba	2001-2002	15
Goiás	2002	8 (16 ao todo)
Figueirense	2003	3
Palmeiras (Masters)	2005-2015	4
Palestra Itália (Masters)	2005-2015	2

Somados os gols marcados em jogos comemorativos de grande relevância, pelos Masters do Palmeiras, Evair atingiu a marca de 361 gols ao longo da carreira. Computados somente os 355 gols oficiais como profissional, *El Matador* ocupava, até o final de 2014, a 38ª posição entre os maiores artilheiros brasileiros de todos os tempos.

À frente dele, lendas como Pelé, Zico, Romário, Roberto Dinamite, Friedenreich, Ademir Menezes, Pepe, Leônidas da Silva, Careca e Mazzola, entre outros. Depois de Evair, os não menos magistrais Sócrates, Zizinho, Rivellino, Tostão, Jairzinho, Reinaldo, Heleno de Freitas, Garrincha...

Com 101 gols, Evair era, até o final de 2016, o 12º maior artilheiro do Campeonato Brasileiro em todos os tempos, desde a Taça Brasil de 1959. À sua frente, Roberto Dinamite (190), Romário (155), Edmundo (153), Zico (135), Túlio (129), Serginho Chulapa (127), Washington (126), Dadá Maravilha (113), Paulo Baier (109), Fred (104), Kléber Pereira e Luís Fabiano (ambos com 103). Na 13ª posição, com um gol a menos que o Matador, ninguém menos que... Pelé.

Dos 355 gols marcados por Evair, 71 foram assinalados em cobranças de pênalti (exatamente 20% do total).

A marca de Evair ao longo da carreira seguramente é maior que o exposto na relação acima, uma vez que, dada a falta de registros, não foi possível localizar alguns gols marcados em amistosos realizados por Atalanta, Yokohama Flügels e Goiás.

NÚMEROS E CURIOSIDADES

– Curiosamente, em quatro anos como profissional pelo Guarani, Evair nunca marcou gols sobre a arquirrival Ponte Preta.

– Atuando pelo Palmeiras, Evair fez 9 gols contra o Corinthians, 9 contra o São Paulo e 7 contra o Santos, totalizando 25 gols em clássicos paulistas, vários deles decisivos.

– Evair marcou 14 gols contra o Corinthians, atuando por Guarani, Palmeiras, Atlético-MG, Coritiba e Figueirense. Mas o principal alvo do Matador ao longo da carreira foi o São Paulo, clube contra o qual foi às redes em 18 oportunidades.

– Em toda sua trajetória, Evair anotou 4 gols contra o Palmeiras: 1 atuando pela Portuguesa, 2 pelo Coritiba e 1 pelo Goiás.

FONTES DE PESQUISA

BIBLIOGRAFIA

- A Diocese de Pouso Alegre - No Ano Jubilar de 1950. Autor: Cônego João Aristides de Oliveira (Secretário do Bispado) com a coadjuvação preciosa do sr. dr. José Guimarães e Outros historiadores do Sul de Minas.
- Almanaque do Palmeiras, de Celso Dario Unzelte e Mário Sérgio Venditti (Publicações Placar, Ed. Abril, 2004)
- Corinthians x Palmeiras – Uma História de Rivalidade, de Antonio Carlos Napoleão (Ed. Mauad, 2001)
- Enciclopédia do Futebol Brasileiro – Vols. 1 e 2, de Marcos Augusto Gonçalves, Walter de Mattos Junior e Marcelo Duarte (Coordenadores) Areté Editorial, 2001
- Futebol Brasileiro – 1894 a 2001, de Marco Aurélio Klein (Ed. Escala, 2001)
- Guarani F. C. – Breve História, de Moisés Cunha (Ed. do Autor, 2011)
- História do Campeonato Paulista, A; de Valmir Storti e André Fontenelle (Publifolha, 1997)
- Manual do Zé Carioca, de Claudio de Souza (Ed. Abril, 1978)
- Palmeiras, a Eterna Academia; de Alberto Helena Jr. (Ed. DBA, 1996)
- Palmeiras, um Caso de Amor; de Mário Prata (Coleção Camisa 13, Ed. DBA, 2002)
- Prazer, Adversário! Corinthians 100 Anos: 100 Derrotas Implacáveis, de Sebastião Corrêa Porto (Porto de Ideias Editora, 2010)
- Seleção Brasileira: 1914-2006; de Antonio Carlos Napoleão e Roberto Assaf (Ed. Mauad, 2007)
- Sociedade Esportiva Palmeiras 1993 – Fim do Jejum, Início da Lenda!; de Evair Aparecido Paulino, Mauro Beting e Fernando Razzo Galuppo (BB Editora, 2013)

JORNAIS E REVISTAS

- A Gazeta Esportiva
- Diário Popular – Caderno Esportes
- Folha de São Paulo – Caderno Esporte
- Gazeta de Ouro Fino, pg. 11 (Edição de Dezembro de 1991)
- Jornal da Tarde – Caderno de Esportes
- Lance! O Diário dos Esportes
- Lance! – Série Grandes Clubes: As 10 Maiores Glórias do Verdão (Edição 2001) Areté Editorial S/A
- Notícias Populares
- O Estado de São Paulo – Caderno Esportes

- Placar (Edições de 1986 a 2003) Ed. Abril
- Placar (Edições Especiais de 1993 a 2002) Ed. Abril

MATERIAL AUDIOVISUAL

- Esporte Espetacular (TV Globo)
- Esporte Total (TV Bandeirantes)
- Evair, Minha História (Depoimento Prestado ao IBAC Instituto Brasileiro Arte e Cultura)
- Globo Esporte (TV Globo)
- Jogos para Sempre (SporTV)
- Libertadores 1999, o Filme (Memória Magnética T-7 Produções, Direção de Flávio José Tirico e Luiz Fernando Santoro)
- Mesa Redonda (TV Gazeta)
- Tapes e Narrações de Jogos

PÁGINAS ELETRÔNICAS (SÍTIOS)

- Acervo Corinthians: http://www.acervosccp.com
- Acervo Santista – A Enciclopédia do Santos na Internet: http://www.acervosantista.com.br
- Alma Lusa: http://almalusa.net
- Anápolis, O: http://www.oanapolis.com.br (periódico de Anápolis-GO)
- Arquivo dos Mundiais: http://www.arquivodosmundiais.com.br
- Bem Paraná - Esportes: http://www.bemparana.com.br/editoria/esportes
- Bola na Área: http://www.bolanaarea.com
- Campeões do Futebol: www.campeoesdofutebol.com.br
- Diário de São Paulo: http://diariosp.com.br
- Diário do Grande ABC: http://www.dgabc.com.br
- Esmeraldino – Goiás Esporte Clube: http://esmeraldino.oquerola.com
- ESPN: http://espn.uol.com.br/
- Estado de São Paulo, O – Acervo: http://acervo.estadao.com.br
- Evair – Sítio Oficial: www.evair.com.br
- Federação de Futebol do Piauí: http://federacaodefuteboldopiaui.com.br
- Federação Goiana de Futebol: http://www.fgf.esp.br
- Folha de São Paulo: http://www1.folha.uol.com.br
- Futebol 80: http://www.futebol80.com.br
- Futebol em Números: http://futebolemnumeros.ig.com.br
- Futebol Interior: http://www.futebolinterior.com.br
- Futebol Nacional: http://www.futebolnacional.com.br
- Futebol Resultados: http://www.futebolresultados.com.br
- Futpédia: http://futpedia.globo.com
- Galo Digital: http://www.galodigital.com.br
- Gazeta Esportiva: http://www.gazetaesportiva.net

- Globo Esporte: http://globoesporte.globo.com
- Gol, O: http://www.ogol.com.br
- Imortais do Futebol: http://imortaisdofutebol.com
- Jogos do Guarani: http://www.jogosdoguarani.com
- Memória Globo: http://memoriaglobo.globo.com
- Notícias do Futebol do Piauí: http://futeboldopiaui.blogspot.com.br
- Paranistas: www.paranistas.com.br
- Planeta Guarani: http://planetaguarani.com.br/site
- Popular, O: http://www.opopular.com.br
- Portal Catalão: http://www.cracnet.com.br
- Portal O Dia: www.portalodia.com
- Prefeitura de Itumbiara: http://www.itumbiara.go.gov.br
- Projeto Crescer: http://www.projetocrescer.com/
- Quattro Tratti: http://www.quattrotratti.com/
- R7 Esportes: http://esportes.r7.com
- Rádio 730: http://portal730.com.br
- Revista Época: http://revistaepoca.globo.com
- Revista Veja: http://veja.abril.com.br
- RSSSF - The Rec Sport Soccer Statistics Foundation: www.rsssf.com
- Site da Lusa: http://www.sitedalusa.com
- Sítio Oficial da Associação Atlética Ponte Preta: http://pontepreta.com.br
- Sítio Oficial da Associação Portuguesa de Desportos: http://www.portuguesa.com.br
- Sítio Oficial da Atalanta Bergamasca Calcio: www.atalanta.it
- Sítio Oficial da Sociedade Esportiva Palmeiras: www.palmeiras.com.br
- Sítio Oficial do Club de Regatas Vasco da Gama: http://www.vasco.com.br
- Sítio Oficial do Clube Atlético Mineiro: http://www.atletico.com.br
- Sítio Oficial do Coritiba Foot Ball Club: http://www.coritiba.com.br
- Sítio Oficial do Figueirense Futebol Clube: http://www.figueirense.com.br
- Sítio Oficial do Goiás Esporte Clube: http://www.goiasec.com.br
- Sítio Oficial do Guarani Futebol Clube: http://guaranifc.com.br/site
- Sítio Oficial do São Paulo Futebol Clube: www.saopaulofc.net
- Sítio Oficial do Uberlândia Esporte Clube: http://www.uberlandiaesporteclube.com.br
- Sítio Oficial do Vila Nova Futebol Clube: http://www.vilanovafc.com.br
- Terra Esportes: http://www.terra.com.br/esportes
- Terceiro Tempo: http://terceirotempo.bol.uol.com.br
- UOL Esporte: http://esporte.uol.com.br

"

1986 anunciava-se como um ano terrível para mim. O ataque do Guarani havia sido chamado de 'Ataque de Riso'. Então, a diretoria resolveu correr atrás de outro jogador pra minha posição. E, pra piorar, sofri aquele acidente de carro antes do começo da temporada. Escapei da morte por pouco. Assisti à estreia do Guarani nas arquibancadas. Fiquei várias partidas de fora, me recuperando, esperando a minha vez. Só fui começar a jogar lá pela terceira, quarta rodada. Até a partida contra o Náutico, um jogo difícil, um dia chuvoso, onde marquei o gol da vitória por 1 a 0. Aí, na partida seguinte, o treinador diz na preleção que eu entraria jogando pra cansar os zagueiros, pro outro centroavante entrar no segundo tempo. Mas ele não contava que ali estava um cara que não tinha mais nada a perder: já havia escapado da morte, já tinha apanhado muito. Eu só estava à espera de uma oportunidade. Aquele era o momento crucial da minha vida. Era o fundo do poço: ou eu saía dele naquele momento, ou então não teria mais nada pra mim lá na frente. Naquela partida, fomos pro intervalo vencendo por 4 a 0 e eu já tinha marcado três gols. Isso faz a diferença na vida: você ter uma oportunidade e estar preparado para aproveitá-la. Deus me deu um dom. Era o momento de mostrar que eu estava preparado para retribuir esse dom que Ele me deu. E eu estava preparado.

"

EVAIR

Use o App
e veja a
entrevista
exclusiva
com Evair

Realização:

MSEJK
SPORT AND MARKETING

onze
CULTURAL

zinerama